Tour 1
Nové Město (Neustadt)

Tour 2
Staré Město (Altstadt)

Tour 3
Josefov (Josefstadt)

Tour 4
Malá Strana (Kleinseite)

Tour 5
Hradčany (Hradschin)

Tour 6
Pražský hrad (Prager Burg)

Tour 7
Smíchov

Tour 8
Holešovice und Bubeneč

Tour 9
Žižkov und Karlín

Tour 10
Vinohrady

Abstecher in Prags Peripherie

Ausflüge rund um Prag
Nelahozeves ■ Burg Karlstein
Kutná Hora ■ Terezín

Nachlesen & Nachschlagen
Verzeichnisse ■ Sprachführer

Unterwegs mit

Gabriele Tröger und Michael Bussmann

Prag pulsiert, ist eine weltoffene Metropole. Das war nicht immer so. Willkommen in der Stadt des Wandels! Vergessen Sie Ihre Erinnerungen an die Klassenfahrt von anno dazumal. Die Tristesse des Sozialismus ist längst passé, das Grau der Fassaden übertüncht. Das Attribut „golden" trägt Prag wieder zu Recht. Vorbei sind aber auch die wilden, anarchistischen Zeiten nach der Samtenen Revolution, als sich der Underground noch mitten im Zentrum traf. In schrillen Bars wie dem Marquis de Sade, das in einem plüschigen Ex-Bordell untergebracht war, oder im Technoschuppen Luxor direkt unter dem Wenzelsplatz. Verschwunden sind auch die miefigen Hospodas, wo man mitunter noch oben ohne bedient wurde oder von einem knorrigen Kauz, der einem den stets gleich zähen Lendenbraten nur so vor den Latz knallte. Heute geht im Zentrum alles seinen geordneten Gang. Für die Besucher aus aller Welt ist es aufpoliert, eine farbenprächtige Inszenierung, geleckt sauber und voller charmanter Cafés und Restaurants. Die Prager haben es weitestgehend verlassen. Aber sie werden wiederkommen. Abertausende Wohnungen stehen leer und warten auf ihre Restaurierung. Und mit den neuen Mietern wird der Wandel Prags zu einer neuen Identität im Herzen Tschechiens und Europas weitergehen. Viel Spaß in einer Stadt, die keine Stagnation kennt. In einer Stadt mit viel Geschichte und noch viel mehr Geschichten.

Mehr von den und über die Autoren auf ihrem Blog www.hierdadort.de

Was haben Sie entdeckt?
Wenn Sie Tipps, Anregungen oder Verbesserungsvorschläge zum Buch haben, lassen Sie es uns bitte wissen!
Schreiben Sie an: Gabriele Tröger und Michael Bussmann, Stichwort „Prag" | c/o Michael Müller Verlag GmbH | Gerberei 19, D – 91054 Erlangen | michael.bussmann@michael-mueller-verlag.de

Prag

Michael Bussmann · Gabriele Tröger

10. komplett überarbeitete und aktualisierte Auflage 2019

Inhalt

Orientiert in Prag

Stadt der hundert Türme ■ S. 10 | Sightseeing-Klassiker ■ S. 12 | Sightseeing-Alternativen ■ S. 14 | Essen gehen ■ S. 16 | Ausgehen ■ S. 18 | Shopping ■ S. 20

Wege durch Prag

Shoppen und Kaffee trinken
Tour 1: Nové Město (Neustadt)

Prag präsentiert sich hier haupt- und großstädtisch, pulsierendes Herz des Stadtteils ist der Wenzelsplatz. Drumherum: traditionsreiche Kaffeehäuser, Malls und Theater.

■ S. 24

Das Prag der Bildbände
Tour 2: Staré Město (Altstadt)

Die Altstadt mit ihren Bilderbuchgassen ist herausgeputzt, als wäre jeder Tag ein Festtag. Besuchermagneten sind der Altstädter Ring und die Karlsbrücke.

■ S. 46

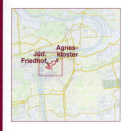

Das feinste Eck der Stadt
Tour 3: Josefov (Josefstadt)

In der Josefstadt legen Synagogen, Museen und ein verwunschener Friedhof Zeugnis ab vom einstigen jüdischen Leben an der Moldau.

■ S. 70

Die Prager Puppenstube
Tour 4: Malá Strana (Kleinseite)

Beschaulichkeit pur: Die barocke Puppenstube zwischen Karlsbrücke und Prager Burg ist zum Verlieben!

■ S. 82

Paläste über Paläste
Tour 5: Hradčany (Hradschin)

In der stillen Burgvorstadt kommen Kunst-Aficionados auf ihre Kosten. Zudem einen Besuch wert: Das Kloster Strahov mit seinen tollen Bibliothekssälen.

■ S. 100

Größtes Burgareal der Welt
Tour 6: Pražský hrad (Prager Burg)

Das Wahrzeichen des Landes mit zig Museen, Palästen, Gärten und dem Sankt-Veits-Dom, einem Must-see Prags.

■ S. 110

Alltag und Kreativwirtschaft
Tour 7: Smíchov

Der einstige Arbeiterstadtteil im Süden des Zentrums hat sich in den letzten Jahren ein hippes Mäntelchen umgelegt. Spannende Galerien, Restaurants und Cafés sind hier entstanden.

■ S. 126

Tolle Museen und viel Grün
Tour 8: Holešovice und Bubeneč

Auch im Moldaubogen tut sich viel. Holešovice ist zudem Heimat unserer Lieblingsmuseen: dem Messepalast und dem Nationalen Technikmuseum.

■ S. 132

Urige Bierstuben, hippe Bars
Tour 9: Žižkov und Karlín

Hier kann man die Nacht zum Tag machen, gut essen oder sich Prag von oben angucken – vom Fernsehturm und vom Vítkov-Hügel.

■ S. 142

Prenzlberg an der Moldau
Tour 10: Vinohrady
Keine Sehenswürdigkeiten, dafür herausgeputzte Wohnstraßen, Biolädchen und hübsche Cafés.

■ S. 150

Raus aus der Innenstadt
Abstecher in Prags Peripherie
Průhonice ■ S. 161 | Šárka-Tal ■ S. 161 | Stift Brenau ■ S. 162 | Der Prager Zoo ■ S. 163 | Schloss Troja ■ S. 163 | Baba-Kolonie ■ S. 164 | Müllervilla ■ S. 164 | Museum des Flugwesens ■ S. 164 | Burg Vyšehrad ■ S. 165 | Verkehrsmuseum ■ S. 166

■ S. 160

Raus aus der Stadt
Ausflüge rund um Prag
Nelahozeves ■ S. 168 | Burg Karlstein ■ S. 169 | Kutná Hora ■ S. 170 | Terezín ■ S. 173

■ S. 168

Nachlesen & Nachschlagen
Geschichte
An der Moldau groß geworden ■ S. 178

Tschechien und Prag in Zahlen und Fakten
Bevölkerung, Wirtschaft, Politik ■ S. 192

Architektur
Karneval der Baustile ■ S. 193

Essen & Trinken
Entenbraten & Co ■ S. 200

Kulturleben
Schwarzes Theater, Livejazz oder Punkkonzert? ■ S. 204

Veranstaltungen
Die spannendsten Events im Überblick ■ S. 210

Nachtleben
Wo sich die Spaßgesellschaft trifft ▪ **S. 212**

Prag mit Kindern
Vorschläge für Knirpse und Rotznasen ▪ **S. 218**

Prag (fast) umsonst
Pfennigfuchser aufgepasst! ▪ **S. 220**

Anreise
Wie und wo komme ich an? ▪ **S. 222**

Unterwegs in Prag
Straßenbahn, Metro oder Taxi? ▪ **S. 225**

Übernachten
Die besten Adressen vom Jugendstilhotel bis zum Partyhostel ▪ **S. 229**

Prag von A bis Z
Was man sonst noch wissen sollte ▪ **S. 237**

Kompakt / Auf einen Blick
Museen ▪ **S. 253**
Restaurants ▪ **S. 256**
Shopping ▪ **S. 259**

Etwas Tschechisch
Kleiner Sprachführer ▪ **S. 261**

Verzeichnisse
Kartenverzeichnis ▪ S. 266 | Prag im Kasten ▪ S. 266 | Fotoverzeichnis ▪ S. 267
Impressum ▪ S. 268 | Register ▪ S. 270

Was haben Sie entdeckt?

Wenn Sie Tipps, Anregungen oder Verbesserungsvorschläge zum Buch haben, lassen Sie es uns bitte wissen!

Schreiben Sie an: Gabriele Tröger und Michael Bussmann, Stichwort „Prag" | c/o Michael Müller Verlag GmbH | Gerberei 19, D – 91054 Erlangen | michael.bussmann@michael-mueller-verlag.de

 nachhaltig, ökologisch, regional

mein Tipp Die besondere Empfehlung unserer Autoren

Vielen Dank!

Unseren Prager Freunden danken wir für ihre persönlichen Tipps und Anregungen.

In der engsten Gasse Prags

Orientiert in
Prag

- Stadt und Stadtviertel
- Sightseeing-Klassiker
- Sightseeing-Alternativen
- Essen gehen
- Ausgehen
- Shopping

Orientiert in Prag

Stadt der hundert Türme

Um all die Facetten der tausendjährigen Stadt zu entdecken, bräuchte man Wochen. Um sie zu verstehen, Jahre. Genießen aber kann man Prag auf Anhieb. Wie kaum eine andere europäische Metropole lässt sich die Stadt weitestgehend zu Fuß erobern. Vom Wenzelsplatz zur Prager Burg sind es Luftlinie gerade mal zwei Kilometer.

a) Praha 7
b) Praha 9
c) Praha 1
d) Praha 3
e) Praha 2

Das sollten Sie noch lesen

Welche Papiere Sie für eine Reise nach Prag mit sich führen müssen → S. 247. Um beim Geldwechsel nicht abgezockt zu werden und um die richtige Währung parat zu haben → S. 239. Alles Wissenswerte zu den Zug- und Busbahnhöfen und zum Transfer vom Flughafen in die Innenstadt → ab S. 223. Und wie viele Zigaretten Sie bei der Ausreise aus Tschechien dabeihaben dürfen → S. 252.

Groß und klein in einem

Prag zählt rund 1,27 Mio. Einwohner und erstreckt sich über eine Fläche von 496 km². Damit ist das Stadtgebiet Prags verhältnismäßig groß. Zum Vergleich: München weist für seine rund 1,5 Mio. Einwohner eine Fläche von 310 km² auf. Das historische Zentrum Prags mit seiner geballten Pracht, das in der UNESCO-Welterbeliste verzeichnet ist, ist dagegen überschaubar. Es beträgt gerade 894 ha, also grob gesagt eine Fläche von drei mal drei Kilometern. Das ist nicht viel, zugleich aber doch. Denn welche Stadt hat schon einen drei mal drei Kilometer großen Stadtkern von derartiger Makellosigkeit, bestückt mit rund 2000 eng stehenden historischen Gebäuden?

Die schönsten Ecken

In keiner anderen Stadt kann man sich besser treiben lassen als in Prag. Spazieren Sie durch enge Gassen, in denen sich alte Häuser aneinanderlehnen, um nicht umzufallen, und über Boulevards vorbei an prunkvollen Stadtpalästen. Durch alle historischen Stadtteile haben wir für Sie kurzweilige Spaziergänge vorbereitet. Dazu gehören **Nové Město** (die Neustadt, die gar nicht so neu ist), **Staré Město** (Altstadt), **Josefov** (Josefstadt), **Malá Strana** (Kleinseite) und **Hradčany** (Hradschin) samt Prager Burg. Das historische Zentrum ist zugleich, wen wundert's, das touristischste Eck der Stadt. Das Prag der Prager liegt drumherum.

Rumkommen

Innerhalb und zwischen den Stadtteilen verkürzt die Straßenbahn die Wege. Der öffentliche Nahverkehr ist bestens ausgebaut, erreicht fast jeden Winkel Prags und wird ergänzt durch Metro, Busse und Fähren.

Wer mit dem Auto angereist ist, lässt es besser stehen, will man sich nicht vom

Stop-and-go-Verkehr nach Arbeitsschluss, von einem auf den ersten Blick undurchsichtigen Einbahnstraßensystem oder von nervtötender Parkplatzsucherei die Stimmung verderben lassen.

Tipp: Kaufen Sie sich Tages- bzw. Mehrtagekarten, auch wenn Sie mit Einzelfahrscheinen vielleicht billiger wegkämen. Die Sucherei nach dem nötigen Kleingeld und dem nächsten Automaten erledigt sich damit. Mehr zum Thema „Öffentlicher Nahverkehr" ab S. 225, alles Wissenswerte zur Anreise mit dem Fahrzeug ab S. 222 und zum Parken ab S. 246.

Wo wohnt man am besten?

Na klar – zentral. Um bei der Hotelsuche im Internet die Lage der Häuser leichter einordnen zu können, hier ein kurzer Überblick. Das Stadtgebiet von Prag ist in 22 Verwaltungsbezirke gegliedert. **Prag 1** umfasst die historischen und touristischen Stadtteile, also die oben bereits erwähnte Neu- und Altstadt, die Josefstadt, die Kleinseite und den Hradschin. Hier dominieren luxuriöse Vier- und Fünf-Sterne-Hotels, oft in wunderschönen Jugendstil- oder Barockgebäuden untergebracht. Aber auch so manches Hostel ist in Prag 1 (v. a. in Nové Město) zu finden.

Günstigere Preise bei gleichem Niveau bieten die Unterkünfte in den Bezirken **Prag 2** und **Prag 3**. Dazu zählen die Stadtteile Vinohrady und Žižkov. In beiden wohnt man recht nah zur Innenstadt und hat zugleich den Vorteil, dass man Cafés und Restaurants vor der Tür hat, die auch Prager besuchen.

Danach wird's kompliziert. Prag 4, 5, 6, 7, 8 und 10 grenzen einerseits ans Zentrum, die Bezirke schließen aber auch kilometerweit außerhalb liegende Stadtteile ein, wo Plattenbauten den Horizont beschließen und der sprichwörtliche Hund begraben liegt. Im Bezirk **Prag 4** ist der Stadtteil Nusle noch zu empfehlen, in **Prag 5** jener Teil Smíchovs, der im Süden an Malá Strana anschließt, in **Prag 6** Dejvice, in **Prag 7** Holešovice, Bubeneč und – falls Sie campen – Troja. Im Bezirk **Prag 8** stellt Karlín eine Alternative dar, in **Prag 10** Vršovice. Ausführliches zum Thema „Übernachten" finden Sie auf den Seiten 229-236.

Ein Platz, zwei Namen

Da man in Böhmen und Prag auch mal Deutsch sprach, existiert zu fast allen Straßen, Plätzen und Sehenswürdigkeiten der Innenstadt neben dem tschechischen Namen auch eine deutsche Bezeichnung. Im Buch werden beide angegeben.

Orientiert in Prag

Sightseeing-Klassiker

Prag zeigt seine Reize freizügig: eine erhabene Burg, hundert Türme und Kuppeln, verschlungene Gassen und prächtige Straßenzüge mit Bauten aus der Gründerzeit. Zwei Weltkriege hat die Stadt dank ausgebliebener Bomber nahezu unbeschadet überstanden, das kommt ihr zugute.

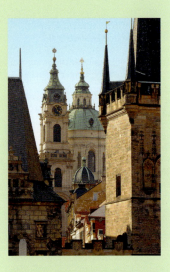

Schatztruhe Prag

Prags Schätze liegen nicht wie in anderen Metropolen in Museen versteckt. Das historische Zentrum präsentiert sich gar als einzigartiges Freilichtmuseum, nicht umsonst ist es UNESCO-Welterbe. Machen Sie sich also auf die Suche nach der „Synthese von Moderne und koboldhafter Romantik", die schon Thomas Mann an der Moldau entdeckte.

Prag der Titelbilder

- **Prager Burg:** Das Wahrzeichen der Stadt bietet einen prächtigen Dom, Museen, Paläste, Kirchen und das berühmte Goldene Gässchen. Auch empfängt hier der Präsident Staatsgäste aus aller Welt.
→ **Tour 6, S. 110**

- **Kleinseite:** Der Stadtteil ist fast zu schön, um wahr zu sein. Enge Passagen und steile Treppen, Katzenkopfpflaster und Durchhäuser, Parks, Kirchen und Paläste – lassen Sie sich einfach treiben.
→ **Tour 4, S. 82**

- **Karlsbrücke:** Als die schönste Brücke der Welt wird sie gepriesen – etwas hoch gegriffen. Eine der schönsten ist sie aber auf jeden Fall. An eiskalten und nebeligen Wintertagen ist ein Spaziergang über sie am romantischsten. Übrigens: Eine Münze, von der Karlsbrücke geworfen, besiegelt die ewige Liebe!
→ **Tour 2, S. 61**

- **Altstädter Ring mit Rathaus:** Ein Superlativ unter den Marktplätzen Europas, am Abend ganz bezaubernd in Szene gesetzt. Treffpunkt ist die Astronomische Uhr am Altstädter Rathaus, wo stündlich die zwölf Apostel defilieren.
→ **Tour 2, S. 57**

- **Wenzelsplatz:** Der Fokus der Neustadt, lebendig, umtriebig, laut und etwas verrucht. An seinem oberen Ende erhebt sich stolz und mächtig das Nationalmuseum, das aber, wenn Sie Pech haben, noch bis 2020 generalsaniert wird.
→ **Tour 1, S. 32**

Ab ins Museum

- **Museum Kampa:** Guter Einblick in die tschechische und tschechoslowakische Kunst des 20. Jh. Immer wieder hochrangige Wechselausstellungen.
→ **Tour 4, S. 92**

- **Palais Sternberg:** Alte Meister sind hier vertreten, von Dürer über Rubens bis Rembrandt. → **Tour 5, S. 104**

- **Sankt-Agnes-Kloster:** Sehenswerte Sammlung böhmischer Kunst des Mittelalters.
→ Tour 3, S. 74

- **Jüdisches Museum:** Kein einzelnes Gebäude wie etwa in Berlin, sondern verschiedene spannende Ausstellungen, die sich auf mehrere Synagogen verteilen. Zudem gibt es in Josefov, dem einstigen Prager Judenviertel, einen uralten jüdischen Friedhof.
→ Tour 3, S. 75

- **Messepalast:** Der ehemalige, im funktionalistischen Stil errichtete und 1928 eröffnete Messepalast dient heute als Museum für moderne und zeitgenössische Kunst – an einem Tag kaum zu bewältigen. → Tour 8, S. 133

- **Nationales Technikmuseum:** Auch in diesem Museum kann man locker einen verregneten Tag überbrücken. Ein Highlight ist die Verkehrshalle, ein Traum für Liebhaber alter Automobile. Auch Familien mit Kindern sehr zu empfehlen. → Tour 8, S. 134

Architekturperlen

- **Obecní dům:** Das Gemeindehaus steht par excellence für den Prager Jugendstil. Der extravagante Monumentalbau ist bis ins Detail ausgeschmückt. Eine Führung lohnt sich.
→ Tour 2, S. 59

- **Prag, Stadt des Kubismus:** In Sachen kubistischer Architektur steht die Moldaumetropole wohl weltweit einzigartig da. Wer der Stilrichtung nachspüren will, startet am besten mit dem Haus zur Schwarzen Madonna, einer Architekturikone, die auch noch mit feinen kubistischen Kunstwerken aufwarten kann. → Tour 2, S. 60

- **Tanzendes Haus:** Das zwischen 1992 und 1996 errichtete Gebäude im Stil des Dekonstruktivismus, für das u. a. der kanadische Architekt Frank Owen Gehry verantwortlich zeichnete, gehört zu den großen Eyecatchern am Moldauufer. Mit Panoramabar! → Tour 1, S. 32

Die schönsten Kirchen

- **Sankt-Nikolaus-Kirche:** Wer sich in Prag nur eine einzige Kirche anschauen will, sollte diese prachtvolle, von Kilian Ignaz Dientzenhofer projektierte Kirche auf der Kleinseite aufsuchen – überall tanzen Putten, ein Barockbau wie aus dem Bilderbuch. → Tour 4, S. 89

- **Sankt-Veits-Dom:** Die größte und berühmteste Kirche Tschechiens. Grundsteinlegung 1344, Fertigstellung 1929. Der fast unendlichen Geschichte des Dombaus ist der wilde Stilmix der Kirche auf der Prager Burg zu verdanken.
→ Tour 6, S. 117

- **Wallfahrtskirche Maria vom Siege:** Willkommen beim Prager Jesulein! Die kniehohe Wachsfigur mit gigantischer Krone und wechselndem Outfit wird in der gesamten katholischen Welt verehrt. Nach dem Besuch der Renaissancekirche kann man sich in den umliegenden Geschäften nach einem Jesulein fürs heimische Wohnzimmer umsehen. → Tour 4, S. 93

Orientiert in Prag

Sightseeing-Alternativen

Prag kennt nicht nur Gotik, Barock, Jugendstil und billiges Bier. Abseits all der Klischees tut sich viel. Das hat auch damit zu tun, dass die Tschechen wieder zurück ins Zentrum ziehen. Hier ein paar Unternehmungstipps abseits der Must-sees.

Veranstaltungskalender beachten!
Seien Sie Zaungast beim Masopust, dem ziemlich durchgeknallten Karneval im Stadtteil Žižkov, oder beim Khamoro, einem Festival der Roma-Kultur. Besorgen Sie sich Tickets für das Klassikfestival Prager Frühling. Und bibbern Sie mit beim traditionellen Moldauschwimmen am 26. Dezember. Schauen Sie mal, was während Ihres Aufenthalts so alles ansteht ... → S. 208/209.

Prag von oben angucken

■ **Petřín-Hügel:** Eine Standseilbahn bringt Sie hinauf auf den grünen Prager Hausberg, von dessen Aussichtsturm, einer Eiffelturm-Kopie, man einen wunderbaren Blick über die Moldaumetropole mit ihren unzähligen Türmen genießen kann. → Tour 4, S. 95

■ **Metronom im Letná-Park:** Wo einst das größte Stalinmonument der Welt stand, erinnert heute der Pendelschlag eines gigantischen Metronoms an die wechselvolle Geschichte des Landes. Dort und in der darunter liegenden Sommerbar treffen sich junge Leute auf ein Craft Beer zu Panoramablicken. Eines der lässigsten Plätzchen der Stadt. → Tour 8, S. 138

■ **Fernsehturm:** Ein Turm so hässlich wie die Nacht, 1992 als letztes noch im Sozialismus geplantes Bauwerk fertiggestellt. 38 Sekunden braucht der Aufzug bis zur Aussichtsetage auf 93 m Höhe. Weiter unten befinden sich eine Bar, ein Restaurant und ein Einzimmerhotel (!), wo man für schlappe 580 € pro Nacht übernachten kann. → Tour 9, S. 147

Genießen und staunen

■ **Opern- oder Ballettabend:** Nationaltheater, Ständetheater, Staatsoper oder Rudolfinum – ein Abend in einem dieser prunkvollen Häuser kann zum Highlight Ihres Pragaufenthaltes werden. → Kulturleben, S. 204

■ **Náplavka:** Das Moldauufer ganz im Süden der Neustadt, zwischen Palackého- und Eisenbahnbrücke, ist ein sommerlicher Hipster-Treffpunkt. Auf ausrangierten Schiffen und Booten trinkt man Bier kleiner Brauereien oder Aperol Spritz, flaniert die Meile auf und ab und startet das Programm danach auf einem anderen Schiff von vorne. → Nachtleben, S. 214

■ **Kunst abseits des Mainstream:** In Sachen zeitgenössischer Kunst ist Prag im Europavergleich kein Trendsetter. Aber dennoch öffnen mehr und mehr

Galerien und Kunsträume, die neue Wege zu gehen versuchen. Schauen Sie z. B. einmal in die MeetFactory im Stadtteil Smíchov (→ S. 128), wo sich die europäische Avantgarde in den Räumlichkeiten einer alten Fleischfabrik austobt. Oder in die Galerie Dox im Stadtteil Holešovice (→ S. 134), die auch anderes zeigt als Jugendstil von Mucha oder böhmische Barockkunst. Und auch der morbide Colloredo-Mansfeld-Palais in der Altstadt (→ S. 63) mit seinen Flecken und Narben aus sozialistischer Zeit ist immer für eine spannende Ausstellung gut.

Raus aus dem Zentrum

■ **Prager Alltag schnuppern:** Wer erfahren will, wie die Stadt wirklich tickt, muss raus aus dem historischen Zentrum und rein in die Wohnviertel, die Parks und Vorstadtpinten, z. B. nach Vinohrady (→ S. 150): keine Sehenswürdigkeiten, aber viel Lokalkolorit. Oder ins bunte Žižkov (→ S. 142) mit rauen Bars und dem überaus atmosphärischen Neuen Jüdischen Friedhof, auf dem Franz Kafka ruht. Auch der Stadtteil Karlín ist einen Abstecher wert – nicht nur wegen der hippen Restaurants und Bars, sondern auch wegen der Kasárna Karlín, eines coolen Kreativzentrums samt Galerie und Sommernachtskino in einer historischen Kaserne. Aber Achtung: An Hochsommerwochenenden und wenn sich die tschechischen Feiertage für ein verlängertes Wochenende anbieten, sind die Stadtteile, die außerhalb der touristischen Viertel liegen, wie ausgestorben! → **Touren 9 und 10**

■ **Kutná Hora:** Rund eine Stunde dauert die Zugfahrt vom Prager Hauptbahnhof ins alte Kuttenberg. Einst eine stinkreiche königliche Bergbaustadt, heute eine Kleinstadt mit charmantem historischem Zentrum und zwei grandiosen Kirchen, die es auf die UNESCO-Welterbeliste geschafft haben. Kulturprogramm trifft hier auf mittelböhmisches Leben und das beste Bier im 100-km-Radius um die Hauptstadt! Man bekommt es nur in der superurigen Gaststätte Dačický pivnice mitten im Zentrum. → **Ziele rund um Prag, S. 170**

■ **Terezín:** Theresienstadt war Festungsstadt, Ghetto, Sammel- und Durchgangslager für Juden auf dem Weg in die osteuropäischen Vernichtungslager. Das heutige Terezín ist kein Ort für Grinse-Selfies, sondern ein erschütterndes Ziel samt Konfrontation mit dem düstersten Kapitel deutscher Geschichtsschreibung. Mehrere hervorragende Museen dokumentieren das Grauen. → **Ziele rund um Prag, S. 173**

Orientiert in Prag

Essen gehen

In Tschechien trinkt man angeblich nicht zum Essen, sondern isst zum Trinken. So ist für viele Prager nicht die Qualität der Küche der ausschlaggebende Punkt, sondern die des gezapften Bieres. Aber keine Sorge, in der Moldaustadt kann man auch hervorragend dinieren – und nicht nur Braten, Kloß & Soß'.

- Wissenswertes zur böhmischen Küche finden Sie ab S. 200.
- Ausführliche Restaurantbeschreibungen finden Sie am Ende jeder Tour.
- Eine Liste aller Restaurants finden Sie ab S. 256.

Böhmische Küche einst …

Die handfeste Kost aus Böhmen hatte während der k.-u.-k.-Zeit einen nahezu legendären Ruf. In jedem Wiener Haushalt, der etwas auf sich hielt, stammte die Köchin aus Böhmen. Jenen Kochkünstlerinnen verdankt die viel gerühmte Wiener Cuisine bis heute so manche Spezialität, man denke nur an Palatschinken. Doch die Rezepte der böhmischen Köchinnen, die mit besten Zutaten, frischen Kräutern und extravaganten Gewürzen Köstliches zauberten, wurden während der sozialistischen Zeit ad acta gelegt. Da über 90 % der Frauen berufstätig waren, erstarb das häusliche Kochen, und wie in den Restaurants die Gerichte zuzubereiten waren, war bis ins Kleinste staatlich geregelt – um der Kategorisierung der Lokale wegen. Jegliche Kreativität wurde untersagt. Wer die Einheitsküche verfeinern wollte, dem drohte Strafe. Nicht alle beugten sich dem Küchendiktat des Staates und wagten im Stillen Experimente. Einige dieser „kulinarischen Dissidenten" stiegen nach 1989 zu tschechischen Starköchen auf.

… und heute

Immer mehr junge Köche an der Moldau besinnen sich auf die hervorragenden alten Rezepte oder versuchen, die böhmischen Standards mit neuen Ideen aufzupeppen. Dies macht man z. B. gekonnt im Restaurant **La Degustation Bohème Bourgoise** (→ Tour 3, S. 79) in Josefov, das gar ein Michelin-Stern ziert – einer von zweien, die bislang über der Moldau funkeln. Aber keine Sorge, wer große Teller mit nichts drauf, *Foie Gras* und Gerichte wie „Froschschenkel Eigelb Sauerklee" nicht mag, findet im Buch genügend Adressen für Schweinebraten mit Kraut und Knödeln, Bratente, Wiener Schnitzel oder Gulasch. Ein Restaurant, das diese Klassiker hervorragend zubereitet, ist z. B. das **Vinohradský Parlament** (→ Tour 10, S. 157) in Vinohrady.

Whole Animal und Fusion

Nach jeder Prag-Recherche kommen wir mit jeder Menge neuer Adressen zurück. Was ist in Prag mittlerweile nicht alles denkbar? Ein erfrischend anderes Konzept bietet z. B. das **Sansho** (→ Tour 1, S. 42) in der Neustadt, das sich als „Whole Animal Restaurant" versteht und bis auf die Hufe fast alles vom Tier anbietet. Eine lässig aufpolierte neutschechische Küche zaubert man im **Eska** in Karlín – reduzierter Industrialschick und very hip (→ Tour 8, S. 147). Erfreulich ist auch die wachsende Zahl an Bauernmärkten, wo man Biogemüse, Geräuchertes vom Böhmerwald-Bullen oder Fische aus den südböhmischen Teichen bekommt.

Bestes Bier der Welt

Nicht nur Kafka und Karlsbrücke haben Prag berühmt gemacht, auch die einst über 1000 Pivnices, die traditionsreichen, schwer-rustikalen Bierstuben. Viele, v. a. im historischen Zentrum, wurden mittlerweile modernisiert und dem Allerweltsgeschmack angepasst. Ein paar urige Exemplare haben die Zeiten jedoch überdauert. Schauen Sie unbedingt einmal im **Schwarzen Ochsen** im Stadtteil Hradčany vorbei (→ Tour 5, S. 108). Das *Pivo* fließt dort noch in rauen Mengen, dazu werden deftige Happen serviert. Das tschechische Grundnahrungsmittel Nummer eins enthält übrigens weniger Alkohol als deutsches Bier. Den bekannten Krug zu viel trinkt man dennoch – kein Wunder beim süffigsten Bier der Welt.

Nicht zu spät kommen!

Die Hauptmahlzeit nehmen die Tschechen mittags ab 11 Uhr ein. In den meisten *restaurace* werden dann preiswerte Tagesgerichte angeboten. Falls Sie keine Tageskarte (meist nur in tschechischer Sprache) bekommen, fragen Sie nach den Tagesangeboten *(denní nabídky)*. Am Abend wird auch früh gegessen. Nach 22 Uhr ist die Küche vieler einfacher Restaurants bereits geschlossen.

Was man sonst noch wissen sollte …

Die **Preisangaben** im Buch beziehen sich auf Hauptgerichte (Hg.). Beilagen müssen, von den Tagesgerichten abgesehen, oft separat bestellt werden. Die **Grammangaben** vor Fleisch-, Fisch- und selbst Pastagerichten, die man auf manchen Karten noch findet, sind Relikte aus sozialistischer Zeit. Als **Trinkgeld** gibt man 5–10 %, in touristischen Lokalen wird dieses oft automatisch berechnet.

Orientiert in Prag

Ausgehen

Prague by night – es gibt viel zu erleben: Techno oder Ethno, Jazz oder Jungle, Punkrock oder Trip-Hop – live oder vom Plattenteller. Viele Clubs und Kneipen kennen keinen Ruhetag, und eine offizielle Sperrstunde gibt es nicht. So manchem Innenstadtclub jedoch besorgten Anwohner per Gerichtsentscheid frühe Schließzeiten. Andererseits startet man in Prag ohnehin früh in die Nacht, Rockkonzerte beginnen nicht selten bereits um 19 Uhr.

▬ Unsere Ausgehtipps finden Sie geballt im Kapitel „Nachtleben" ab S. 212. Für jeden Gusto sollte etwas dabei sein.

▬ Wer seinen Abend ruhiger gestalten will, gerne ins Theater geht oder ein klassisches Konzert hören möchte, findet Adressen im Kapitel „Kulturleben" ab S. 204.

Wo steigt die Party?

Überall. In Prag gibt es keine klassischen Ausgehbezirke wie in anderen europäischen Metropolen. Clubs und Bars verteilen sich kreuz und quer über alle zentralen Stadtteile. Ganz klar sind jene im historischen Zentrum oft voller Touristen – die im Gegensatz zu den Pragern eher trinkfreudig als trinkfest sind ... Wer also lieber mit Honza aus Prag als mit John aus Australien an der Theke stehen will, sollte sich nach Smíchov, Žižkov, Vršovice oder Holešovice aufmachen, wo sich die lokale Szene trifft und die Locations oft kreativer, alternativer und individueller gestaltet sind. In den Danceclubs finden die großen Partys am Wochenende statt, die Prager Szenekneipen hingegen sind immer fröhlich-voll. Die Eintrittspreise der Clubs sind vergleichsweise niedrig. Selbst für die schicksten Locations der Stadt muss man selten mehr als 10 € hinlegen, manchmal ist der Eintritt frei. Auch die Getränkepreise halten sich im Rahmen.

Danceclubs

Prag ist nicht Berlin oder London, und wirklich originelle Clubs sind an einer Hand abzuzählen. Trotzdem, wer nur ein paar Tage oder eine Woche bleibt, wird den Mangel an innovativeren Locations nicht bemerken. Jeder Geschmack wird bedient: Es gibt austauschbare Touristenclubs, Clubs, die Charts hoch und runter spielen, Clubs mit Schwerpunkt auf witzigen 80er-, 90er- oder Nuller-Jahre-Partys (die Tschechen lieben sie!) und solche mit wirklich innovativer elektronischer Musik. Die DJ-Szene ist rege (DJanes bzw. DJs wie Lucca oder Michael Burian sind auch außerhalb Tschechiens bekannt), zudem stehen relativ oft ausländische DJs am Plattenteller – egal, ob in durchgestylten Clubs oder in einfachen DJ-Kneipen. Am Wochenende geht die Party in manchen illustren Afterhour-Clubs bis zum Nachmittag weiter. Klar bei dem günstigen Crystal Meth vor Ort ...

Handgemachte Musik

Auf irgendeiner Bühne laufen die Verstärker immer heiß: Jazz, Rock, Punk und die unglaublich populären Revivalband-Konzerte von Abba bis Zappa. Zu den erfolgreichsten tschechischen Rockbands aller Zeiten gehören die *Plastic People of the Universe* (→ S. 214, treten in Teilen wahrscheinlich demnächst mit Rollatoren auf). Im weitesten Sinne dem Punkrock zuzuordnen sind *Už jsme doma*, *Tří sestry*, *Priessnitz*, *Wohnout* und *Kazety*, dem Rock *MIG 21*, *Sunshine* und *Vypsaná Fixa*. Elektrosound kommt von *Vladimír Hirch*, atmosphärischer Pop von *Khoiba* und New-Age-Rock von *Support Lesbiens*. Anklänge an traditionelle Balkanmusik bieten *Ahmed má hlad* und *Neočekávaný dýchánek*. *Tatabojs* präsentiert tschechischen Hip-Hop, *Švihadlo* „Moldau-Reggae". Empfehlenswert sind zudem die Auftritte der erfolgreichen Songwriterin *Radůza* und der Violinvirtuosin *Iva Bittová*. Eine der genannten Bands oder Künstler(innen) tritt während Ihres Pragbesuchs garantiert irgendwo auf – ein Erlebnis mit viel Lokalkolorit.

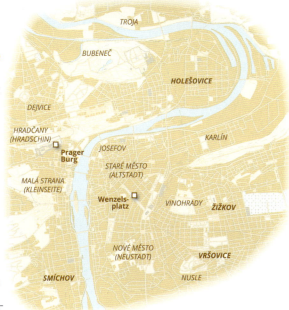

Jazz

Vorbei sind die Prager Zeiten, als Jazz noch ein Politikum war, ein antikommunistisches Lebensgefühl darstellte und als subversiv galt. Heute ist Jazz einfach nur noch Jazz. Zu den auch international bekannten Prager Jazzgrößen gehört der Flötist *Jiří Stivín*. Auf den Prager Bühnen sieht man ihn bereits seit den 60er-Jahren – mit Ausnahme der Jahre nach dem Prager Frühling, als er London zu seiner vorübergehenden Heimat machte. Einen Stivín-Liveauftritt sollten sich Jazz-Fans nicht entgehen lassen. Neben Stivín touren noch 10–15 einheimische Combos regelmäßig durch die Prager Clubs, zuweilen sorgen internationale Jazz-Musiker für Abwechslung. Je nach Band und Club kann man mit Eintrittspreisen von 8 bis 15 € rechnen.

Queer Nightlife

Die Prager Gayszene bietet ein recht breit gefächertes Angebot, das von gemütlichen Kneipen über Danceclubs bis zu SM-und Cruising-Treffs reicht, in denen sich auch Strichjungen herumtreiben. Das Angebot für Lesben ist dagegen eher bescheiden, viele Gayclubs und -bars stehen aber auch Frauen offen. Ein „schwules Zentrum", wo sich die Locations ballen, gibt es an der Moldau nicht. Wer gerne in der Gruppe ausgeht, kann sich auf www.praguegaypubcrawl.com umsehen. → S. 217

Orientiert in Prag
Shopping

Von einem Shoppingparadies à la Mailand oder Paris ist Prag weit entfernt. Zum Stöbern ist die Moldaumetropole aber eine gute Adresse – egal ob in kleinen Boutiquen junger Designer oder in verstaubten Trödelläden.

▸ Ausführliche Beschreibungen einzelner Shoppingmöglichkeiten in den Vierteln finden Sie am Ende jeder Tour.

▸ Eine Liste aller im Buch genannten Geschäfte, Malls und Märkte gibt es ab S. 259.

Fashion „made in CZ"

Bei der Auswahl unserer Einkaufstipps in den Stadttouren haben wir den Fokus auf die Kreationen tschechischer Designer gelegt. Unter ihren Labels wird Neues konzipiert, aber auch „altes" Design wiederbelebt. Wir finden z. B. die Kultsneakers **Botas 66** (→ S. 67) klasse. Es macht Spaß, der jungen Kreativszene nachzuspüren, Boutiquen aufzusuchen – man findet sie überall, das Hochpreissegment wird jedoch vorrangig in Josefov bedient. Auch gibt es mehr und mehr witzige Vintage-Läden. Über die Modestile der Stadt und des Landes bzw. deren Schöpfer erfährt man mehr auf www.czechfashioncouncil.com und auf www.mbpfw.com, der Seite der Mercedes Benz Prague Fashion Week. An der Fashion Week nehmen die bekanntesten Modedesigner Tschechiens und der Slowakei teil.

Antiquitäten und Antiquariate

Was für die Mode gilt, gilt auch für Antiquitäten: Die exklusivste Ware bekommt man in Josefov. Einfachere Trödler, bei denen sich noch so manches Schnäppchen machen lässt, findet man hingegen über die ganze Stadt verteilt. Auch gute Antiquariate gibt es überall im Zentrum, das Sortiment an deutschsprachigen Büchern wird leider von Jahr zu Jahr weniger.

Klassische Mitbringsel

Im touristischen Zentrum, v. a. in Staré Město, reiht sich Souvenirladen an Souvenirladen. Kitschige Mitbringsel überwiegen: böhmisches Kristall und Glas (nicht so unser Ding, aber die Gläser von **Moser** sind schon etwas Besonderes, → S. 67), Töpferwaren für den nächsten Polterabend, Holzspielzeug (sehr niedliche Dinge bei **Manufaktura**, → S. 76), Marionetten (viel Billigware im Angebot, aber toll der Laden **Truhlář**

Marionety, → S. 99), Kosmetik (wir mögen die Naturkosmetik des Familienbetriebs Botanicus, → S. 68) oder Bernsteinschmuck und bemalte Ostereier (es gibt sie ganzjährig). Zudem decken sich viele Touristen mit Zigaretten (noch immer billiger als daheim), Karlsbader Oblaten, böhmischem Sekt (sehr gut der *Bohemia Louis Girardot*), Becherovka (wer ihn nicht mag, probiert ihn mal mit Tonic, dafür müssen Sie einen „Beton" bestellen) oder Absinth (→ S. 30) ein. Auch mit neuen Fingernägeln reist so manche Frau nach Hause.

Malls & Co

Shoppingmalls gibt es wie Sand am Meer, insbesondere an den weit außerhalb gelegenen U-Bahn-Stationen, dort, wo die Prager wohnen, – aber natürlich auch im Zentrum. Zu ähnlichen Preisen wie daheim finden Sie die gleichen Allerweltskollektionen von *C & A* über *H & M* bis *Zara*. Einkaufen macht dort jedoch oft wenig Spaß, denn insbesondere höherwertige Ware ist bestens gesichert oder hinter Glas geschützt, was das schnelle Hineinschlüpfen oder „In-die-Hand-Nehmen" erschwert – dies ist eine Folge davon, dass Tschechien in puncto Umsatzeinbußen durch Ladendiebstahl schon mal Spitzenreiter in Europa war. Die mit Abstand größte Mall im Zentrum ist das **Palladium** (200 Läden, → S. 68). Die unseres Erachtens beste Mall (keine Mode, vorrangig Möbel und Wohnaccessoires) ist der kleine **Pavilon** (nur elf Läden, → S. 159), wo auch tschechisches Design zum Zuge kommt: Hier gibt es z. B. die wieder neu aufgelegten Rennräder der Marke **Favorit** (waren zu Zeiten der Tschechoslowakei bereits Kult) oder bei **Modernista** coole Stahlrohrmöbel im Bauhausdesign.

Floh- und Wochenmärkte

Die schönsten innerstädtischen Märkte sind im Reiseteil aufgeführt. Aber nicht zu viel erwarten, Märkte à la *Camden Market* gibt es nicht. Für außerhalb des Zentrums gelegene Märkte wie den großen **Flohmarkt Bleší trhy**, den **Antiquitätenmarkt in Buštěhrad** oder den **Vietnamesenmarkt SAPA** → S. 245.

Tipps am Rande

Es gibt kein Ladenschlussgesetz, an das der Einzelhandel gebunden ist, die **Öffnungszeiten** sind von Geschäft zu Geschäft unterschiedlich. Im touristischen Zentrum und in den großen Shoppingmalls am Stadtrand öffnen die Geschäfte tägl. um 9 oder 10 Uhr und schließen zwischen 18 und 20 Uhr, manche auch später. Die „Alltagsgeschäfte" in den abseits gelegenen Vierteln haben hingegen vielfach nur werktags von 9 bis 18 Uhr geöffnet. Samstags schließen die meisten davon mittags, andere ziehen den Rollladen erst gar nicht hoch.

Ach ja, und noch etwas: Designerware à la *Armani* oder hochwertigere Elektronik kauft man besser zu Hause (mehr Auswahl und i. d. R. billiger).

Blick vom Altstädter Rathausturm

Wege durch Prag

Tour 1	Nové Město (Neustadt)	S. 24
Tour 2	Staré Město (Altstadt)	S. 46
Tour 3	Josefov (Josefstadt)	S. 70
Tour 4	Malá Strana (Kleinseite)	S. 82
Tour 5	Hradčany (Hradschin)	S. 100
Tour 6	Pražský hrad (Prager Burg)	S. 110
Tour 7	Smíchov	S. 126
Tour 8	Holešovice und Bubeneč	S. 132
Tour 9	Žižkov und Karlín	S. 142
Tour 10	Vinohrady	S. 150
Abstecher in Prags Peripherie	Průhonice	Šárka-Tal	Stift Brenau	Der Prager Zoo	Schloss Troja	Baba-Kolonie	Müllervilla	Museum des Flugwesens	Burg Vyšehrad	Verkehrsmuseum	S. 10
Ausflüge rund um Prag	Nelahozeves	Burg Karlstein	Kutná Hora	Terezín	S. 168

Shoppen und Kaffee trinken
Tour 1

Nové Město ist das Handels- und Geschäftszentrum Prags, wenn nicht der ganzen Republik. Breite Boulevards und belebte Flaniermeilen, repräsentative Theater- und Opernhäuser, Einkaufszentren und Casinos prägen den Stadtteil.

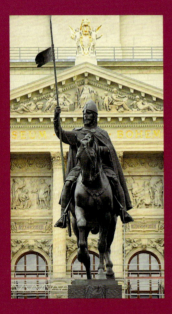

- **Wenzelsplatz**, Zentrum des modernen Prags, S. 32
- **Nationaltheater**, eines der prächtigsten Schauspielhäuser der Stadt, S. 35
- **Jerusalem-Synagoge**, sehenswerte Ausstellungen in architektonisch spannendem Interieur, S. 40
- **Neustädter Kaffeehäuser**, Kaffee und Kuchen wie anno dazumal, S. 43

Neustadt
Nové Město

Ganz so neu, wie der Name vermuten lässt, ist der Stadtteil nicht. Bereits im 14. Jh. ließ Kaiser Karl IV. den großzügigen Grundriss von Nové Město anlegen. Zu jener Zeit gehörte Prag zu den bedeutendsten Städten nördlich der Alpen, lediglich Paris, Brügge und Gent waren größer. Je nach Quelle lebten damals 65.000 bis 85.000 Menschen in Prag, in Berlin nicht einmal ein Zehntel davon. Prag sollte zu einer würdigen, neuen Hauptstadt des Heiligen Römischen Reiches werden. Doch schon bald nach Karls Tod verkam die Neustadt zum Armenviertel.

Ende des 19. Jh. riss man einen Großteil von Nové Město ab. Lediglich ein paar Kirchen und Palais sowie das rechtwinklig angelegte Straßennetz blieben erhalten. So prägen nicht enge krumme Gassen wie in der Altstadt das Bild von Nové Město, sondern breitere Straßenzüge mit teils monumentalen Gebäuden – der Gründerzeit und des Jugendstils, aber auch des Funktionalismus und des sozialistischen Realismus. Bis in die Gegenwart wird an Nové Město gefeilt. Es wird neu, um- und angebaut oder auch nur die Fassade gestrichen. Gewerbeflächen sind begehrt, nicht nur jene mit einer Ladenfrontseite. Auch Banken, Versicherungen und Handelsvertretungen wählen die Neustadt gerne als Geschäftsadresse.

> **Hinweis zum Aufbau des Reiseteils**
> Der in den Spaziergängen auftauchende Pfeil „→" vor einer Sehenswürdigkeit verweist auf eine ausführlichere Beschreibung im jeweils folgenden Kapitel „Sehenswertes". Die angegebene Dauer eines Spaziergangs beinhaltet nicht den Besuch von Museen oder anderen Sehenswürdigkeiten.

Nové Město ist ein Stadtteil mit unterschiedlichen Facetten. Der Wenzelsplatz gehört zwar weitestgehend den Touristen, doch nur wenige Schritte entfernt sieht die Welt schon wieder anders aus. Die Kaffeehäuser, Kinos und Livemusic-Clubs der Neustadt sind auch bei den Pragern extrem beliebt. Und im Sommer steht das Náplavka-Ufer hoch im Kurs: Wo andere Städte Biergärten haben, hat Prag Bierschiffe. Am Hipster-Treff Náplavka fließt das Craft Beer in Strömen.

Nové Město zieht sich wie ein breiter Gürtel um Staré Město. Altstadt und Neustadt treffen sich an den Straßen Revoluční, Na příkopě und Národní. Letztere zwei gehen vom Wenzelsplatz ab und bilden mit ihm das sog. Goldene Kreuz *(zlatý kříž)*, eines der teuersten Pflaster der Hauptstadt. Prag zeigt sich hier weltstädtisch und geschäftig. Fußgängerzonen laden zum Flanieren und Straßencafés zum Genießen ein.

Tour-Info **Länge** ca. 3,9 km, **Dauer** ca. 2:45 Std., **Karte** S. 28/29.

Spaziergang

Als den „stolzesten Boulevard der Welt" bezeichnete der Dichter Detlev von Liliencron Ende des 19. Jh. den → **Wenzelsplatz (Václavské náměstí)**, als „einen der schäbigsten Plätze Europas" in jüngerer Zeit die *Times*. Die obere Stirnseite des Platzes schließt das → **Nationalmuseum (Národní muzeum)** ab, ein monumentaler Neorenaissancebau. Abends, wenn es im Scheinwerferlicht erstrahlt, verleiht es dem Platz noch immer etwas vom Glanz zu von Liliencrons Zeiten. Davor thront seit 1912 der **Heilige Wenzel zu Pferd**. Das Denkmal ersetzte ein älteres aus dem Jahr 1680, bei dem er noch auf eigenen Füßen stehend über den Platz blicken musste. Übrigens hält man am Sockel des Denkmals gerne um die Hand der Angebeteten an – Wenzels Beistand soll dem Heiratsantrag, so heißt es, Nachdruck verleihen.

Spaziert man von dem Denkmal ein paar Schritte bergab, passiert man ein kleines Rundbeet. Darin erinnert ein **Gedenkstein** an Jan Palach (1948–1969) und Jan Zajík (1950–1969). Die beiden jungen Tschechen wählten hier den Freitod, um gegen die sowjetische Dominanz nach dem Prager Frühling zu demonstrieren (→ S. 72 und 188).

Weiter platzabwärts steht rechter Hand das in den 1950er-Jahren im „Stalinbarock" errichtete **Hotel Jalta**, damals wie heute eine Herberge der oberen Liga. Darunter, in 10 m Tiefe, befindet sich ein → **Atombunker**, von dem aus man in kommunistischer Zeit zudem westliche VIP-Gäste bespitzelte. Daneben klaffte 2018 noch eine Baulücke, die künftig das sog. **Flower Building** füllen soll, ein luftig-leichtes Glas-Stahl-Gebäude, projektiert vom englischen Architekturbüro *Chapman Taylor*.

Von den Häuserblocks rund um den Wenzelsplatz gehen viele Ladenpassagen ab, sog. „Durchhäuser", die für die Neustadt typisch sind. Da sie verschiedene Straßenzüge miteinander verbinden, kürzen sie die Wege ab. Eine der schönsten ist die **Lucerna-Passage** (zwischen der Štěpánská und der Vodičkova, vom Wenzelsplatz über die Pasáž Rokoko zu erreichen), in der man dem Heiligen Wenzel abermals begegnet. Auch wieder zu Pferd sitzend, aber dieses Mal auf dessen Bauch, da das Pferd mit dem Kopf nach unten und den Beinen nach oben von einer Kuppel herabhängt. Das zeitgenössische Kunstwerk – ein Spiegelbild des heutigen Landes – schuf der Popkünstler David Černý (→ Kasten S. 129), und der Bau selbst, der erste Stahlbetonbau Prags, wurde von Václav Havels Großvater in den 20er-Jahren des 20. Jh. entworfen.

Überquert man auf der Vodičkova den Wenzelsplatz, blickt man rechter Hand auf das berühmte **Hotel Evropa** – seit Jahren wartet man auf dessen Wiedereröffnung als Luxushotel, doch die Restaurierungsarbeiten wollen nicht vorankommen. Die Jugendstilfassade zählt zu den schönsten am Václavské náměstí. Im charmanten Kaffeehaus des Hotels hielt Franz Kafka übrigens eine seiner wenigen öffentlichen Lesungen.

Links des Hotels Evropa befindet sich der Eingang zum **Club Duplex**, einem protzigen, touristenlastigen Club in der obersten Etage. Hier, über den Dächern Prags, feierte Mick Jagger seinen 60. Geburtstag.

Von außen eher unscheinbar ist die **Hauptpost** an der Jindřišská. Im Innern ist sie aber alles andere als ein in die Jahre gekommener Zweckbau. Dort überrascht eine gelungene Verbindung aus Glas- und Stahlarchitektur mit der ursprünglichen Bausubstanz.

Ums Eck, im klassizistischen Palais Kaunitz an der Panská, befindet sich das →**Mucha-Museum (Muchovo muzeum)**, das dem Jugendstilkünstler Alfons Mucha die Reverenz erweist.

Danach laufen wir auf der Jindřišská weiter. Dort, wo heute das Gebäude mit der Nr. 17 steht, wurde 1875 Rainer Maria Rilke geboren, einer der bedeutendsten deutschsprachigen Dichter der Moderne. Getauft wurde der junge Rilke in der nahen **Sankt-Heinrich-Kirche (Kostel sv. Jindřicha)**, die im 14. Jh. unter Karl IV. erbaut wurde. Getrennt vom Gotteshaus steht der Kirchturm, der →**Jindřišská věž**, der in der Geschichte Prags auch als Wehrturm fungierte.

Über eine Ladenpassage im Gebäude der *Česká Národní Banka* (Tschechische Nationalbank) gelangt man auf die beliebte Einkaufsmeile Na příkopě. Rechts voraus erheben sich das Pulvertor, der Jugendstilbau des Obecní dům und der Empirebau des Hybernia-Theaters – allesamt beim Spaziergang durch die Altstadt aufgeführt.

Wenzel in der Lucerna-Passage

Spaziergang

Wir jedoch halten uns links und passieren das **Slovanský dům** (Nr. 22), das „Slawenhaus". Bis zum Zweiten Weltkrieg hieß es „Deutsches Haus" und war eines der Zentren im gesellschaftlichen Leben der Pragerdeutschen. Hinter der barocken Fassade verstecken sich schicke Boutiquen und ein großes Multiplexkino mit mehreren Sälen.

Das prächtige Neorenaissancegebäude (Nr. 20) daneben wurde einst für die *Živnostenská banka* erbaut. Der prunkvolle ehemalige Schalterraum im 1. Stock ist ein Traum – und hoffentlich irgendwann einmal wieder der Öffentlichkeit zugänglich.

Weiter an der Na příkopě folgt an der Ecke zur Panská die **Heilig-Kreuz-Kirche (Kostel sv. Kříže)**, ein Empirebau mit ionischen Säulen. Hinter der Kirche unterhielten die Piaristen ein Kloster und Kollegium: Rilke, Werfel und andere große Dichter gingen dort zur Schule.

Am unteren Ende des Wenzelsplatzes fällt das **Palais Koruna** ins Auge. Seinen Namen erhielt der eigenwillige, 1914 von Antonín Pfeiffer projektierte Jugendstilbau von seiner dekorativen Eckturmkrone. Ende der 1920er-Jahre wurde darin das erste Prager Selbstbedienungsrestaurant mit dem appetitlichen Namen „Automat" eröffnet, das sich bis zur Wende hielt. Rund 14 Jahre jünger ist der konstruktivistische Bau des **Baťa-Schuhgeschäfts** schräg gegenüber. Er hat heute nichts Beeindruckendes mehr. Der tschechische Schuhfabrikant Tomáš Baťa gab ihn in Auftrag. Aus Angst vor den Nazis verlegte Bruder Jan den Firmensitz 1939 nach Kanada. Die Kommunisten verstaatlichten die tschechoslowakischen Baťa-Fabriken. Als der Sozialismus in Rente ging, bekam die Baťa-Familie nur das Gebäude am Wenzelsplatz zurück.

Hier, am unteren Ende des Wenzelsplatzes, zwischen dem Palais Koruna und dem Baťa-Schuhgeschäft, spielen gerne internationale Straßenmusiker

Einzigartig: kubistische Straßenlaterne in der Neustadt

auf. Es ist eine der wenigen Ecken der Stadt, wo dies ohne Lizenz noch erlaubt ist. Arg laut aber dürfen die Musiker nicht werden – die Prager Biedermänner im Stadtrat schreiben maximal 45 Dezibel vor, Trommeln, Dudelsäcke und Oboen sind tabu.

Folgt man von hier der Gasse zwischen dem Foot-Locker-Geschäft (in einem verglasten Bau mit Rundeck) und dem Café Trinity (mit Budweiser-Markise) und hält sich gleich darauf links, gelangt man zur einzigen **kubistischen Straßenlaterne** (samt Sitzmöglichkeit) weltweit.

Am Restaurant U Pinkasů vorbei geht es zum Jungmannovo náměstí (Jungmannplatz), an dem das **Österreichische Kulturforum** residiert, dessen Portal zugleich den Zugang zur versteckt gelegenen → **Maria-Schnee-Kirche (Kostel P. Marie Sněžné)** bildet.

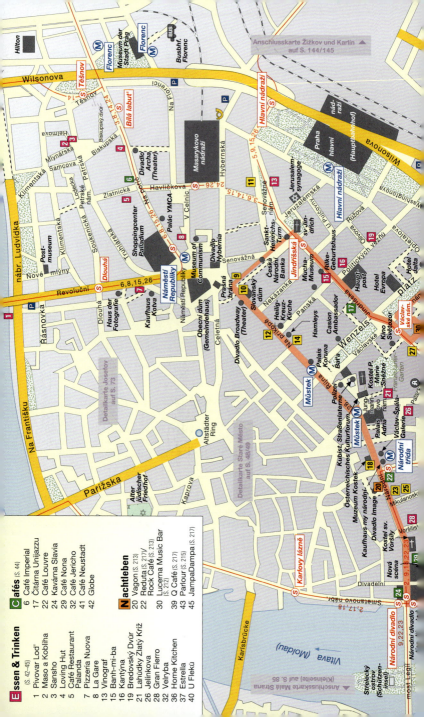

Zum Jungmannovo náměstí hin, am Beginn der **Národní třída (Nationalstraße)** steht das **Palais Adria**. Der rondokubistische Bau (→ Architektur, S. 197), den Le Corbusier etwas abfällig einen „assyrischen Palast" nannte, entstand in den 20er-Jahren des 20. Jh. für die Versicherungsgesellschaft *Riunione Adriatica di Sicurità*. Während der Samtenen Revolution tagte hier Havels „Bürgerforum".

Etwa 100 m weiter an der Národní třída muss man linker Hand auf Höhe von

---

Prag im Kasten
Von grünen Feen und grünen Schnäpsen

Picasso soll mit dem giftgrünen, gallenbitteren Likör seine blaue Periode durchlebt haben, Van Gogh schnitt sich im Absinthrausch ein Ohr ab. In den letzten drei Jahrzehnten feierte Absinth eine kleine Renaissance, aber außer dem Namen und seiner Hochprozentigkeit hat der Modedrink mit „richtigem" Absinth wenig gemein. Letzterer nämlich enthält den aus Wermutblättern gewonnenen, namengebenden Bitterstoff Absinthin und dazu Thujon, ein Nervengift, das psychedelisch wirkt und in hohen Dosen zu psychischen Schäden führen kann. Wenn man zu viel des giftgrünen Stoffes trinkt, so heißt es, sieht man eine Fee gleicher Farbe. Nicht zuletzt aus diesem Grund war Absinth lange Zeit in vielen Ländern der Welt verboten. Was heute auf den Markt kommt, ist eine Art „Absinth Light" mit maximal einem Fünftel der Thujonmenge aus der Zeit Picassos. Dennoch heißt es aufgepasst: Schon ein Gläschen kann die Sightseeing-Tour in ein anderes Licht rücken! Wer stilecht probieren möchte, entzündet einen Löffel mit absinthgetränktem Zucker und kippt die karamellisierte Flüssigkeit zurück ins Glas. Übrigens: Manche Prager Wirte bauen unangenehmen Situationen vor und schenken nur maximal zwei Gläser an experimentierfreudige Gäste aus.

Wo trinken? Am besten unter Viktor Olivas Gemälde *Der Absinthtrinker* im Café Slavia (→ Nové Město/Essen & Trinken), S. 43 oder in der Absintherie (→ Staré Město/Essen & Trinken), S. 66.

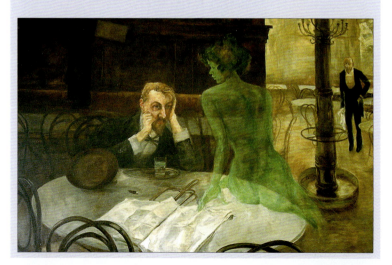

Haus Nr. 34 nach einer Passage Ausschau halten. Diese führt direkt auf **David Černýs Skulptur** *Kafka* (→ Kasten S. 129) zu.

Der Národní třída folgend passiert man kurz darauf die **Václav-Špála-Galerie (Galerie Václava Špály)**, die zu den populärsten Ausstellungsräumen junger tschechischer Künstler gehört (Nr. 30, tägl. 11–19 Uhr, Eintritt variabel, www.galerievaclavaspaly.cz). Und abermals 100 m weiter befindet sich im ersten Obergeschoss von Haus Nr. 20 das **Louvre** (leicht zu übersehender Eingang), eines der schönsten und bekanntesten **Kaffeehäuser** Prags und immer gut für eine Kaffee- und Palatschinken-Pause (→ Cafés).

200 m die Straße hinab steht die barocke **Sankt-Ursula-Kirche (Kostel sv. Voršily)** aus der Wende vom 17. zum 18. Jh. Sie entstand als Teil einer Klosteranlage und ist im Inneren mit prächtigen Fresken geschmückt (Nebeneingang nehmen).

An das Kloster schließt die **Neue Bühne (Nová scéna)** an, ein gläserner Kasten, der ein wenig an ein deutsches Kaufhaus aus den 1970ern erinnert. Die Prager lästern, sie sehe aus wie „gefrorene Pisse". Auf dem Platz dahinter toben sich die Skater aus.

Daneben, zur Moldau hin, steht das →**Nationaltheater (Národní divadlo)**, der Stolz der Tschechen. Den Absacker nach dem Besuch der Vorstellung trinkt man gegenüber im Slavia. Das Slavia gehört ebenfalls zu den traditionsreichen Kaffeehäusern Prags und ist eine der ersten Adressen, um Absinth zu kosten: Nirgendwo sonst in der Stadt lässt sich der grüne Likör stilvoller genießen als unter Viktor Olivas Gemälde *Der Absinthtrinker* aus dem Jahr 1905 (→ Kasten).

Am Ufer der Moldau geht es weiter. Im ehemaligen Botschaftsgebäude der DDR befindet sich heute das Goethe-Institut. Rechter Hand führt eine Brücke auf die →**Slaweninsel (Slovanský ostrov)**.

David Černýs rotierender Kafka

Vorbei an herrlichen Fassaden mit Moldaublick und an der →**Výstavní síň Mánes (Ausstellungshalle Mánes)**, einer der renommiertesten Galerien Prags, gelangt man zum Jiráskovo náměstí, an dem das dekonstruktivistische Gebäude des Versicherungskonzerns *Nationale-Nederlanden* steht, von allen modernen Bauten einer der interessantesten der Stadt (1992–96). Es wird auch als **Tanzendes Haus (Tančící dům)** bezeichnet. Mit Fantasie – verdammt viel Fantasie – kann man in der sich herausdrehenden, schwungvollen Fassade Ginger Rogers und Fred Astaire erkennen. Verantwortlich zeichnen der kanadische Architekt Frank Owen Gehry und der Slowene Vladimír Milunič. In dem Gebäude befinden sich heute u. a. Büros, eine Galerie, ein schickes Hotel (www.dancinghousehotel.com) und das gehobene Restaurant *Ginger & Fred* mit herrlicher Aussicht. Nochmals eine Etage höher lädt die *Glass Bar* (www.tadu.cz)

Frank O. Gehrys Tanzendes Haus

von 10–24 Uhr auf ihre Panoramaterrasse ein – wer etwas konsumiert, zahlt keinen Eintritt.

Direkt daneben, in der obersten Etage des Jugendstilgebäudes am Rašínovo nábřeží 78, wohnte einst Václav Havel mit seiner ersten Frau Olga. Nach der Gründung der Charta 77 wurde er stets überwacht – mit Ausnahme der viereinhalb Jahre, die er im Gefängnis verbrachte. Die Geheimpolizisten hatten sich schräg gegenüber in dem ehemaligen Wasserturm bei der Galerie Mánes einen kleinen Beobachtungsposten eingerichtet, damit sie im Winter beim Spitzeln nicht froren.

Wer will, kann nun weiter entlang der Resslova, vorbei an der → Kyrill-und-Method-Kirche (Kostel sv. Cyrila a Metoděje), zum → Karlsplatz (Karlovo náměstí) spazieren. Das bekannteste und geschichtsträchtigste Gebäude dort ist das → **Neustädter Rathaus (Novoměstská radnice)**. Wer nicht alle Sehenswürdigkeiten abklappern will, lässt sich einfach noch ein wenig durch die Straßen der Neustadt treiben, insbesondere nahe der Moldau ist so manch schönes Eck zu entdecken. Im Sommer laden am Ufer der Moldau auch Bar- und Restaurantschiffe auf eine Pause ein (→ Kasten S. 214).

Sehenswertes

Wenzelsplatz – Prags bekanntester Platz
Václavské náměstí

Früher hatte er das Aussehen eines Platzes und hieß Rossmarkt. Im Revolutionsjahr 1848 gestaltete man ihn in einen Boulevard um und gab ihm einen neuen Namen, allerdings nicht „Wenzelsboulevard", sondern Wenzelsplatz. Zukünftig soll aus dem Boulevard mit den enormen Ausmaßen von 750 m auf 60 m wieder ein Platz werden. Pläne dazu liegen bereits in der Schublade, Streitigkeiten zwischen Stadt und Denkmalpflege lähmen das Projekt jedoch seit Jahren. Unter anderem soll der Verkehr auf dem Platz ganz verschwinden und die Magistrale, die ihn unmittelbar vorm Nationalmuseum durchschneidet, unterirdisch verlaufen.

Die Neugestaltung und ein zukünftig korrekt-sauberes Erscheinungsbild des Platzes fordert auch eine Vereinigung aus ansässigen Hoteliers, Geschäftsleuten und Banken, die um das Image ihrer Postadresse bangen. Denn trotz seiner Repräsentativbauten und horrender Immobilienpreise ist der Wenzelsplatz alles andere als ein Schmuckkästchen à la Altstädter Ring. Zu Allerweltsketten wie *C & A* oder *H & M* gesellen sich Kaufhäuser und Souvenirshops, deren Warensortiment guten Geschmack auf die Probe stellt. Tagsüber marschieren die Touristen zügig auf und ab, und abends torkeln manche daher als leichte Beute für Taschendiebe. Ohnehin ist hier bis spät in die Nacht viel los, nicht zuletzt wegen der Kneipen, Casinos und rot beleuchteten „Cabarets" drum herum. Und über all dem zieht immer wieder der Geruch fettiger Würste hinweg, denn das untere Ende des Wenzelsplatzes ist Prags Bratwürstelmekka. Nur wie lange noch? Die Damen vom Grill und die Damen auf High Heels passen nicht in das gewünschte Bild des Platzes und sollen verschwinden.

In der Geschichte Prags und Tschechiens war der Wenzelsplatz übrigens immer wieder Schauplatz von Massenaufmärschen, -demonstrationen und -feiern, zumal es kaum einen anderen Platz der Stadt gibt, auf dem sich das Volk in so großer Zahl hätte versammeln können.

Ⓜ A, C Muzeum oder Ⓜ B, C Můstek.

Ewige Baustelle Nationalmuseum

Národní muzeum

Das Nationalmuseum gilt als eines der größten Museen der Republik, und zählt man die Exponate (im Fundus rund 14 Mio.), dann ist es das garantiert. Allein die mineralogische Sammlung – Steinchen neben Steinchen in schönen alten Vitrinen – ist eine der umfangreichsten der Welt. Auch die zoologische Abteilung ist an Vielfalt kaum zu überbieten. Kein Tier, das nicht ausgestopft wurde: Giraffe, Hammerhai, Leopard, Eisbär, Elefant usw. Zudem gibt es einen Saal mit Büsten und Statuen berühmter tschechischer

Wenzelstatue vor dem Nationalmuseum

Tour 1: Nové Město (Neustadt)

> Prag im Kasten
> **Hamburg liegt nicht an der Moldau und Böhmen nicht am Meer**
> *Vltava* heißt die Moldau im Tschechischen. Sie entspringt am Černá hora (Schwarzberg) im Böhmerwald und mündet bei Mělník in die Elbe. 440 km hat sie sich bis dahin vorangeschlängelt, die Elbe gerade ein bisschen mehr als die Hälfte. Geht man von dem Grundsatz aus, dass beim Zusammenfluss zweier Flüsse der mächtigere und längere den Namen beibehält, müsste das gute alte Hamburg an der Moldau liegen. Tut es aber nicht, genauso wenig wie Böhmen am Meer liegt, was Shakespeare in seinem Drama *Wintermärchen* behauptet.

Persönlichkeiten, eine entomologische Sammlung, eine anthropologische Sammlung und so fort. Wann all das einmal wieder zu bewundern sein wird, steht noch in den Sternen, denn das Haus durchläuft seit 2011 die erste Generalsanierung seiner Geschichte. Optimisten gehen von einer Wiedereröffnung 2019 aus, Pessimisten von 2020.

Der bronzefarbene, gläserne, auf Stelzen stehende Kasten, der nordöstlich an das Nationalmuseum anschließt, war einst das Parlamentsgebäude der ČSR und ČSSR. Den steinernen Sockel des Gebäudes bildet die ehemalige Börse. Doch mit der Machtübernahme der Kommunisten wurde die Börse überflüssig und der Klotz daraufgesetzt. Heute wird das Gebäude als **Nová Budova Národniho Muzea (Neues Gebäude des Nationalmuseums)** für temporäre Ausstellungen genutzt. Künftig soll es durch einen Tunnel mit dem Hauptgebäude verbunden werden.

Václavské náměstí 68. Ⓜ A, C Muzeum. Neues Gebäude des Nationalmuseums, tägl. 10–18 Uhr. Eintritt für alle Ausstellungen 10 €, erm. 6,80 €, Fam. 16,80 €. www.nm.cz.

Kalter Krieg und Eiserner Vorhang
Atombunker des Jalta-Hotels

Er entstand zeitgleich mit dem Hotel (1954–58), oder anders gesagt: Das Hotel diente eigentlich nur als Tarnung für das, was sich darunter verbarg. Im Notfall sollte der Bunker als Fluchtstation für rund 150 Parteibonzen dienen. In der Bunkeranlage war neben einem OP-Saal ein Abhörraum untergebracht, von dem aus die westlichen Gäste im Hotel darüber rund um die Uhr belauscht wurden (die Wanzen steckten u. a. in den Schuhbürsten). Angeblich wurde auch jedes Telefonat mitgehört – die westdeutsche Botschaft hatte bis in die 1970er-Jahre ihren Sitz im Jalta. Ein Teil des Bunkers ist heute als Museum zugänglich (mit nachgestellter Abhörstation und ein paar Infos zum Eisernen Vorhang). Aber Achtung, Voranmeldung nötig!

Václavské náměstí 45. Ⓜ A, C Muzeum. Führungen (ca. 55 Min.) müssen vorab gebucht werden und kosten mit fremdsprachigem Guide 6,80 €, erm. 5,60 €. Alle Infos unter www.muzeum-studene-valky.cz.

Jugendstil im Mucha-Museum
Muchovo muzeum

Angeblich konnte Alfons Mucha (1860–1939) zeichnen, bevor er gehen konnte. Und als er gehen konnte und auf eigenen Füßen stand, zog es ihn nach Paris und Amerika. Dort illustrierte er Bücher und entwarf jene Plakate, die ihn als Vertreter des Jugendstils weltberühmt machten. Später, wieder zurück in seiner Heimat, stellte er sich ganz in den Dienst seines Landes, entwarf Banknoten, Orden und dergleichen.

Panská 7. Ⓜ A, C Muzeum. Tägl. 10–18 Uhr. 9,60 €, erm. 6,40 €, Fam. 24 €. Mit dem Ticket erhalten Sie 50 % Ermäßigung für das Kafka-Museum (→ S. 93). www.mucha.cz.

Turm der Sankt-Heinrich-Kirche
Jindřišská věž

Der freistehende spätgotische Glockenturm entstand 1472–1476. Vom 10. Stock des Baus genießt man eine zwar schöne, durch die kleinen Glasfenster aber etwas getrübte Aussicht auf Prag. Zu jeder vollen Stunde ertönt vom Glockenspiel eine von 1000 gespeicherten Melodien. Im Turm befinden sich außerdem eine Whiskeria (rund 400 Sorten), das noble Restaurant Zvonice mit gehobener altböhmischer Küche, eine Galerie und eine wenig spannende Ausstellung über Prager Türme.

Jindřišská. Ⓢ 3, 5, 6, 9, 14, 24 Jindřišská. Tägl. 10–18 Uhr, Restaurant tägl. 11.30–24 Uhr, Café 10–24 Uhr. Eintritt für den Turm 5,60 €, erm. 3 €. www.jindrisskavez.cz.

Kirche Maria Schnee
Kostel P. Marie Sněžné

Karl IV. stiftete die Kirche den Karmelitern am Tage seiner Krönung zum König von Böhmen. Doch als der Chor fertig war, ging das Geld aus, und der ursprünglich geplante dreischiffige Bau mit über 100 m Länge wurde nie vollendet. Anfang des 17. Jh. übernahmen die Franziskaner die Kirche bzw. den Chor und ließen ihn im Barockstil umbauen – sehenswert. Betrachtet man den Bau von dem kleinen angrenzenden Franziskanergarten aus, kann man erahnen, wie mächtig die Kirche ursprünglich hätte werden sollen.

Jungmannovo náměstí. Ⓜ A, B Můstek. Zugang über das Österreichische Kulturforum. Tägl. 9.30–11 und 14–17 Uhr, im Sommer zuweilen länger.

Prunkvolles Nationaltheater
Národní divadlo

Der Literat Karel Čapek beschrieb es so: „Das Nationaltheater verwächst so glücklich mit seinem landschaftlichen Umfeld wie kein anderes Bauwerk in Prag. Sein Umfeld, das ist die lichte sanfte Moldau mit ihren lieblichen Inseln, der luftige, helle Korridor des Moldau-Tales, auf der anderen Seite die grüne Welle des Petřín und der weite Hradschin. Es gibt keinen lyrischeren Ort in Prag."

Zur blauen Stunde zeigt sich die Neustadt von ihrer Schokoladenseite

Das im Neorenaissancestil erbaute Theater wurde überwiegend aus Spendengeldern in der zweiten Hälfte des 19. Jh. errichtet. Doch kurz vor seiner Einweihung im Jahre 1881 brannte es aus. So fand die feierliche Eröffnung erst zwei Jahre später statt. Für alle bedeutenden tschechischen Künstler der damaligen Zeit war es eine Ehre, an der Ausschmückung des Theaters mitzuwirken. Und so präsentiert es sich heute äußerst prunkvoll. Auf dem Programm stehen Theater, Oper und Ballett – sollten Sie daran Freude haben, versuchen Sie, Tickets zu bekommen (→ S. 205). Unter Verwaltung des Nationaltheaters ist auch die **Neue Bühne (Nová scéna)** neben dem Nationaltheater.

Národní 2. Ⓢ 2, 9, 17, 18, 22, 23 Národní divadlo.

Stadtidyll auf der Slaweninsel
Slovanský ostrov

Sie ist eine der schönsten Moldauinseln. Sonntags gehen hier Familien spazieren, unter der Woche die Verliebten. Touristen kommen zum Tret- oder Ruderbootfahren. Das einstige Casino, der prächtige Palác Žofín, dient heute als Restaurant und Eventlocation. In dem kleinen Parkbereich flussabwärts steht ein Bronzedenkmal für Božena Němcová (1820–1862), die „tschechische George Sand", die als Begründerin des tschechischen Realismus gilt. Das Konterfei der bedeutendsten Schriftstellerin des Landes ziert heute den 500-Kronen-Schein. In vielen Novellen und Erzählungen prangerte sie die soziale Ungerechtigkeit gegenüber Frauen an. Němcovás bekanntestes Werk ist der Roman *Die Großmutter (Babička)*, der als populärstes tschechisches Prosawerk überhaupt gilt und zahllose Ausgaben erlebte. Božena Němcovás Grab befindet sich auf dem Ehrenfriedhof Vyšehrad (→ S. 165).

Ⓢ 2, 9, 17, 18, 22, 23 Národní divadlo.

Ausstellungshalle Mánes
Výstavní síň Mánes

1887 gründete sich der Verein bildender Künstler „Mánes", benannt nach dem tschechischen Maler Josef Mánes (→ S. 71). 1930 ließ der Verein das funktionalistische Gebäude am Moldauufer errichten, heute zeigt darin die tschechische Kunststiftung neben internationalen Wanderausstellungen v. a. klassische und zeitgenössische Kunst aus Böhmen und Mähren. Gehobenes Lokal mit Traumterrasse angeschlossen.

Masarykovo nábřeží 250. Ⓜ B Karlovo náměstí. Tägl. 10–18 Uhr. www.galeriemanes.com.

Sankt-Kyrill-und-Method-Kirche
Kostel sv. Cyrila a Metoděje

Die barocke Kirche, in der ersten Hälfte des 18. Jh. von Kilian Ignaz Dientzenhofer erbaut, ist heute das Zentrum der tschechisch-orthodoxen Gemeinde. In der Krypta befindet sich eine kleine Gedenkstätte für die Opfer des nationalen Widerstandes während der deut-

Krypta der Sankt-Kyrill-und-Method-Kirche

Karlsplatz mit Neustädter Rathaus

schen Okkupation. Nach dem Anschlag auf Reinhard Heydrich (→ S. 186) im Mai 1942 suchten hier die Attentäter Zuflucht. Durch Verrat erfuhr die SS von dem Versteck und stürmte Kirche und Krypta mit 360 Mann.

Resslova. Ⓜ B Karlovo náměstí. **Krypta**, tägl. (außer Mo) 9–17 Uhr. Eintritt frei. www.vhu.cz.

Ort mit Geschichte – Karlsplatz
Karlovo náměstí

Er war einst der größte Platz der Stadt, mal Viehmarkt, mal Fischmarkt, und schließlich wurde er zu einem recht reizlosen, öffentlichen Park umgewandelt. Am nördlichen Ende (= Zentrumsseite) steht das **Neustädter Rathaus** (s. u.). An der Ostseite (bergauf, Richtung Vinohrady) fällt die barocke **Kirche Sankt Ignatius (Kostel sv. Ignáce)** nach Plänen von Giovanni Orsi ins Auge (tägl. 6–12 und 15.30–18.30 Uhr). Im Abendlicht leuchtet der gute Ignatius auf dem Giebel im goldenen Strahlenkranz. Das Innere ist eine rot-weiße Pracht aus Stuck und Marmor. An die Kirche schließt das einstige **Jesuitenkolleg (Jezuitská kolej)** an, das heute die medizinische Fakultät der Karlsuniversität belegt. Am südlichen Ende des Platzes steht, neben einer Klinik der Karlsuniversität, das sog. **Fausthaus** (Faustův dům, Nr. 40). Alchemisten wohnten einst darin, weshalb es gerne mit der Sage von Doktor Faustus in Verbindung gebracht wird. Direkt daran schließt der Zugang zur **Kirche St. Johannes Nepomuk am Felsen** an (→ Emauzský klášter, S. 38).

Ⓜ B Karlovo náměstí. **Hinweis**: Nachts sollte man einen Bogen um den Park machen!

Neustädter Rathaus
Novoměstská radnice

Das Gebäude mit den markanten Renaissancegiebeln wurde in der Mitte des 14. Jh. im gotischen Stil errichtet und erlebte unzählige An- und Umbauten. Berühmtheit erlangte das Neustädter Rathaus durch den ersten Prager Fenstersturz (→ Kasten „Prager Fensterstürze ...", S. 121). Heute wird es nur noch für repräsentative Zwecke genutzt, zudem finden Ausstellungen, Messen und Konzerte darin statt. Der 50 m hohe Turm (221 Stufen sind's hinauf) mit einer Kapelle im 1. Stock kann besichtigt werden. Im Hof dahinter das gemütliche Café Neustadt (→ Essen & Trinken).

Karlovo náměstí 23. Ⓜ B Karlovo náměstí. Turm, April-Okt. tägl. (außer Mo) 10-18 Uhr. 2,40 €, erm. 1,60 €. www.nrpraha.cz.

Sehenswertes abseits des Spaziergangs

Schützeninsel – Oase in der Moldau
Střelecký ostrov

Vom Nationaltheater ist sie über die Legionärsbrücke (Most legií) zu erreichen. Ab Mitte des 18. Jh. war darauf das Korps der Prager Scharfschützen stationiert, daher der Name. Heute ist die grüne Insel ein Naherholungsgebiet im Miniformat. Im Sommer gibt es hier Open-Air-Kino-Vorstellungen, auch gehen hin und wieder kleine Konzerte über die Bühne.

Ⓢ 2, 9, 17, 18, 22, 23 Národní divadlo.

Botanischer Garten
Botanická zahrada

1897 wurde der kleine Garten angelegt, u. a. zu Studienzwecken der naturwissenschaftlichen Fakultät der Karlsuniversität. Zu sehen gibt es heimische und exotische Gewächse und viele Mütter, die ihre Kinderwagen schieben. Im Sommer werden hier gelegentlich auch Plastiken ausgestellt.

Na Slupi 18. Ⓢ 14, 18, 24 Botanická zahrada. Gewächshäuser: Nov.-Jan. 10-15.30 Uhr, Feb./März 10-16 Uhr, April-Okt. 10-17 Uhr, 2 €, erm. 1,20 €. Garten etwa 1 Std. länger geöffnet und Eintritt frei. www.bz-uk.cz.

Emauskloster der Benediktiner
Emauzský klášter

Das Benediktinerkloster Emaus wurde im 14. Jh. gegründet. 1945 trafen US-Bomben die Anlage. Zwei spitz zulaufende, geschwungene Stahlbetonschalen ersetzen seither die Türme der Klosterkirche. Auch die aus dem 14. Jh. stammenden Fresken des Kreuzgangs, einst kunsthistorische Highlights, wurden durch die Explosionen stark in Mitleidenschaft gezogen. Sie sind heute nur noch für speziell Interessierte sehenswert. Die Fresken im Chor der dreischiffigen Klosterkirche wurden hingegen aufwendig restauriert. Im Kloster leben übrigens noch heute vier Mönche.

Dem Kloster gegenüber liegt die schöne **Barockkirche Sankt Johannes Nepomuk am Felsen (Kostel sv. Jana na Skalce)**. Sie entstand im 18. Jh. nach Plänen Kilian Ignaz Dientzenhofers. Mit ihrer doppelläufigen Freitreppe davor sieht sie zwar einladend aus, doch sind ihre Pforten nur selten geöffnet (→ Gottesdienste, S. 240).

Vyšehradská 49. Ⓢ 14, 18, 24 Botanická zahrada. Emauskloster Nov.-April Mo-Fr 11-14 Uhr, Mai-Okt. Mo-Sa 11-18 Uhr. 2,40 €, erm. 1,60 €. www.emauzy.cz.

CAMP – Centrum Architektury a Městského Plánování: Direkt neben dem Emaus-Kloster befindet sich das Planungszentrum für Architektur der Stadt Prag mit einem netten Café und immer wieder interessanten Ausstellungen zu städtischen Bauvorhaben. Tägl. (außer Mo) 9-21 Uhr. Vyšehradská 51, www.praha.camp.

Angestaubtes Polizeimuseum
Muzeum Policie

Das Museum mit leicht sozialistischem Einschlag ist in einem früheren Augustinerkloster untergebracht. Ausführlich

Am „Goldenen Kreuz" ist immer was los

dokumentiert es die Geschichte des Polizeiwesens sowie des Grenzschutzes und klärt über all die verbotenen Dinge des Lebens auf. Einen Besuch wert ist die dazugehörige **Klosterkirche** (zuletzt wegen Restaurierungsarbeiten geschlossen, danach wieder So und feiertags von 14–16.30 Uhr geöffnet). Ihre Fundamente reichen bis ins 14. Jh. zurück. Ursprünglich hatte sie die Form eines Oktogons, dessen Gewölbe ohne Stützpfeiler auskam. Für diese damals beachtliche bauliche Leistung wurde ihr Baumeister verdächtigt, mit dem Teufel im Bunde zu sein. Ihr heutiges barockes Aussehen verdankt sie einem Umbau (vermutlich durch Giovanni Santini) im 18. Jh.

Ke Karlova 1. Ⓢ 7, 14, 18, 24 Albertov. Tägl. (außer Mo) 10–17 Uhr. 2 €, erm. 0,80 €. www.muzeumpolicie.cz.

Dvořák-Museum in der Villa Amerika
Muzeum Antonína Dvořáka

In einer der schönsten Sommervillen Prags, einem Bau Kilian Ignaz Dientzenhofers aus dem frühen 18. Jh., befindet sich das Museum zum Gedenken an Antonín Dvořák (1841–1904). Das populärste Werk des wohl berühmtesten tschechischen Komponisten entstand in Amerika, die *Sinfonie in e-Moll*, auch bekannt unter dem Namen *Aus der Neuen Welt*. Dvořák selbst war übrigens gelernter Fleischer, bevor er mit Müh und Not die Aufnahme in die Prager Organistenschule schaffte. Von April bis Oktober finden im oberen Saal regelmäßig Konzerte statt (für gewöhnlich Di und Fr um 20 Uhr).

Ke Karlovu 20. Ⓜ C I. P. Pavlova. Tägl. (außer Mo) 10–13.30 und 14–17 Uhr. 2 €, erm. 1,20 €. www.nm.cz.

Dunkles Bier und Blasmusik
Brauhaus U Fleků

Seit 1499 existiert die traditionsreiche Brauerei, die eines der süffigsten Biere Prags, ein bitter-süßes Dunkles ausschenkt, das nirgendwo anders in der Stadt gezapft wird. Eine Volksweise besagt sogar, dass jeder Tscheche einmal im Leben ins U Fleků pilgern sollte. Nur, Tschechen trifft man hier außer als Bedienung kaum mehr an. Das Bier kostet mehr als doppelt so viel wie in der Prager Vorstadt, und den „Willkommensschnaps" haben Sie hinterher selbstverständlich auf Ihrer Rechnung vermerkt. Busladung auf Busladung (Kapazität 1200 Plätze) stolpert herein, und im Garten wird zu böhmischer Blasmusik geschunkelt. Der Renner ist dabei *Škoda lásky (Schade um die Liebe)* – Sie kennen die Melodie von *Rosamunde*.

Dem Brauhaus ist ein kleines **Museum** angegliedert – Brauerei und Museum sind jedoch nur nach Voranmeldung zu besichtigen. Heute werden noch rund 6000 l in der Woche gebraut, ganz ohne Chemie. Dafür ist das Bier auch nur drei Wochen haltbar.

Křemencova 11. Ⓜ B Národní třída oder Karlovo náměstí. **Wirtschaft**, tägl. 10–23 Uhr, ✆ 224934019, www.ufleku.cz.

Samt und Gold – Staatsoper
Státní opera

Sie wurde Ende des 19. Jh. im Neorenaissancestil als das „Neue Deutsche Theater" gebaut. Viele berühmte Künstler gaben sich hier ein Stelldichein, u. a. Mahler, Seidl, Klemperer und Szell. Im Innern dominieren roter Samt und Gold – allein schon deshalb einen Besuch wert (→ Kulturleben, S. 205). Aber Achtung: wegen einer Generalsanierung voraussichtlich bis Herbst 2019 geschlossen.

Wilsonova 4. Ⓜ C Hlavní nádraží. www.narodni-divadlo.cz.

Größte Synagoge Prags
Jeruzalémská synagoga

In der Neustadt, außerhalb des einstigen Ghettos, befindet sich mit der Jerusalem-Synagoge die größte Synagoge Prags (850 Sitzplätze). Sie wird heute noch wie die Altneusynagoge von der jüdischen Gemeinde Prags genutzt. Anfang des 20. Jh. wurde sie im pseudomaurischen Stil errichtet, und da die Eröffnungsfeier der Synagoge ins 60. Jahr der Regentschaft Franz Josephs I. fiel, wird sie auch „Jubiläumssynagoge" genannt. Ihr Architekt Wilhelm Stiassny projektierte übrigens auch den Jüdischen Zentralfriedhof in Wien. Das Innere des sehenswerten Gotteshauses ist gut erhalten, da es während des Zweiten Weltkrieges als Lager missbraucht wurde und so von größeren mutwilligen Zerstörungen verschont blieb. Die Jerusalem-Synagoge diente u. a. als Drehort der Hochzeitsszenen für den Film *Comedian Harmonists*. Auf der Frauengalerie informieren Ausstellungen über das jüdische Leben in Prag von 1945 bis heute sowie über jüdische Monumente in Tschechien.

Es lohnt sich, öfters mal nach oben zu gucken …

Jeruzalémská 7. Ⓢ 3, 5, 6, 9, 14, 24 Jindřišská. Nur April–Okt. tägl. (außer Sa und an jüdischen Feiertagen) 10–17 Uhr. 3,20 €, erm. 2 €. www.synagogue.cz.

Gottwald & Co
Museum of Communism

Am Platz der Republik (Náměstí Republiky) steht auf Neustadtseite eine alte Markthalle, die einst auch als Zollhaus diente. Mit der letzten Sanierung bekam sie einen luftigen, 2-stöckigen Dachaufbau. Dort erinnert nun das Museum des Kommunismus an die 41 Jahre währende sozialistische Ära des Landes. Behandelt werden alle möglichen Themen: Arbeitslager, Polizeiwesen, Propaganda, Leben im Plattenbau, Sport, Urlaub, Stahlindustrie und Umweltverschmutzung, Grenzschutz und Flucht, Uranminen, Schulwesen, Unterdrückung der Religionen, Bürgerproteste und, und, und … – selbst die Toilettenpapierkrise Ende der 1980er-Jahre wird nicht ausgespart. Die Exponate sind nicht allzu spannend, die Erläuterungen hingegen schon (leider nur auf Englisch und Tschechisch). Übrigens handelt es sich bei dem Museum of Communism um ein privates Museum – der tschechische Staat, der sich nur sehr ungern mit seiner Vergangenheit auseinandersetzt, wäre als Träger kaum denkbar.

V Celnici 4 (über dem Restaurant Kolkovna Celnice). Ⓜ B Náměstí Republiky. Tägl. 9–20 Uhr. 11,50 €, erm. 10 €. www.muzeumkomunismu.cz.

Fotokunst vom Feinsten
Leica Gallery Prague

In der kleinen Galerie werden regelmäßig interessante Fotoausstellungen präsentiert. Außerdem gibt es ein Café mit ein paar Klassikern der Fotografie an den Wänden und einen Verkauf von Fotobüchern und Plakaten.

Školská 28. Ⓢ 3, 5, 6, 9, 14, 24 Vodičkova. Mo-Fr 10–21 Uhr, Sa/So 14–20 Uhr. www.lgp.cz.

Haus der Fotografie
Dům fotografie

Hier präsentiert die Städtische Galerie *(Galerie hlavního města Praha)* temporäre Ausstellungen meist tschechischer Fotografen, zuweilen aber kommen auch Künstler aus dem Ausland zum Zuge. Temporäre Ausstellungen zeigt die Städtische Galerie auch in der Stadtbücherei (Městská knihovna) am Mariánské náměstí 1, im Haus zur Steinernen Glocke (→ S. 50) und im Palast Colloredo-Mansfeld (→ S. 63).

Revoluční 5 (1. OG). Ⓢ 3, 6, 14, 24, 26 Dlouhá třída. Tägl. (außer Mo) 10–18 Uhr, Do bis 20 Uhr. 4,80 €, erm. die Hälfte. www.ghmp.cz.

> **Noch mehr gute Fotos:** Im Stadtteil Stodůlky weit außerhalb des Zentrums wurde 2016 das *Czech Photo Centre* eingerichtet, das spannende Pressefotografien im Rahmen wechselnder Ausstellungen zeigt. Seydlerova 4. Ⓜ B Nové Butovice (direkt neben der Metrostation). Di–Fr 11–18 Uhr, Sa/So 10–18 Uhr. Eintritt ausstellungsabhängig. www.czechphoto.org.

Museum der Stadt Prag
Muzeum hlavního města Prahy

Dem, der seine bereits durchlaufenen Gassen einmal von oben sehen möchte, sei dieses Museum empfohlen. Elf Jahre bastelte der Lithograf Antonín Langweil im frühen 19. Jh. an seinem Prag aus Pappe, einem 20 m² großen, originalgetreuen Modell der Stadt von damals (auch als dreidimensionales Filmprojekt zu bewundern). Ansonsten informiert das Museum, untergebracht in einem schmucken Neorenaissancegebäude, über die Geschichte Prags. Zu sehen bekommt man archäologische Funde, Keramik, Hauszeichen, Möbelstücke usw. Zudem finden Wechselausstellungen statt.

Na Poříčí 52. Ⓜ B, C Florenc. Tägl. (außer Mo) 9–18 Uhr. 3,20 €, erm. 2,40 €. www.muzeumprahy.cz.

Praktische Infos

→ Karte S. 28/29

Essen & Trinken

Restaurants

meinTipp Sansho 3, ein Lokal, das auch in Berlin-Mitte sein könnte. Simpel-stilvoll eingerichtet, den Köchen kann man bei der Arbeit zusehen. Asiatisch inspirierte Fusionküche, zugleich versteht man sich als „Whole Animal Restaurant" – also nichts für Vegetarier. Interessantes Konzept am Abend: Dann gibt es nur ein einziges 6-Gänge-Degustationsmenü mit einigen Überraschungen (nach Abneigungen und Allergien wird zuvor gefragt, Menüpreise 36–48 €). Mittags isst man deutlich günstiger. Unbedingt reservieren. So/Mo geschl. Petrská 25, Ⓢ 3, 8, 14, 24 Bílá labuť, ☎ 222317425, www.sansho.cz.

🌿 Maso a Kobliha 2, ebenfalls ein heißer Tipp. In Nachbarschaft des Sansho (unter gleicher Leitung), aber mit dem Konzept eines „Pubs der Neuzeit": urban, hip und hell. Nur ein paar Gerichte auf der Karte, dazu tägl. wechselnde Specials wie *Meat Pie* auf Kartoffelpüree, Schnitzel mit Waldorfsalat oder *Reuben Sandwich* (Hg. 7–8 €). Verwendet wird Biofleisch heimischer Tiere, für Vegetarier gibt's nicht viel. Dazu klasse Bier von kleinen Brauereien und ein freundliches Lächeln für jeden Gast. Nur Di–Sa 11–22 Uhr. Petrská 23, Ⓢ 3, 8, 14, 24 Bílá labuť, ☎ 224815056, www.masoakobliha.cz.

meinTipp Kantýna 16, eine optische Granate, die irgendwo zwischen Nobelmetzger, Nobelstehimbiss, Restaurant und Kantine liegt. Beim Betreten bekommt man einen Konsumzettel, mit dem man an den verschiedenen Theken fleischige Leckereien wie Burger, Wurstplatten, Steaks oder Pulled-Pork-Sandwiches und dazu den leckersten Kartoffelpuffer der Stadt bestellen kann. Sehr stylish (allein das fotogene Kühlhaus), sehr hip, Fleisch von bester Qualität, aber auch nicht billig. Für ein schnelles Mittagessen legt man schon mal 16 € hin. Politických Vězňů 5, Ⓜ A, B Můstek, ☎ 734172398, www.kantyna.ambi.cz.

Gran Fierro 28, Applaus für den Innenarchitekten, der dieses an die argentinische Küche angelehnte Steaklokal wirklich sehr behutsam und ohne einen Funken Kitsch auf Südamerikanisch gestylt hat. Da wird das Essen fast zur Nebensache: Steaks mit leckeren Soßen, Burger, Empanadas usw. Hg. 7,60–25 €, günstiger Mittagstisch. Vořšilská 12, Ⓜ B Národní třída, ☎ 773700377, www.granfierro.cz.

Pivovar Lod' 1, eine Brauerei auf dem Schiff – das ist doch mal was! Auf 2 Etagen sitzt man hier zwischen Braukesseln, auf dem Sonnendeck zudem eine tolle Sommerterrasse. Auf der Karte nur wenige Hauptgerichte (verfeinerte böhmische Küche), zudem gute Vorspeisen zum Teilen. 6 Sorten unfiltriertes, unpasteurisiertes Bier, das leider nur in 0,4-l-Gläsern serviert wird. Hg. 7,50–12 €. Dvořákova nábřeží (Štefanikův most), Ⓢ 6, 8, 15, 26 Dlouhá třída, ☎ 773778788, www.pivolod.cz.

Loving Hut 4, die vegane Restaurantkette gibt es in Prag mittlerweile 6-mal. Die Filiale in der Neustadt geht über 2 Etagen und hat auch einen kleinen Supermarkt und eine Konditorei angeschlossen. Das Motto lautet: „Be vegan, go green, safe the planet." Die meisten Gerichte gehen in die asiatische Richtung, es gibt aber auch veganes Schnitzel, Burger und Spaghetti. Leicht steriles Kantinenambiente, alkoholfrei. Reichhaltiges Mittagsbüfett. Mo–Fr 11–21 Uhr, Sa/So ab 12 Uhr. Na Poříčí 25, Ⓢ 3, 8, 14, 24 Bílá labuť, ☎ 775999376, www.lovinghut.cz.

La Gare 8, stilvolle Melange aus Bistro, Weinstube, Restaurant und Feinkostverkauf, die sich auch „Haus der Gastronomie" nennt. Super Quiches, große Salate, *Foie Gras*, *Coq au Vin* usw. Außenterrasse. Hg. 14,50–22 €. V Celnici 3, Ⓜ B Náměstí Republiky, ☎ 222313 712, www.lagare.cz.

Pizzeria Nuova 7, weitläufiges, durchgestyltes Lokal mit breiter Fensterfront. Originelles Konzept: Für einen All-you-can-eat-Preis von 16,30 € kann man sich stets neue Pasta- und Pizzavariationen an den Tisch bringen lassen. Wer sich dazu zusätzlich noch am Antipasti-Büfett bedienen will (nur wer schafft das?), zahlt 24 €. Mo–Fr bis 18 Uhr günstiger. Man kann aber auch à la carte essen. Fantastische Küche dank neapolitanischer Tomaten und Pizzabäcker. Revoluční 1, Ⓜ B Náměstí Republiky, ☎ 221803308, www.pizzanuova.cz.

Bredovský Dvůr 19, laute Bierschwemme im gepflegten Backsteinambiente. Unmittelbare Nähe zum Wenzelsplatz, dennoch auch viele Prager im Publikum. Einsehbare Küche, in der variantenreiche böhmische Gerichte gezaubert werden (kosten Sie das Gulasch mit Kartoffelpuffern!). Hg. 8–16 €. Politických Vězňů 13, Ⓜ A, C Muzeum, ☎ 224215428, www.restauracebredovskydvur.cz.

Häuserbrücke an der Nekázanka

Estrella 37, charmantes vegetarisches und veganes Café-Restaurant unter weißem Gewölbe. Nur wenige Tische, und nur eine kleine Auswahl an Speisen (wie Safran-Risotto, gegrillter Ziegenkäse oder Thaicurry mit Tofu), die aber von hoher Qualität sind. Abends Reservierung ratsam, von 15.30–18 Uhr wird kein Essen serviert. Hg. max. 10 €. Opatovická 17, Ⓜ B Národní třída, ✆ 777431344, www.estrellarestaurant.cz.

Café Restaurant Palanda 5, in diesem überschaubaren Lokal gibt es beste Burger (aus lokalem Fleckviehfleisch) und grandiose *Pulled Pork Sandwiches* zu 6,80–9,60 €. Pommes und Soßen schlagen extra zu Buche. Sehr populär, besser reservieren. So geschl. Zlatnická 11, Ⓜ B Náměstí Republiky, ✆ 77770042, www.cafepalanda.cz.

U Fleků 40 → Sehenswertes, S. 39.

Pivnices

Jelínkova 26, alteingesessene, beliebte kleine Pilsner-Bierstube mit Holzvertäfelung, wie es sie einst überall in der Stadt gab. Abends knallvoll. Hier ist die Zeit stehen geblieben. Snacks. Sa nur bis 18 Uhr, So geschl. Charvátova 1, Ⓜ B Národní třída, ✆ 224948486.

Traditionsreiche Kaffeehäuser

Café Imperial 6, eines der schönsten Kaffeehäuser der Stadt: Wände und Decken sind – einmalig weltweit – vollständig mit kunstvoll gearbeiteter Keramik ausgeschmückt. Leider seit der letzten Restaurierung deutlich steriler geworden. Aufgehoben wurde auch die witzige Tradition, nach der man für rund 60 € eine Schüssel mit Krapfen vom Vortag bestellen und andere Gäste damit bewerfen konnte … Dafür kann man heute besser essen (höhere Preise, aber preiswerte, leckere Lunchangebote). Achtung: zu den Essenszeiten besser reservieren! Na Poříčí 15, Ⓜ B Náměstí Republiky, ✆ 246011 440, www.cafeimperial.cz.

Kavárna Slavia 24, einst Rilkes und Kunderas Wohnzimmer. Heute werden hier v. a. Reiseführer in allen Sprachen gelesen. Mit der letzten Renovierung ist aus dem alten Kaffeehaus ein modernes, helles Café geworden. Der Moldaublick durch die weite Fensterfront ist nach wie vor grandios. Smetanovo nábreží 2, Ⓢ 2, 9, 17, 18, 22, 23 Národní divadlo, ✆ 224218493, www.cafeslavia.cz.

Café Louvre 22, von den Kommunisten wegen bourgeoiser Tendenzen geschlossen, seit 1992 wieder Kaffeehaus. Hohe, kitschig altrosa gestrichene Wände, viel Stuck. Große Auswahl an internationalen Tageszeitungen, fesche Bedienungen. Restaurant (durchschnittliches Essen in kleinen Portionen) und Billardsalon angegliedert. Achtung: Schlangen zu Stoßzeiten! Národní třída 20, Ⓜ B Národní třída, ✆ 224930949, www.cafelouvre.cz.

Cafés/Bars/Kneipen

Globe 42, eine amerikanische Enklave in der Stadt. Schmuckes Café, leckerer Milchkaffee, Salate und Sandwichs. Gute Frühstücksadresse. Buchladen mit englischsprachiger Literatur und deutschen Zeitungen angegliedert. Pštrossova 6, Ⓢ 2, 9, 17, 18, 22, 23 Národní divadlo, ✆ 224934203, www.globebookstore.cz.

Café Neustadt 41, gemütlich-hippes Hofcafé im Gebäudekomplex des Neustädter Rathauses. Jazzige Musik, entspannte Atmosphäre, Retroklassiker im Bauhaus-Stil, nette Terrasse. Zuweilen klimpert jemand auf einem Klavier. Viele Vollbärte, viele Studenten, dazwischen auch mal ein älteres Pärchen bei einem Gläschen Wein. Kleine Gerichte und auch Cocktails. So nur bis 20 Uhr. Karlovo náměstí 23, Ⓜ B Karlovo náměstí, ✆ 731105764, www.cafeneustadt.cz.

Vinograf 13, schöne, große, lichte Weinbar mit tollem Angebot: rund 500 Weine, die meisten davon kommen aus Europa. Eigene Sommeliers. Leckere Kleinigkeiten zum Wein, man kann aber auch richtig essen, dazu gibt es Mo-Fr ein günstiges Mittagsmenü. Sehr populär. So erst ab 17 Uhr. Senovážné nám. 23, Ⓢ 3, 5, 6, 9, 14, 24 Jindříšská, ✆ 214214681, www.vinograf.cz.

Café Nona 29, luftige Café-Bar im 1. Stock der *Nová scéna*, des gläsernen Nachbarn des Nationaltheaters. Schon das protzkommunistische Innendekor aus den frühen 1980ern ist ein Grund zum Hingehen: grüner Marmor, roter Linoleumboden, kafkaesk niedrige Decken. Günstige Preise, freundliches, junges Personal. Frühstück und kleine Gerichte. Auch ideal für das Gläschen Sekt nach dem Theater. Národní, Ⓢ 2, 9, 17, 18, 22, 23 Národní divadlo, ✆ 775-755147, www.cafenona.cz.

Čítárna Unijazzu 17, das von der Kulturinitiative *Unijazz* gemanagte Studentencafé ist gar nicht einfach zu finden. Eine Oase in der Ecke um den Wenzelsplatz! Ein internationales Studentenpublikum liest hier, unterhält sich leise zu sanfter Musikuntermalung oder greift zu einem Gesellschaftsspiel. Teppiche auf PVC-Böden, Regale voller Bücher und CDs, Möbel von der Oma. Man kann auch Kleinigkeiten essen. Mo-Sa ab 14 Uhr, So ab 16 Uhr. Jindřišská 5 (4. Stock, klingeln), Ⓜ A, C Muzeum o. A, B Můstek, ✆ 224261006, www.citarna.unijazz.cz.

Velryba 32, der „Wal" ist ein Klassiker unter den Prager Studentenkneipen. Vorne ein großer Raum mit Kartoffeldruck an den Wänden samt Bar und Restaurantbetrieb, hinten Wohnzimmeratmosphäre mit Möbeln von der Oma. Recht günstiges, gutes Essen. Club und Galerie angegliedert. Falls abends voll: Auch das **Café Jericho** 32 eine Tür weiter ist unter Studenten überaus beliebt. Opatovická 24, Ⓜ B Národní třída, ✆ 224931444, www.kavarnavelryba.cz.

Snacks

🌿 **Home Kitchen** 36, ein sehr nettes Konzept, das so gut ankommt, dass mittlerweile 4 Home Kitchens in Prag existieren. Der kleine Laden mit nur wenigen Tischen bietet außer Frühstück tägl. nur 2 Suppen, knackige Salate und ein paar sehr gute Hg. (ca. 8 €) mit mediterranem Touch. Die Speisen wechseln regelmäßig. Eine gute Adresse für Vegetarier. Dazu: Olivenöl mit hausgebackenem Brot und leckere Limonade. Alles ist bio und fairtrade. Nur Mo-Fr 7.30-17 Uhr. Jungmannova 8, Ⓢ 3, 5, 6, 9, 14, 24 Vodičkova, ✆ 734714227, www.homekitchen.cz.

banh-mi-ba 15, hippes vietnamesisches Schnellrestaurant. Der Schwerpunkt liegt auf lecker belegten Baguettes (4 €) und aromatischen Suppen (5,20 €). Panská 9, Ⓢ 3, 5, 6, 9, 14, 24 Jindřišská, ✆ 604104384, www.banhmiba.cz.

Lahůdky Zlatý Kříž 21, alteingesessen und vom Modernisierungsboom noch weitestgehend unberührt. Hier gibt es kunstvoll belegte

Kunsthappening auf dem Wenzelsplatz

Weißbrotscheiben, sättigende Mayonnaisesalate, diverse Wurst- und Käsesorten, Kaffee und Kuchen sowie preiswerte Mittagsgerichte. Sa nur bis 15 Uhr, So geschl. Jungmannova 34, Ⓜ A, B Můstek, www.lahudkyzlatykriz.cz.

Einkaufen

Fashion

BackYard Showroom 38, das Hinterhofatelier betreiben Absolventen der hiesigen Designakademie. Viel Mode (darunter stilvolle Hemden und Blusen von Kristýna Kubištová und handgemachte farbenfrohe Schuhe von Fernando Echeverria), aber auch Schmuck. Nur Mo–Fr 13–19 Uhr. V Jirchářích 8, Ⓢ 2, 9, 17, 18, 22, 23 Národní divadlo, www.back-yard.cz.

La Femme Mimi 31, der Laden der in Vietnam geborenen Prager Designerin Mimi Lan. Romantisch-verspielt-kitschige, mädchenhafte Röcke und Kleider, dazu witzig bestickte Stofftaschen. Außerdem: handgefertigte Winterjäckchen für Ihren Bello. Štěpánská 53, Ⓢ 3, 5, 6, 9, 14, 24 Vodičkova, www.lafemmemimi.com.

E.daniely 35, das Label von Daniela Flejšarová und Eva Janoušková. Klassische, eher puristische Damenmode, die für gehobenere gesellschaftliche Anlässe passt. Na struze 1, Ⓢ 2, 9, 17, 18, 22, 23 Národní divadlo, www.edaniely.cz.

Dyzajnoff 34, Klamotten und Taschen von tschechischen Nachwuchsdesignern. Günstig. Ostrovní 20, Ⓜ B Národní třída.

Pietro Filipi 18, was nach Italien klingt, muss nicht aus Italien sein – die Modekette wurde 1993 in Tschechien ins Leben gerufen. Schnörkellose Damen- und Herrenmode. Mehrere Geschäfte, u. a. in der Národní 31, Ⓜ B Národní třída, www.pietro-filipi.com.

Shoppingmalls

An der Einkaufsmeile Na příkopě, der Grenze zur Altstadt, liegen die kleineren Shoppingtempel **Slovanský dům** 10 (Nr. 22, www.slovanskydum.cz), **Myslbek** 12 (Nr. 19–21, www.ngmyslbek.cz) und **Černá Růže** 14 (Nr. 12, www.cernaruze.cz), am Náměstí Republiky zudem das **Palladium**, das unter Staré Město (S. 68) aufgeführt ist.

Märkte

🌿 Jeden Sa von 8–14 Uhr **Bauernmarkt** mit regionalen Produkten am **Náplavka-Ufer** zwischen Palackého most und Železniční most. Ⓢ 2, 3, 7, 17, 21 Výtoň, www.farmarsketrziste.cz.

Nobelimbiss Kantýna: Burger at its best

Antiquitäten

Art Deco 33, schöne und ausgefallene Lampen. Pštrossova 35, Ⓜ B Národní třída, www.art-deco.cz.

Bücher

Antikvariát Křenek 23, Drucke und viele alte deutschsprachige Bücher, darunter auch Raritäten. Národní 20, Ⓜ B Národní třída, www.antikvariatkrenek.com.

Wohnen/Accessoires

Harddecore 11, Schmuck, Mode, Porzellan und Lampen überwiegend junger tschechischer und slowakischer Designer. Bezahlbar. Senovážné náměstí 10, Ⓢ 3, 5, 6, 9, 14, 24 Jindřišká.

Belda Factory 25, der wunderschöne Schmuck wird im Familienbetrieb hergestellt. Nur Mo–Fr 11–18 Uhr. Mikulandská 10, Nové Město, Ⓢ 2, 9, 17, 18, 22, 23 Národní divadlo, www.belda.cz.

Fotozubehör

Foto Škoda 27, das größte Fotogeschäft der Republik. Im Haus auch die *Langhans Galerie*, die oft spannende Fotoausstellungen präsentiert. Vodičkova 37, Ⓜ A, B Můstek, www.fotoskoda.cz.

Schreibwaren

Koh-i-Noor Hardtmuth 9, das Warensortiment der 1790 gegründeten Papier- und Bleistiftfabrik aus Budweis. Na příkopě 26, Ⓜ B Náměstí Republiky, www.koh-i-noor.cz.

🌿 **Papelote** 44, Hefte, Blöcke, Geschenkpapier, alles sehr stilsicher sowie ökologisch und nachhaltig in Tschechien produziert. Vojtěšška 9, Ⓢ 2, 9, 17, 18, 22, 23 Národní divadlo, www.papelote.eu.

Das Prag der Bildbände
Tour 2

Staré Město ist einer der lebhaftesten Stadtteile Prags. Er gehört den Touristen, kaum noch den Pragern. Sein Herz ist der Staroměstské náměstí, der gerne als der schönste Platz Europas bezeichnet wird. Aber auch die angeblich schönste Brücke der Welt ist hier zu finden, die Karlsbrücke.

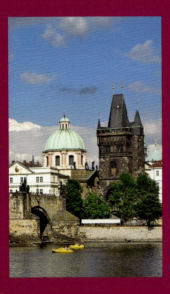

- **Altstädter Ring**, ein Platz wie aus dem Bilderbuch, S. 50
- **Altstädter Rathaus**, die astronomische Uhr ist Treff und Mega-Hingucker, S. 57
- **Gemeindehaus Obecní dům**, ganz großes Jugendstil-Kino, S. 59
- **Haus zur Schwarzen Madonna**, ein Muss für Kubismus-Fans, S. 60
- **Karlsbrücke**, die wohl berühmteste Brücke Europas, S. 61

Altstadt
Staré Město

Ein Wirrwarr aus engen, verwinkelten Gassen prägt die Altstadt. Ohne Plan ist man schnell darin verloren, aber das macht nichts. Lassen Sie sich einfach treiben. Die belebtesten Gassen sind die Celetná und die Karlova. Beide werden gesäumt von alten Barock- und Renaissancefassaden, die mit viel Liebe restauriert wurden; kaum noch ein Winkel, der nicht der Postkartenharmonie entspricht.

Abseits dieser aufgebrezelten Vorzeigegassen geht es erheblich ruhiger zu. Und je mehr man sich von ihnen entfernt, desto mehr taucht man ein in jenen Teil der Altstadt, wo nicht mehr alle Häuser aussehen, als hätte man sie gestern erst gebaut. Hier bröckelt der Putz noch ein wenig, und hier besitzen die Hinterhöfe gelegentlich einen Charme wie in Italien. Hier eröffnen immer mehr hippe Bars und spannende Restaurants, die nicht nur auf den schnellen Euro aus sind. Hier stellen in den Galerien junge Künstler aus, die auch etwas anderes malen als die immer gleichen Aquarelle von der Karlsbrücke. Hier durchläuft die Altstadt wie das gesamte historische Zentrum gerade den lang ersehnten Wandel: weg vom reinen Freilichtmuseum hin zu einem Stadtteil, den auch die Prager wieder schätzen lernen.

Die Brücke selbst, gesäumt von fliegenden Händlern und barocken Statuen, ist Prags berühmtestes Wahrzeichen. Am späten Abend, wenn die Straßen entlang der Moldau beleuchtet sind und die Türme und Kuppeln Prags theatralisch im Scheinwerferlicht erstrahlen, ist ein Spaziergang darüber am eindrucksvollsten.

Auch der Staroměstské náměstí (Altstädter Ring) zeigt sich am Abend von seiner romantischsten Seite. Er ist zugleich der Dreh- und Angelpunkt der Altstadt. Und wer sie nicht zu Fuß erkunden will, kann von dort mit einer Kutsche durch die Gassen starten. Cafés und Restaurants rund um den Platz laden zum Verweilen im Freien ein, selbst noch spät im Herbst (beheizt!).

Tour-Info Der Übersichtlichkeit wegen ist der folgende Spaziergang in vier Teile gegliedert.

Quer durch die Altstadt fahren keine Straßenbahnen. Lediglich die Metrolinie A führt unter ihr hindurch. Die nächsten Stationen zum Altstädter Ring (Staroměstské náměstí), dem zentralen Platz des Stadtteils, sind Staroměstská und Můstek. Bei Letzterer beginnt der Spaziergang. Achten Sie im Gedränge enger Gassen auf Ihre Wertsachen!

Länge ca. 3 km, Dauer ca. 2 Std., Karte S. 52/53.

Spaziergang

Vom Wenzelsplatz zum Altstädter Rathaus

Die Fußgängerzone Na příkopě am unteren Ende des Wenzelsplatzes trennt die Neustadt von der Altstadt. Der direkteste Weg zum Altstädter Ring führt von dort über die Straßen Na Můstku und Melantrichova. Dazwischen passiert man den **Gallenmarkt (Havelské tržiště)** auf der Havelská, an dessen Ständen neben etwas Obst und Gemüse vorrangig Holzspielzeug, billiger Schmuck und allerlei Plunder verkauft werden. Beliebtestes Mitbringsel sind Hexenmarionetten, die, sobald man in die Hände klatscht, höhnisch zu lachen beginnen. Die Kirche, die den schmalen Platz nordöstlich davon überragt, ist die **Sankt-Gallus-Kirche (Kostel sv. Havla)**. Ihre Grundmauern reichen bis ins 13. Jh. zurück, ihre geschwungene Fassade gab ihr Giovanni Santini Aichel in der ersten Hälfte des 18. Jh. Deutsche Kolonisten siedelten hier im Mittelalter und verehrten in der Kirche die Schädelreliquie des heiligen Gallus aus Sankt Gallen, daher der Name. Hinein darf man leider nur zu Gottesdiensten. Seit der Samtenen Revolution wurden Kulturgüter in unbezifferbarem Wert geraubt, weshalb heute viele Gotteshäuser, sofern kein Aufseher zur Stelle ist, nur noch während der Messen ihre Pforten öffnen.

Die Melantrichova ist eine enge Bilderbuchgasse, an der Souvenirgeschäfte, Restaurants und das → **Sex Machines Museum** liegen. Dessen Eröffnung im Zentrum des „altehrwürdigen" Prags führte übrigens zu heftigen Kontroversen im Stadtrat. Die Gasse endet am Altstädter Ring vor dem → **Altstädter Rathaus (Staroměstská radnice)** mit der Astronomischen Uhr. Zu jeder vollen

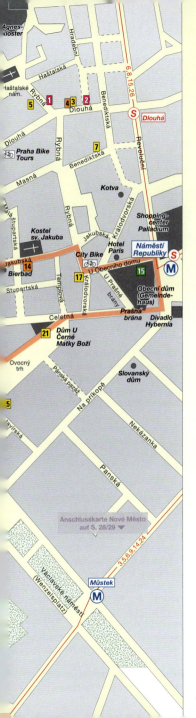

E ssen & Trinken (S. 64–66)
1. Lokál Dlouháááá
2. Gurmet Pasáž
10. Maitrea
11. Mincovna
19. Brasileiro
19. Absinthérie
20. La Finestra
20. Bottega di Finestra
26. U zlatého tygra
30. Česká Kuchyně Havelská Koruna
36. Lehká hlava
38. Red Pif
41. NEB.O
43. U medvídků

N achtleben
3. 2. Patro/Bokovka (S. 213)
4. Roxy und NOD (S. 213)
8. Bar & Books (S. 214)
14. Chapeau Rouge (S. 216)
18. Jazzclub Ungelt (S. 217)
22. AghaRTA Jazz Centrum (S. 217)
24. Čili Bar (S. 214)
34. Duende (S. 215)
37. Hemingway (S. 215)
44. Friends (S. 217)

C afés (S. 66)
15. Kavárna Obecní dům
21. Grand Café Orient
31. Café Montmartre
35. Café Kampus
40. Original Coffee
42. Standard Café

E inkaufen (S. 67)
3. Antik v Dlouhé
5. Talačko
6. Studio Uperk
7. TIQE und Wolfgang
12. Bric à Brac
13. Botanicus und material
16. Bohemia Paper
17. Artěl
21. Kubista
23. Erpet
25. Dorotheum
27. Manufaktura
28. Art deco Galerie
29. Maximum Underground
32. Havelské tržiště
33. Preciosa
39. Botas 66
45. Leeda Fashion Store
46. Kavka
47. Girls Without Clothes und České Hudební Nástroje

S onstiges (S. 250)
9. Sportbar Lion & Ball

Staré Město (Altstadt)

Vor den Kopf gestoßen? Auf des Rätsels Lösung kommen Sie beim Spaziergang durch die Altstadt

Stunde versammelt sich eine Menschentraube davor, um das Defilee der Figuren zu verfolgen – ein Aha-Erlebnis, zumindest von 9–23 Uhr. Danach ist es mit dem stündlichen Spuk vorbei, was Sie aber nicht davon abhalten sollte, in lauen Sommernächten einmal um 24 Uhr vorbeizuschauen: Dann nämlich ertönen die Pfeifkonzerte der Enttäuschten – auch ein Erlebnis.

Rund um den Staroměstské náměstí

„Es gibt wenige Plätze auf Erden, die sich an Schönheit mit dem Altstädter Ring in Prag messen können." Was der Arzt und Dichter Hugo Salus (1866–1929) Anfang des 20. Jh. schrieb, gilt noch immer, vielleicht sogar mehr denn je.

Den stets belebten weiten Platz beherrscht ein **Denkmal für Jan Hus**, der – nebenbei bemerkt – ein eher kleiner, dicker Mann gewesen sein soll. 1915 wurde es eingeweiht, zum 500. Todestag des Reformators (→ S. 181 f.). Seine eingravierten Worte „Milujte se, pravdy každému přejte" sind ein Aufruf zu Brüderlichkeit und Ehrlichkeit. Noch bis 1918 musste Hus den Platz mit einer höheren, prächtigen Mariensäule teilen, die Kaiser Ferdinand III. 1650 zum Gedenken an die Befreiung Prags von den Schweden hatte errichten lassen. Als das Habsburgerreich zerfiel, wurde die Säule aus Hass auf das katholische Kaiserreich geschleift. Über die Errichtung einer Kopie wird nachgedacht.

Das dem Denkmal nächstgelegene Gebäude ist das altrosafarbene → **Palais Kinský (Palác Kinských)**, in dem Franz Kafkas Vater einige Jahre ein Galeriewarengeschäft betrieb. Heute wird das Palais von der Nationalgalerie verwaltet, die hier temporäre Ausstellungen zeigt. Unmittelbar an das Palais Kinský schließt ein mittelalterlicher Bau an, das **Haus zur Steinernen Glocke (Dům U Kamenného Zvonu)**. Auch hier werden wechselnde Ausstellungen präsentiert und außerdem Konzerte veranstaltet, hier aber unter der Regie der **Städtischen Galerie (Galerie hlavního města Prahy, www.ghmp.cz)**. Das Hauszeichen – was auch anderes als eine steinerne Glocke – hängt am Eck zur schmalen Gasse Týnská. Hinter der folgenden Häuserfront erhebt sich die →Teinkirche (Kostel P. Maria před Týnem) mit ihren imposanten Türmen. Der Astronom Tycho Brahe liegt in ihr begraben.

Barock anmutende Fassaden schmücken die Südseite des Platzes. Hinter ihnen verbirgt sich meist ein gotischer oder romanischer Kern. Würde man die Stuckarbeiten abtragen, sähen viele der Häuser aus wie das zur Steinernen Glocke. In der Nr. 17, über der einstigen **Einhorn-Apotheke** (ein Hauszeichen erinnert noch daran), etablierte sich zu Anfang des 20. Jh. der literarische Salon Fanta. Bei Berta Fanta gingen Intellektuelle und Literaten ein und aus, u. a. Franz Kafka, Max Brod, aber auch Rudolf Steiner und Albert Einstein, der von 1911 bis 1912 an der Karlsuniversität theoretische Physik lehrte.

Im Uhrzeigersinn weiter folgt als hervorzuhebendes Bauwerk das bereits angesprochene →**Altstädter Rathaus (Staroměstská radnice)**, das markanteste Gebäude am Platz. Die schmucklose Häuserzeile auf dessen Rückseite stand einst in zweiter Reihe. Den Platz davor, wo sich heute eine kleine Grünfläche befindet, nahm der neogotische Ostflügel des Rathauses ein. Dieser aber wurde gegen Ende des Zweiten Weltkrieges von deutschen Truppen so stark beschädigt, dass er abgerissen werden musste. Nun ist ein Neubau geplant, über dessen Aussehen aber noch gestritten wird.

Der nächste imposante Bau ist die barocke **Nikolauskirche (Kostel sv. Mikuláše)**, die 1732–35 von Kilian Ignaz Dientzenhofer errichtet wurde. Die prächtigen Fresken an Kuppel und Wänden stellen u. a. das Leben des Hl. Nikolaus dar (Nov.–Feb. 10–16 Uhr, im Sommer bis 17 Uhr). Häufig finden in der Kirche Konzerte für Touristen statt, meist wird zweitklassige Klassik geboten. Nebenan kam Franz Kafka zur Welt – mehr dazu im Josefov-Spaziergang auf S. 72.

Auf der Nordseite des Platzes hebt sich die gelbe Jugendstilfassade eines Gebäudes ab, in dem heute das Ministerium für regionale Entwicklung seinen

Altstädter Ring: Können Plätze schöner sein?

Obecní dům mit Pulvertor

Sitz hat (Nr. 6). Es gehörte einst einer Versicherungsgesellschaft. Vermutlich haben ein paar Feuerwehrmänner diese einmal vor hohen Schadenszahlungen bewahrt – denn einen von ihnen ließ man zumindest symbolisch unter die sonst so klassischen Giebelheiligen hieven.

Durch die Altstadt (östlicher Teil)

Vom Staroměstské náměstí zweigt die Tynská ab, eine Gasse wie eine Schlucht. Auf das Haus zur Steinernen Glocke folgt nach wenigen Schritten das **Haus zum Goldenen Ring (Dům U Zlatého prstenu)**, dessen Fundamente bis ins 13. Jh. zurückreichen. Heute wird das Gebäude vom **Museum der Stadt Prag (Muzeum hlavního města Prahy**, www.muzeumprahy.cz) als Dependance für temporäre Ausstellungen genutzt.

Rechts des Hauses zum Goldenen Ring führt ein Durchgang in den **Teinhof (Týn)**, auch **Ungelt** genannt, einen malerischen Hof, der von schmucken Bauten umgeben ist. Früher mussten darin Kaufleute ihre Waren verzollen, bevor sie diese auf dem Altstädter Ring anbieten durften. Heute findet man hier Cafés und Restaurants – manche mit Preisen, als müssten die Kneipiers auf ihre Speisen und Getränke noch immer satte Steuern entrichten. Das schönste Haus ist das erste links, ein Renaissancebau mit Loggia, das einstige Zollhaus.

Verlässt man den Hof durchs Osttor, steht man vor der **Sankt-Jakobs-Kirche (Kostel sv. Jakuba)**. Sie besticht v. a. durch ihr Inneres. Inmitten des hochbarocken Interieurs überrascht ein mumifizierter Unterarm, der gleich rechts hinterm Eingang angekettet von der Wand baumelt. Glaubt man den Legenden, gehörte dieses verschrumpelte Gliedmaß einst einem Kirchendieb. Zur Abschreckung hängt es seitdem da (tägl. außer Mo 9.30–12 Uhr und 14–16 Uhr).

Entlang der Jakubská geht es weiter zum Kaufhaus **Kotva**, einem Koloss aus sechs hexagonalen Modulen, der wie ein Fremdkörper am Rande der Altstadt steht. In sozialistischer Zeit zählte das Kotva zu den ganz großen Konsumtempeln des Ostblocks mit bis zu 75.000 Kunden täglich. Sogar aus Bulgarien kam man der günstigen Kunstfaserklamotten wegen extra angefahren.

Das Kotva hat seine besten Jahre hinter sich, heute ist das **Palladium** auf der Neustadtseite gegenüber Prags erste Mall-Adresse (→ Einkaufen, S. 68). Es verbirgt sich hinter einer altrosafarbenen Fassade im Tudorgotikstil. Die Fassade ist das Einzige, was von dem mächtigen Kasernenbau übrig blieb; die Mall dahinter wurde komplett neu erbaut.

Der Platz davor, der **Platz der Republik (Náměstí Republiky)**, trennt die Altstadt von der Neustadt. Schräg gegenüber dem Palladium, also wieder auf Altstadtseite, erhebt sich das mit Abstand bedeutendste Gebäude am Platz: das → **Gemeindehaus Obecní dům**, eine Art-nouveau-Perle. Jedes Detail darin ist auf seine Weise besonders, selbst der Aufzug macht da keine Ausnahme. Direkt angrenzend passiert man das → **Pulvertor (Prašná brána)** – einst am Stadtrand, heute im Zentrum Prags.

Spazieren wir durchs Pulvertor, gelangen wir automatisch auf die **Celetná (Zeltnergasse)**. Sie ist eine der ältesten Gassen Prags und war einst Teil des Královská cesta (→ Kasten S. 58). Heute ist die Gasse eine der meistbegangenen der Stadt. Und so verwundert es nicht, dass an ihr gleich zwei Wachsfigurenmuseen liegen, das **Wax Museum Prague** (www.waxmuseumprague.cz) und das **Musée Grévin** (www.grevin.com). Letzteres, ein Ableger aus Paris, hat zwar den gelungeneren Karel Gott, ist aber auch erheblich teurer.

Noch vor diesen Museen steht etwa dort, wo die Straße zu einer kopfsteingepflasterten Fußgängerzone wird, das → **Haus zur Schwarzen Madonna (Dům U Černé Matky Boží)**, ein Bau im Zeichen des Kubismus. Das Gebäude trennt die Celetná vom länglichen Platz **Ovocný trh**, dem einstigen **Obstmarkt**. Im Sommer werden darauf häufig Plastiken ausgestellt. Wer keine vorfindet, sollte nicht enttäuscht sein und sich dafür das Garagentor neben der Pánská Pasáž (Nr. 12) anschauen – ein Kunstwerk für sich und zugleich einer dieser kleinen, fast kuriosen Beiträge, die dem alten prunkvollen Prag etwas Moderne einhauchen.

Das südwestliche Ende des Platzes schließt die Rückseite des **Ständetheaters (Stavovské divadlo)** ab. Der neoklassizistische Bau entstand in der zweiten Hälfte des 18. Jh. und war kurz darauf im Besitz der böhmischen Stände, daher der Name. In ihm fand am 29. Oktober 1787 die Uraufführung von Mozarts *Don Giovanni* statt. Das Innere ist ein blau-goldener Traum, nicht umsonst wählte es Miloš Forman als Kulisse für Szenen seines *Amadeus*. Leider ist es nur in Verbindung mit einer Aufführung zu besichtigen (→ S. 205).

Unmittelbar daneben liegt das geschichtsträchtige, aber alles andere als unbedingt sehenswerte **Karolinum**. 1348 legte hier Karl IV. den Grundstock für die älteste Universität Mitteleuropas. Von dem ursprünglichen Gebäude ist heute aber von außen nicht mehr als ein gotischer Erker zu erkennen.

Durch die Altstadt (westlicher Teil)

Das Ständetheater und den Staroměstské náměstí verbindet die Železná, von der die kleine, krumme Kožná abgeht. An deren Ende (Nr. 1) liegt das **Haus zu den Zwei goldenen Bären (U dvou Zlatých Medvědů)**, in dem der „rasende Reporter" Egon Erwin Kisch (1885–1948) geboren wurde. Er machte aus der Reportage erstmals ein literarisches Genre.

Kisch kannte auch das gleich ums Eck gelegene einstige Freudenhaus Mimosa (Kožná Nr. 4). In diesem arbeitete Antonia Havlová, die er als „Galgentoni" unsterblich machte. Sie hatte mit einem Mörder die letzte Nacht vor dessen Hinrichtung in der Zelle verbracht. Aber auch Figuren in Hašeks *Švejk* (→ Kasten S. 54) hatten im Mimosa ihr Original.

Prag im Kasten

Der Bekannteste aller Tschechen – Hašeks braver Soldat Švejk

Etwa 1200 Kurzgeschichten verfasste Jaroslav Hašek (1883–1923) in seinem Leben. Aber nicht nur als Schriftsteller machte sich Hašek einen Namen, in seinem von Eskapaden bestimmten Leben ging er unzähligen Dingen nach. Er war Bankangestellter, Landstreicher, Journalist, Laborassistent, Hundehändler, Gründer der *Partei des maßvollen Fortschritts in den Grenzen der Gesetze*, Soldat an der galizischen Front, im russischen Bürgerkrieg, Volkskommissar in der Roten Armee usw.

Zwei Jahre vor seinem Tod erschien die erste Ausgabe des Heftchens *Die Abenteuer des braven Soldaten Švejk*. Daraus wurde später der mit Abstand erfolgreichste tschechische Roman, und der brave Soldat selbst, ein einfacher Mann aus dem Volk, aber ein Schlitzohr, stieg zu einer unsterblichen Figur der Weltliteratur auf. Hašek zeichnete ihn als einen Charakter, der es mit Optimismus und Humor versteht, in einer politisch-ideologisch verrückten Welt zurechtzukommen, indem er sich die Maske eines Trottels überstreift.

In mehr als 50 Sprachen wurden die Abenteuer des Švejk bislang übersetzt. Sie waren mit Hašeks Tod nicht zu Ende; sondern wurden von einem anderen Autor fortgesetzt. Die bekanntesten Illustrationen zum braven Soldaten schuf Josef Lada, der auch den *Kater Mikesch* kreierte. Seine ersten Entwürfe zeigten den heute so molligen Švejk noch als schlanken Hering.

Überquert man die Melantrichova und geht einfach geradeaus weiter (Durchgang in Nr. 19), gelangt man auf die Michalská. Lässt man diese links liegen, erreicht man über das enge Gässlein Hlavsova (im Winter bis 19 Uhr zugänglich, im Sommer bis 20 Uhr) die Jilská. Hier hält man sich links, es reiht sich ein Souvenirgeschäft ans andere. In den Auslagen: Granatschmuck, Marionetten, dazu „original" böhmisches Kristall, das man in allen Variationen bekommt, auch „Made in China".

Hinter der **Dominikanerkirche St. Ägidus (Kostel sv. Jilijí)** biegen wir rechts ab. Die heute barocke Kirche geht auf einen romanischen Bau zurück. Viele ihrer Fresken stammen von Wenzel Lorenz Rainer, der auch die Sankt-Thomas-Kirche auf der Kleinseite schmückte (→ S. 87). Im angegliederten Kloster wurde 1810 die erste Lehranstalt für Musik auf dem Gebiet der österreichisch-ungarischen Monarchie eingerichtet. Das Portal zur Kirche liegt an der Husova (unregelmäßige Öffnungszeiten, aber regelmäßig Konzerte). Ihm gegenüber kann man dem → **Beer Museum Prague** einen Besuch abstatten. So groß aber, wie es die Werbung verspricht („Biggest Beer Museum in Prague"), ist es aber nicht.

Die Husova bietet Kunst in luftiger Höhe – *Der Hängende*, der an Sigmund Freud erinnert, ist ein Werk des Popkünstlers David Černý, dessen provokative Arbeiten das Stadtbild vielerorts auflockern (→ Kasten S. 129). Die Husova führt fast direkt auf den Betlémské náměstí zu. An dem Platz steht die berühmte **Bethlehemskapelle (Betlémská kaple)**, in der schon Jan Hus predigte (→ Geschichte, S. 181 f.). Ende des 18. Jh. wurde die Kapelle zerstört. Der rekonstruierte Bau aus der Mitte des 20. Jh. besitzt somit zwar einen geschichtsträchtigen Namen, ist aber alles andere als sehenswert (April–Okt. tägl. 10–19 Uhr, im Winter bis 18 Uhr; 2,40 €, erm. 1,20 €). Ein Blick in die gegenüberliegende → **Jaroslav-Fragner-Galerie (Galerie Jaroslava Fragnera)** lohnt sich für alle, die ein Faible für Architektur haben.

Ebenfalls über den Betlémské náměstí erreicht man das → **Náprstek-Museum (Náprstkovo muzeum)**, ein Völkerkundemuseum, das in einer ehemaligen Schnapsbrennerei und Brauerei untergebracht ist.

Keine 100 m weiter geht es rechts ab in die Stříbna. Gleich zu Beginn rechter Hand hinter Hnr. 2 befindet sich in einem alten Pferdestall die **Galerie Foto Grafic**, die mit spannenden Ausstellungen junger Künstler auf sich aufmerksam macht (März–Dez. tägl. außer Mo 13–18 Uhr; Eintritt frei; www.fotografic.cz).

Eng mit dem Namen „Havel" verbunden ist das **Theater am Geländer (Divadlo na zábradlí)** 50 m weiter am Anenské náměstí. Die Bühne gehört zu den renommiertesten des Landes. Václav Havel arbeitete dort in den 1960ern, zunächst als Bühnentechniker, später als Dramaturg und Hausautor. Zu jener Zeit begann hier auch die Entwicklung des tschechischen absurden Theaters. Für die meisten Vorstellungen braucht man Tschechischkenntnisse.

Über die Anenská erreicht man schließlich die Moldau und damit das → **Smetana-Museum (Muzeum Bedřicha Smetany)**, das an den berühmten Komponisten erinnert. Es ist untergebracht im Neorenaissancebau der ehemaligen Altstädter Wasserwerke. Von dem Platz davor genießt man einen herrlichen Blick die Moldau hinauf auf die Schützeninsel und das Nationaltheater sowie auf die Burg und die → **Karlsbrücke (Karlův most)**. Am Beginn der Brücke steht der **Altstädter Brückenturm (Staroměstská mostecká věž)**. Ihm zu Füßen liegt wiederum der **Křížovnické náměstí, der Kreuzherrenplatz**. Ein in Nürnberg gegossenes Denkmal für Karl IV. befindet sich darauf, das zum 500. Geburtstag der Hochschule 1849 aufgestellt wurde. Vier Frauen zieren es, die oft als seine vier Ehefrauen interpretiert werden. In Wirklichkeit aber sind sie allegorische Darstellungen der ersten vier Fakultäten der Karlsuniversität. Daneben befindet sich der Eingang zum **Karlsbrückenmuseum (Muzeum Karlova Mostu)**, das im Spital des „Ritterordens der Kreuzherren mit dem roten Stern" untergebracht ist, zu dessen Konvent auch die → **Kreuzherrenkirche (Křížovnický kostel)** mit ihrer großen, kupferfarbenen Kuppel gehört. Gegenüber gibt es noch das → **Museum of medieval Torture Instruments** zu besichtigen.

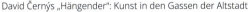

David Černýs „Hängender": Kunst in den Gassen der Altstadt

Auf der Karlova, auf der im Sommer stets dichtes Gedränge herrscht, passiert man gleich rechter Hand das altehrwürdige, aber heruntergekommene →**Colloredo-Mansfeld-Palais** (Colloredo-Mansfeldský palác), eine sehenswerte Spielwiese der Städtischen Galerie. Linker Hand säumt das →**Klementinum** die Gasse, einer der größten Gebäudekomplexe der Stadt, dessen gigantische Ausmaße man auf den ersten Blick aber nicht wahrnimmt. Es war nach 1648 Sitz der Jesuiten.

Altstadttrubel

Am Beginn der Liliová, im **Haus zur Goldenen Schlange** (U Zlatého Hada) – auf das Hauszeichen achten – eröffnete Armen Damajan aus Damaskus Anfang des 18. Jh. ein Kaffeehaus, in dem auch allerlei heute illegales Rauchwerk angeboten wurde. Vielleicht gründet sich darauf die Legende, dass es darin einen Brunnen gebe, aus dem unaufhörlich Wein fließe, für den man nichts bezahlen muss, lediglich der Kaffee würde berechnet. Heute ist die Quelle versiegt, behauptet zumindest der Wirt und berechnet alles.

Abseits des Trubels der Karlova und ganz versteckt in der Řetězová 3 steht das **Haus der Herren von Poděbrad und Kunstadt** (Dům Pánů z Kunštátu a Poděbrad). Dessen Untergeschoss gehört zu den besterhaltenen romanischen Baudenkmälern Prags. Zugänglich ist es über das darüberliegende Lokal (ständiger Pächter- und Namenswechsel, zuletzt eine Craftbeer-Bar, tägl. 14–23 Uhr geöffnet). Im späten 12. Jh. lag das Geschoss übrigens noch über der Erde. Als man jedoch im 15. Jh. die Altstadt wegen der häufigen Moldauhochwasser aufschüttete, lag es auf einmal darunter. Später setzte man einfach noch ein paar Stockwerke drauf.

Ums Eck, im **Goldenen Tiger** (U zlatého tygra) an der Husova, einer der traditionsreichen Bierschenken der Altstadt, führte Dichterpräsident Václav Havel Bill Clinton in die tschechische Bierkultur ein (→ Essen & Trinken, S. 66). Ein paar Türen weiter, ebenfalls linker Hand, folgt das →**Apple Museum**. Und nochmals ein paar Türen weiter, dieses Mal aber rechter Hand an der Husova 20, präsentieren sich kräftig und sehnig die Säulen tragenden Herkulespaare an den mächtigen Portalen des größten Adelspalastes der Altstadt, des hochbarocken **Palais Clam-Gallas** (Clam-Gallasův palác). Hier finden immer wieder Ausstellungen und klassische Konzerte statt.

Kurz vorm Staroměstské náměstí passiert man noch den Malé náměstí, einen kleinen schmucken Platz. Das **Haus zu den Drei weißen Rosen** (Nr. 3), ein Neorenaissancebau aus dem Jahr 1890 mit einer bunt bemalten Fassade, ist das auffälligste Gebäude. Bei all der Pracht könnte man meinen, dass es sich einst ein Juwelier oder Pelzhändler habe erbauen lassen. Weit gefehlt, es wurde für die Schrauben und Beschläge der Eisenhandlung Rott errichtet. Heute verunstaltet das Prager **Hard Rock Café** mit seiner kitschigen Neonreklame die Fassade – einer von vielen Stilbrüchen, die im historischen Zentrum um sich greifen.

Sehenswertes

Nur für Erwachsene!
Sex Machines Museum

Eine modern präsentierte Sammlung von über 300 libidinösen Objekten auf drei Etagen. Zu sehen gibt es Sadomaso-Accessoires, aber auch antike Vibratoren, Korsetts und amüsante Erotikfilme, die in den 1920er-Jahren gedreht wurden.

Melantrichova 18. Ⓜ A Můstek. Tägl.10–23 Uhr. 10 €. www.sexmachinesmuseum.com.

Altstädter Rathaus
Staroměstská radnice

Unter Johann von Luxemburg erhielten die Bürger der Altstadt im 14. Jh. das Recht, sich ein Rathaus zu bauen. Aus Geldmangel verzichteten sie jedoch und kauften lieber ein altes Gebäude. Was man heute sieht, ist letztendlich das Ergebnis unzähliger Um- und Anbauten. Die letzte große Restaurierung des Rathauses erfolgte nach dem Zweiten Weltkrieg, in dem es als eines der wenigen Gebäude der Stadt durch Kampfhandlungen stark beschädigt wurde. Eine Besonderheit ist die **Astronomische Uhr (Orloj)**. Zu jeder vollen Stunde zieht der Tod (rechts über dem oberen zweiten Blatt als Skelett dargestellt) an einem Seil und dreht das Stundenglas herum. Dann öffnen sich zwei Fenster über der Uhr, und – von Petrus angeführt – defilieren die zwölf Apostel. Zum Schluss kräht noch der Hahn. Betrachtet man die Zifferblätter, so zeigt das obere mit römischen Zahlen die Zeit auf Ihrer Uhr an, das mit den alten arabischen Ziffern drum herum die mittelalterliche böhmische, bei welcher der Tag mit dem Sonnenuntergang endet. Der kleinere, innere Kreis steht für die Tierkreiszeichen, der farbige Hintergrund für Tag und Nacht. Darunter sieht man das Kalendarium. Und weil die Uhr so schön ist, und weil jede Stadtführung vor ihr Halt macht, hat man sich auch eine Legende einfallen lassen, um das Warten bis zur vollen Stunde unterhaltsam zu überbrücken. Demnach soll Meister Hanuš, der die Uhr im 15. Jh. geschaffen hatte, geblendet worden sein, um keiner anderen Stadt eine solche Uhr ans Rathaus basteln zu können. Bald darauf aber blieb die Uhr stehen, und kein Mensch wusste, wie man sie reparieren sollte.

Im Innern des Rathauses finden heute Wechselausstellungen statt, u. a. auch in den Kellergewölben. Besichtigen kann man ferner ein paar Repräsentationsräume und eine gotische Kapelle – beide gehören nicht unbedingt zum Pflichtprogramm. Wer sich für eine Besichtigung entscheidet, kann im

Astronomische Uhr
am Altstädter Rathaus

Tour 2: Staré Město (Altstadt)

Prag im Kasten
Královská cesta oder Prag in 90 Minuten

Quer durch die Stadt verläuft der *Královská cesta*, jener Weg, den einst die Könige in einer feierlichen Prozession zu ihrer Krönung im Sankt-Veits-Dom abschritten. Bereits im Mittelalter hatte sich diese Tradition entwickelt, da viele Könige Böhmens aus dem Ausland kamen. Beim Eintreffen in Prag wurden sie vom Bürgermeister am Pulverturm begrüßt, wo man ihnen symbolisch den Schlüssel zu ihrer Residenzstadt aushändigte. Die letzte Krönungsprozession fand 1836 für Ferdinand V. statt. An dem Spektakel nahmen mehrere Tausend Reiter teil, nicht nur auf Pferden, auch auf Kamelen.

Der Weg führt an den schönsten Ecken und Winkeln Prags vorbei und wird von Millionen Touristen jedes Jahr bewusst oder unbewusst begangen. Auch wenn viele Sehenswürdigkeiten der Stadt abseits davon im Gassengewirr versteckt liegen, das viel gerühmte „Goldene Prag" präsentiert sich nirgendwo schöner als auf dieser Meile. Etwa eineinhalb Stunden benötigt man für den Weg. Er verläuft vom Pulvertor über die Celetná zum Staroměstské náměstí und weiter über die Karlova zur Karlsbrücke. Auf der Kleinseite führt er vom Malostranké náměstí schließlich über die Nerudova hinauf zur Prager Burg.

Anschluss noch in den Prager Underground hinabsteigen. Das Kanalisationssystem, das sich 7 m unter dem Rathaus erstreckt, stammt aus dem frühen 20. Jh. Besser ist die Luft jedoch oben auf dem Rathausturm, von dem man einen herrlichen Blick über die Altstadt genießt.

Staroměstská radnice 1. Ⓜ A Staroměstská. **Turm, Säle, Kapelle und Untergrund** Mo 11–22 Uhr, sonst tägl. 9–22 Uhr. Ticket für alles 10 €, erm. 6 €, Fam. 20 €. Online bekommen Sie das Ticket etwa 20 % billiger unter https://prague.mobiletickets.cz (so muss man auch nicht Schlange stehen). www.staromestskaradnicepraha.cz.

Nationalgalerie im Palais Kinský
Palác Kinských

Das Palais wurde nach Plänen von Kilian Ignaz Dientzenhofer zwischen 1755 und 1765 erbaut. Im 19. Jh. verbrachte die Komtesse Bertha Kinský (1843–1914), spätere Freifrau von Suttner, darin ihre Kindheit. Als überzeugte Pazifistin und Schriftstellerin (u. a. des Romans *Die Waffen nieder!*) machte sie sich einen Namen. Zu ihren größten Verehrern zählte Alfred Nobel. Er war von ihr so angetan, dass er den Friedensnobelpreis stiftete, dessen erste weibliche Trägerin sie im Jahr 1905 wurde. Heute gehört das Gebäude der Nationalgalerie, die darin zum Zeitpunkt der Drucklegung temporäre Ausstellungen präsentierte. Künftig soll das Palais Kinský zugleich als Showroom der Nationalgalerie dienen und mit Werken aus allen sechs Häusern auf deren Besuch Appetit machen.

Staroměstské náměstí 12. Ⓜ A Staroměstská. Tägl. (außer Mo) 10–18 Uhr. Je nach Ausstellung meist um die 8 €, erm. die Hälfte, Kombiticket → S. 221. www.ngprague.cz.

Teinkirche am Altstädter Ring
Kostel P. Maria před Týnem

In der zweiten Hälfte des 14. Jh. wurde mit dem Bau der Kirche, finanziert von deutschen Kaufleuten, begonnen. Die markanten Türme kamen erst im 15. und 16. Jh. hinzu. Der Zugang zum lichtdurchfluteten Inneren erfolgt durch den dritten Arkadenbogen in dem Bau davor. In der Teinkirche liegt der dänische Astronom Tycho Brahe begraben. 1599 war er an den kaiserlichen Hof Rudolfs II. gerufen worden. Er besaß eine Nasenprothese aus Messing, die er einem Duell wegen eines Wissenschaftsstreits in Rostock zu verdanken hatte. Auch sein Tod 1601 spricht nicht gerade für einen soliden Lebenswandel – er soll nach einem Saufgelage an einem Blasenriss gestorben sein.

Týnská. Ⓜ A Staroměstská. Di–Sa 10–13 und 15–17 Uhr, So 10.30–12 Uhr. www.tyn.cz.

Gemeindehaus – eine Jugendstilperle
Obecní dům

Anfang des 20. Jh. entstand der extravagante, monumentale Jugendstilbau, ein multifunktionales Repräsentationsgebäude mit sechs Sälen, französischem Restaurant, Kneipe, Kaffeehaus (→ Essen & Trinken, S. 66) usw. Es gibt kaum einen tschechischen Künstler der Sezession, der nicht an der aufwendigen Innen- oder Außengestaltung beteiligt war.

Die Gemälde im Primatorensaal stammen z. B. von Alfons Mucha. Der größte Raum ist der Smetanasaal mit 1500 Plätzen. Am 28. Oktober 1918 wurde darin die Selbstständigkeit der Tschechoslowakischen Republik verkündet; seitdem ist dieser Tag ein staatlicher Feiertag. Heute ist der Saal die Heimat des Prager Symphonieorchesters.

Náměstí Republiky 5. Ⓜ B Náměstí Republiky. Je nach Saison finden mehrmals tägl. **Führungen** durch die Säle statt, die Zeiten erfahren Sie online oder beim Ticketschalter im Gebäude. Die Touren dauern 70 Min. und kosten 11,60 €, erm. 9,60 €. www.obecnidum.cz.

Pulvertor
Prašná brána

Der Turm mit Durchgang ist der einzige existierende Wachturm aus der Zeit, als die Prager Altstadt befestigt war. Die Stadtmauer verlief entlang der heutigen Fußgängerzone Na příkopě (Am Graben). Erbaut wurde er in der zweiten Hälfte des 15. Jh., seinen heutigen Namen bekam er jedoch erst im 17. Jh., als man ihn als Pulvermagazin nutzte. Seit dem Mittelalter war er zudem der Ausgangspunkt des sog. „Königswegs",

Karlova, die Karlsgasse

des Královská cesta (→ Kasten S. 58). Man kann den Turm besteigen, der Ausblick ist aber bei weitem nicht so imposant wie vom Altstädter Rathaus.

Na příkopě. Ⓜ B Náměstí Republiky. April–Sep. tägl. 10–22 Uhr, März/Okt. bis 20 Uhr, im Winter bis 18 Uhr. 4 €, erm. 2,80 €. www.muzeumprahy.cz.

Haus zur Schwarzen Madonna
Dům U Černé Matky Boží

Das Gebäude mit seinen facettenartig gebrochenen, breiten Fenstern wurde 1911 von Josef Gočár, einem Begründer der modernen tschechischen Architektur und einer der Initiatoren des Kubismus in Prag, als Waren- und Wohnhaus entworfen. Im 2. und 3. Stock präsentiert das Prager Kunstgewerbemuseum heute seinen Fundus an kubistischen Schmuckstücken: Gemälde von Josef Čapek (1887–1945), Emil Filla (1882–1953) oder Bohumil Kubišta (1884–1918), Plastiken von Otto Gutfreund (1889–1927) und insbesondere tolle Möbel von Pavel Janák (1882–1956) und Josef Gočár (1880–1945) selbst. Angeschlossen sind das im kubistischen Stil gehaltene Grand Café Orient im 1. OG (→ Essen & Trinken, S. 66) und der Shop Kubista (→ Einkaufen, S. 68).

Celetná 34. Ⓜ B Náměstí Republiky. Di 10–19 Uhr, sonst bis 18 Uhr, Mo geschl. 6 €, erm. 3,20 €. www.upm.cz.

Mehr Kubistisches: Wer weitere kubistische Gebäude Prags besichtigen will, dem seien die Bauten des Architekten Josef Chochol unterhalb der Burg Vyšehrad empfohlen: in der Libušina 3 die kristallartige **Villa Kovařovic**, nicht weit davon in der Neklanova 30 das größte **kubistische Apartmenthaus** Prags oder am Rašínovo nábřeží 6–10 ein **Dreifamilienhaus** (Ⓢ 2, 3, 7, 17, 21 Výtoň; die Villa, das erste Gebäude, liegt gleich hinter der Bahnlinie, die anderen sind nur ein paar Gehminuten davon entfernt). Im Herzen der Neustadt liegt zudem das **Haus Diamant**, das sich 1912/13 ein Apotheker direkt neben eine Barockkirche bauen ließ (Ecke Spálená/Lazarská, Ⓜ B Národní třída). Verantwortlich dafür zeichnete der Architekt Emil Králíček, von dem auch die **kubistische Straßenlaterne** (→ S. 27) nahe dem Wenzelsplatz stammt. Es gibt auch einen kubistischen Friedhof mit kubistischer Kapelle im Ortsteil Ďáblice im Norden Prags, der in den Jahren 1912–1914 nach Plänen von Vlatislav Hofman entstand (Ďáblická 2A, Ⓢ 10 Sídliště Ďáblice).

Alles zur Historie des Gerstensaftes
Beer Museum Prague

Das kleine kommerzielle Museum informiert über die Geschichte des Gerstensaftes. Dazu bekommt man Zapfhähne, Fässer und Flaschen über Flaschen zu sehen, zudem wird degustiert: Vier verschiedene Biere kleiner tschechischer Brauereien stehen zur Auswahl.

Husova 7. Ⓜ B Národní třída. Tägl. 11–20 Uhr. 11,20 € mit Degustation. www.beermuseum.cz.

Prag im Kasten
Karlsbrücken-Legenden

Der Überlieferung nach mengte man dem Mörtel beim Bau der Karlsbrücke Eier bei, um ihn härter und widerstandsfähiger zu machen. Angeblich waren dafür mehrere Tausend Eier vonnöten, die man aus sämtlichen Regionen des Landes anforderte. Zu den Schildbürgern der Tschechen wurden dabei – bei jeder Stadtführung zu erfahren – die Bürger von Velvary nordwestlich von Prag: Ihre Lieferung war angeblich hart gekocht. Doch alles Unsinn! Bei Materialanalysen während der letzten Sanierungsarbeiten an der Brücke (2007–2011) entdeckte man Spuren von Wein (!) und Quark (!), nicht aber von Eiern.

Blaue Stunde an der Karlsbrücke

Architektur im Fokus
Galerie Jaroslava Fragnera

Die Jaroslav-Fragner-Galerie präsentiert Entwürfe moderner und zeitgenössischer Architekten. Darunter befindet sich das Kellerrestaurant „Klub architektů" – fest in Touristenhand.

Betlémské náměstí 5 A. Ⓜ B Národní třída. Tägl. (außer Mo) 11–19 Uhr. 1,60 €, erm. die Hälfte. www.gjf.cz.

Völkerkundemuseum
Náprstkovo muzeum

Das Náprstek-Museum wurde bereits 1873 von Globetrotter Vojta Náprstek (1826–1894) ins Leben gerufen. Die Dauerausstellung erinnert an den Gründer und widmet sich den Kulturen Australiens und Ozeaniens. Zudem finden den große temporäre Ausstellungen statt. So manches wird zwar altbacken präsentiert, für Interessierte gibt es aber viel zu entdecken.

Betlémské náměstí 1. Ⓜ B Národní třída. Tägl. (außer Mo) 10–18 Uhr. 4 €, erm. 2,80 €, Fam. 6,80 €. www.nm.cz.

Smetana-Museum
Muzeum Bedřicha Smetany

Wo könnte man zum Gedenken an den Komponisten Bedřich Smetana (1824–1884) passender ein kleines Museum einrichten als direkt an der Moldau? Korrespondenz, Zeichnungen, Pressekritiken, Porträts usw. führen in sein Werk und Leben ein. Smetana, der fast den Status eines Nationalheiligen genießt, ertaubte übrigens am Ende seines Lebens – bittere Ironie des Schicksals. Zu seinen größten Werken zählen der Zyklus *Mein Vaterland*, aus dem auch die *Moldau* entspringt, die tragische Oper *Dalibor*, *Libuše* und *Die verkaufte Braut*.

Novotného lávka. Ⓢ 2, 17, 18 Karlovy lázně. Tägl. (außer Di) 10–17 Uhr. 2 €, erm. 1,20 €. www.nm.cz.

Karlsbrücke – Wahrzeichen Prags
Karlův most

Die malerische Karlsbrücke, die Malá Strana mit Staré Město verbindet, ist v. a. wegen ihrer Brückentürme und der barocken Statuen, die die Brüstung säumen, berühmt.

Tour 2: Staré Město (Altstadt)

Mit dem Bau der über 500 m langen und 10 m breiten Brücke wurde 1357 begonnen. Karl IV., nach dem sie seit 1870 benannt ist, hatte den schwäbischen Baumeisters Peter Parler damit beauftragt. Bis 1741 stellte sie die einzige feste Verbindung zwischen den Stadtteilen rechts und links der Moldau dar.

Parler schuf auch den **Altstädter Brückenturm (Staroměstská mostecká věž)**, der als der schönste gotische Wehrturm Europas bezeichnet wird. Und als hätte er es damals schon geahnt, dass über die Karlsbrücke einmal Straßenbahnen holpern würden (bis 1950), ließ er den Turm mit einem ausreichend großen Durchgang errichten. Etwas klein geraten dagegen – zumindest fürs bloße Auge – ist sein Figurenschmuck auf der Ostseite, auch wenn er als Meisterleistung gepriesen wird (heute Kopien). Auf der Westseite des Turms gibt es keine Figuren mehr: Die Schweden schossen sie am Ende des Dreißigjährigen Krieges weg.

Der Turm kann bestiegen werden. In der Abenddämmerung, wenn die Prager Türme in ihrem schönsten Licht erscheinen, lohnen sich die vielen Stufen nach oben am meisten.

Die erste der Statuen, die die Brüstung säumen, wurde 1683 aufgestellt, es ist die des heiligen Johann Nepomuk (von Staré Město die achte rechts). Das Bronzerelief darunter zeigt den Augenblick seines Brückensturzes (→ S. 181). Ein paar Studenten sollen es einst blank poliert und daraufhin die Geschichte erfunden haben, dass es dem, der es berührt, Glück bringt.

Als letzte der insgesamt 30 Plastiken kam 1938 die der Heiligen Kyrill und Method hinzu (fünfte rechts). Ein wenig aus der Rahmen fällt das lebensgroße Kruzifix mit dem vergoldeten hebräischen Schriftzug „Heiliger, heiliger, heiliger Herr" (dritte Plastik rechts). Angeblich hatte man einen Juden dazu verurteilt, diesen anbringen zu lassen, da er vor dem Kreuz gelästert haben soll.

An vielen Statuen nagt der Zahn der Zeit, nicht wenige wurden daher mittlerweile durch Kopien ersetzt.

Für Touristen ist die Überquerung der Brücke ein Muss im Sightseeingprogramm. Und so geraten im Sommer die Massen darauf immer wieder ins Stocken, zumal Schausteller und Musikanten den Weg verengen. Dabei darf hier nicht jeder aufspielen, der will. Das bunte Treiben ist strikt reglementiert. Die Jazzcombos sind seit Jahren die gleichen.

Einen besonderen Reiz hat die Brücke in der Vorweihnachtszeit. Dann werden die Gaslaternen von Nachtwächtern in historischen Kostümen angezündet.

Křížovnické náměstí. Ⓢ 2, 17, 18 Karlovy lázně. **Brückenturm** April–Sept. tägl. 10–22 Uhr, März u. Okt. 10–20 Uhr, Nov.–Feb. 10–18 Uhr. 4 €, erm. 2,80 €. www.muzeumprahy.cz.

Kreuzherrenkirche
Křížovnický kostel

Der Barockbau aus der zweiten Hälfte des 17. Jh. steht auf den Fundamenten einer frühgotischen Kirche, die für den Orden der „Kreuzherren mit dem roten Stern" errichtet worden war. Der Orden besteht heute noch. Imposant ist das monumentale Kuppelfresko *Das Jüngste Gericht* von Wenzel Lorenz Reiner. Nebenan, im ehemaligen Spital des Ordens, informiert das Karlsbrückenmuseum (Muzeum Karlova Mostu) über die Entstehungsgeschichte der Brücke und die diversen Restaurierungsarbeiten über die Jahrhunderte hinweg – kein Muss.

Křížovnické náměstí 3. Ⓢ 2, 17, 18 Karlovy lázně. **Kirche** Mai–Sept. tägl. 10–19 Uhr. www.krizovnici.eu. **Brückenmuseum** Mai–Sept. tägl. 10–20 Uhr, sonst bis 18 Uhr. 6,80 €, erm. 2,80 €. www.muzeumkarlovamostu.cz.

Geldmacherei mit dem Mittelalter
Museum of medieval Torture Instruments

Zu sehen gibt es auf drei Etagen rund 60 mittelalterliche Folterinstrumente,

Schandmasken und Keuschheitsgürtel. Alle Objekte werden ausführlich auch auf Deutsch erklärt. Wer auf solche Sachen steht: Ein weiteres Museum dieser Art findet man an der Celetná 12, das **Museum of Torture Instruments**.

Křížovnické náměstí. Ⓢ 2, 17, 18 Karlovy lázně. Tägl. 10–22 Uhr. 8 €, erm. 6 €.

Colloredo-Mansfeld-Palais
Colloredo-Mansfeldský palác

Reingehen, egal welche Ausstellung gerade läuft! Die zeitgemäßen Kunstschauen im morbiden Colloredo-Mansfeld-Palast sind der krasse Gegenpol zu all dem Kitsch und Ramsch der Touristenmeile vor der Tür. Der spätbarocke Palast diente in sozialistischer Zeit als Archiv der Wissenschaftsakademie. Der damals wenig feinfühlige Umgang mit der alten Bausubstanz ist noch heute sichtbar und wurde bewusst nicht überschminkt, was den Räumlichkeiten einen zusätzlichen Reiz verleiht. Imposant der pompöse Ballsaal mit grandiosen Deckenfresken im 1. Stock. Schon Miloš Forman nutzte ihn als Kulisse für seinen *Amadeus*. Café im Innenhof.

Karlova 2. Ⓢ 2, 17, 18 Karlovy lázně. Tägl. (außer Mo) 10–18 Uhr, Nov.–März nur bis 16 Uhr. Eintritt je nach Ausstellung, zuweilen nur 1 Kč. www.ghmp.cz.

Hier saßen die Prager Jesuiten
Klementinum

Das Gesamtareal beherbergt sechs Innenhöfe, zwei Kirchen und mehrere Kapellen. Einst war es Sitz der Prager Jesuiten, die von hier aus nach dem Dreißigjährigen Krieg die Rekatholisierung Böhmens mit aller Härte vorantrieben. Sie bezichtigten unzählige Menschen der Ketzerei und ließen sie in gutem katholischem Glauben verbrennen, allein im Jahr 1651 mehr als 200. Heute ist in dem Gebäudekomplex u. a. die Nationalbibliothek der Tschechischen Republik mit mehreren Mil-

Warten auf die Apostel

lionen Bänden untergebracht. Sehenswert ist das **Observatorium**, der einzige Ort der Welt, in dem seit Mitte des 18. Jh. täglich Wetterdaten aufgezeichnet werden. Zudem gibt es einen barocken **Bibliothekssaal** mit herrlichen Deckenfresken, schweren, in Leder gebundenen Wälzern und alten Globen. Die Kirchen öffnen ihre Pforten meist nur zu den Gottesdiensten und zu Konzerten. In der **Spiegelkapelle (Zrcadlová kaple)** finden ebenfalls regelmäßig Konzerte statt.

Karlova 1. Ⓜ A Staroměstská. Bibliothekssaal, Spiegelkapelle (wenn nicht gerade ein Event stattfindet) und Observatorium sind nur im Rahmen einer Führung (45 Min., auf 25 Pers. begrenzt, daher schnell ausgebucht) zu besichtigen, tägl. 10–16 Uhr zu jeder halben Std. 12 €, erm. 8 €. www.klementinum.com.

Ein Haufen alter Macs
Apple Museum

Ein Muss für *Apple*-Fans, für alle anderen so spannend wie ein Apfelmuseum. Präsentiert wird die größte private Sammlung an Apple-Produkten in Tschechien aus den Jahren 1976–2012.

Husova 21. Ⓜ A Staroměstská. Tägl. 10–22 Uhr. 11,60 €, erm. 9 €. www.applemuseum.com.

Sehenswertes abseits des Spaziergangs

Kirche Sankt Martin in der Mauer
Kostel sv. Martina ve zdi

Der Name der Kirche stammt noch aus der Zeit, als die Südwand des romanischen Baus mit der Stadtmauer verbunden war. Die Kirche steht Mo–Sa 14–16 Uhr zur Besichtigung offen, ansonsten kann man sie im Rahmen eines Konzerts von innen begutachten – „Best of soundso" steht fast täglich auf dem Programm.

Martinská 8. Ⓜ B Národní třída. www.martinvezdi.eu.

Tschechische Grafik
Galerie Hollar

Die Galerie dient seit 1939 – mit „gewaltsamer" Unterbrechung zwischen 1970 und 1989 – als Ausstellungsraum der 1919 gegründeten Union tschechischer Grafiker. In zwei kleinen Räumen wird grafische Kunst aus Tschechien und der Slowakei präsentiert.

Smetanovo nábřeží 6. Ⓢ 2, 9, 17, 18, 22, 23 Národní divadlo. Tägl. (außer Mo) 10–12 und 13–18 Uhr. Eintritt frei. www.hollar.cz.

Praktische Infos

→ Karte S. 48/49

Essen & Trinken

Restaurants

La Finestra 20, die Filiale des populären Nobelitalieners Aromi aus Vinohrady (→ S. 156). Italienische Küche vom Feinsten, Pizza gibt's hier nicht, Pasta dafür auch in Hauptgerichtsportionen. Und das unter einem Backsteingewölbe und vor hohen Fensterfronten, ein großes Fenster lässt zudem in die Küche blicken. Für den Abend Reservierung ratsam. Hg. 16–28 €. Nebenan die **Bottega di Finestra** 20, eine Mischung aus Feinkostladen und Bistro, wo man ebenfalls bestens schnabulieren kann. Platnéřská 13, Ⓜ A Staroměstská, ✆ 222325325, www.lafinestra.lacollezionecz.

MeinTipp **Brasileiro** 19, Erlebnisgastronomie im Gewölbekeller. Im Stil einer brasilianischen *Churrasqueira* kommen hier in einem fort leckere Riesenspieße (16 Sorten Fleisch!) an Ihren Tisch, dazu Fisch und Meeresfrüchte – bis man zahlt oder platzt. *All you can eat* je nach Zeit und Wochentag 23,50–31,50 € inkl. Salatbüfett. Ohne Reservierung hat man abends keine Chance. U Radnice 8, Ⓜ A Staroměstská, ✆ 224234474, www.brasileiro-uradnice.ambi.cz. Zweigstelle in der Slovanský-Dům-Passage, Na příkopě 22 (Nové Město), ✆ 734760734.

NEB.O 41, in diesem überaus puristischen Lokal reist man kulinarisch nach Vietnam und Thailand. Kleine Auswahl an Vorspeisen, dazu Asia-Salate, Suppen, Reis- und Nudelgerichte. Sehr appetitlich präsentiert, dazu auch faire Preise: Hg. um die 9 €. Einziges Manko ist die etwas zu laute Chartsmusik. Perlová 10, Ⓜ B Národní třída, ✆ 777753077, www.neborestaurace.cz.

MeinTipp **Red Pif** 38, ein sympathisches, luftiges Weinrestaurant mit fast schon sternenwürdiger Küche. Die kleine Karte wechselt ca. alle 6 Wochen. Darauf stehen so aufregende Dinge wie rosa gebratenes Täubchen mit *Foie Gras* und Granatapfelkernen, Rinderzunge mit Lauch und Orange oder Räucheraal mit dunkler Schokolade und Seegras. Nicht unbedingt etwas für Vegetarier! Die Weinkarte ist das große Regal, vor dem man fachkundig und sehr freundlich beraten wird. Hg. um die 17 €. So Ruhetag. Betlémská 9, ✆ 222232086, Ⓜ B Národní třída, www.redpif.cz.

Mincovna 11, mit Restaurants am Altstädter Ring ist das so eine Sache – die meisten sind unverhältnismäßig teuer und versuchen v. a., mit Touristen die schnelle Krone zu machen. Das in einer ehemaligen Münzprägestätte untergebrachte Mincovna ist anders. In der modernen, weiträumigen Gaststätte geben sich auch viele Prager die Klinke in die Hand. Wer einen guten Tisch will, sollte reservieren. Böhmische Küche (Tafelspitz, Schnitzel und ein Lendenbraten mit einer Soße zum Reinlegen) von hoher Qualität, allerdings sind die Portionen klein (Vorspeise nötig!). Offene Küche, zü-

Havelská-Markt in der Altstadt

giger Service. Hg. 8–15 €, nur die Steaks sind teurer. Mo–Fr dafür günstiger Mittagstisch. Staroměstské náměstí 7, Ⓜ A Staroměstská, ☎ 727955669, www.restauracemincovna.cz.

Lokál Dlouháááá 1, riesiges Restaurant unterm Gewölbe. Retro-Abgesang auf die Bierstubenkultur der alten Tschechoslowakei: Brot im Plastikkorb, Pin-up-Girls auf den Toiletten. Serviert werden wie damals spärlich dekorierte 150-g-Portionen Gulasch oder Braten. Hg. 7–15 €. Extrem populär, abends gestopft voll. Dlouhá 33, Ⓜ B Náměstí Republiky, ☎ 734283 874, www.lokal-dlouha.ambi.cz.

Lehká hlava 36, hochgelobtes Café-Restaurant für Vegetarier. Verspielt, fast märchenhaft eingerichtet. Internationale Küche: *Quesadilla* mit Auberginen und Spinat, Bulgur-Risotto mit getrockneten Tomaten und Erdnusspesto oder Currys mit Tofu für 9–12 €. Reservieren! Boršov 2, Ⓢ 2, 17, 18 Karlovy lázně, ☎ 222220665, lehkahlava.cz.

Maitrea 10, ebenfalls vielfach mit Lorbeeren versehen – wen wundert's, ist es doch der kleine Bruder des Lehká hlava (s. o.). Ebenfalls rein vegetarische Küche. Entspannte Atmosphäre, Feng-Shui-Raumgestaltung. Die Speisekarte führt rund um den Erdball, doch auch böhmische Klassiker werden nicht vergessen. „Ich hätte nie gedacht, dass Knödel, Sauerkraut und vegetarischer Schinken so lecker sein können",

so ein Leser. Hg. 8–10 €, Mittagstisch 5,50 €. Týnská ulička 6, Ⓜ B Náměstí Republiky, ☎ 221711631, www.restaurace-maitrea.cz.

U medvídků 43, einst waren die Literaten Jan Neruda und Jaroslav Hašek Stammgäste. Heute treffen sich hier Touristengruppen aus aller Welt, aber auch noch viele Prager. In der nüchternen Bierhalle im EG gibt es gut gezapftes Budweiser und solide böhmische Standards zu Blasmusik, Hg. 8–13 €. Angegliedert zudem eine Pension, ein Biershop, ein kleines Museum und eine Brauereikneipe, in der selbst gebrautes Bier aus dem Zapfhahn kommt. Am Abend extrem voll, früh kommen oder reservieren. Na Perštýně 7, Ⓜ B Národní třída, ☎ 224211916, www.umedvidku.cz.

Česká Kuchyně Havelská Koruna 30, *die* Budget-Adresse für die Altstadt. Ein Fossil! Populäres Selbstbedienungslokal vom alten Schlag: Am Eingang erhält man einen sog. Konsumzettel, auf dem alle Speisen und Getränke vermerkt werden. Gezahlt wird beim Hinausgehen. Braten, Salate, Suppen, Süßspeisen – die Qualität ist für die günstigen Preise durchaus okay. Nur bis 20 Uhr. Havelská 23, Ⓜ A, B Můstek, www.havelska-koruna.cz.

Snacks

Gurmet Pasáž 2, in der „Gourmetpassage" befinden sich nicht nur gute Feinkostläden, sondern auch mehrere Locations für einen richtig leckeren Snack. **Naše Maso** z. B. ist ein feiner Metzger, der seine Ware von ausgewählten böhmischen Höfen bezieht, das Fleisch nicht nur roh verkauft, sondern auch appetitlich zubereitet: Debreziner-Würstchen mit hausgebackenem Brot, grandiose Schinkensemmeln usw. Mittags herrscht hier nicht umsonst großer Andrang an den wenigen Tischen (Mo-Sa 9–21 Uhr, www.nasemaso.ambi.cz). Gleich gegenüber bekommt man bei den **Sisters** zeitgemäße Versionen der traditionellen *Chlebíčky*. Die lecker belegten Stullen werden auf Holzbrettchen serviert (Mo-Fr 8–19 Uhr, Sa 9–16 Uhr, www.chlebicky-praha.cz). Spaziert man durch die Passage hindurch, gelangt man zum **RAW Café**, das leckeres Frühstück, Kuchen, Smoothies u .v. m. parat hält (alles laktose- und glutenfrei, Mo–Fr bis 21 Uhr, So nur bis 18 Uhr, www.myraw.cz). Des Weiteren in der Passage: Wein-, Tapas- und Sushibars. Dlouhá 39, Ⓢ 6, 8, 15, 26 Dlouhá.

Pivnices

U zlatého tygra 26, „Zum Goldenen Tiger". Die feuchtwarme Bierhöhle wurde berühmt durch ihren zechfreudigen Stammgast Bohumil Hrabal – er verewigte sie in seiner Erzählung *Eine Wirtshausgeschichte*. Heute hängt der 1997 verstorbene Literat als Riesenporträt an der Wand, umringt von zahlreichen Kneipenmaskottchen in Tigerform. Ruppige Bedienungen. Das Lokal ist schon kurz nach der Öffnung um 15 Uhr überfüllt. Bestellen Sie Bierkäse *(pivní sýr)* zum Pilsner Urquell – er soll hier erfunden worden sein. Husova 17, Ⓜ A Staroměstská, ☏ 222221111, uzlatehotygra.cz.

Traditionsreiche Kaffeehäuser

Kavárna Obecní dům 15, prunkvoller Jugendstilsaal. Gelegentlich Live-Pianomusik.

Französisches Restaurant im Obecní dům

Stets voller Touristen. Teuer, aber Kaffee und Kuchen in diesem Ambiente sind ihr Geld wert. Náměstí Republiky 5, Ⓜ B Náměstí Republiky, ☏ 222002763, www.kavarnaod.cz.

Grand Café Orient 21, eine kubistische Perle im Haus zur Schwarzen Madonna (→ S. 60), im 1. OG. Obwohl an der touristischen Einflugschneise gelegen, schauen hier auch gerne Tschechen vorbei. Ovocný trh 19, Ⓜ B Náměstí Republiky, ☏ 224224240, www.grandcafeorient.cz.

Café Montmartre 31, Meyrink, Werfel, Kafka und Brod – das illustre Nachtcafé zog sie einst alle an. Heute präsentiert sich das Montmartre als ruhiges, gemütliches Kaffeehaus, in dem man auch mal alleine ein paar Stunden lesend verbringen kann. Snacks. Řetězová 7, Ⓜ B Národní třída, ☏ 602277210.

Cafés/Bars

Café Kampus 35, sympathisches, großräumiges Kneipen-Café, das sich über mehrere Räume erstreckt. Hier wimmelt es von (alternativen) Politikern und jungen Bohemiens, dazwischen ein paar verirrte Touristen. Freundliches Personal, Bücher und Magazine zum Schmökern, nette Musik. Frühstück, man kann aber auch richtig essen, und das für kleines Geld. Náprstková 10, Ⓢ 2, 17, 18 Karlovy lázně, ☏ 775755143, www.cafekampus.cz.

mein Tipp **NOD** 4, Bar mit Theke unter einem Riesenknochen, → Nachtleben, S. 211.

Standard Café 42, tagsüber ein nettes Kuchencafé, abends eine umtriebige Bar mit coolen Jungs, coolen Bedienungen und cooler Musik. Stets relaxte Atmosphäre. Niedrige Preise. Karoliny Světlé 23, Ⓢ 2, 9, 17, 18, 22, 23 Národní divadlo, ☏ 606606806.

Original Coffee 40, alternativ-hippes Café mit Flügeltüren. Den frisch gerösteten Kaffee kann man hier nicht nur trinken, sondern auch im Päckchen mit nach Hause nehmen. Nette Musik und kleine, feine Dinge zu essen – kosten Sie die Fasanenpastete, falls im Angebot. Nur bis 19 Uhr. Betlémská 12, Ⓜ B Národní třída, ☏ 777263403, www.originalcoffee.cz.

Absintherie 19, kleine Mischung aus Café und Absinthverkauf direkt hinter dem Altstädter Ring – also nichts Untouristisches erwarten. Angeboten werden rund 60 verschiedene Absinthsorten, vorrangig aus Tschechien, der Schweiz und den USA, der stärkste hat 72 % Alkohol! Der Absinth wird stilgerecht zubereitet. Außerdem: Absinthbier, Absintheis und viele Überraschungen mehr. Ab 12 Uhr. Filiale an

Im Shoppingcenter Palladium

der Jilská 5–7. Nám. Franze Kafky, Ⓜ A Staroměstská, ✆ 273132612, www.absintherie.cz.

Einkaufen

Souvenirs und Kunsthandwerk

Erpet 23, museumsgroßer Glaspalast für böhmisches Kristall in allen Variationen, darunter auch Moser-Gläser, die zu den kostbarsten der Welt gehören und Standard in jedem zweiten Königshaus sind. Staroměstské náměstí 27, Ⓜ A Staroměstská, www.erpet.cz.

Manufaktura 27, Kunsthandwerk und Naturprodukte von bemalten Ostereiern über Holzspielzeug bis zu wohl duftenden Seifen. Mehrere Filialen, eine große in der Melantrichova 17, Ⓜ A, B Můstek, www.manufaktura.cz.

Bohemia Paper 16, schönes handgemachtes Papier. Sie können sich auch Ihr eigenes Briefpapier oder Siegel anfertigen lassen. Nostalgische Ladeneinrichtung. Staroměstské náměstí 12 (Palais Kinský), Ⓜ A Staroměstská, www.bohemiapaper.cz.

Fashion

Leeda Fashion Store 45, viel beachtetes Label. Abendkleider, aber auch junge Mode, dazu coole Accessoires. Vieles tragbar und noch bezahlbar. Bartolomejská 1, Ⓜ B Národní třída, www.leeda.cz.

Girls Without Clothes 47, das tschechische Label kreiert lässig-jugendliche Klamotten (Hoodies, T-Shirts, Hemden, Entenschnabelmützen), und zwar nicht nur für Mädchen. Karolíny Světlé 9, Ⓢ 2, 9, 17, 18, 22, 23 Národní divadlo, www.girlswithoutclothes.cz.

TIQE 7, die Boutique der tschechischen Modeschöpferin Pedra Balvínová. Extravagantcoole, aber auch romantisch-verspielte Damenmode. Benediktská 9, Ⓜ B Náměstí Republiky, www.tiqe.cz.

/mein.Tipp **Botas 66** 39, hier bekommt man die tschechischen Sneakerklassiker der Marke Botas. Seit dem Relaunch der 1966er-Kollektion gehören sie zum tschechischen Vorzeigedesign und gewannen schon einige Preise. Sehr trendy, bunt und gar nicht teuer: das Paar ab 64 €. Filiale in Žižkov (→ S. 149). Skořepka 4, Ⓜ B Národní třída, www.botas66.com.

Wolfgang 7, Brünner Label, das vorrangig schwarze, graue und weiße Unisex-Mode für den eher sportlichen Typ bietet. Benediktská 5, www.wolfgangstore.cz.

Wohnen/Accessoires

Studio Šperk 6, schöner, hochwertiger Granatschmuck aus Tschechien. Dlouhá 19, Ⓜ B Náměstí Republiky, www.drahonovsky.cz.

Tour 2: Staré Město (Altstadt)

Kubista 21, Bücher, Vasen, Möbel, Kaffeeservice, Aschenbecher – alles im Zeichen des Kubismus. Ovocný trh 19, Ⓜ B Náměstí Republiky, www.kubista.cz.

Artěl 17, flippiger Schmuck, Wohnaccessoires und hübsche Kristallwaren, die sich vom Angebot der 08/15-Souvenirläden deutlich abheben und von der amerikanischen Ladenbesitzerin Karen Feldman selbst hergestellt werden. Platnéřská 7, Ⓜ A Staroměstská, www.artelglass.com.

Preciosa 33, böhmisches Kristall aus dem nordböhmischen Jablonec für die Wohnzimmerdecke: Kronleuchter über Kronleuchter, prunkvoll in klassischer Formensprache, im Design der 80er-Jahre, ganz skrurril usw. Rytířská 29, Ⓜ A, B Můstek, www.preciosalightning.com.

Shoppingmall

Palladium, größte Shoppingmall der Innenstadt. 200 Läden. Alle bekannten Marken sind vertreten. Ein Tipp ist die Foodmeile im Obergeschoss! Náměstí Republiky, Ⓜ B Náměstí Republiky, www.palladiumpraha.cz.

Mal Paternoster fahren?

Gegenüber dem Palladium, an der Na Poříčí 12, steht der *Palác YMCA*, ein Art-déco-Gebäude mit einer Ladenpassage und Büros in den oberen Stockwerken. Wer mag, kann dort auf einen öffentlich zugänglichen *Paternoster* aufspringen, einen altertümlichen Personenaufzug mit offenen Kabinen. Viel Spaß und schön aufpassen! www.palacymca.cz.

Markt

Havelské tržiště 32, tägl. Touristenmarkt (→ Spaziergang, S. 47). Havelská, Ⓜ A, B Můstek.

Musik und Instrumente

Maximum Underground 29, versteckter Platten- und CD-Laden (Folk, Country, Punk, Hardcore, Indie). Dazu Tattoo- und Piercingstudio, Trend-, Gothic-, Metal- und Skaterkleidung. Jilská 22 (1. OG), Ⓜ A, B Můstek, www.maximum.cz.

Talačko 5, charmant-altmodischer Notenladen, gute Auswahl an Klassik und Popmusik, auch tschechische Musik ist vertreten. Rybná 29, Ⓢ 6, 8, 15, 26 Dlouhá, www.talacko.cz.

České Hudební Nástroje 47, Gitarren, Streich- und Blasinstrumente vorrangig aus Tschechien. Karolíny Světlé 9, Ⓢ 2, 9, 17, 18, 22, 23 Národní divadlo, www.chn.cz.

Antiquitäten/Trödel/Vintage

Art deco Galerie 28, ausgefallener Nobeltrödler. Toll die Lampen im Stil des Art nouveau und des Art déco. Michalská 21, Ⓜ B Národní třída.

Bric à Brac 12, Touritrödler mit viel Ramsch, darunter aber auch Überraschungen wie alte deutschsprachige Schilder, schöne Gläser. Týnská 7, Ⓜ A Staroměstská.

Dorotheum 25, das älteste Auktionshaus Europas, gegründet 1707 in Wien. Alles, was angeboten wird, ist antik und teuer: Porzellan, Zigarettenetuis, Orden, Glas, Gemälde usw. Ovocný trh 2, Ⓜ A, B Můstek, www.dorotheum.com.

Antik v Dlouhé 3, tolle Stahlrohrmöbel im Bauhausdesign, zudem schöne Art-déco-Lampen, das Stück ab rund 250 €. Dlouhá 37, Ⓜ B Náměstí Republiky, www.antik-v-dlouhe.cz.

Bijouterieware

material 13, Bijouterieware zum Fertigen von Schmuck, dazu Gläser, Kronleuchter, Kerzenständer usw. Im Ungelt-Hof, Týn 1, Ⓜ B Náměstí Republiky, www.i-material.com.

Bücher

Kavka 46, mit diversen Designermöbeln optisch aufgepeppte Kunstbuchhandlung. Toll zum Stöbern. Der Schwerpunkt liegt auf Tschechien und der Tschechoslowakei, auch Antiquarisches ist zu bekommen. Nur Mo–Fr 11–18 Uhr. Krocinova 5, Ⓢ 2, 9, 17, 18, 22, 23 Národní divadlo, www.kavkaartbooks.com.

Kosmetik

Botanicus 13, der tschechische Body Shop, ein wunderbar duftender Laden: Seifen, Kosmetik, echte Bienenwachskerzen, Gewürzmischungen. Vieles mit einem Bio-Zertifikat. Im Ungelt-Hof, Ⓜ B Náměstí Republiky, www.botanicus.cz.

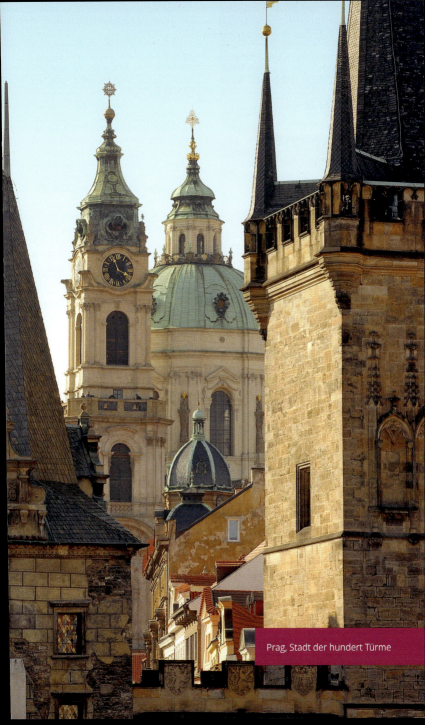

Prag, Stadt der hundert Türme

Das feinste Eck der Stadt
Tour 3

Es ist das einstige jüdische Viertel. Außer ein paar Synagogen blieb davon aber nicht viel erhalten – Ende des 19. Jh. riss man es ab. Heute findet man hier herrliche Jugendstilhäuser und die vornehmste Straße Prags: die Pařížská, die Pariser Straße.

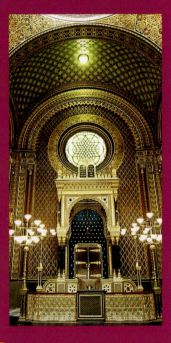

Jüdisches Museum, Ausstellungen in verschiedenen Synagogen, dazu ein verwunschener uralter Friedhof, S. 75

Sankt-Agnes-Kloster, mittelalterliche Kunst vom Feinsten, S. 74

Rudolfinum, hier kann man der Tschechischen Philharmonie lauschen, S. 77

Josefstadt
Josefov

Kein Viertel Prags wurde durch die Literatur mehr verewigt als Josefov. Doch das Josefov, von dem dort größtenteils die Rede ist, ist das Josefov der Tagelöhner, der Spieler, der Prostituierten und Zigeuner aus der zweiten Hälfte des 19. Jh. Das Josefov der Juden gab es zu diesem Zeitpunkt bereits nicht mehr. Das Gros der Juden hatte es längst verlassen. Lediglich das alte Ghetto existierte noch. Es entstand im 13. Jh., als man die Siedlung mit einer Mauer umschloss, deren Tore nachts verriegelt wurden. Sechs Jahrhunderte lebten die Prager Juden dort – mal verfolgt, mal toleriert. In schlechten Zeiten wurden sie zu Sündenböcken und Opfern von Pogromen. In guten Zeiten standen sie unter dem Schutz der Krone und verhalfen Prag zu kultureller und wirtschaftlicher Blüte. Eines der größten Probleme im Ghetto war die stets steigende Zahl seiner Einwohner. Anfang des 18. Jh. erließ die jüdische Gemeinde daher ein Gesetz, das vorschrieb, dass nur noch der älteste Sohn einer Familie heiraten durfte, und das erst nach dem Tod des Vaters. Aus der Isolation befreite Kaiser Joseph II. die Prager Juden in der zweiten Hälfte des 18. Jh. Die Mauern ums Ghetto wurden abgerissen, Kleidervorschriften aufgehoben und die Glaubensfreiheit wurde gewährt. Zum Dank benannte man das Viertel nach ihm. Als ab 1796 die Juden auch außerhalb des Ghettos leben durften, verkam es zum Armenviertel der Stadt mit miserabelsten hygienischen Verhältnissen. In den 280 Häusern hausten etwa 10.000 Menschen. Ein Jahrhundert später befahl der städtische Sanitätsrat deswegen die sog. Assanierung des Stadtteils, die einem Abriss gleichkam. Bürgerliche Wohnhäuser mit stolzen Jugendstilfassaden prägen Josefov heute, an das einstige jüdische Viertel erinnern nur noch wenige Gebäude.

Nach dem Niedergang des Sozialismus wandelte sich der Stadtteil zum Schicksten, was Prag zu bieten hat. Charmante Cafés und Patisserien, edle Restaurants, Galerien zeitgenössischer Kunst und stylishe Boutiquen Prager und internationaler Modedesigner sind hier zu finden. Dazu jede Menge Touristen. Leider sind nicht alle so gut betucht, wie sich das die hiesige Geschäftswelt wünscht – so manche Vorzeigeadresse musste deswegen schon wieder schließen.

Tour-Info Genau genommen liegt Josefov inmitten der Altstadt und erstreckt sich nördlich des Staroměstské náměstí. In diesem Kapitel wird aus Gründen der leichteren Übersicht jedoch nicht nur das einstige jüdische Viertel, sondern das ganze Gebiet nördlich des Staroměstské náměstí bis zur Moldau behandelt. **Länge** ca. 2,1 km, **Dauer** ca. 1:30 Std., **Karte** S. 73.

Spaziergang

Am Altstädter Ring beginnt eine der Prachtstraßen Prags, die **Pařížská (Pariser Straße)**. Sie ist die Adresse exquisiter Flagshipstores, edler Juweliere und feiner Cafés und könnte auch getreu ihrem Namen ein vornehmer Boulevard der französischen Hauptstadt sein. Herrliche, reich geschmückte Jugendstilhäuser säumen sie. Eines der schönsten ist das ehemalige Haus der Journalisten (Nr. 9). Die Straße führt direkt auf die Moldau und auf das große Metronom am Letná-Hügel zu (→ S. 138). Unterwegs zweigt die Široká ab, an der, hinter einer Kirche, die → **Spanische Synagoge (Španělská synagóga)** liegt. Ihr erster Chorleiter František Škroup komponierte die tschechische Nationalhymne *Kde domov můj*, die mit den Worten „Wo ist meine Heimat" beginnt. Die kopflose Skulptur neben der Synagoge war das erste **Kafka-Denkmal** der Stadt (2003 errichtet). Es zeigt eine Szene aus Kafkas Novelle *Beschreibung eines Kampfes*.

Weiter geht es die Vězenská entlang. Im Eckhaus zur Kozí (Vězeňská 9), wo heute das **Restaurant Katr** Steaks und Würste zum Selberbrutzeln serviert, befand sich einst das Café Hermes, in dem Kafka gern vorbeischaute. Und in der U Obecního dvora wurde 1820 in Haus Nr. 5 Josef Mánes, der bedeutendste tschechische Maler des 19. Jh., geboren. Er reiste um die halbe Welt und hinterließ Portraits, Landschaften und Genrebilder. Das Haus besitzt einen gotischen Kern und ist beispielhaft für viele im Stadtteil: Beim Abriss des jüdischen Viertels wurde zwar für breitere Straßen Platz gemacht, gute Bausubstanz aber ließ man stehen und gestaltete sie lediglich neu. Ein Haus weiter lebte übrigens der Wissenschaftler Christian Doppler (1803–1853) – ohne die Doppler-Sonografie wäre die moderne Geburtshilfe undenkbar.

Das kleine Gässchen Anežská führt zum → **Sankt-Agnes-Kloster (Klášter sv. Anežky)**, in dem es mittelalterliche Kunst zu sehen gibt. Gründerin des einstigen Klarissenklosters im 13. Jh. war die heilige Agnes, die ihr Leben in den Dienst der Kranken gestellt hatte.

Ein paar Schritte weiter, im einstigen **Spital der Barmherzigen Brüder (Špitálu Milosrdných Bratří)**, verabreichte ein als Wunderheiler bekannter Herr Opitz 1847 die erste Narkose auf dem Gebiet der k.-u.-k.-Monarchie. In der angrenzenden **Kirche Sankt Simon und Juda (Kostel sv. Šimona a Judy)** übten bereits Mozart und Haydn an der Orgel. Kunst entstand auch in der Bílkova 10, Franz Kafka schrieb hier den *Prozess*. Zum Glück für die lokalen Fremdenführer zog der Dichter häufig um, und so lassen sich heute mehrstündige Kafka-Führungen durch Prag veranstalten.

Vorbei an einem **kubistischen Gebäudekomplex** (Ecke Bílkova/Elišky Krásnohorské), der zwischen 1919 und 1921 errichtet wurde, gelangt man wieder auf die Pařížská, über die man die → **Altneusynagoge (Staronová synagóga)** erreicht. Die Eintrittskarten gibt es gegenüber im Eingangsbereich zur Hohen Synagoge (Vysoká Synagoga). Diese ist jedoch der Öffentlichkeit nicht zugänglich, sie wird wie die Altneusynagoge noch heute von der jüdischen Gemeinde genutzt. Das Eckhaus daneben ist das **alte jüdische Rathaus**. Es lohnt, nach oben zu blicken und die Uhr anzuschauen – nicht die am Turm, sondern die darunter mit hebräischen Ziffern. Die Zeiger bewegen sich entgegen dem Uhrzeigersinn, so wie auch die hebräische Schrift nicht von links nach rechts, sondern von rechts nach links läuft. Finanziert hatte das jüdische Rathaus einst Markus Mordechaj Maisel, der reichste Mann im rudolfinischen Prag. 100 m weiter hat er sich mit der nach ihm benannten → **Maiselsynagoge (Maiselova synagóga)** an der nach ihm benannten Straße ein Denkmal gesetzt.

Am Ende der Maiselova liegt der **Náměstí Franze Kafky**. Ums Eck linker Hand hinter dem Haus Nr. 3 erblickte Kafka das Licht der Welt. Von seinem Geburtshaus ist aber nur noch das Portal im Original erhalten.

Vom Náměstí Franze Kafky führt die Kaprova zum Moldauufer. Im Haus Nr. 10 befindet sich das **Památník Jaroslava Ježka**, das kleinste Museum Prags. Es erinnert an Jaroslav Ježek. Sein Name sagt heute nur noch wenigen etwas. Der Jazzer galt in der ersten Hälfte des 20. Jh. als der avantgardistischste Komponist Tschechiens. Das sog. „Blaue Zimmer" seines Apartments – mehr gibt es auch nicht zu sehen – ist ganz im funktionalistischen Stil gehalten (nur Di 13–18 Uhr, 0,80€, erm. die Hälfte, www.nm.cz).

Nach **Jan Palach** (→ S. 25 und 188), dem wohl bekanntesten Märtyrer des Prager Frühlings, ist der nächste Platz

Silberarbeiten in der Maiselsynagoge

benannt. Ein kleines Denkmal an der philosophischen Fakultät der Karlsuniversität erinnert an ihn. Stets werden an seinem Todestag Blumen und Kränze niedergelegt.

Die Nordseite des Platzes nimmt das → **Rudolfinum** ein, einer der herausragenden Ncorenaissancebauten Prags mit zwei großen Konzertsälen.

Gegenüber, an der Ulice 17. listopadu, liegt das → **Kunstgewerbemuseum** (Uměleckoprůmyslové muzeum). Hinter dem Gebäude befinden sich die → **Pinkassynagoge** (Pinkasova Syngóga) und der → **Alte Jüdische Friedhof** (Starý Židovský Hřbitov), den man von der Široká betritt. Meist durchquert man ihn im Gänsemarsch. Der Ausgang des Friedhofs befindet sich an der U Starého Hřbitova. Rechter Hand steht dort die → **Klausensynagoge** (Klausová synagóga), linker Hand die ehemalige → **Zeremoniensaal** (Bývalá obřadní síň).

Sehenswertes

Spanische Synagoge
Španělská synagóga

Der Name der Synagoge hat nichts mit den sephardischen Juden zu tun, die 1492 mit dem Ende der Reconquista Spanien verlassen mussten, wenn sie sich nicht taufen lassen wollten, und u. a. auch nach Prag kamen. Die Spanische Synagoge entstand erst in der zweiten Hälfte des 19. Jh. und trägt den Namen aufgrund ihrer pseudomaurischen Stilelemente. Im sehenswerten

Spanische Synagoge

Innern werden in Vitrinen die Geschichte und das künstlerische Erbe der Juden Böhmens und Mährens von der Aufklärung bis in die Zeit der Tschechoslowakei dokumentiert. Von dem Kapitel Holocaust zeugen u. a. erschütternde Postkarten aus dem Ghetto Theresienstadt und eine Kiste voller Gebetsriemen (Tefillin) der Ermordeten. In einem separaten Raum werden Silberarbeiten ausgestellt, das älteste Exponat stammt aus dem Jahr 1600. Abends dient die Synagoge gelegentlich als Konzertsaal.

In der **Galerie Robert Guttmanna (Robert-Guttmann-Galerie)** ums Eck finden regelmäßig Ausstellungen über das jüdische Leben statt.

Synagoge, Vězeňská 1. Galerie, U Staré Školy 3. Ⓜ A Staroměstská. Öffnungszeiten und Eintritt → Jüdisches Museum. Kein Einzelticket für die Synagoge erhältlich, für die Robert-Guttmann-Galerie 1,60 €, erm. die Hälfte.

Gotische Kunst im Sankt-Agnes-Kloster
Klášter sv. Anežky

Im Sankt-Agnes-Kloster befindet sich heute die grandiose Sammlung böhmischer Kunst des Mittelalters und der frühen Renaissance, die Teil der Nationalgalerie ist. Die Exponate stammen aus den verschiedensten Kirchen und Klöstern des Landes. Fast alle zeigen biblische Motive, das Gros die Muttergottes, mal mit, mal ohne Kind. Jesus wird überwiegend am Kreuz dargestellt, aber auch am Ölberg usw. Die erschütterndste Darstellung befindet sich im letzten Raum, der Holzschnitt *Christus, der Retter vorm Jüngsten Gericht* aus dem 16. Jh. Den Tod symbolisiert dabei ein Verwesender, der Kopf ist bereits skelettiert, die Eingeweide frisst ein Frosch. Das an Albrecht Dürer erinnernde Werk wurde mit „I. P." signiert, außer diesen Initialen weiß man nicht viel über den Künstler. Ohnehin sind aus der Zeit der Gotik nur die wenigsten realen Namen von Künstlern bekannt. Zu den identifizierten Künstlern dieser Epoche gehört Meister Theodoricus, von dem sechs große Portraits zu sehen sind, die er mit 121 anderen für die Kreuzkapelle der Burg Karlstein malte. Zeitgenössische Kunst hingegen beherbergt der Klostergarten, der jüngst in einen Skulpturengarten verwandelt wurde.

Anežská 1. Ⓜ A Staroměstská oder Ⓜ B Náměstí Republiky. Tägl. (außer Mo) 10–18 Uhr. 8,80 €, erm. 4,80 €, Kombiticket → S. 221, www.ngprague.cz.

Prag im Kasten
Das Jüdische Museum

Das Museum mit einer über 100-jährigen Geschichte besitzt eine einzigartige und umfangreiche Sammlung an jüdischem Kulturgut aus Böhmen und Mähren. Anlass zur Gründung gab die Sanierung der Josefstadt. Das Inventar zum Abriss freigegebener Synagogen, aber auch Gegenstände des häuslichen und religiösen Lebens wurden hier gesammelt. Das Gros des Fundus stammt jedoch aus der Zeit der deutschen Okkupation, als die Nazis die jüdische Bevölkerung nach Theresienstadt und von dort weiter in die Vernichtungslager deportierten. Das Museum war ab 1942 der Leitung des Zentralamtes für die Judenfrage direkt unterstellt und hatte die Aufgabe, das beschlagnahmte Gut zu katalogisieren. Nach dem Krieg fiel das Museum in staatlichen Besitz, seit 1994 ist es Eigentum der jüdischen Gemeinde von Prag. Diese zählt rund 1600 Mitglieder, Tendenz leicht steigend.

Auf mehrere Synagogen verteilt, zeigt das Jüdische Museum nur einen Bruchteil seiner Exponate, in erster Linie Drucke, Bücher, Gegenstände aus Silber, Tapisserien, Teppiche und Thoramäntel. Unter der Verwaltung des Jüdischen Museums stehen die Maiselsynagoge, die Spanische Synagoge mit der Robert-Guttmann-Galerie, die Pinkassynagoge, die Klausensynagoge, der Alte Judenfriedhof und der ehemalige Zeremoniensaal. Die Altneusynagoge gehört nicht zum Jüdischen Museum. Mehr zum Jüdischen Museum auf www.jewishmuseum.cz und im Informationszentrum an der Maiselova 15.

Für alle Einrichtungen, die vom Jüdischen Museum verwaltet werden, gelten dieselben Öffnungszeiten: 9–18 Uhr (im Winter bis 16.30 Uhr), jeweils tägl. außer Sa und an jüdischen Feiertagen (das sind eine ganze Menge, v. a. im April, Mai, Sept. u. Okt; exakte Daten auf www.jewishmuseum.cz). Bei extrem großem Andrang werden auf der Eintrittskarte Besuchszeiten für die einzelnen Synagogen vermerkt, die vorschreiben, wann man was zu besichtigen hat. Das Ticket **Jüdisches Museum Prag** (Židovské muzeum v Praze, 13,20 €, erm. 8,80 €) ist für alle o. g. Einrichtungen gültig. Wer die Altneusynagoge mit im Programm haben möchte, wählt das Ticket **Jüdische Stadt Prag** (Pražske židovské město, 20 €, erm. 13,60 €).

Ergreifend: das Innere der Pinkassynagoge

Altneusynagoge
Staronová synagóga

Der frühgotische Bau aus der zweiten Hälfte des 13. Jh. zählt zu den ältesten Synagogen Europas. Für seinen paradox klingenden Namen gibt es zwei Theorien: Die erste geht davon aus, dass die Synagoge eine an jenem Ort bereits existierende ersetzte, die andere, dass sie ursprünglich nur „Neue Synagoge" hieß, bis im 16. Jh. weitere Synagogen hinzu kamen – sprich: aus „neu" wurde „alt". Tatsache ist auf jeden Fall, dass sie das Zentrum der Juden westlicher Observanz war, die isoliert von den Juden mit östlichem Ritus lebten. Letztere hatten ihr Viertel bei der heutigen Spanischen Synagoge. Das erklärt zudem, warum man in Josefov auch Kirchen findet: Die verschiedenen jüdischen Gemeinden waren bis ins 13. Jh. durch „christliche Streifen" getrennt. Im Inneren der Synagoge, genau in deren Mitte, befindet sich das Almemor, ein von einem schmiedeeisernen Gitter umgebenes Podium, von dem aus der Thora, den fünf Büchern Mose, vorgelesen wird. Die Thorarollen sind im Schrein hinter einem Vorhang verborgen. Auffallend sind die schießschartenähnlichen Fenster. Sie wurden im 18. Jh. für die Frauen eingefügt, da ihnen der Besuch der Synagoge nicht gestattet war und sie wenigstens so dem Geschehen folgen konnten.

Červená 2. Ⓜ A Staroměstská. Mai–Okt. 9–18 Uhr, Nov.–April 9–17 Uhr, Fr schließt man eine Std. vor dem Beginn des Sabbats (= Sonnenuntergang), Sa und an jüdischen Feiertagen geschl. Eintritt mit Sammelticket → S. 75. Ohne Sammelticket 8 €, erm. 5,60 €. www.synagogue.cz.

Prag im Kasten
Yehûdā Lîwâ Ben-Bezal'ēl, genannt Rabbi Löw, und die Legende vom Golem

Polnische Chassiden waren es, die im 18. Jh. die Person des Prager Rabbi Löw mit dem legendären Golem in Verbindung brachten. Der historisch belegte Rabbi war oberster Lehrer einer Talmudschule und als Pädagoge und Theologe bereits zu Lebzeiten überaus angesehen. Die Inschrift seines Grabes auf dem Alten Jüdischen Friedhof – Löw starb 1609 – bekundet, dass er v. a. wegen seiner Weisheit geschätzt wurde. Auf die chassidischen Legenden, welche dem Rabbi übernatürliche Fähigkeiten nachsagen, ist der Glaube zurückzuführen, dass jeder Wunsch in Erfüllung geht, wenn man ihn in Zettelform auf das Grab des Rabbis legt.

Zu den sagenhaftesten Geschichten aber, die sich um den Rabbi ranken, zählt zweifelsohne die des Golem, einer mächtigen, menschenähnlichen Gestalt. Angeblich hatte der Rabbi diese aus Ton geformt und dann zum Leben erweckt, indem er ihr ein Schma (Zettel mit magischen Formeln) in den Mund legte. Der Golem war fortan ein treuer Diener des Rabbi, stand allen Juden bei und bewahrte sie vor Pogromen. Am Sabbat jedoch musste der Golem ruhen, und so nahm der Rabbi stets am Vorabend des Sabbats das Schma aus dem Mund des Geschöpfs. Doch eines Freitags vergaß dies der Rabbi. Der Golem wurde böse, so böse, dass er das Ghetto zu vernichten drohte. In letzter Sekunde gelang es dem Rabbi, den magischen Zettel aus dem Mund des Golems zu ziehen und ihn so wieder in ewigen Schlaf zu versetzen. Seitdem, so heißt es, ruhen dessen Reste auf dem Dachboden der Altneusynagoge. Im Glauben der Menschen jedoch lebte der Golem im Ghetto noch lange fort, in der Literatur bis heute.

Den bekanntesten Golem-Roman schrieb Gustav Meyrink (1868–1932), ein gebürtiger Wiener. Er war Gründer mehrerer okkulter Orden und in seiner Golem-Fassung, einer Reise in das innerste Ich, verarbeitete er zugleich seine Drogenerlebnisse. Auch Egon Erwin Kisch (1885–1948), der rasende Reporter, der u. a. für das *Prager Tagblatt* schrieb, widmete dem Golem eine Reportage.

Vorm Rudolfinum

Maiselsynagoge
Maiselova synagóga

Ursprünglich im Stil der Renaissance errichtet, wurde sie nach einem Brand barock wieder aufgebaut. Das gefiel aber nicht, und so erfolgte Ende des 19. Jh. ein schlichterer neugotischer Umbau. Während der deutschen Okkupation machten die Nazis aus der Synagoge ein Lager für beschlagnahmtes jüdisches Vermögen. Auch diese Synagoge wird heute als Museum genutzt und liefert die historische Ergänzung zur Spanischen Synagoge: In ihr wird die Geschichte der böhmischen und mährischen Juden von den Anfängen der jüdischen Besiedelung im 10. Jh. bis zur Aufklärung in einer neu konzipierten Ausstellung dokumentiert.

Maiselova 10. Ⓜ A Staroměstská. Öffnungszeiten und Eintritt ➔ Jüdisches Museum, S. 75.

Wo die Philharmonie zu Hause ist
Rudolfinum

Das Konzertgebäude entstand in der zweiten Hälfte des 19. Jh. im Zuge der tschechischen Nationalbewegung. Dvořák, aber auch Brahms dirigierten hier vor ausverkauftem Haus. Heute residiert in den Räumen die Tschechische Philharmonie, seit 2018 unter Leitung des Russen Semjon Bytschkow, der auch schon Chefdirigent der Dresdner Semperoper war (Konzerttickets ➔ S. 204). Das Gebäude beherbergt zudem eine Galerie und ein Café (Eingang auf der Moldauseite).

Náměstí Jana Palacha 1. Ⓜ A Staroměstská. Galerie tägl. (außer Mo) 10–18 Uhr. www.ceska filharmonie.cz bzw. www.galerierudolfinum.cz.

Kunstgewerbemuseum
Uměleckoprůmyslové muzeum

Das Kunstgewerbemuseum existiert seit 1885 und wurde 2015–2018 grundsaniert. Zum Zeitpunkt der letzten Recherche waren bereits temporäre Ausstellungen in den schmucken Sälen des Hauses zu sehen, eine Dauerausstellung soll 2019 eröffnen. Im Fundus des Hauses befinden sich künstlerisch wertvolle Exponate aus den verschiedensten Epochen: Glas, Porzellan,

Uhren, Festtagskleidung, Möbelstücke, Gobelins, Schmuck, Werbeplakate usw. Angeschlossen ist ein nettes Café. Von den Toiletten im Obergeschoss hat man einen wunderbaren Blick auf den jüdischen Friedhof.

Ulice 17. listopadu 2. Ⓜ A Staroměstská. Di 10–20 Uhr, Mi–So 10–18 Uhr, Mo geschl. 6 €, erm. 3,20 €, Fam. 10 €. www.upm.cz.

Pinkassynagoge/Alter Judenfriedhof
Pinkasova Synagóga/Starý Židovský Hřbitov

Das ummauerte Areal des alten jüdischen Friedhofs umschließt auch die Pinkassynagoge aus dem 16. Jh., die gleich hinter dem Kassenhäuschen steht. Gestiftet wurde die Synagoge von Aaron Meshulam Horowitz, benannt ist sie nach dessen Enkel, dem Rabbiner Pinkas. Im Inneren erinnert sie heute an die Juden aus Böhmen und Mähren, die dem Holocaust zum Opfer fielen. Das geschieht auf eine schlichte und zergreifende Weise: An den Wänden stehen die Namen der Ermordeten, 77.297 an der Zahl. Im Obergeschoss sind Zeichnungen von Kindern aus Theresienstadt zu sehen.

Auf dem Weg von der Synagoge zum Friedhof passiert man den Eingang zur **Alten Mikwe (Historická Mikve)**, ein Tauchbad mit eigener Quelle, das zusammen mit der Synagoge entstand. Es diente rituellen Waschungen, z. B. nach Monatsblutungen, Geburten oder vor Hochzeiten, und wurde noch bis ins 18. Jh. genutzt (Führungen tägl. außer Sa um 13 Uhr, separates Ticket nötig, 2 €, www.synagogue.cz).

Der Friedhof selbst, auf dem Grabstein an Grabstein steht oder lehnt, wurde ebenfalls im 15. Jh. angelegt. Der älteste Stein stammt aus dem Jahr 1439, der jüngste aus dem Jahr 1787. Wie viele Menschen hier beigesetzt wurden, weiß man nicht. In der Sekundärliteratur schwanken die Zahlen erheblich: zwischen 10.000 und 110.000. Tatsache ist, dass der Friedhof, obwohl mehr-

Grabsteine auf engstem Raum: der Alte Jüdische Friedhof

mals erweitert, stets zu klein war. So begrub man die einen über den anderen.

Viele der Grabsteine tragen Barock- oder Rokokoverzierungen, aber auch Motive, die den Namen oder Beruf des Verstorbenen symbolisieren. Wer Löw, Levy oder Jehuda hieß, bekam nicht selten einen Löwen auf den Grabstein. Eine Maus schmückt die Steine der verstorbenen Maisls und ein Bär den der Dov (hebräisch „Bär"). Als Symbol für den Beruf des Schneiders meißelte man gerne eine Schere ein, für den Buchdruckers ein Buch usw. Auf ein paar Grabsteinen liegen statt Blumen kleine Steinchen – ein alter jüdischer Brauch als Zeichen der Pietät.

Der Grabstein, auf dem die meisten Steinchen liegen, ist der des Rabbi Löw (1570–1609), an dem der vorgeschriebene Weg durch den Friedhof automatisch vorbeiführt (→ Kasten S. 76). Oft sieht man auch Zettel darauf, es sind Bitten und Wünsche.

Eingang zu Synagoge und Friedhof an der Široká. Ⓜ A Staroměstská. Öffnungszeiten und Eintritt → Jüdisches Museum, S. 75. Aufgrund des Besucherandrangs ist es – falls möglich – ratsam, den Friedhof früh am Morgen zu besuchen, ansonsten wird man von den Massen wie auf einer Einbahnstraße vom Eingang zum Ausgang geschoben.

Klausensynagoge/Zeremoniensaal
Klausová synagóga/ Bývalá obřadní síň

Die beiden benachbarten Gebäude beherbergen die Ausstellung „Jüdische Traditionen und Bräuche". Dabei werden auch alle Stationen im Leben gläubiger Juden von der Geburt über die Beschneidung und die Heirat bis zum Tod erläutert. Die Ausstellung beginnt in der Klausensynagoge, gezeigt werden viele kunstvolle Exponate, darunter hervorragende Silberarbeiten.

U Starého Hřbitova 1 und 3. Ⓜ A Staroměstská. Öffnungszeiten und Eintritt → Jüdisches Museum, S. 75.

Praktische Infos → Karte S. 73

Essen & Trinken

Etliche schicke Cafés, Patisserien und Restaurants entlang der Pařížská und ihrer Seitenstraßen. Einfache Adressen gibt es nur noch wenige.

Restaurants

La Degustation Bohème Bourgoise 7, für seine noblen Interpretationen der klassischen böhmischen Küche erhielt Oldřich Sahajdák bereits 2012 einen Michelin-Stern, den er bis heute verteidigt. Der Besuch ist ein Erlebnis, das bis zu 4 Std. dauern kann. Bei den 8-Gänge-Menüs (138 €, Weinbegleitung 84 €) kommen kunstvoll arrangierte Schmankerln wie Prager Schinken mit Apfelschaum, südböhmische Ente mit Orangensoße oder Třeboňer Forelle mit Sellerie-Béchamel-Soße auf den Teller. Modern-gediegenes Ambiente unter Gewölbedecken, einsehbare Küche. Nur abends. Haštalská 18, Ⓢ 6, 8, 15, 26 Dlouhá třída, ✆ 222311234, www.ladegustation.cz.

Field 1, kann sich seit ein paar Jahren ebenfalls mit einem Michelin-Stern rühmen. Im weiß-lichten, lässigen Ambiente übt man sich im Finest Dining. Das machen hier Models im Divenstress genauso wie kichernde japanische Pärchen. Aus der halboffenen Küche kommen Dinge wie „Lamm Feige Drosselbeere" oder „Froschschenkel Eigelb Meerrettich Sauerklee". 5-Gänge-Menü Mo–Fr mittags 48 €, 10-Gänge-Menü abends 128 € (ohne Weinbegleitung), Hg. à la carte (von denen man nicht satt wird) ca. 24 €. U milosrdných 12, Ⓢ 17 Právnická fakulta, ✆ 222316999, www.fieldrestaurant.cz.

Nostress 14, edles Café-Restaurant, schon fast ein Klassiker im Viertel. Tolle Torten, Törtchen und Quiches, mittags kommt Business-Publikum zum Business-Lunch. Ansonsten raffiniertere internationale Küche mit französischem Einschlag. Hg. 11–22 €. Freundlicher Service. Dušní 10, Ⓜ A Staroměstská, ✆ 222317 007, www.nostress.cz.

Dinitz 3, koscheres Lokal mit etwas altbackenem, jedoch legerem Ambiente – die Köche brutzeln vor aller Augen hinter der langen Theke. Es gibt leckere *Mezze*, die nahöstlichen

Vorspeisen, außerdem Pasta, Fisch, Steaks und Burger. Hg. 16–26 €. Fr abends sowie Sa ganztägig geschl. Bílkova 12, Ⓢ 17 Právnická fakulta, ✆ 222244000, www.dinitz.cz.

Shalom 11, die Speisehalle der jüdischen Gemeinde Prags im alten jüdischen Rathaus steht zur Mittagszeit (11.30–14 Uhr, So geschl.) auch Touristen offen. Authentische koschere Küche, die vom Rabbi abgesegnet ist. Vouchers für das Menü (13 € inkl. kostenlosem Tischwasser) kauft man sich vorher in der Hohen Synagoge nebenan, gleichzeitig der Ticketverkauf für die Altneusynagoge. Für das Sabbat- und Feiertagsmenü (24 €) ist eine Reservierung erforderlich. Maiselova 18, Ⓜ A Staroměstská, ✆ 224 800808, www.kehilaprag.cz.

V Kolkovně 12, hier isst man böhmische Klassiker wie marinierten Camembert oder Hirschgulasch mit Knödeln. Es gibt aber auch Pasta, Burger und Steaks. Zum Nachtisch empfehlen wir den Apfelstrudel mit Kirschsoße und Walnusseis. Ambiente rustikal-modern. Falls oben voll: im UG geht's weiter. Hg. 8,50–16 €, lediglich die Megasteaks sind teurer. V Kolkovně 8, Ⓜ A Staroměstská, ✆ 224819701, www.vkolkovne.cz.

Marina Ristorante 15, italienisches Restaurant in spektakulärer Lage auf der Moldau auf einem schön restaurierten alten Frachter. Man macht ein wenig auf elitär („Wait to be seated!"), und der Service kann auch mal ein wenig blasiert sein. Pasta (gut) und Pizza (ordentlich) zu noch zivilen Preisen, der Rest im oberen Segment (Hg. bis 28 €). Kostenlos ist dafür die superbe Aussicht auf Burg und Karlsbrücke. Alšovo nábřeží, Ⓜ A Staroměstská, ✆ 222316 744, www.marinaristorante.cz.

Pivnices

U Parlamentu 24, gemütlich-rustikale Bierstube. Überaus beliebt, gute Hausmannskost: Matjes mit Zwiebeln, Bierkäse oder „Altböhmischer Teller" mit Ente, Schweinebraten und Rauchfleisch. Freundliche Bewirtung. Viele Touristen, aber kein Beschiss. Hg. 7,50–14 €. Valentinská 8, Ⓜ A Staroměstská, ✆ 721415 747, www.uparlamentu.cz.

U Rudolfina 21, eine der wenigen verbliebenen schwer handfesten Bierstuben im Stadtteil, laut und tschechisch. Von außen unscheinbar, innen recht groß und auf zwei Etagen. Die Bierstrichlisten mancher Gäste haben Gartenzauncharakter! Böhmische Küche zu 6,50–12 € – kann man essen, muss man aber nicht. Erfragen Sie auf jeden Fall den Bierpreis im Voraus, sonst zahlen Sie evtl. das Doppelte wie der tschechische Stammgast neben Ihnen. Křížovnická 10, Ⓜ A Staroměstská, ✆ 222328758, www.urudolfina.cz.

Traditionsreiche Kaffeehäuser

Kavárna Rudolfinum 9, der Kaffeesaal im gleichnamigen Konzerthaus. Eine kleine Augenweide: prachtvolle Säulen, hohe Fenster, Parkettboden. Und dazu auch noch faire Preise. Mo geschl. Náměstí Jana Palacha, Ⓜ A Staroměstská.

Cafés

Chez Marcel 8, sympathisches Café-Restaurant im französischen Stil. Gute französisch-internationale Küche, leckere Desserts. Hg. abends 13–20 €, mittags preiswertere, leichte Gerichte. Haštalské náměstí 12, Ⓢ 6, 8, 15, 26 Dlouhá třída, ✆ 222315676, www.chezmarcel.cz.

Mistral Café 23, das entspannte, karg-schöne Café mit seinen Drahtstühlen ist trotz seiner Lage im Touristenmekka auch bei Pragern sehr beliebt. Gutes Frühstück, leckere Kuchen und Snacks, zum Mittagessen (international-tschechische Küche) würden wir aber woanders hingehen. Valentinská 11, Ⓜ A Staroměstská, ✆ 222317737, www.mistralcafe.cz.

Au Gourmand 19, französisch ausgerichteter Mix aus Patisserie, Boulangerie und Bistro in feinem Jugendstilambiente. Quiches, Antipasti und Baguettes, gute Tagessuppen. Zudem leckerste Schokolade und (im Sommer) himmlisches Schokoeis. Dlouhá 10, Ⓜ A Staroměstská, ✆ 222329060, www.augourmand.cz.

Bakeshop Praha 16, Mischung aus Bäckerei, Konditorei und Stehcafé und eine empfehlenswerte Frühstücksadresse: Pies, Kuchen, Quiches, Brownies, kleine Salatauswahl. Kozí 1, Ⓜ A Staroměstská, ✆ 222316823, www.bakeshop.cz.

Kneipen

La Casa Blů 4, relaxte Kneipe unter chilenischer Leitung und deswegen auch Treff der in Prag lebenden Latinos. Günstige Tex-Mex-Küche, Bier und Cocktails, südamerikanische Musik und viele freundliche Leute. Bílkova 20, Ⓢ 17 Právnická fakulta, ✆ 723446002, www.lacasablu.cz

Einkaufen

Fashion

beata RAJSKA 17, sie schneidert Abendkleider und Kostüme (z. T. mit Sixties-Touch). Dlouhá 3, Josefov, Ⓢ 6, 8, 15, 26 Dlouhá třída, www.beatarajska.cz.

Tina Hollas 5, lässige Klamotten für reifere Frauen, auf Nachhaltigkeit bedacht. Atelier und

Praktische Infos

Verkauf in der U Obecního dvora 4, Ⓜ A Staroměstská, www.tinahollas.com.

La Gallery Novesta [10], witzige Sneakers und Gummistiefel, dazu hippe Modeaccessoires von tschechischen und slowakischen Designern. Elišky Krásnohorské 9, Ⓜ A Staroměstská, www.lagallery.cz.

Camilla Solomon [2], winzige, leicht abgewetzte, aber süße Boutique mit pfiffigen, farbenfrohen Abendkleidern. Kozí 12, Ⓢ 6, 8, 15, 26 Dlouhá třída, www.camillasolomon.cz.

Timoure Et Group [13], sportlich-dezente Designerkleidung in schlichten Farben. V Kolkovně 6, Ⓜ A Staroměstská, www.timoure.cz.

Tatiana [20], Taťána Kovaříková kreiert auch Filmkostüme. Mal elegant, mal cool und mal überaus sexy. Dušní 1, Ⓜ A Staroměstská, www.tatiana.cz.

Martina Nevařilová [6], sie hat sich auf nette Strickklamotten wie Pullis oder Schals spezialisiert. Dazu aber auch Kleider mit Sixties-Touch und diverse Accessoires. Haštalská 8, Ⓜ A Staroměstská, navarila.cz.

Klára Nademlýnská [17], Luxusmode, vorrangig in Schwarz und Grau, aber auch farbige Sachen für den Alltag. Die Inhaberin hat lange Jahre in Paris gelebt. Dlouhá 3, Ⓜ A Staroměstská, www.klaranademlynska.cz.

Hana Havelková / Radka Kubková [14], schlichte Eleganz für junge Damen. Hana Havelková ist Gewinnerin vieler tschechischer Designerauszeichnungen, Radka Kubková bekannt für ihre hübschen Accessoires. Dušní 10, Ⓜ A Staroměstská, www.havelkova.com bzw. www.kubkova.cz.

Wohnen/Accessoires

Jarmila Mucha Plocková [22], die Enkelin des Jugendstilkünstlers Alfons Mucha kreiert Vasen, Broschen, Gläser, Ohrringe und Ketten (vorrangig aus Silber). Ihre kleine Boutique findet man in der Maiselova 5, Ⓜ A Staroměstská, www.muchaplockova.com.

Antiquitäten

Antiquitätenhändler gibt es in Josefov en masse. Viele haben sich auf Schmuck und Porzellan konzentriert, das können betuchte Touristen leichter mit nach Hause nehmen. Über ebay bekommt man Vergleichbares aber oft billiger. Auf eine besondere Adresse wollen wir dennoch aufmerksam machen:

Antiques Michal Jankovský [18], wunderschöne Dinge aus der Zeit des Jugendstils und des Art déco, darunter neben Schmuck und diversen Accessoires auch Möbelstücke zum Verlieben. Teuer, aber eine Augenweide. Žatecká 4, Ⓜ A Staroměstská.

Alles eine Spur nobler: Restaurant in Josefov

Die Prager Puppenstube
Tour 4

Malá Strana, der Stadtteil unterhalb der Prager Burg am Ufer der Moldau, ist das malerischste Eck der Stadt – ein großes Schaufenster des Barock, kaum ein Gebäude, das nach dem 18. Jahrhundert errichtet wurde.

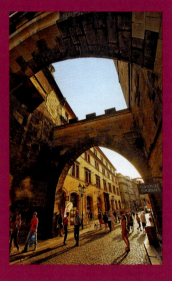

- **Sankt-Nikolaus-Kirche**, muss man einfach gesehen haben, S. 89
- **Nerudova**, die schmucke Gasse führt hinauf zur Burg, S. 84
- **Wallfahrtskirche Maria vom Siege**, dem Prager Jesulein Hallo sagen, S. 93
- **Insel Kampa**, Park und Kunst, S. 91
- **Franz Kafka Museum**, kafkaeske Atmosphäre inklusive, S. 93

Kleinseite
Malá Strana

Blickt man von der Prager Burg auf Malá Strana hinab, dann sieht man auf ein Meer aus roten Ziegeln, Gauben, Giebeln und Kaminen, auf Antennen, Kirchturmspitzen und -kuppeln. Und spaziert man hindurch unter Arkaden, über kleine Treppen, in verwinkelten Gassen, vorbei an mittelalterlichen schrägen Gemäuern mit prächtigen Hauszeichen, verwunschenen Gartenanlagen oder barocken Palais, scheint die Zeit stehen geblieben zu sein.

Doch so malerisch sich Malá Strana auch zeigt – die Kleinseite ist ein Stadtteil, den die Prager weitestgehend geräumt haben. Aus den Krämer- und Trödelläden von einst oder den kleinen Handwerksbetrieben wurden Restaurants, Cafés oder Galerien, aus den großen Palais Ministerien, Botschaften oder Hotels. Kinder sieht man nur noch selten spielen, und mit jedem neu restaurierten Gebäude werden sie weniger. In Malá Strana hat nicht eine Generation die nächste abgelöst, sondern eine Gesellschaftsschicht die andere. Zwar strahlt der Stadtteil nun in immer neuerem Glanz, verliert dadurch aber auch von seinem ursprünglichen Charme. Ganz verschwinden wird dieser jedoch nie. Die Kleinseite ist zu groß, als dass man sie so wie die Prager Burg in ein einziges Schmuckkästchen verwandeln könnte – für die Denkmalpflege wird der Stadtteil eine nie enden wollende Herausforderung bleiben. Egal, wie viel Farbe man darüber legt, die Spuren der Vergangenheit lassen sich nicht wegschminken, sie werden immer zu sehen sein.

Tour-Info Länge ca. 2,7 km, **Dauer** ca. 2 Std., **Karte** S. 85.

Spaziergang

Das Zentrum der Kleinseite ist der pittoreske **Malostranské náměstí**, einst der Marktplatz des Viertels, der mit einem kolossalen Radetzky-Denkmal geschmückt war. Denkmalschützer plädieren dafür, das prachtvolle, 10 m hohe Denkmal für den bedeutendsten Habsburger Heerführer wieder aufzubauen. Die antiösterreichisch gesinnten Patrioten des Landes sind jedoch dagegen. Dabei hat Radetzky böhmische Wurzeln – der General wurde 1766 im südböhmischen Třebnice (dt. Trebnitz) geboren.

Heute staut sich am Kleinseitner Ring, wie der Platz zur k.-u.-k.-Zeit noch hieß, der Verkehr, lediglich die Straßenbahn hält freiwillig. Gleich neben der Haltestelle trafen sich im **Kleinseitner Kaffeehaus** in den 1920er-Jahren Kafka, Brod, Werfel und weitere Literaten. Heute sitzt in den altehrwürdigen Räumlichkeiten eine *Starbucks*-Filiale.

Schräg gegenüber, im Nordosten des Platzes, steht eines der imposantesten Gebäude rund um den Kleinseitner Ring, die **Malostranská beseda**. Der frühbarocke Prachtbau diente einst als Kleinseitner Rathaus, heute beherbergt er neben einem rustikalen Restaurant ein Café, eine Kneipe und einen Musikclub.

Links davon, über den Dächern in nordöstlicher Richtung, erhebt sich ein schmaler, spitz zulaufender Kirchturm. Er gehört zur → **Sankt-Thomas-Kirche (Kostel sv. Tomáše)**, die man über die Letenská betritt. Dabei passiert man den einst berühmtesten Bierausschank der Kleinseite, U Schnellů, der nur noch von seinem großen Namen zehrt.

Die enge, von Arkaden gesäumte Gasse Tomašská führt zum Valdštejnské náměstí, einem kleinen, meist zugeparkten Platz, dessen Ostfront das → **Palais Waldstein (Valdštejnský palác)** einnimmt. Das Palais, in dem heute der Senat tagt, war der erste profane Monumentalbau des Prager Barock und zieht sich entlang der gesamten Valdštejnská bis zur Metrostation Malostranská. Dort befindet sich auch die einstige **Reitschule** des Palais, die **Valdštejnská jízdárna**, welche die Nationalgalerie für Wechselausstellungen nutzt.

Auf der gegenüberliegenden Seite des Valdštejnský palác stehen weitere feudale Palais, u. a. residieren die Botschaften Belgiens und Polens darin. Auch ist hier das → **Pedagogické muzeum Jana Amose Komenského** zu finden (Nr. 20), das sich dem Leben und den Ideen des heutigen „200-Kronen-Mannes" Jan Amos Komenský alias Comenius widmet. Nahebei kann man zu den → **Palastgärten unter der Prager Burg (Palácove zahrady pod Pražským hradem)** aufsteigen.

Oberhalb des Valdštejnské náměstí liegt der **Pětikostelní náměstí**, der **Fünfkirchenplatz**. Fünf Kirchen gab es hier aber nie, jedoch einen Herrn namens Fünfkirchen, der in Haus Nr. 15 wohnte.

An der Sněmovní tagt heute im ehemaligen **Thun'schen Palais** (Nr. 4) das Abgeordnetenhaus (Poslanecká sněmovna) – oft herrscht hier Medienrummel. Wie alle Parlamente schiebt auch das tschechische unliebsame Themen auf die lange Bank. Reformstau herrscht bei den Renten- und Gesundheitsleistungen – ein Problem, das von Jahr zu Jahr größer wird, da Tschechien zu den Ländern in Europa gehört, deren Bevölkerung am schnellsten altert.

Von der ansteigenden, malerischen Thunovská – Churchill blickt vor der englischen Botschaft etwas grimmig drein – zweigt das kleine Gässchen Zámecká wieder zum Malostranské náměstí ab, diesmal aber zu seinem oberen Abschnitt. Dort liegt der Eingang zur → **Sankt-Nikolaus-Kirche (Kostel svatého Mikuláše)**, die samt dem angrenzenden ehemaligen Klostergebäude den Platz in zwei Hälften trennt. Sie ist die mit Abstand prächtigste Barockkirche Prags, und wer nur eine besichtigen will, sollte sich für sie entscheiden.

Die stets belebte → **Nerudova ulice**, die Nerudagasse, führt hinauf zur Prager Burg. Anfang des 20. Jh. fuhr auch ein Bus die steile Gasse hinauf, jedoch war die Technik der Bremsen damals noch nicht ausgereift, und so stellte man nach dem ersten Unfall den Betrieb wieder ein. An der Nerudova liegt auch der Zugang zum → **Museum Montanelli**, einem Kunstmuseum mit wechselnden Ausstellungen.

Über die engen verwinkelten Gassen Jánský Vršek und Šporkova stößt man direkt auf die **deutsche Botschaft** und damit auf das → **Palais Lobkowitz (Lobkovický palác)** an der Vlašska ulice (Welsche Gasse), deren Name an das einstige italienische Viertel erinnert. Es waren überwiegend Baumeister, Steinmetze, Stuckateure und Maler, die im 16. und 17. Jh. über die Alpen nach Prag kamen. Ihr Handwerk war geschätzt, ansonsten waren sie lange Zeit gefürchtet: „Ja freilich, es gibt kein böseres Volk als die Welschen, die Taljani", notierte der mährische Schriftsteller Jakob Julius David noch 1904 in seiner Erzählung *Die Hanna*. Schräg gegenüber dem Palais, in einem Gebäudeteil des ehemaligen Welschen Spitals, befindet sich heute auch das Italienische Kulturinstitut.

Etwas tiefer, an der Tržiště, sitzt die **Botschaft der USA** im Palais Schönborn (Schönbornův palác). Videokameras schmücken das Domizil. 1917 hatte Franz Kafka darin eine Zwei-Zimmer-Wohnung im 2. Stock. Hier erkrankte er an Tuberkulose, und hier entstand auch die Erzählung *Ein Landarzt*. Am unteren Ende der Tržiště befindet sich rechter Hand der Eingang zum → **Vrtba-Garten (Vrtbovská zahrada)**.

Prag im Kasten
Zuerst kamen die Kranken – die Anfänge des Tourismus in Prag

Im späten 18. Jh. entwickelte sich Prag zu einem beliebten Reiseziel. Schon damals zählte man in den Sommermonaten bis zu 20.000 Besucher. Die meisten kamen für ein paar Tage aus Teplice (Teplitz), Karlovy Vary (Karlsbad) oder Mariánské Lázně (Marienbad) angereist. Das waren die Badeorte, die en vogue waren, in die es die Leidenden, die Gelangweilten und die Hautevolee aus aller Welt mit ihren heiratsfähigen Töchtern zog. Und der Ausflug nach Prag gehörte dabei zum Programm. Heute zählt die Prager Innenstadt tagtäglich im Schnitt mehr als 40.000 Besucher aus aller Welt, das ist mehr, als das historische Zentrum noch Einwohner hat.

Um den Spaziergang fortzusetzen, überquert man die Karmelitská. Die Straße (samt ihrer Verlängerung Újezd) kann mit dem Charme anderer Kleinseitner Straßenzüge zwar nicht mithalten, bietet jedoch ein paar Attraktionen wie die →**Wallfahrtskirche Maria vom Siege (Chrám Panny Marie Vítězné)**, Heimat des „Prager Jesuleins". Die Sehenswürdigkeiten

John-Lennon-Gedenkmauer

entlang der Straße finden Sie unter der Überschrift „Entlang der Karmelitská und Újezd"ab S. 93.

Über das romantische Gässchen Prokopská gelangt man nun in eine der malerischsten Ecken Prags und direkt auf den **Malteserplatz (Maltézské náměstí)**. Eine Szenerie wie aus einem Historienfilm. Nicht ohne Grund wählte Regisseur Miloš Forman Malá Strana als Kulisse seines *Amadeus* – der Stadtteil kam dem Wien des 18. Jh. näher als die österreichische Hauptstadt selbst. Rund um den Schutzpatron des Ordens, Johannes den Täufer, der als Denkmal über den Platz wacht, stehen alte Bürger- und Adelshäuser. Aus ein paar von ihnen wurden Botschaftsgebäude.

Das ockerfarbene **Palais Nostitz** aus der Mitte des 17. Jh. am südlichen Ende des länglichen Platzes (Nr. 1) beherbergt heute das Kulturministerium. Ein paar Schritte dahinter erstreckt sich der Park der → **Insel Kampa**. Von der Kleinseite wird sie vom **Teufelsbach (Čertovka)** getrennt, ein Gewässer, um dessen Namen sich mehrere Legenden ranken. Eine erzählt von einem alten Weib, das im Bach die Kleider des Adels wusch. Dabei blickte sie auf ihr Spiegelbild im Wasser und sah plötzlich den Teufel. Gelacht soll er haben und in sie gefahren sein.

Im Park der Insel Kampa, wo Straßenmusikanten ihren Mittagsschlaf halten, Hunde Frisbeescheiben hinterherjagen, Schulklassen ihr Picknick auspacken und Joints die Runde drehen, lohnt ein weiteres Kunstmuseum, das → **Museum Kampa**, einen Besuch.

Zweigt man am Platz Na Kampě nach links in die schmale Gasse Hroznová ab, gelangt man – alles andere als geradewegs – zum **Großpriorsplatz (Velkopřevorské náměstí)**, einem Pilgerziel der anderen Art. Eine Graffiti-Gedenkstätte für den 1980 ermordeten Ex-Beatle **John Lennon** ziert dort die Gartenmauer des Großpriorspalais. Die „Give peace a chance"-Sprüche waren in sozialistischer Zeit Ausdruck politischen Protests, von den heutigen mit Jahreszahl versehenen „Gustel und Rosmarie waren da"-Sprüchen kann man das wohl eher nicht mehr sagen.

Gleich ums Eck liegt die → **Johanniterkirche Maria unter der Kette (Panny Marie pod řetězem)**, die älteste Kirche der Kleinseite. Das **Haus zum Goldenen**

Einhorn (U Zlatého Jednorožce) schräg gegenüber (Nr. 11) war im 18. Jh. eines der angesehensten Hotels der Stadt. Ludwig van Beethoven nahm sich hier 1796 ein Zimmer – eine Gedenktafel mit Konterfei erinnert daran. Der Komponist besuchte Prag während seiner Kuraufenthalte in den westböhmischen Bädern übrigens mehrmals.

Über die Lázeňská und die schmale Gasse Saská gelangt man – steigt man am Ende der Gasse die Treppen hinauf – auf die **Karlsbrücke** (→ S. 61). Zwei Türme flankieren sie hier. Der kleinere stammt aus dem 12. Jh. und diente schon zur Kontrolle der Judithbrücke, der Vorgängerin der Karlsbrücke. Der größere wurde erst im 15. Jh. als Pendant zum gegenüberliegenden Altstädter Brückenturm erbaut. Man kann ihn besteigen, doch der Ausblick ist bei Weitem nicht so schön wie vom Brückenturm auf der anderen Uferseite.

Auf der anderen Seite der Karlsbrücke liegt jenes Eck, das gerne als Prags **Klein-Venedig** beschrieben wird. Von dort sieht „die Karlsbrücke wie eine lange Wanne aus, durch die die Fußgänger fahren, eine Räderkonstruktion unterm Hintern", so Bohumil Hrabal.

Folgt man dort dem Sträßlein U lužického semináře, passiert man bei Hnr. 24 (rosafarbenes Gebäude, aufpassen!) die **engste Gasse Prags**; sie führt hinab zum (teuren!) Restaurant Čertovka. Die Gasse ist nur einzeln zu passieren, eine Ampel regelt den Fußgängerverkehr – ein netter Gag, der bei Touristen gut ankommt.

Den Spaziergang lassen wir ein paar Schritte weiter auf der herrlichen Terrasse des Restaurants Hergetova Cihelna ausklingen (→ Essen & Trinken, S. 97). Auf dem Areal der alten Ziegelei befindet sich auch das → **Franz Kafka Museum**, das dem berühmten Literaten gewidmet ist. Den kleinen Platz vor dem Museum lockert eine provokante Arbeit des Künstlers David Černý (→ Kasten S. 129, → Foto S. 275) auf: Zwei sich bewegende Bronzefiguren pinkeln in ein Becken, das der tschechischen Landkarte gleicht.

Sehenswertes

Augustinerkirche Sankt Thomas
Kostel svatého Tomáše

Die Kirche entstand zusammen mit dem Klostergebäude der Augustiner-Eremiten zwischen 1285 und 1379. Zur Hussitenzeit war sie eine der katholischen Hauptkirchen Prags. Da sich der Adel bevorzugt in ihr bestatten ließ, floss genügend Geld für eine opulente Ausschmückung. Ihr heutiges barockes Aussehen verdankt sie Kilian Ignaz Dientzenhofer, der die Umbauarbeiten in der ersten Hälfte des 18. Jh. leitete. Aus jener Zeit stammen auch die leichten und farbenfrohen Deckenmalereien, eine Bilderfolge über den Hl. Augustinus, für welche die Kirche berühmt ist. Geschaffen wurde sie von Böhmens bedeutendstem Freskenmaler Wenzel Lorenz Reiner (1689–1743). Im benachbarten Kloster leben heute noch vier Mönche, außerdem wurden verschiedene Trakte der Klosteranlage in ein Fünf-Sterne-Hotel verwandelt, in dem gut betuchte Pragreisende nächtigen.

Letenská. Ⓢ 12, 15, 20, 22, 23 Malostranské náměstí. Geöffnet nur zu Messen, Infos auf www.augustiniani.cz.

Palais Waldstein – wo der Senat tagt
Valdštejnský palác

Das riesige Palais, das sich um fünf Höfe und eine große Gartenanlage erstreckt, wurde in der ersten Hälfte des 17. Jh. erbaut; knapp 30 Häuser mussten dafür weichen. Sein Bauherr war Albrecht von Waldstein, eine der zentralen Figuren des Dreißigjährigen Krieges. Er stammte aus einer protestantischen böhmischen Adelsfamilie, konvertierte zum Katholizismus und kam durch Heirat zu großem Reichtum. Diesen wusste er geschickt zu vermehren. Er stellte auf eigene Kosten Heere von bis zu 40.000 Mann Stärke auf, denn die Kriegsbeute gehörte stets dem, der die Söldner bezahlte. Mit deren Gewalt vertrieb er nicht-katholische Adelige und eignete sich ihr Vermögen an. Doch sein Glück war nicht von Dauer. 1634 wurde Waldstein ermordet.

Ein paar Räume des Palais sind, wenn der Senat sich ins Wochenende verabschiedet, der Öffentlichkeit zugänglich.

Dazu gehört der große, über zwei Etagen gehende Festsaal, der wie die meisten Räume im Stil des Manierismus ausgeschmückt ist. Das Deckengemälde zeigt den einstigen Hausherren als römischen Kriegsgott Mars im Triumphwagen.

Neben wechselnden Ausstellungen in der einstigen **Reithalle (Valdštejnská jízdárna)** kann man noch den frühbarocken **Palaisgarten (Valdštejnská zahrada)** besichtigen. Passenderweise fand hier zu Friedrich Schillers 100. Geburtstag eine Festaufführung statt. Auf dem Programm stand jenes Historiendrama, das Waldstein in der Schreibweise *Wallenstein* unsterblich machte. Noch heute wird die Sala Terrena der Anlage im Sommer für Konzerte und Theateraufführungen genutzt. Das Herzstück der Gartenanlage sind die Bronzestatuen des niederländischen Künstlers Adriaen de Vries. Dabei handelt es sich jedoch um Repliken. Die Originale verschwanden wie so vieles am Ende des Dreißigjährigen Krieges und stehen heute im Park von Schloss Drottningholm in Schweden.

Palais am Valdštejnské náměstí, Zugang von der Valdštejnská. Ⓢ 12, 15, 20, 22, 23 Malostranské náměstí. Nov.–März nur an jedem 1. Wochenende im Monat von 10–16 Uhr geöffnet, April/Mai u. Okt. Sa/So 10–17 Uhr, Juni–Sept. Sa/So 10–18 Uhr. Eintritt frei. www.senat.cz.

Zugang zum **Garten** über die Letenská. Ⓜ A Malostranská. April–Okt. tägl. 7.30–18 Uhr. Eintritt frei.

Comenius-Museum
Pedagogické Muzeum Jana Amose Komenského

Der Theologe, Pädagoge und Visionär Jan Amos Komenský (1592–1670), international bekannt unter dem Namen Comenius, musste nach der Schlacht vom Weißen Berg fliehen. Später im Exil in Amsterdam formulierte er jenen berühmten Satz, den die Friedensbewegung während des Kalten Krieges auf-

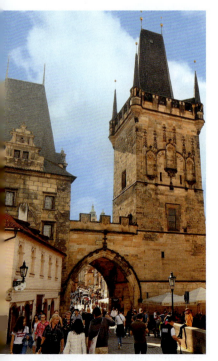

Kleinseitner Brückenturm:
Tor zur Malá Strana

Malostranské náměstí, Zentrum der Kleinseite

griff: „Es kommt die Zeit, wo Völker ihre Schwerter in Pflüge, ihre Lanzen in Sicheln und ihre Musketen in Hacken umschmieden werden." Bekannt ist er auch für seine Schriften zur Sozial- und Religionspädagogik. Das Museum informiert nicht nur über Comenius selbst, sondern auch über die Geschichte des Schulsystems und der modernen Pädagogik auf tschechischem Boden.

Valdštejnská 20. Ⓢ 12, 15, 20, 22, 23 Malostranské náměstí. Tägl. (außer Mo) 10–12.30 und 13–17 Uhr. 2,40 €, erm. 1,60 €. www.npmk.cz.

Palastgärten unter der Prager Burg
Palácové zahrady pod Pražským hradem

Im Mittelalter dienten die Südhänge der Burg als Weingärten. Erst als der Adel im 17. Jh. die Kleinseite entdeckte, ließ er hier zu seinen Palästen terrassenförmige Gärten anlegen. Im 18. Jh. verzierte man sie mit barocken Statuen, Galerien, Balustraden, Glorietten und Brunnen. Fünf solcher Gärten wurden zur Jahrtausendwende zu einem zusammengefasst. Darunter ist auch der **Ledeburská zahrada (Ledebour-Garten)** ganz im Westen der Anlage mit einer herrlichen Sala Terrena, einem offenen Gartensaal – hier finden im Sommer gelegentlich Konzerte statt.

Ein weiterer Terrassengarten, der **Fürstenberská zahrada (Fürstenberg-Garten)** etwas weiter nordöstlich (Zugang zwischen belgischer und polnischer Botschaft) wurde erst kürzlich restauriert und der Öffentlichkeit zugänglich gemacht. Den separaten Eintrittspreis kann man sich, hat man schon die anderen Gärten gesehen, jedoch sparen.

Valdštejnská (Zugang neben dem Palffý palác). Ⓜ A Malostranská. April u. Okt. tägl. 10–18 Uhr, Mai–Sept. bis 19 Uhr. 4 €, erm. 2,80 €. www.palacove-zahrady.cz.

Barock total: Sankt-Nikolaus-Kirche
Kostel svatého Mikuláše

Die Kirche zählt zu den prachtvollsten Barockbauten Europas und ihre mächtige Kuppel samt Glockenturm – nach Plänen Kilian Ignaz Dientzenhofers – zu den Wahrzeichen Prags.

Errichtet wurde die Kirche von den Jesuiten im Zuge der Gegenreformation. Der protestantische Vorgängerbau musste dafür weichen. Lediglich der Name wurde beibehalten – schließlich wird der Hl. Nikolaus als Schutzpatron der Kaufleute verehrt, und wo steht eine Nikolauskirche besser als inmitten eines (einstigen) Marktplatzes? Viel Freude hatte der Orden an seinem Gotteshaus jedoch nicht, genau 100 Jahre nach der Grundsteinlegung 1673 wurden die Jesuiten des Landes verwiesen.

Im Innern der Kirche ist das Deckengemälde im Langhaus von Johann Lukas Kracker am beeindruckendsten. Mit 1500 m² ist es eines der größten seiner Art. Es zeigt Szenen aus dem Leben des Bischofs Nikolaus von Myra. Ansonsten, so weit das Auge reicht, Barock total – keine Ecke ohne Putte. Lohnenswert ist auch ein Blick über die Dächer Prags vom Kirchturm. 312 Stufen sind's hinauf, unterwegs passiert man die Zimmer des Turmwächters samt Barocktoilette.

Malostranské náměstí. Ⓢ 12, 15, 20, 22, 23 Malostranské náměstí. **Kirche** tägl. 9–17 Uhr. Eintritt (!) 2,80 €, erm. 2 €. **Turm** Nov.–Feb. tägl. 10–18 Uhr, März u. Okt. bis 20 Uhr, April–Sept. bis 22 Uhr. 4 €, erm. 2,80 €. Zugang zum Turm von der Südseite (außen). www.svmikulas.cz.

Nerudagasse – eine Bilderbuchgasse

Nerudova ulice

Die Gasse ist zweifelsohne eine der schönsten Gassen der Kleinseite, und es gibt wohl keinen Pragreisenden, der darauf nicht mindestens einmal auf- oder abschlendert. Benannt ist sie seit der Vertreibung der Deutschen (zuvor Spornergasse) nach dem Schriftsteller Jan Neruda (1834–1891), der im **Haus zu den Zwei Sonnen** (Nr. 47) lebte und diesen Stadtteil in seinen *Kleinseitner Geschichten* literarisch verewigte. Keine großen Helden aus der Welt des Adels prägen die Handlung, sondern einfache Charaktere aus dem Kleine-Leute-Milieu. Die sozialkritischen Texte Jan Nerudas beeindruckten den chilenischen Schriftsteller Neftalí Ricardo Reyes Basoalto (1904–1973) übrigens so sehr, dass dieser dessen Nachnamen annahm und als Literaturnobelpreisträger Pablo Neruda heute weitaus bekannter ist als sein Namenspatron von der Kleinseite.

Herrliche Palais und Bürgerhäuser säumen die Gasse. Auffallend sind die reizvollen Hauszeichen. Zu den imposantesten Gebäuden gehören das **Thun-Hohenstein-Palais** und das **Palais Czernín-Morzin**. Beide sind leider nicht zugänglich, im ersten residiert die italienische Botschaft, im zweiten die rumänische. Im **Haus zum Frühling und Sommer** (Nr. 33) waren einst Wolfgang Amadeus Mozart und Giacomo Casanova zu Gast.

Ⓢ 12, 15, 20, 22, 23 Malostranské náměstí.

Privates Kunstmuseum

Museum Montanelli

Das private Kunstmuseum geht auf die Ärztin und Kunstmäzenin Dadja Altenburg-Kohl zurück. Die gebürtige Pragerin wanderte 1973 nach Frankfurt am Main aus und kehrte 2006 in ihre Heimatstadt zurück. In den mehrmals jährlich wechselnden Ausstellungen wird zeitgenössische Kunst aus aller Welt präsentiert. Nicht wenige Exponate entstammen der Sammlung Dadja Altenburg-Kohls.

Nerudova 13. Ⓢ 12, 15, 20, 22, 23 Malostranské náměstí. Di–Fr 14–18 Uhr, Sa/So ab 13 Uhr. 2 €, erm. frei. www.museummontanelli.com.

Die deutsche Botschaft

Lobkovický palác

Das hochbarocke Palais Lobkowitz entstand zu Beginn des 18. Jh. Das Adelswappen der Familie Lobkowitz krönt das mächtige Eingangsportal. Ein vergleichsweise unauffälliges Schild darüber informiert über die heutigen Mieter: die deutsche Botschaft. Der große Garten des Palais Lobkowitz wird als einer der schönsten der Stadt gepriesen. Er ist leider nicht zugänglich. Und als er es einmal war, im Spätsommer '89, schrieb er Geschichte: Tausende DDR-Bürger campierten hier vor ihrer Übersiedlung in die BRD. Ein Trabi auf vier plumpen Menschenbeinen, ein Werk des Popkünstlers David Černý (→ S. 129)

Im Vrtba-Garten

namens *Quo Vadis* im hinteren Teil des Gartens, erinnert heute daran.

Vlašská 19. Ⓢ 12, 15, 20, 22, 23 Malostranské náměstí. Um den Trabi im Garten sehen zu können, muss man das Botschaftsgebäude in einem weiten Bogen umrunden (zuerst bergauf und dann bei einem Spielplatz links ab).

Vrtba-Garten – ein Kleinod
Vrtbovská zahrada

Der barocke Terrassengarten zählt mit den Gärten unterhalb der Prager Burg zu den reizvollsten zugänglichen Gartenanlagen der Stadt. Ende des 20. Jh. war er jedoch so heruntergekommen, dass er sich von den Obstwiesen dahinter kaum unterschied. Fünf Jahre benötigte man für die Rekonstruktionsarbeiten – genauso lange, wie man zu Anfang des 18. Jh. brauchte, um ihn anzulegen. Von seiner obersten Terrasse genießt man eine herrliche Aussicht über die Kleinseite und auf die Prager Burg. Die antiken Götterstatuen, wie der Atlas mit der Erdkugel, sind das Werk des Tiroler Bildhauers Matthias Bernhard Braun, der auch mehrere Skulpturen der Karlsbrücke geschaffen hat.

Karmelitská 18. Ⓢ 12, 15, 20, 22 Malostranské náměstí. April–Okt. tägl. 10–18 Uhr. 2,80 €, erm. 2,40 €. www.vrtbovska.cz.

Grüner Park und Klein-Venedig
Insel Kampa

Der Čertovka (Teufelsbach) mit seinen Mühlrädern trennt die Insel von der Kleinseite. Die Kommunisten wollten den Bach eigentlich zuschütten und in eine Straße verwandeln. Zum Glück kam es nie dazu, denn dann wäre es vorbei gewesen mit Prags sog. **Klein-Venedig**. Das Zentrum bildet der ovale, baumbestandene Hauptplatz Na Kampě, auf dem einst der Töpfermarkt der Stadt abgehalten wurde. Heute gibt es hier eine Reihe von Straßencafés, und es geht recht beschaulich zu. Das war nicht immer so: Die Bewohner der Insel Kampa hatten häufig unter Moldauhochwassern zu leiden. Seinen bislang höchsten Stand erreichte der Fluss im August 2002. An einem orangefarbenen

Haus mit einer Tafel für den Maler Adolf Kašpar (Uferseite, nahe der Karlsbrücke) erinnert eine bronzene Plakette daran – sie prangt fast einen halben Meter über den alten Höchstmarken.

Die südliche Hälfte der Insel nimmt der **Kampa-Park** ein, einer der freundlichsten zentralen Parks der Stadt mit alten Kastanienbäumen und Moldaublick. Hier gibt's keine steif angelegten Beete mit strammstehenden Tulpen, sondern gemütliche Liegewiesen (Vorsicht: Hunde schätzen sie auch). Zum Relaxen in der Sonne einer der besten Plätze.

Ⓢ 12, 15, 20, 22, 23 Hellichova.

Kunstsammlung in alter Wassermühle
Museum Kampa

Das Museum in einer umgebauten Wassermühle am Ufer der Moldau kann einem mittlerweile leidtun. Seit seiner Eröffnung 2002 wurde es bereits zweimal von Hochwasser in Mitleidenschaft gezogen, nach dem letzten (2013) mussten 25 Container Schlamm beseitigt werden.

Das Museum beherbergt die Kunstsammlung des einst nach Amerika ausgewanderten Ehepaars Jan Viktor Mládek (gest. 1989) und Meda Mládková, darunter viele abstrakte Werke des Malers František Kupka (1871–1957) und kubistische Skulpturen von Otto Gutfreund (1889–1927). Auch wird zeitgenössische Kunst, insbesondere der 60er- und 70er-Jahre, aus den ehemaligen sozialistischen Bruderstaaten von Polen bis Ungarn gezeigt. Durch den Kauf dieser Werke unterstützten die Mládeks Künstler, die staatskonträres Denken in Ländern zum Ausdruck brachten, in denen die schöpferische Freiheit durch die kommunistischen Machthaber stark eingeschränkt war. In einem Nebengebäude werden zudem spannende Wechselausstellungen gezeigt. Außerdem sind um das Museum, teils direkt im Fluss, originelle Kunstwerke installiert – unkonventionelle Motive für Ihr Prag-Fotoalbum. Angeschlossen ist ein Restaurant mit toller Terrasse am Fluss. Im Stadtteil Smíchov zeigt das Museum in der **Villa Portheimka** zudem zeitgenössi-

Prager Hundstage: Sommer am Museum Kampa

Sehenswertes

sche Glaskunst in barockem Ambiente (www.museumportheimka.cz, → Smíchov/Cafés, S. 130).

U Sovových mlýnů 2. Ⓢ 12, 15, 20, 22, 23 Hellichova. Tägl. 10–18 Uhr. Eintritt für alle Ausstellungen 8 €, erm. die Hälfte, Fam. 12,80 €. www.museumkampa.cz.

Kirche Maria unter der Kette
Kostel Panny Marie pod řetězem

Bereits im 12. Jh. wurde hier eine Basilika für den Kreuzritterorden errichtet, der die Aufgabe hatte, die Judithbrücke (Vorgängerin der Karlsbrücke) und die Kleinseite zu beschützen. Doch von der einstigen Basilika ist nicht mehr viel zu sehen. Dort, wo deren Hauptschiff lag, befindet sich heute der efeubewachsene Kirchhof. Der ungewöhnliche Name der Johanniterkirche ist übrigens darauf zurückzuführen, dass man ihr Tor früher mit einer schweren Eisenkette verschloss. Im Inneren erinnert über dem Hochaltar ein Gemälde an eine der vielen Seeschlachten des Ordens zu jener Zeit, als er von Malta aus das Abendland gegen das Morgenland verteidigte.

Lázeňská. Ⓢ 12, 15, 20, 22, 23 Malostranské náměstí. Geöffnet nur während der Gottesdienste, aber i. d. R. einsehbar. www.maltezskyrad.cz.

Einfach kafkaesk
Franz Kafka Museum

Kafka und Prag, das ist wie Goethe und Weimar. Kein Buch über die Stadt, das dem deutsch-jüdischen Versicherungsangestellten und Literaten (1883–1924) nicht die Reverenz erweist, kein Souvenirshop, der ihn nicht vermarktet. Gern erzählt wird die Geschichte von der Amerikanerin, die in Prag einen Tschechischkurs belegte, um Kafka mal im Original lesen zu können. Dabei liegt Kafkas gesamtes Werk erst seit 2007 in tschechischer Sprache vor. Seit jenem Jahr gibt es auch ein Museum, das dem berühmtesten Sohn der Stadt gewidmet ist. Kafkas Welt wird in wahrlich kafkaesker Atmosphäre dokumentiert: beengende, manchmal labyrinthartige Gänge, schwarz gestrichene Wände, niedrige Decken. Spannend sind die vielen Faksimiles: Bewerbungsschreiben, ein Zeugnis der Prager Handels-Akademie, Briefe, der Nachruf seines Freundes und späteren Herausgebers Max Brod, die Todesanzeige der Familie Kafka. Zudem erfährt man Details über die Frauen in Kafkas Leben, über den deutschsprachigen Prager Literatenzirkel und die Symbolik der wichtigsten Kafka-Romane.

Cihelná 2b. Ⓜ A Malostranská. Tägl. 10–18 Uhr. 8 €, erm. 4,80 €. www.kafkamuseum.cz.
Hinweis: Falls Sie beabsichtigen, das Mucha-Museum (→ S. 34) zu besichtigen, so können Sie nach dem Besuch dieser Ausstellung das Ticket für das Mucha-Museum um 50 % ermäßigt kaufen.

> **Hinweis:** Noch mehr über Franz Kafka erfahren Sie auf unserem Josefov-Spaziergang ab S. 71. Das Grab des Literaten befindet sich auf dem Neuen Jüdischen Friedhof im Stadtteil Žižkov (→ S. 146).

Entlang der Karmelitská und Újezd

Wallfahrtskirche Maria vom Siege
Chrám Panny Marie Vítězné

Von allen Kirchen Prags zählt sie neben dem Dom die meisten Besucher, und darunter sind nicht nur Touristen auf Kulturtour, sondern echte Pilger. Der Grund ist das „Prager Jesulein" (→ Kasten S. 94) in einem Glaskasten. Die Kirche selbst wurde 1611 von deutschen Lutheranern erbaut und 1624 im Zuge der Gegenreformation dem Orden der Unbeschuhten Karmeliter übertragen. Der Orden verwaltet das Gotteshaus noch heute. Das Innere, ein großer Raum mit eingezogenem Chor, präsentiert sich im reinen Renaissancestil. Den vergoldeten Hochaltar zieren u. a. Gemälde von Peter Brandl und Dietrich von Dresden.

Karmelitská. Ⓢ 12, 15, 20, 22, 23 Hellichova. Tägl. 8–19 Uhr. www.pragjesu.cz.

Tschechisches Musikmuseum
České Muzeum Hudby

Das Museum befindet sich in einem ehemaligen Dominikanerkloster aus dem 17. Jh. Der spannende Rundgang führt von den Hightech-Medien des 21. Jh. „zurück" zu teilweise sehr ungewöhnlichen historischen Musikinstrumenten. Sie werden Flöten sehen, bei denen der Laie nicht weiß, wo vorne und hinten ist, mannshohe Harfen, Pianos mit Perlmutt- und Elfenbeintasten, Violinen (darunter eine *Amati* aus der Mitte des 17. Jh.), Dudelsäcke, Krummhörner, Mandolinen, Glasharmonikas etc.

Karmelitská 2–4. Ⓢ 12, 15, 20, 22, 23 Hellichova. Tägl. (außer Di) 10–18 Uhr. 4,80 €, erm. 3,20 €. www.nm.cz.

Fotokunst im Atelier Josef Sudek
Ateliér Josefa Sudka

Im hintersten Hinterhof von Haus Újezd 30 wurde das Atelier des Prager Fotografen Josef Sudek (1896–1976) wiederaufgebaut und dient heute

Prag im Kasten
Kult und Kitsch und weltberühmt – das Prager Jesulein

In der gesamten katholischen Welt wird das Prager Jesulein verehrt – eine kniehohe Wachsfigur mit einer gigantischen Krone, die dem Jesulein das Aussehen eines kleinen Königs verleiht. Im 16. Jh. hatte ein spanischer Mönch die Figur modelliert, getreu dem Abbild des Jesuskindes, wie es ihm im Traum erschienen war. Die Prinzessin Maria Maximiliana Manriquez de Lara, eine spätere Lobkowitz, brachte das Jesulein nach Prag, ihre Tochter stiftete die Figur schließlich den Karmelitern. Und während der Gegenreformation, als Wunder bei der Rekatholisierung ja so nützlich waren, begann das Jesulein, eines nach dem anderen zu vollbringen. Es bewahrte Prag vor Pestepidemien und dem Siebenjährigen Krieg. Und bald sprach sich auch herum, dass es Kranke heilte, Armen half und sehnsüchtig Liebenden Glück brachte. Zum Dank wurde es reich beschenkt, unter den Gaben befanden sich auch Gewänder, die ihm nun regelmäßig angezogen werden. Eines schneiderte sogar Kaiserin Maria Theresia persönlich aus Samt und Gold. Nachahmungen des Prager Jesulein gibt es überall zu kaufen, groß und klein, aus Glas und Porzellan, einfarbig und handbemalt. Neben Oblaten und Becherovka zählen sie zu den beliebtesten Andenken.

Mahnmal für die Opfer des Kommunismus

temporären Ausstellungen. Junge tschechische Fotografen überwiegen. Sudek war einer der bedeutendsten Lichtbildner des Landes. Er bediente sich nahezu aller Genres der Fotografie, machte sich aber v. a. mit Prager Panoramabildern einen Namen. Noch mehr gute Fotos sieht man schräg gegenüber in der **Nikon Photo Gallery** (www.nikonphotogallery.cz).

Újezd 30. Ⓢ 9, 12, 15, 20, 22, 23 Hellichova. Tägl. (außer Mo) 12–18 Uhr. 0,40 €. www.atelierjosefasudka.cz.

Bewegend

Mahnmal für die Opfer des Kommunismus

Das Mahnmal, das der Opfer des totalitären Regimes zwischen 1948 und 1989 gedenkt, wurde 2002 am Fuß des Petřins enthüllt. Ein über 26 Stufen führendes Schriftband erinnert u. a. daran, dass 248 Menschen aus politischen Gründen hingerichtet wurden und etwa 4500 politische Häftlinge in den Gefängnissen starben. Die sieben Bronzefiguren – nur die erste ist komplett, alle anderen werden nach und nach zu Torsi – sind ein Werk Olbram Zoubeks. Sie demonstrieren die Standhaftigkeit all jener, die durch das System zermürbt wurden, aber nie umfielen.

Újezd/Ecke Vítězná, nur wenige Meter von der Straßenbahnhaltestelle Újezd (Ⓢ 9, 12, 15, 20, 22, 23) entfernt.

Petřín (Laurenziberg)

Früher baute man am Petřín Wein an, doch das ist Vergangenheit. Heute zieht sich eine steile Wiese voller Apfel- und Zwetschgenbäume den Prager Hausberg hinauf, der die Kleinseite von dem südlichen Stadtteil Smíchov trennt. Zwischen den Bäumen stehen mehrere Denkmäler, u. a. eines für den früh verstorbenen Dichter Karel Hynek Mácha (1810–1836). Er schrieb das Epos *Máj*, eine Hommage an den Frühling und die frisch Verliebten, wodurch er so etwas wie deren Schutzheiliger wurde. Jedes Jahr am Abend des 1. Mai pilgern junge Paare an sein Denkmal, küssen sich und legen Veilchensträuße nieder.

Auf den Petřín gelangt man am einfachsten mit der Standseilbahn von Újezd (→ S. 96). An der Endstation liegt ein im Sommer wohl duftender Rosengarten. Zudem findet sich dort ein Teil der ehemaligen Stadtbefestigung, die vom Kloster Strahov über den Petřín hinunter nach Újezd verlief. Einer Legende zufolge ließ sie Karl IV. errichten, um der Hunger leidenden Bevölkerung Arbeit zu geben. Daher wird sie auch **Hungermauer** genannt. Verschwiegen wird bei all den glorifizierenden Geschichten über Karl IV. gerne, dass die Mittel dafür aus der Enteignung jüdischer Haushalte kamen. Direkt an die Mauer grenzt die verspieltbarocke **Sankt-Laurentius-Kirche (Kostel sv. Vavřince)**, ursprünglich ein romanischer Bau aus dem 10. Jh. Von der Kirche ist der deutsche Name des Hügels abgeleitet. Sie ist jedoch so gut wie immer verschlossen. An ihrer Stelle lag einst angeblich eine alte heidnische Kultstätte, wo der Legende nach schöne junge Mädchen verbrannt wurden.

Hinter Baumwipfeln lassen sich im Winter frisch sanierte und marode Plattenbauten ausmachen, die als Studentenwohnheime dienen. Zu sozialistischer Zeit waren sie die Quartiere der Spartakiade-Teilnehmer – eines gigantischen, propagandistischen Turnerfests, das im benachbarten **Strahov-Stadion** über die Bühne ging. Auch die Arena selbst ist gigantisch, sie fasst knapp eine Viertelmillion Besucher. Als Fußballstadion taugt das weite Rund nicht. Über einen Teilabriss des baufälligen Stadions wird nachgedacht, das Gelände wäre ein attraktiver Ort für schicke Eigentumswohnungen.

Standseilbahn auf den Petřín
Lanová dráha

Als sie 1891 in Betrieb genommen wurde, funktionierte sie auf eine so einfache wie geniale Weise, die etwas an einen Flaschenzug erinnert: Stets zog die jeweils obere Bahn durch ihr höheres Gewicht die untere hinauf. Beide Bahnen hatten große Wassertanks, die stets oben gefüllt und unten geleert wurden. Heute verkehrt eine elektrifizierte Bahn. In der Mitte der Strecke befindet sich die Haltestelle Nebozízek und nahebei zwei Restaurants mit Wahnsinnsausblicken – wir bevorzugen das rustikale Petrinské Terasy (→ Essen & Trinken).

Nur wenige Meter von der Straßenbahnhaltestelle Újezd (Ⓢ 9, 12, 15, 20, 22, 23) entfernt. Verkehrt im Winter tägl. 9–20.45 Uhr, im Sommer 9–23 Uhr, jeweils alle 10–15 Min. Kurzfahrkarte (24 Kč, Stand 2018) oder eine Zeitfahrkarte des öffentlichen Nahverkehrs genügt. **Achtung:** Im März und Nov. ist die Standseilbahn i. d. R. wegen Wartungsarbeiten für mehrere Wochen außer Betrieb.

Štefánik-Sternwarte
Štefánikova Hvězdárna

Als Volkssternwarte wurde sie 1928 errichtet, noch heute ist sie der Öffentlichkeit zugänglich. Ein großer Zeiss-Doppelastrograf in der Hauptkuppel ist auf die Sonne gerichtet, ein kleineres Spiegelteleskop vom Typ Maksutow-Cassegrain auf Mond und Sterne. Sollte der Himmel verhangen sein, gibt's zu Demonstrationszwecken einen Ausschnitt des nahe gelegenen Aussichtsturms im Großformat zu sehen.

Petřín. Von Újezd mit der Standseilbahn den Berg hoch, dann ausgeschildert. Die ständig

Prags Eiffelturm

wechselnden Öffnungszeiten erfährt man unter www.observatory.cz. 3,20 €, erm. 2,40 €, Fam. 7,60 €.

Prags Eiffelturm im Miniaturformat
Rozhledna

Zwei Jahre nach der Errichtung des Pariser Eiffelturms zur Weltausstellung 1889 wollte auch Prag einen haben. Sechseckig und fünfmal so klein (gerade 60 m hoch) wurde die Kopie. Dennoch befindet sich seine oberste Galerie mit 384 m über dem Meeresspiegel auf nahezu gleicher Höhe wie die des Originals und bietet ebenfalls grandiose Ausblicke. An klaren Tagen liegt einem nicht nur die Stadt zu Füßen, auch das ganze Umland (bis zu 150 km). Wer die 299 Stufen scheut, kann gegen eine Extragebühr den Lift benutzen. Erfrischungen bekommt man im angeschlossenen Café.

Petřín. Von Újezd mit der Standseilbahn den Berg hoch, dann ausgeschildert. Nov.–Feb. tägl. 10–18 Uhr, März u. Okt. bis 20 Uhr, April–Sept. bis 22 Uhr. 6 €, erm. 3,20 €, Fam. 14 €. Liftbenutzung 2,40 €/Pers. (erm. die Hälfte) extra. www.muzeumprahy.cz.

Spiegelkabinett
Zracadlové Bludiště

Gleich neben dem Aussichtsturm steht eine hölzerne Ritterburg, in der sich ein kleines Spiegelkabinett befindet, u. a. auch mit verzerrenden Spiegeln. Den Spieglein-Spieglein-Spruch hört man hier in allen Sprachen.

Petřín. Von Újezd mit der Standseilbahn den Berg hoch, dann ausgeschildert. Öffnungszeiten wie Aussichtsturm. 3,60 €, erm. 2,80 €, Fam. 10 €. www.muzeumprahy.cz.

Praktische Infos → Karte S. 85

Essen & Trinken

Restaurants

Terasa 1, das Panoramalokal des Nobelhotels U Zlaté studně (→ Übernachten, S. 231). Wahnsinnsterrasse! Erstklassige Fusionsküche vom hochgelobten Koch Pavel Sapik. Kosten Sie z. B. die Wachtel-Variation mit Keniabohnenpüree, den Hirsch mit Kürbisspätzle und Grand-Veneur-Soße oder das Champagner-Risotto mit Ossietra-Kaviar. Hg. 30–54 €. U Zlaté Studně 4, Ⓢ 12, 15, 20, 22, 23 Malostranské náměstí, ✆ 257533322, www.terasauzlatestudne.cz.

Spices 20, gediegen-elegante Lokalität mit unspektakulärer Hofterrasse im Hotel Mandarin Oriental. Serviert werden Gerichte aus den unterschiedlichsten Ecken Asiens, z. B. diverse Dumplings, Udon-Nudelgerichte, indische Currys, aber auch Sushi. Hg. ca. 15–26 €. Nebovidská 1, Ⓢ 12, 15, 20, 22, 23 Hellichova, ✆ 233088777, www.mandarinoriental.de.

Ichnusa Botega Bistro 33, in Wohnzimmeratmosphäre isst man hier wunderbare sardische Küche. Die Speisen (Fisch, Fleisch, tolle Pasta) wechseln täglich. Hg. 12–18,50 €. Mo-fr mittags und abends, Sa nur abends, So geschl. Plaská 5, Ⓢ 9, 12, 15, 20, 22, 23 Újezd, ✆ 605375012, www.ichnusa.restaurant.

Kampapark 18, schon Lou Reed, Phil Collins und Johnny Depp genossen die zeitgemäße, ausgefallene Fusionküche dieses elegant-elitären Restaurants. „Ein absolutes Highlight", meinen Leser. Vorspeisen ab 16 €, Hg. 32–44 €. Tipp: Tisch auf der Terrasse mit herrlichem Blick auf die Karlsbrücke reservieren! Na Kampě 8b, Ⓢ 12, 15, 20, 22, 23 Malostranské náměstí, ✆ 296826102, www.kampagroup.com.

The Sushi Bar 32, eine der etabliertesten und besten Sushi-Bars der Stadt, zumal der dazugehörige Fischladen für frische Ware sorgt. Sehr klein und alles andere als billig. Zborovská 68, Ⓢ 9, 12, 15, 20, 22, 23 Újezd, ✆ 602244882, www.sushi.cz.

Hergetova Cihelna 12, trendiges Lokal in toller Lage direkt an der Moldau und mit Karlsbrückenblick. Große Terrasse, für die man abends reservieren sollte. Gegrillten Oktopus, Trüffel-Linguine oder Burger mit *Foie gras* gibt es hier genauso wie fein abgewandelte tschechische Klassiker. Hg. 16–32 €. Cihelná 2b, Ⓜ A Malostranská, ✆ 296826103, www.kampagroup.com.

Petřínské Terasy 23, auf halber Höhe am Petřín, am einfachsten mit der Standseilbahn zu erreichen. Gemütlich-rustikales Restaurant (im Winter mit offenem Feuer). Und auch hier eine Terrasse mit an sich traumhaftem Ausblick auf die Stadt, der durch Baumwuchs allerdings immer eingeschränkter wird. Fleischlastige tschechische Küche zwischen Steak, Schweinerippchen und Schweinshaxe für 8,80–18 €. Seminářská zahrada 13, Ⓢ 12, 15, 20, 22, 23 Újezd, weiter mit der Standseilbahn (an der Mittelstation aussteigen), ✆ 257320688, www.petrinsketerasy.cz.

Malostranská beseda 8, Schankwirtschaft unter alten Gewölbedecken. Überschaubare Karte mit deftigen Gerichten: Ente mit Knödeln, Lendenbraten, Haxe. Kleine Portionen, wir raten zu Suppe oder Vorspeise. Trotz der Lage im Touristenmekka auch viel tschechisches Publikum. Hg. 8–14 €. Nebenan auch ein Café, im Keller eine Bierstube. Malostranské náměstí 21, Ⓢ 12, 15, 20, 22, 23 Malostranské náměstí, ✆ 257409112, www.malostranska-beseda.cz.

Lokál U Bílé Kuželky 10, die Filiale des Retro-Ost-Lokals aus der Altstadt (→ S. 65). Von Lesern sehr gelobt. Man macht auf regionalsaisonale Küche, eingekauft wird vorrangig auf Bauernmärkten und beim Metzger des Vertrauens. Tägl. wechselnde Karte mit den Klassikern der böhmischen Küche: Schnitzel, eingelegter Hermelin, Ente usw. Hg. um die 8 €, Steaks sind teurer. Dazu bestens gezapftes Bier. Míšeňská 12, Ⓢ 12, 15, 20, 22, 23 Malostranské náměstí, ✆ 257212014, www.lokal-ubilekuzelky.ambi.cz.

Pizzeria San Carlo 13, verwinkeltes, eher kleines Lokal, man kann auch draußen auf dem Gehweg sitzen. So populär, dass zuletzt Zweigstellen in der ganzen Stadt entstanden. Fantastische Pizza aus Napoli (7–11,60 €) mit aromatischer Tomatensoße und einem Teigrand, den keiner verschmäht. Dazu auch gute Pastagerichte. Tržiště 7, Ⓢ 12, 15, 20, 22, 23 Malostranské náměstí, ✆ 703337317, www.sancarlo.cz.

Olympia 29, gepflegte Bierschwemme mit solider böhmischer Küche. Hg. 7–16 €. Abends Reservierung empfehlenswert. Vítězná 7, Ⓢ 9, 12, 15, 20, 22, 23 Újezd, ✆ 251511080, www.kolkovna.cz.

Cantina 24, etabliertes mexikanisches Restaurant, ein Renner bei amerikanischen *Expats* – ohne Reservierung ist am Abend kaum ein Tisch zu bekommen. Fröhlich-bunt eingerichtet, gemütlich, netter Service. Kosten Sie die *Fajitas*! Hg. 9–15,50 €. Újezd 38, Ⓢ 12, 15, 20, 22, 23 Hellichova, ✆ 257317173, www.restauracecantina.cz.

Natureza Vegetarian House 22, vegetarisches Bistro und Café. Verwinkelte, freundliche Räumlichkeiten. Sitzmöglichkeiten zudem im Wintergarten und im Freien. Asia-Currys, Tofu-Burger oder Pastagerichte, Hg. um die 8 €. Hellichova 14, Ⓢ 12, 15, 20, 22, 23 Hellichova, ✆ 257317459, www.naturezaveget.cz.

Pivnices

U Hrocha 3, nur wenige Touristen verirren sich in diese Oase einheimischer Bierseligkeit. Einfache, Bierstube mit deftigen Snacks und günstigem Pilsner Urquell. Wechselgeld besser nachzählen! Thunovská 10, Ⓢ 12, 15, 20, 22, 23 Malostranské náměstí, ✆ 257533389.

Hostinec U Kocoura 6, dunkle Bierstube direkt an der Touristenmeile. Macht nichts. Die Bierpreise halten sich im Rahmen. Václav Havel soll hier früher ein- und ausgegangen sein. Nerudova 2, Ⓢ 12, 15, 20, 22, 23 Malostranské náměstí, ✆ 257530107.

Cafés/Kneipen/Biergärten

Café Savoy 30, hier war Franz Kafka Stammgast und hier drehte Karel Gott schnulzige Musikvideos. Nach seiner letzten Komplettrenovierung wurde das Savoy als elegantes Kaffeehaus im Stil der Jahrhundertwende wieder eröffnet. Herrliche klassizistische Stuckdecke, hauseigene Patisserie, Frühstück, man kann aber auch richtig essen (Hg. 10,50–15,50 €). Sehr populär, zum Mittagstisch unter der Woche (8–9,50 €) sollte man reservieren. Besonders stolz ist man auf die heiße Schokolade. Leser kritisierten zuletzt leider den mäßigen Service. Vítězná 1, Ⓢ 9, 12, 15, 20, 22, 23 Újezd, ✆ 731136144, www.cafesavoy.ambi.cz.

Café Lounge 31, ein reichlich langweiliger Name für dieses gehobene, fast gediegene Café-Restaurant. Bis 11 Uhr (Sa/So bis 17 Uhr!) wird das genialste Frühstück der Stadt abseits jeglicher Standards serviert (z. B. Zucchinifrittata mit Enten-Confit oder Kokospfannkuchen). Mittags gibt es Light-Lunch-Angebote, abends tolle internationale Gerichte mit Fine-Dining-Anklängen. Hg. bis 15 €. So nur bis 17 Uhr. Plaská 8, Ⓢ 9, 12, 15 20, 22, 23 Újezd, ✆ 257 404020, www.cafe-lounge.cz.

Kavárna Mlýnská 25, in einer alten Mühle untergebrachte, relaxte Kneipe am Kampa-Park. Hier treffen sich Studenten und Bohemiens. Auch der Künstler David Černý (→ S. 129) gehört zu den Stammgästen, von ihm stammt übrigens auch die interessante, bad-tastige Plexiglas-Theke. Snacks und süffiges Bier. Hinterhof. Všehrdova 14, Ⓢ 9, 12, 15, 20, 22, 23 Újezd, ✆ 257313222.

IF Café 21, leicht elitär daherkommendes Café in der sog. Werich-Villa. Toller Kaffee vom *Americano* bis zum *Flat White*, dazu wunderbare Törtchen und Kuchen zu saftigen Preisen – ein Treff von Schönschickschlau. Im Sommer Gartenterrasse am Čertovka. Die Villa dient zudem als Multigenre-Kulturzentrum. In den Ausstellungsräumen Infos über die Kampa-Insel, über den Golem und über den Schauspieler Jan Werich (1905–1980), der einst hier lebte. Touristen scheinen das Gebäude bislang beharrlich zu ignorieren. U sovových mlýnů 7, Ⓢ 9, 12, 15, 20, 22, 23 Hellichova, ✆ 251511669, www.ifcafe.cz.

Míšeňská Yard Café 14, charmantes, verträumtes Hinterhofcafé mit ein paar Tischen und Stühlen vom Trödler inmitten (aber versteckt) des Touristenrummels Klein-Venedigs. Faire Preise, guter Kaffee, gutes Bier (lecker das IPA von Princ Max). Míšeňská 3 (einfach durch das Tor, kein Schild), Ⓜ A Malostranská, ✆ 724151795.

Einkaufen

Kunsthandwerk und Souvenirs

Truhlář Marionety 17, Marionettenläden gibt es viele, einer der schönsten ist der des Marionettenspielers und Regisseurs Pavel Truhlář im Schatten der Karlsbrücke. Handgeschnitzte Puppen, deren Kostüme vor Ort genäht werden. Verschiedenste Modelle, darunter auch die Prager Gespenster. Keine Stadt kennt übrigens mehr Gespenster und Geister pro Quadratkilometer als Prag. Und wer nicht weiß, wie man die Puppen tanzen lässt, kann an einem Marionettenspielkurs teilnehmen. U Lužického semináře 5/78, Ⓢ 12, 15, 20, 22, 23 Malostranské náměstí, www.marionety.com.

Gingerbread Museum 7, mehr Shop als Museum. Hier kann man sich mit überaus witzigen Lebkuchenherzen und -figuren eindecken. Dazu originelle Schürzen und Backformen, mit denen man zu Hause seinen eigenen Golem zaubern kann. Nerudova 9, Ⓢ 12, 15, 20, 22, 23 Malostranské náměstí, www.gingerbreadmuseum.cz.

Fashion

Phase 2 Boutique 11, in diesem Lädchen liegt der Schwerpunkt auf gehobener, fast edler Vintage-Mode für die Dame. Zudem originelle Schuhe und Accessoires. Auch So 14– 19 Uhr. Tržiště 8, Ⓢ 12, 15, 20, 22, 23 Malostranské náměstí, www.phase2boutique.cz.

Design

Cihelna Concept Store 12, eher Verkaufsgalerie als Laden. Tschechisches Design auf 2 Etagen. Vorrangig Schmuck, Lampen, Glas, Kleinmöbel. Man erfährt auch Interessantes zu den jeweiligen Designern. Kompetente Beratung. Cihelná 2b, Ⓜ A Malostranská, www.cihelnaprague.com.

Trödel

Vetešnictví 27, uriger Trödelladen, von innen wie von außen. Auf engem Raum stapeln sich Gläser, Bücher, Spielzeug, Messer, Lampen, Möbel, Bilder etc. Vítězná 16, Ⓢ 9, 12, 15, 20, 22, 23 Újezd.

Bücher

U Zlaté Číše 5, klein und chaotisch – eines der hübschesten Antiquariate der Stadt. Nerudova 16, Ⓢ 12, 15, 20, 22, 23 Malostranské náměstí, www.antikvariatnerudova.cz.

Shakespeare & Synové 16, vorrangig englischsprachige Bücher (weniger deutsche) jeder Art, gebraucht und neu. U Lužického semináře 10, Ⓢ 12, 15, 20, 22, 23 Malostranské náměstí, www.shakes.cz.

Schnäpse

Distillery Land 4, Degustations- und Verkaufsort des mährischen *Slivovice*-Herstellers *Jelínek*. Befand sich zum Zeitpunkt der letzten Recherche noch im Aufbau, Eröffnung voraussichtlich 2019. Klárov/Ecke Letenská, Ⓜ A Malostranská, www.distilleryland.cz.

Die Mostecká gehört zu den Vorzeigegassen der Kleinseite

Paläste über Paläste
Tour 5

Hradčany, das ist nicht nur die Prager Burg, sondern auch die Burgvorstadt, der Stadtteil rund um die böhmische Akropolis. Trotz beeindruckender Palais wirkt dieser Teil der Moldaumetropole verschlafen und an manchen Ecken sogar dörflich.

Palais Schwarzenberg, erster Anlaufpunkt in Sachen Barockkunst, S. 103

Palais Sternberg, Albrecht Dürer & Co., S. 104

Kloster Strahov, die Bibliothek ist eine wahre Augenweide, S. 106

Hradschin
Hradčany

Viel barocker Glanz liegt heute im Schatten der Prager Burg verborgen. Bis ins 16. Jh. allerdings war die Vorstadt ein ärmliches Viertel, in dem die Burguntertanen (auf Tschechisch „Hradčani") lebten. 1541 brannten deren Hütten ab; das kleine Volk zog hinab nach Malá Strana. Der Adel übernahm den Wiederaufbau, und unzählige Paläste entstanden. Stets aber blieb Hradčany ein Anhängsel der Prager Burg, das nie einen eigenen städtischen Charakter entwickelte. Noch heute ist das so. In vielen der alten Paläste sind Museen und Ministerien untergebracht. Einen Metzger oder Bäcker sucht man hier vergebens, nicht jedoch Cafés, Restaurants und Souvenirshops, die auf die schnelle Krone aus sind. Schön zum Durchspazieren ist die Burgvorstadt aber allemal: Wie in Malá Strana geht es durch denkmalgeschützte Straßenzüge, über kopfsteingepflasterte Gassen und vorbei an gusseisernen Laternen, von denen manche seit einigen Jahren wieder mit Gas betrieben werden.

Tour-Info Pražský hrad, die **Prager Burg** wird aufgrund ihrer vielen Sehenswürdigkeiten in einem eigenen Kapitel behandelt (ab S. 110). Der im Folgenden beschriebene Spaziergang beschränkt sich auf die Burgvorstadt. Wie Sie zum Hradčanské náměstí, dem Ausgangspunkt des Spaziergangs gelangen → Tour 6, Tour-Info S. 111.

Länge ca. 1,7 km, **Dauer** ca. 1:15 Std., **Karte** S. 104/105.

Spaziergang

„Lange Stunden bummelte ich im großen, zeitweise menschenleeren und schweigsamen Stadtviertel Hradčany. Ich fühlte mich verloren in der Pracht barocker Kirchen und versuchte, mein Zuhause darin zu finden." In jungen

Jahren schrieb Albert Camus diese Zeilen. Noch immer liegt diese erhabene Stille über dem Viertel, wenn auch nicht am Ausgangspunkt des Spaziergangs, dem **Hradschiner Platz (Hradčanské náměstí)** vor dem Hauptportal zur Prager Burg. Er ist ein großer, aristokratisch anmutender Platz, keine Stadtführung lässt ihn aus. Von seiner Südseite genießt man eine herrliche Aussicht über die Dächer der Kleinseite.

Gegenüber dem Portal zur Prager Burg überblickt die Statue des ersten tschechoslowakischen Präsidenten den Hradschiner Platz. Die Initialen stehen für Tomáš Garrigue Masaryk. Das Palais in seinem Rücken ist das → **Palais Salm (Salmovský palác)**, in dem die Nationalgalerie Prag wechselnde Ausstellungen zeigt. Daneben steht das → **Palais Schwarzenberg (Schwarzenberský palác)**, ein prächtiger Renaissancepalast, der mit venezianischen, dreidimensional wirkenden Graffiti in Briefchenform verziert ist. Zwischen 1545 und 1567 ließen ihn die Lobkowitz erbauen. Heute zeigt die Nationalgalerie hier überwiegend Barockkunst.

Auf der anderen Seite des Hradschiner Platzes, zur Burg hin, hebt sich die Rokokofassade des **Erzbischöflichen Palais (Arcibiskupský palác)** ab. Unter dem linken Balkon des Gebäudes befindet sich ein kleiner Durchgang; er führt zum dahinter verborgen gelegenen → **Palais Sternberg (Šternberský palác)**, das ebenfalls die Nationalgalerie belegt. Hier präsentiert sie „Europäische Kunst von der Antike bis zum Barock", die auch gerne als die „Sammlung Alter Meister" bezeichnet wird.

In der Häuserzeile links des Erzbischöflichen Palais, am Hradschiner Platz in Haus Nr. 11 über dem Restaurant U Labutí, verbrachte Marie Jana Körbel (geb. 1937) ihre Kindheit. Unter dem Namen Madeleine Albright ging sie als erste Außenministerin der USA in die Geschichte ein.

Gen Westen, also hangaufwärts, begrenzt das barocke **Palais Toskana (Toskánský palác)** den Platz. Über den beiden Säulenportalen kann man die Wappen der einstigen Besitzer, der Herzöge von Toskana, erkennen. Heute befindet sich in dem Palais die Konsularische Abteilung des Außenministeriums.

An der leicht bergauf führenden Loretánská liegen rechter Hand weitere feudale Bauten, dahinter verbergen sich romantische Gassen. Die Häuserzeile linker Hand ist an einen steilen Abhang gebaut. Bis zu sechs Stockwerke haben die Gebäude, aber nur die obersten zwei oder drei sind zu sehen.

Den Loretánské náměstí beherrscht das monumentale **Palais Czernin (Černínský palác)**. Seine Fassade ist über 150 m lang, 30 kolossale Säulen zieren sie. 1668 wollte sich Graf Humprecht Czernin von Chudenitz mit diesem Prunkbau ein Denkmal setzen. Es ist ihm gelungen, und dass er am Ende pleite war, ist Nebensache. Auch in diesem Palais hat heute das Außenministerium seinen Sitz.

Filmkulissenreif: die ruhigen Straßen Hradčanys

Unauffällig dagegen ist der Eingang zu einer der urigsten und gemütlichsten Pivnices der Stadt, dem **Schwarzen Ochsen** am Loretánské náměstí 1 – ein Tipp (→ Essen & Trinken, S. 108).

Gegenüber dem Czerninpalais liegt das dem Platz seinen Namen gebende → **Loreto-Heiligtum (Loreta)**. Alles andere als christlich ging es bis zur Samtenen Revolution gleich nebenan in dem Gebäude an der Kapucinská Nr. 2 zu. Die Staatssicherheit der ČSSR verhörte, erpresste und folterte darin. Eine kleine Tafel am Eingang erinnert daran.

Weiter führt der Weg durch das nordwestlichste Eck Hradčanys, **Nový svět (Neue Welt)**, und dreht dort eine Schleife. Dörflicher als hier kann in einer Großstadt kaum sein: enge, verwinkelte Gassen mit niedrigen Häusern, die Ähnlichkeit mit denen des Goldenen Gässchens haben. Auch beider Geschichte gleicht sich: einst Armenviertel, im 19. Jh. dann restauriert. Im Gegensatz zum Goldenen Gässchen bleibt Nový Svět jedoch vom Massenandrang verschont und ist so um einiges romantischer.

Wieder am Palais Czernin vorbei und entlang der Loretánská weiter bergauf erreicht man den **Pohořelec**. Der deutsche Name des Platzes war **Brandstätte**. Mehrmals gingen die Gebäude drum herum in Flammen auf, daher der Name. Wo heute die Statuengruppe mit dem heiligen Johann von Nepomuk steht, wurden einst öffentliche Hinrichtungen vollzogen. Die Kosten dafür hatten die Familien des Verurteilten zu tragen. Inmitten der Häuserzeile auf der Südseite des Platzes befindet sich ein leicht zu übersehender Durchgang (Nr. 147/8, rosa-weiße Fassade) zum sehenswerten → **Kloster Strahov (Strahovský klášter)** hoch über der Stadt.

Ein ausgeschilderter Spazierweg (Hinweisschilder „Bludiště") führt vom Kloster weiter zum Petřín-Berg (→ S. 95) und bietet grandiose Ausblicke auf Prag. Genauso schön ist der Weg über die Gassen Úvoz und Nerudova (→ S. 84) hinab zum Malostranské náměstí. Dabei passiert man die kleine **Galerie Josefa Sudka** (Úvoz 24, Okt.–März Mi–So 11–17 Uhr, sonst bis 19 Uhr, 0,75 €, www.upm.cz) mit wechselnden, oft auch internationalen Fotoausstellungen. Die Galerie ist benannt nach dem Prager Fotografen Josef Sudek, dessen einstiges Atelier in Malá Strana besichtigt werden kann (→ S. 94).

Sehenswertes

Palais Salm – zeitgenössische Kunst
Salmovský palác

Das u-förmige Palais wurde Anfang des 19. Jh. vom Prager Erzbischof Wilhelm Florentin von Salm in Auftrag gegeben. Bereits 1811 erwarb es Josef von Schwarzenberg, um es mit seinem daneben stehenden Palais (s. u.) zu verbinden. Im 20. Jh. war das Palais u. a. Sitz des Schweizer Generalkonsulats. Heute nutzt die Nationalgalerie das Palais als Zentrum zeitgenössischer Kunst, die Ausstellungen wechseln etwa halbjährlich.

Hradčanské náměstí 1, Ⓢ 22, 23 Pohořelec. Tägl. 10–18 Uhr. Eintritt meist um die 5 €, erm. die Hälfte. www.ngprague.cz.

Barocke Kunst im Palais Schwarzenberg
Schwarzenberský palác

In dem Palais mit seinen teils herrlich ausgeschmückten Sälen zeigt die Nationalgalerie böhmische Kunst aus der Rudolfinischen Ära bis zum Barock, also vom späten 16. bis zum 18. Jh., wobei Werke des Barock klar dominieren. Darunter sind beeindruckende Monumentalstatuen von Matthias Bernhard Braun und Ferdinand Maximilian Brokoff, Skizzen und Modelle aus der Atelierpraxis des 18. Jh. und Gemälde der bedeutendsten böhmischen Barockmaler wie Wenzel Lorenz Reiner, Karel Škreta und Peter Brandl. Aber auch Werke des Manierismus sind zu sehen, zudem präsentiert man in einem Raum adelige Kabinettkultur. Fülle und Wert der zusammengetragenen Alltagsgegenstände und Kuriositäten dieser Kabinette zeigten den Status des jeweiligen Sammlers an. Zu den typischen Exponaten eines Kabinetts gehörten Uhren, Figürchen und astronomische Apparaturen. Unterm Dach ist schließlich noch die kaiserliche Rüstkammer mit Säbeln, Krummschwertern, Pistolen und Paradrüstungen aus dem 15. bis 19. Jh. untergebracht.

Hradčanské náměstí 2, Ⓢ 22, 23 Pohořelec. Tägl. (außer Mo) 10–18 Uhr. 9 €, erm. 5 €, Kombiticket → S. 221. www.ngprague.cz.

Prager Hausdrache

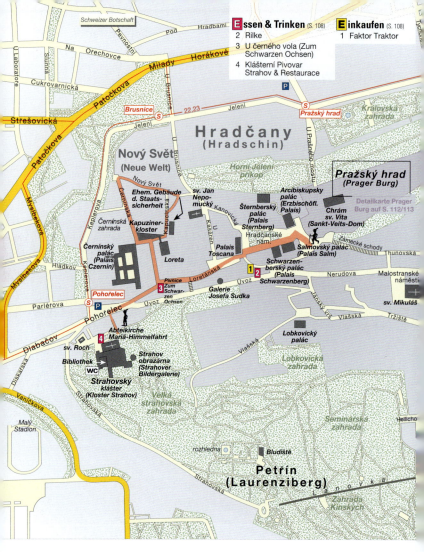

Alte Meister im Palais Sternberg
Šternberský palác

Das Palais zählt zu den bedeutendsten hochbarocken Palastbauten Prags. Graf Wenzel Adalbert von Sternberg ließ es Anfang des 18. Jh. errichten. Heute wird das Gebäude von der Nationalgalerie Prag verwaltet. Das Erdgeschoss zeigt die Sammlung alter Meister aus den deutschen Landen und Österreich: Zeichnungen von Augustin Hirschvogel, Bilder von Cranach dem Älteren und dem Jüngeren, einen 9-teiligen Passionsaltar von Hans Raplans u. v. m., darunter auch Albrecht Dürers *Rosenkranzfest*, das er 1506 für die San-Bartolomeo-Kirche in Venedig geschaffen hatte und das durch die Sammelleidenschaft Rudolfs II. im 17. Jh. nach Prag gelangte.

sche, spanische und französische Maler des 16. bis 18. Jh., darunter sind Werke von El Greco, van Dyck, Rubens, Goya, Tintoretto oder Rembrandt. Im Innenhof des Palais lädt ein Café auf eine Pause ein.

Hradčanské náměstí 15, Ⓢ 22, 23 Pohořelec. Zugang über den Erzbischöflichen Palast (→ Spaziergang). Tägl. (außer Mo) 10–18 Uhr. 9 €, erm. 5 €, Kombiticket → S. 221. www.ngprague.cz.

Loreto-Heiligtum
Loreta

Der Name des Heiligtums geht auf eine Legende zurück, die vom Wunder der Santa Casa, des Hauses der Jungfrau Maria, erzählt. Der Überlieferung nach wurde es Ende des 13. Jh. von Engeln aus Nazareth ausgeflogen, um es vor einem Sarazeneneinfall in Sicherheit zu bringen. Über Umwege gelangte das heilige Häuschen schließlich in einen Lorbeerhain bei Ancona. Dort entwickelte es sich zu einem berühmten Wallfahrtsort, der kurzerhand Loreto genannt wurde. Später, während der Gegenreformation, verkaufte die katholische Kirche das Wunder als – heute würde man sagen – PR-Gag. So entstanden überall in Böhmen und anderswo Loreto-Heiligtümer (das in Prag zwischen 1626 und 1631). Sie sind eine Kopie des Originals, und wer sie besichtigt, kann sich eine Fahrt nach Ancona sparen. Im Kreuzgang rund um die Santa Casa ist die wundersame Geschichte des Häuschens auf 47 Deckengemälden festgehalten. Die Schatzkammer des Heiligtums beherbergt ein paar liturgische Gegenstände. Der wertvollste ist eine Monstranz mit über 6000 Diamanten. Zuvor zierten die Steine übrigens das Hochzeitskleid einer Gräfin.

Nicht sehens-, aber hörenswert sind die Ende des 17. Jh. in Amsterdam gegossenen 24 Glocken im Turm über dem Eingang – dieser Trakt ist übrigens ein Werk von Christoph und Kilian Ignaz Dientzenhofer. Die Glocken können

Der 1. Stock beherbergt italienische Kunst aus dem 14. bis 16. Jh. (darunter eine umfangreiche Ikonensammlung) und Werke niederländischer Maler aus dem 15. bis 16. Jh. Des Weiteren hat sich eine kleine Ausstellung antiker Kunst aus römischer und hellenistischer Zeit hierher verirrt.

Die darüberliegende Etage beherrschen niederländische, italienische, fläm-

ähnlich wie ein Klavier gespielt bzw. in Gang gesetzt werden. Unter anderem improvisierte Franz Liszt auf ihnen. Zu jeder vollen Stunde zwischen 9 und 18 Uhr erklingt heute das Lied *Sei tausendmal gegrüßt, Maria*; zudem werden Konzerte geboten (meist sonntags um 15.30 Uhr).

Das Loreta ist durch einen Brückengang mit dem Klostergebäude des Kapuzinerordens verbunden, der das Heiligtum verwaltet. Während des Zweiten Weltkrieges wurde das Kloster von der SS als Gefängnis genutzt. Erst 1990, nach dem Untergang des Kommunismus, bekam es der Orden zurück. Die Fassade der Klosterkirche ist gespickt mit Kanonenkugeln. Sie landeten 1757 im Klosterareal, abgeschossen von der preußischen Artillerie.

Loretánské náměstí 5. Ⓢ 22, 23 Pohořelec. Nov.–März tägl. 9.30–16 Uhr, im Sommer tägl. 9–17 Uhr. 6 €, erm. 3–5 €. www.loreta.cz.

Kloster Strahov – was für eine Bibliothek
Strahovský klášter

Seit 1989 ist das Kloster wieder im Besitz des Prämonstratenserordens. Man muss kein Ungläubiger sein, wenn man den Namen zweimal liest. Die Blütezeit des Ordens ist heute zwar vorüber, im Mittelalter war er jedoch sehr populär und nahm eine zentrale Rolle bei der Christianisierung des Landes ein.

Der Name des Ordens stammt von dessen erstem Kloster im Tal Prémontré in Frankreich. Gegründet hatte es Norbert von Xanten, nachdem er, vom Blitz getroffen, vom Pferd fiel und dazu eine Stimme flüsterte, er solle von der Hurerei ablassen und nur noch Anständiges tun. Das war 1115, schon fünf Jahre später gab es das Kloster in Frankreich und bereits 1140 entstand der Prager Ableger. Seit 1627 befinden sich sogar Norberts sterbliche Überreste hier in der **Abteikirche Mariä Himmelfahrt**; sie ist zugleich die größte und schönste Kirche des Klosters. In ihr liegt übrigens auch der kaiserliche Feldmarschall Gottfried Heinrich Graf zu Pappenheim begraben. Seine Popularität verdankt er Friedrich Schiller, der ihm im *Wallenstein* die geflügelten Worte „Ich kenne meine Pappenheimer" in den Mund legte.

Mit dem Oldtimer zum Hradschiner Platz

Bibliothek im Kloster Strahov

Gleich nebenan befindet sich der Eingang zur **Bibliothek**, deren Bestand auf knapp eine Million Bände geschätzt wird. Der Blick in die zwei imposanten Lesesäle beeindruckt (Betreten nicht erlaubt!) und lässt das Kloster ins Prager Pflichtprogramm aufrücken. Im ersten, dem sog. Philosophischen Saal, reichen die Bücherschränke, übrigens aus Nussbaum, bis an die Decke. Diese ist mit Fresken verziert, die der österreichische Maler Anton Maulpertsch 1870 schuf und welche den Drang der Menschheit nach dem wahren Wissen darstellen. Der zweite Saal, der sog. Theologische Saal, ist mit Globen bestückt. Die dortigen Fresken malte ein Ordensbruder; sie zeigen die Liebe zur Bildung und zur Wissenschaft. Auf dem Gang zwischen beiden Sälen befindet sich in Glasvitrinen eine kleine Kuriositätensammlung: Muscheln, Skorpione, Seesterne usw., dazwischen auch das Geschlechtsteil eines Wals.

Kurios ist auch das **Museum Miniatur** (beim Durchgang zum Pohořelec), das millimetergroße Arbeiten des sibirischen Künstlers Anatolij Konjenko zeigt. Durch Vergrößerungsgläser sieht man ein Kamel im Haarnadelöhr, ein Beethovenporträt im Mohnkorn usw.

Im eigentlichen Klostergebäude ist die **Strahover Bildergalerie (Strahovská obrazárna)** untergebracht. Malerei von der Gotik bis zur Romantik wird gezeigt, darunter auch Werke von Hans von Aachen und Anthonis van Dyck. Wer sich schon andere Kunstsammlungen in und nahe der Prager Burg angesehen hat, weiß, was ihn erwartet.

Strahovské nádvoří, Ⓢ 22, 23 Pohořelec. **Abteikirche**, geöffnet nur zu Messen (tägl. um 18 Uhr, So auch um 10 Uhr), zu den Öffnungszeiten der Bibliothek kann man jedoch im Sommer i. d. R. einen Blick durch das Portal nach innen werfen. **Bibliothek**, tägl. 9–11.45 und 13–16.45 Uhr. 5 €, erm. 2,40 €. **Miniaturmuseum**, tägl. 9–17 Uhr. 5,20 €, erm. 2,80 €. **Bildergalerie**, tägl. (außer Mo) 9.30–11.30 und 12–17 Uhr. 5 €, erm. die Hälfte, Fam. 8 €. www.strahovskyklaster.cz.

Sehenswertes abseits des Spaziergangs

Wohn- und Atelierhaus František Bílek
Bílkova vila

Die Villa, ein mit ährenförmigen Säulen verzierter roter Backsteinbau, wurde 1911 nach Plänen des tschechischen Bildhauers František Bílek (1872–1941) errichtet, einem Vertreter des symbolistischen Jugendstils. Sein Wohn- und Atelierhaus sollte eine „Kathedrale der Kunst" sein, und in der Tat erinnert das Innere ein wenig an eine Kirche. Das Atelier beherbergt eine kleine, interessante Sammlung von Bíleks Arbeiten, im Wohntrakt steht z. T. noch das Originalmobiliar. Zu Bíleks Bewunderern gehörten u. a. Franz Kafka und Julius Zeyer (1841–1901). Büsten des Letzteren, einem der angesehensten Dichter der tschechischen Neuromantik, modellierte Bílek mehrfach.

Mickiewiczova 1, Ⓢ 22, 23 Královský letohrádek. Tägl. (außer Mo) 10–18 Uhr. 4,80 €, erm. 1,20–2,40 €. www.ghmp.cz.

Praktische Infos → Karte S. 104/105

Essen & Trinken

Restaurants

Rilke ❷, kleines, heimelig-verspielt eingerichtetes Restaurant im Zeichen des Literaten. Serviert werden u. a. die böhmischen Klassiker zu 12–16 € (nicht gerade preiswert, aber das Eck um die Burg ist teuer), für Vegetarier gibt's z. B. *Spaghetti Aglio Olio* oder Couscous mit Kichererbsen. Im Ausschank das leicht parfümiert schmeckende *Svijany*-Bier. Von Lesern gelobt. Tägl. ab 11 Uhr. Úvoz 6, Ⓢ 12, 15, 20, 22, 23 Malostranské náměstí, ☏ 222221414, www.rmrilke.cz.

Klášterní Pivovar Strahov & Restaurace ❹, Brauereigaststätte auf dem Klosterareal, nicht zu verwechseln mit dem Velká Klášterní Restaurace nebenan. Leckeres 13-, 14- und 16-gradiges *Svatý-Norbert*-Bier, hinzu kommen je nach Saison verschiedene andere Bierspezialitäten. Typisch böhmische Bratenküche zu 8–16 €. Viel Touristenrummel, Blasmusik, Außenbestuhlung. Strahovské nádvoří 10, Ⓢ 22, 23 Pohořelec, ☏ 233353155, www.klasterni-pivovar.cz.

Pivnices

MeinTipp U černého vola („Zum Schwarzen Ochsen") ❸, traditionsreiche Bierstube, eine der urigsten der Stadt und ein Kandidat für die UNESCO-Welttrinkerbeliste. Die hübschesten Mädchen soll es einem tschechischen Schlager nach hier geben – auf jeden Fall aber gutes Bier: *Velkopopovický kozel*, frisch gezapft, dazu deftige Snacks. Und zudem heißt es: trinken für einen guten Zweck – das Gros der Erlöse fließt einer Blindenschule zu. Loretánské náměstí 1, Ⓢ 22, 23 Pohořelec, ☏ 606626929.

Einkaufen

Kunsthandwerk und Souvenirs

Faktor Traktor ❶, hier werden die Produkte verschiedener tschechischer Kunsthandwerker und Designer verkauft. Lederwaren, Schuhe, Schmuck, Kleidung aus Naturstoffen etc. Radnické schody 9, Ⓢ 12, 15, 20, 22, 23 Malostranské náměstí.

Feierabend im Schwarzen Ochsen

Sankt-Veits-Dom

Größtes Burgareal der Welt
Tour 6

Die Prager Burg ist das Wahrzeichen der Stadt, der Nabel des Landes und das seit eh und je. Tausend Jahre Geschichte treffen hier auf Millionen Besucher. Paläste, Kirchen, Museen, Klöster – es gibt viel zu sehen, mehr als genug.

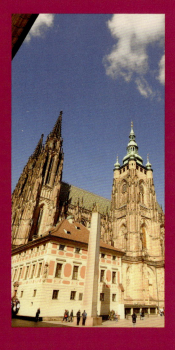

- **Sankt-Veits-Dom**, keine Ecke, wo es nichts zu gucken gibt, S. 117
- **Goldenes Gässchen**, kurz, aber ungebrochen populär, S. 122
- **Königspalast**, Schauplatz des zweiten Prager Fenstersturzes, S. 119
- **Sankt-Georgs-Basilika**, romanische Perle im Herzen der Burg, S. 121

Prager Burg
Pražský hrad

Zu später Stunde von der Karlsbrücke, wenn sich die Fassade der Burg gebieterisch im Scheinwerferlicht erhebt, wirkt sie am schönsten. Die Tschechen blickten über die Jahrhunderte hinweg mit Angst und Verachtung, aber auch mit Stolz und Anerkennung nach oben. Dunkle und goldene Zeiten wurden hier eingeläutet. Die Burg war Sitz von Fürsten, Königen, Kaisern, von Bischöfen und Erzbischöfen und damit stets ein Symbol weltlicher und geistlicher Macht. Heute empfängt hier der Präsident des Landes Staatsgäste aus aller Herren Länder.

Am Beginn der über 1000-jährigen Geschichte der Prager Burg steht Herzog Bořivoj I., der in der zweiten Hälfte des 9. Jh. seinen Fürstensitz von Levý Hradec hierher verlegte. Anfangs waren die Befestigungen noch aus Holz errichtet, doch als man sah, dass diese bei Belagerungen keinen Schutz boten, da man sie kurzerhand in Brand setzen konnte, umgab man die Burganlage in der Mitte des 11. Jh. mit einem steinernen Wall. Danach ging es mit der Burg Schlag auf Schlag voran, es folgte Herrscher auf Herrscher und mit jedem ein neuer An- oder Umbau, die meisten unter Karl IV. im 14. Jh. und Rudolf II. Anfang des 17. Jh. Ein gnadenloses Nebeneinander verschiedenster Baustile war das Resultat. Das Kunterbunt versuchte erstmals Nicolo Pacassi, Hofarchitekt Maria Theresias im 18. Jh., zu vereinheitlichen. Die plastische Ausschmückung und Umgestaltung überließ er dem böhmischen Bildhauer Ignaz Platzer. Anfang des 20. Jh. unternahm schließlich der Slowene Jože Plečnik einen weiteren Versuch, die Burg zu modernisieren. Diese beiden Architekten prägten am meisten das heutige Erscheinungsbild der Burg, das einem gigantischen Freilichtmuseum gleicht, vollgestopft mit bedeutenden kulturhistorischen Bauten und Denkmälern. Spaziert man hindurch, braucht man sich nur umzudrehen und steht vor einer neuen Sehenswürdigkeit. Kein Wunder also, dass es Prag-Kunstführer gibt, die allein der Burg Hunderte von Seiten widmen.

Tour-Info Die beiden **schönsten Fußwege** von Malá Strana hinauf zur Prager Burg verlaufen über die Nerudova (→ S. 84) und über die Zámecke schody (viele Treppen). Beide Wege enden am Hradčanské náměstí, dem **Ausgangspunkt des Spaziergangs**, von wo sich ein herrlicher Blick über Prag auftut. Wer es bequemer haben will, nimmt Ⓢ 22 o. 23 von der Metrostation Malostranská bis zu den Haltestellen Královský letohrádek oder Pražský hrad (für die Besichtigung der Burg) bzw. bis zur Haltestelle Pohořelec (für die Besichtigung der Sehenswürdigkeiten Hradčanys). **Hinweis**: Vor den **Sicherheitskontrollen** zur Burg bilden sich an Oster-, Pfingst- und anderen Hochsaisonwochenenden vormittags zwischen 9 und 10 Uhr und mittags zwischen 12.30 und 14 Uhr oft lange Schlangen, Wartezeiten von bis zu 1 Std. sind dann nicht auszuschließen. An solchen Tagen kommt man am schnellsten über den Eingang am Královský letohrádek aufs Burgareal.

Länge im Winter ca. 1,1 km, **Dauer** 1 Std., **Länge** im Sommer 2,5 km, **Dauer** dann ca. 1:45 Std., **Karte** S. 112/113.

Spaziergang

Die Prager Burg, mit einer Fläche von 7,28 ha die größte der Welt, war bis ins 18. Jh. durch einen Graben vom **Hradschiner Platz (Hradčanské náměstí)** getrennt. Doch mit dem Bau des aristokratischen, repräsentativen **ersten Burghofs**, auch **Ehrenhof** genannt, verlor sie ihren Festungscharakter nach Westen hin. Die regungslos dastehende Burgwache hat ebenfalls nur noch repräsentative Funktion. Einst trug sie paramilitärisches Khaki, heute blaue Uniformen, die Theodor Pištěk, Kostümausstatter des Forman-Films *Amadeus*, entworfen hat. Stets eine Stunde müssen die Soldaten ausharren, dann werden sie abgelöst. Mittags um zwölf wird daraus ein Spektakel gemacht: Fanfarenmusik erklingt dann zum Stechschritt und zur Übergabe der Standarte des Präsidenten im Blitzlichtgewitter. Das Tor, vor dem sie stehen, ziert ein vergoldetes Rokokogitter mit den Monogrammen der Kaiserin Maria Theresia und ihres Sohnes Josephs II. Die Furcht einflößenden, todbringenden Giganten rechts und links davon schuf Ignaz Platzer. So verrußt wie sie sind, könnte man glauben, es seien noch die Originale, dabei handelt es sich um Kopien.

Das barocke Matthiastor dahinter, das zwei Flaggenmasten flankieren, war einst ein frei stehender Triumphbogen. Der Gebäudekomplex, der heute das

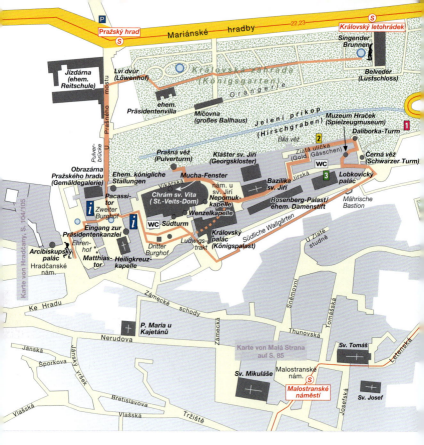

Tor umschließt, beherbergt mehrere prunkvolle Räumlichkeiten. Die beeindruckendsten wären der Spanische Saal und die Rudolfsgalerie, doch sind sie – außer zu kulturellen Veranstaltungen – der Öffentlichkeit nur 2-mal im Jahr zugänglich: an einem Tag im Mai und an einem im Oktober, die exakten Daten erfahren Sie auf www.hrad.cz.

Aus Angst vor Terroranschlägen kann man die Burg heute nicht mehr durch das Haupt- und das Matthiastor betreten, sondern muss linker Hand einen Sicherheitscheck ähnlich jenen an Flughäfen passieren. Nach dem Check führt der Weg direkt in den etwas nüchtern wirkenden **zweiten Burghof**, den ein barocker Sandsteinbrunnen auflockert.

Links davon, also nördlich, blickt man auf das sog. Pacassitor, nichts anderes als eine Durchfahrt. Zu beiden Seiten befanden sich früher Pferdestallungen. Heute wird dort Kunst gezeigt: Links liegt der Eingang zur → **Obrazárna Pražského hradu**, der Gemäldegalerie der Prager Burg, rechter Hand der zu den **Císařská konírna**, den „Königlichen Stallungen", wo wechselnde Ausstellungen präsentiert werden.

Schräg gegenüber, ins hinterste Eck des Hofes gedrängt, steht die → **Kapelle des Heiligen Kreuzes (Kaple svatého Kříže)** aus der zweiten Hälfte des 18. Jh. Sie ersetzte eine dort für die Krönungsfeier Karls VI. im Jahr 1723 erbaute Großküche. In der Kapelle werden die sakralen

Spaziergang 113

Der auffällige, 16 m hohe **Monolith** aus Mrakotiner Granit vor der **Propstei** der Kathedrale wurde 1928 zum 10. Jahrestag der Republik aufgestellt. Wenige Meter weiter kämpft der heilige Georg zu Pferd mit dem Drachen. Das Original (im Lapidarium in Holešovice, → S. 135; eine weitere Kopie in der Ausstellung „Geschichte der Prager Burg") stammt aus dem 14. Jh. und gehört zu den ältesten freistehenden Reiterstandbildern der Welt.

Gegenüber der Propstei und dem Dom belebt ein Säulenportikus die Fassade des Südflügels, auf dessen Balkon sich zu besonderen Anlässen der Präsident zeigt. Die Ostseite des dritten Hofs beherrschte einst der → **Königspalast (Královský palác)**. Dass sich das Gebäude heute äußerlich nicht vom Südflügel abhebt, ist dem Burgumbau durch Niccolo Pacassi zuzuschreiben. In den unteren Räumlichkeiten des Königspalastes gibt es die Ausstellung → **Geschichte der Prager Burg (Příběh Pražského hradu)** zu sehen.

Gegenüber dem Chor des Sankt-Veits-Doms blickt man auf die barocke Fassade der → **Sankt-Georgs-Basilika (Bazilika sv. Jiří)**, hinter der sich zwei romanische Türme erheben. Zu ihrer Rechten ist die Basilika mit einer kleinen barocken Kapelle verbunden, die dem Heiligen Johann von Nepomuk geweiht ist. Linker Hand schließt das → **Sankt-Georgs-Kloster (Klášter sv. Jiří)** an.

Über die enge Gasse Vikářská gelangt man von hier zum versteckt liegenden **Pulverturm (Prašná věž)**, einem Wehrturm, der im Jahr 1485 errichtet wurde und 1649 in die Luft flog – nicht etwa durch feindlichen Beschuss, sondern durch das darin eingerichtete Munitionslager, daher auch der Name. Böse Zungen behaupten aber, die Turmbezeichnung rühre aus jener Zeit, als Alchemisten darin für Rudolf II. Blei zu Gold verwandeln sollten, jedoch nichts anderes als irgendwelche Pülverchen

Kostbarkeiten des Sankt-Veits-Doms ausgestellt.

Noch vor der Kapelle fällt ein Portal mit einem kupfernen Baldachin über einem goldenen, geflügelten Leoparden ins Auge – dieser ziert den Eingang zur Kanzlei des Präsidenten.

Der links davon gelegene Durchgang führt in den dritten Burghof zum kollektiven Kopf-in-den-Nacken, direkt auf die mächtige Stirnwand des → **Sankt-Veits-Doms (Chrám sv. Vita)** zu. Die ein wenig zu groß geratene, dreischiffige Kathedrale (124 m lang und bis zu 60 m breit) kommt vom südwestlichen Eck des Burghofes am besten zur Geltung. Eine kleine vergoldete Mädchenkopfplastik grüßt Sie dort.

Beliebtes Fotomotiv: Prager Burg bei Nacht

hervorbrachten. Zuletzt wurde im Turm eine Ausstellung zur Historie der Burgwache gezeigt.

In die andere Richtung führt von der Sankt-Georgs-Basilika die **Jiřská** oder Georgsgasse zum östlichen Burgtor. Der Straßenname wird an der Nepomukkapelle in Deutsch und Tschechisch angegeben – wie es in Prag bis zum Ende des Zweiten Weltkrieges überall üblich war. Der Gebäudekomplex rechter Hand ist der **Rosenberg-Palast** (Rožmberský palác). Der 1574 fertiggestellte Renaissancepalast diente seinen Erbauern und Namensgebern, dem südböhmischen Geschlecht der Rosenberger, jedoch nur für rund 60 Jahre als Prager Residenz. Aus Geldnot mussten sie ihn verkaufen. Ab dem 18. Jh. wurde das Gebäude als Damenstift genutzt. Dabei handelte es sich um eine Art „Adeligenwohlfahrt". Verarmte von Soundso konnten hier unterkommen – und wohnten gar nicht schlecht. Heute werden die meisten Trakte von der Präsidentenkanzlei genutzt. Im Erdgeschoss finden zuweilen temporäre Ausstellungen statt, bei deren Besuch man auch die Dreifaltigkeitskapelle mit ihrer grandiosen Akustik passiert (Zutritt mit Ticket A).

Gegenüber dem Rosenberg-Palast führt eine Gasse zur berühmten → **Zlatá ulička**, dem **Goldenen Gässchen** mit seinen bunten, verschachtelten Häuschen. Frühmorgens oder spätabends ist es malerisch, tagsüber aber herrscht – zumindest in der Hauptsaison – ein nicht endendes Gedränge. Die Gasse sieht aus wie eine Sackgasse, ist jedoch keine. Am unteren Ende führen Treppen auf eine Terrasse der spätgotischen Befestigungen. Linker Hand steht dort der **Daliborka**, der bekannteste Wehrturm der Burg. Er ist nach seinem ersten Gefangenen benannt, dem Adeligen Dalibor von Kozojed, der sich Ende des 15. Jh. unrechtmäßig Leibeigene zugelegt hatte. Einer Legende nach – zugleich der Stoff von Smetanas Oper *Dalibor* (1868) – lernte er während seiner Gefangenschaft das Geigenspiel, und sein süß-schauriges Gefiedel schallte bis zu seiner Hinrichtung über das gesamte Burgareal. In Wirklichkeit aber war zu diesem Zeitpunkt die Geige in Böhmen noch unbekannt.

Auf dem Innenhof gleich ums Eck, wo ein Sommercafé zu einer Pause einlädt, steht die Statue eines nackten Jungen von Miloš Zet mit dem Titel *Jugend* (1962). Den Anblick seiner Genitalien empfanden die Genossen als zu frivol und ließen sie entfernen. Der Einfluss der westlichen Dekadenz brachte sie wieder zurück.

In dem Renaissancegebäude hinter der Plastik residierte einst der oberste Burggraf, der den König in seiner Abwesenheit vertrat. Zuletzt wurde das Gebäude umfangreich restauriert, zukünftig soll es wieder das → **Muzeum Hraček**, ein Spielzeugmuseum, beherbergen.

Ein paar Schritte weiter, an der Jiřská, steht das → **Palais Lobkowitz (Lobkovický palác)** mit einer sehenswerten Kunstsammlung.

Das Osttor der Prager Burg dominiert der **Schwarze Turm (Černá věž)**. Einst hieß er Goldener Turm, da er ein vergoldetes Dach trug. Doch er brannte aus und zurück blieb sein verkohltes Mauerwerk. Heute, restauriert, könnte er wieder einen neuen Namen vertragen.

Dahinter liegt eine Aussichtsplattform, an der der Spaziergang im Winter endet. Über die Staré zámecké schody, vorbei an Souvenirständen, gelangt man dann hinab zur Metro- und Straßenbahnhaltestelle Malostranská. Im Sommer führt der Weg weiter durch die **südlichen Wallgärten** der Prager Burg (April–Okt. 10–18 Uhr), einer schmalen, gepflegten Parkanlage mit Obelisken, Brunnen und Pavillons, dazu gemütlichen Bänken und herrlichen Ausblicken. Das war nicht immer so. Bis ins 18. Jh. wimmelte es hier nur so von Ratten, da die Burgbewohner ihren Dreck stets aus den Fenstern warfen.

Tickets und Öffnungszeiten

Um nur das Burggelände zu betreten, brauchen Sie kein Ticket, es ist ganzjährig von 6–22 Uhr zugänglich. Für die Sehenswürdigkeiten innerhalb des Burggeländes gibt es keine einheitlichen Öffnungszeiten (die Zeiten sind bei den jeweiligen Sehenswürdigkeiten angegeben). 3 verschiedene Kombitickets stehen zur Auswahl, keines jedoch, das alle Attraktionen einschließt. Mit dem **Kombiticket A** (14 €, erm. die Hälfte, Fam. 28 €) darf man den Königspalast, die Ausstellung „Geschichte der Prager Burg", die Sankt-Georgs-Basilika, den Pulverturm, den Sankt-Veits-Dom, das Goldene Gässchen und – falls geöffnet – den Rosenberg-Palast besichtigen. Das **Kombiticket B** (10 €, erm. die Hälfte, Fam. 20 €) erlaubt den Zutritt zum Königspalast, zur Sankt-Georgs-Basilika, zum Sankt-Veits-Dom und zum Goldenen Gässchen. **Kombiticket C** (14 €, erm. die Hälfte, Fam. 28 €) beinhaltet nur die Kapelle des Heiligen Kreuzes und die Gemäldegalerie der Prager Burg. Einzeltickets gibt es nur für einige wenige Sehenswürdigkeiten (Preise s. dort), eine Fotografiergenehmigung für Innenräume kostet 2 € extra.

Die Kombitickets bekommt man u. a. bei den Infoschaltern im zweiten und dritten Burghof (Nov.–März 9–16 Uhr, April–Okt. 9–17 Uhr). Die Tickets sind zwei Tage lang gültig. Weitere Infos auf www.hrad.cz.

Um zum **Königsgarten** zu gelangen, muss man erst noch einmal die Burg durchqueren. Unmittelbar hinter dem Ludwigstrakt des Königspalastes führt ein Treppendurchgang in den dritten Burghof (→ S. 113). Über das Pacassitor und die Pulverbrücke, einst eine Holzkonstruktion, heute ein aufgeschütteter Wall über den Hirschgraben, verlässt man das Burgareal wieder. Dahinter liegt linker Hand die **Jízdárna Pražského hradu**, die ehemalige Reitschule der Prager Burg. In ihr werden heute wechselnde Ausstellungen gezeigt. Schräg gegenüber befindet sich der Eingang zum → **Königsgarten (Královská zahrada)**. Das Gebäude gleich links davon ist übrigens der ehemalige

Prag im Kasten
Heiliger oder Lebemann – Wenzel und kein Ende

Die Geschichte des tschechischen Nationalheiligen begann im Jahr 924: Fürst Václav (auf Deutsch „Wenzel") war jetzt verantwortlich für die Geschicke Böhmens. Elf Jahre lang regierte er, dann war er tot, umgebracht von seinem eifersüchtigen Bruder. Manchen Quellen zufolge soll seine Ermordung überflüssig gewesen sein, da er ohnehin die Macht an seinen Bruder abgeben wollte. Nach Rom plante Wenzel zu reisen, dort die Weihen zu empfangen, um als erster Bischof nach Böhmen zurückzukehren. Andere Quellen jedoch behaupten, dass der Fürst gar nicht so ein Heiliger war. Mit Heiden soll er gezecht und sich nachts mit hübschen Frauen vergnügt haben.

Sei es, wie es will – Wenzels großes Verdienst war die Christianisierung des Landes. Darauf fußen auch die Wenzellegenden, die den Herrscher zum Märtyrer und zur Heiligengestalt aufsteigen ließen. Noch im 10. Jh. wurde er heiliggesprochen. Unter Kaiser Karl IV. – er ließ die Wenzelskapelle im Dom bauen – wurde er schließlich zur Ikone, zum Landesheiligen. Es folgten Wenzelsfresken, Wenzelsdenkmäler, Wenzelsstatuen und der Wenzelsplatz. Und schließlich wurde Wenzel zum Symbol der Einheit und Unabhängigkeit des Landes, zum Schutzpatron aller Tschechen. In Prag kafkat, brodelt und kischt es also nicht nur, es wenzelt noch viel mehr. Sogar der Popkünstler David Černý widmete dem großen Fürsten ein kultiges Denkmal (→ Foto S. 26).

Löwenhof. Rudolf II. (1552–1612), der als „kaiserlicher Faustus" und „verrückter Alchimist" in die Geschichte einging, hielt hier seinen Lieblingslöwen Mohammed. Der König, der kaum Interesse für Politik, umso mehr aber für Kunst, Kultur und Sternenkunde zeigte, hatte seinen Hofastronomen Johannes Kepler mit der Erstellung eines Horoskops für sich und den Löwen beauftragt. Erstaunlicherweise war die Sternenkonstellation zur Geburt Rudolfs und Mohammeds identisch. Beide starben schließlich auch in der gleichen Woche.

Sehenswertes

Gemäldegalerie der Prager Burg
Obrazárna Pražského hradu

Sie beherbergt eine kleine, aber feine Sammlung deutscher, italienischer, flämischer, niederländischer und böhmischer Meister der Renaissance- und Barockmalerei. Die Bilder gehörten einst zu einer der imposantesten Kunstsammlungen weltweit, die unter Rudolf II. und Ferdinand II. begonnen wurde. Doch das Gros der Gemälde ging durch Plünderungen, insbesondere während des Dreißigjährigen Krieges, verloren. Glücklicherweise wussten nicht alle Diebe Gutes von Schlechtem zu unterscheiden und so blieben so wertvolle Originale wie Rubens *Versammlung olympischer Götter*, Tizians *Junge Frau bei der Toilette* oder Tintorettos *Geißelung Christi* erhalten. Des Weiteren begeistern Werke von Bernaert de Rijekere, Hans von Aachen, Bartholomäus Spranger, Domenico Fetti, Paolo Veronese, Hans Holbein, Cranach dem Älteren u. v. m.

Zweiter Burghof. April–Okt. tägl. 9–17 Uhr, im Winter bis 16 Uhr. 4 €, erm. 2,50 €, Fam. 8 € oder mit Kombiticket C (→ „Tickets und Öffnungszeiten", S. 221).

Kapelle des Heiligen Kreuzes
Kaple svatého Kříže

Der Schatz des Sankt-Veits-Doms, der hier präsentiert wird, zählt zu den umfangreichsten und schönsten Kirchenschätzen Europas. Die kostbaren, nicht in Geld zu beziffernden Exponate reichen teilweise bis ins frühe Mittelalter zurück: Schmuckstücke kirchlicher Würdenträger, prächtig funkelnde Monstranzen und v. a. detailreich ausgearbeitete Reliquiare. Zu den bedeutendsten Ausstellungsstücken gehört ein fein ziseliertes, goldenes Reliquiarkreuz aus der Zeit Karls IV. (14. Jh.), das angeblich Bestandteile des Lendentuchs enthält, das Jesus am Kreuz getragen hat.

Zweiter Burghof. April–Okt. tägl. 10–18 Uhr, im Winter bis 17 Uhr. 10 €, erm. die Hälfte, Fam. 20 € oder mit Kombiticket C (→ „Tickets und Öffnungszeiten", S. 115).

Sankt-Veits-Dom
Chrám sv. Vita

Von außen wirkt der Dom wie ein steinernes Tohuwabohu aus Strebe- und Tragpfeilern, Krabben und Kreuzblumen und riesigen Maßwerken. Statuen von Heiligen wechseln mit figürlichen, dämonenhaften Wasserspeiern ab, die, so der Glaube von einst, den Dom vor bösen Geistern bewahren, da diese beim Anblick ihres Ebenbildes die Flucht ergreifen. Da sich der Smog und der Ruß der Stadt über all dem niedergesetzt und das Bauwerk in ein einheitliches Graubraun getaucht haben, lassen sich auf den ersten Blick die einzelnen Bauabschnitte der Kathedrale nicht mehr unterscheiden.

1344 erfolgte unter Johann von Luxemburg und Kronprinz Karl die Grundsteinsetzung. Erster Baumeister war Matthias von Arras, der zuvor in Avignon tätig war. Er sollte jetzt auch in Böhmen den Idealtypus einer französischen Kathedrale realisieren. Ansätze davon zeigt jedoch lediglich das Chorhaupt, denn schon 1352 starb der Baumeister. Zu seinem Nachfolger berief Karl, der inzwischen zum Kaiser des Heiligen Römischen Reiches gekrönt worden war, den damals gerade erst 23-jährigen Peter Parler aus Schwäbisch Gmünd. Dieser überarbeitete die

Im zweiten Burghof, im Hintergrund die Kapelle des Heiligen Kreuzes

Tour 6: Pražský hrad (Prager Burg)

Dritter Burghof mit Sankt-Veits-Dom

Entwürfe seines Vorgängers und ließ den bis dato in Ansätzen fertiggestellten Chor vollenden. Damit die Kathedrale auch schon als Gotteshaus genutzt werden konnte, schloss er den Chor dort, wo heute das Querschiff verläuft, mit einer „provisorischen" Fassade ab. Nach Parlers Tod 1399 schmückten seine Söhne die Kathedrale weiter aus. Am Grundriss sollte sich aber für die nächsten 450 Jahre nicht mehr viel ändern. Die Kathedrale war also lange Zeit nur halb so groß wie heute, und der Zutritt erfolgte über das beeindruckende *Goldene Tor* an der südlichen Längsseite, das mit einem Mosaikbild des Jüngsten Gerichts verziert ist.

Erst als 1859 ein Förderverein zur Vollendung des Doms gegründet wurde, begann man mit dem Bau der westlichen Domhälfte, deren feierliche Einweihung 1929 erfolgte. An die lange Geschichte des Dombaus erinnern die bronzenen Reliefs an der mittleren Tür des reich verzierten Eintrittsportals der westlichen Stirnseite.

Die große, kreisförmige **Rosette** darüber schaut man sich am besten von innen an. Die lebendig-bunte Bilderfolge zeigt die Genesis – 27.000 Glasstücke wurden dafür verarbeitet. Lebendig geht es allgemein im Innern zu. Eine Reisegruppe folgt auf die andere, und da die Hälfte der Teilnehmer an ihrer Führung nicht interessiert ist, unterhält man sich eben – wo auch passender – über Gott und die Welt. Lange Hosen sind keine Vorschrift, ein Mini tut's auch.

Der vorgegebene Rundgang durch den Dom beschreibt ein auf dem Kopf stehendes U. Es geht vorbei an 20 Seitenkapellen. Die dritte links ist die **Neue Erzbischöfliche Kapelle**, die als letzte Ruhestätte der Prager Bischöfe dient. Sie besitzt eines der farbenfrohsten Fenster der westlichen Domhälfte. Im Auftrag der Banka Slavie gestaltete es Alfons Mucha im späten Jugendstil mit Szenen aus dem Leben der heiligen Slawenapostel Kyrill und Method.

Nachdem man das **Querschiff mit Orgel** (6500 Pfeifen) passiert hat, erreicht

Sehenswertes 119

man den **Chor**. Vor dem Hauptaltar zieht das königliche Mausoleum den Blick auf sich, ein großer Sarkophag aus hellem Marmor, der von einem Renaissancegitter umgeben ist. Rudolf II. stiftete ihn für seinen Großvater Ferdinand I., dessen Gemahlin und deren Sohn. Die Putten drum herum scheinen sich über die drei fast lustig zu machen. Rudolf selbst ruht etwas tiefer in der **Krypta** (zuletzt nicht mehr zugänglich). Sein Sarg ist aus Zinn und hat das Aussehen eines kleinen Brauereikessels. Mehrere Könige und Königinnen leisten ihm Gesellschaft.

Vorbei an der **Alten Sakristei** passiert man im Chorgang die schönsten Seitenkapellen des Doms, darunter die barocke **Kapelle des Heiligen Johann von Nepomuk**. Vor ihr steht das silberne Grabmal des Heiligen, heute ein hoch gepriesenes Werk von Johann Bernhard Fischer von Erlach (u. a. Baumeister von Schloss Schönbrunn). 1882 war über das Grabmal im *Baedeker* noch zu lesen: „1736 verfertigt, ohne Kunstwerth, aber reich an Silber (30 Centner)." Irgendwie kann man sich des Eindrucks nicht erwehren, dass man es einfach im Chorgang stehen ließ, als man merkte, dass es für die Kapelle zu groß geraten war.

Die prunkvollste aller Seitenkapellen ist jedoch die **Kapelle des Heiligen Wenzel** (fünf Kapellen weiter, vor dem Querschiff). Durch ihre reiche Ausschmückung mit weit über 1000 Halbedelsteinen, violetten Amethysten, roten Jaspissen und grünen Chrysoprasen, z. T. in Gold eingefasst, wirkt sie wie ein riesiges Schmuckkästchen. Bereits 1372 wurde der Passionszyklus, der über dem Altar mit der Kreuzigungsszene seinen Höhepunkt erreicht, geschaffen; der Künstler ist unbekannt. Ein weiterer Zyklus mit Szenen aus dem Leben des heiligen Wenzel verläuft auf Fensterhöhe. Der frei stehende Altar darin ist zugleich das Grab des Heiligen. Hinter dem kleinen Portal auf der Südseite führt eine Treppe zu der über der Kapelle liegenden Krönungskammer. Dort werden – vor der Öffentlichkeit verborgen – die böhmischen Krönungskleinodien aufbewahrt, darunter die berühmte goldene **Wenzelskrone**. Sie soll übrigens jedem den Tod bringen, der sie ungebührlich aufsetzt. Ein Aberglaube? Der Letzte, der dies als Humbug abtat und sich zum Spaß mit der Krone im Spiegel anschaute, war Reichsprotektor Reinhard Heydrich. Kurz darauf fiel er einem Attentat zum Opfer (→ S. 186). Die kleine Tür zur Krönungskammer ist mit sieben Schlössern versehen, deren sieben Schlüssel auf sieben Persönlichkeiten der Stadt und des Staates verteilt sind.

Auf dem Weg zurück zum Ausgang führt linker Hand eine Wendeltreppe auf die Aussichtsplattform des südlichen Domturms (96,5 m). Das Treppenhaus konnte zuletzt jedoch nur von außen betreten werden, der Zugang von innen war gesperrt. Kein anderer Turm der Stadt bietet einen faszinierenderen Ausblick über Prag, kaum ein anderer Aufstieg ist aber auch so mühselig: 287 Stufen!

Dritter Burghof. April–Okt. Mo–Sa 9–17 Uhr, So 12–17 Uhr, im Winter bis 16 Uhr. In den Eingangsbereich des Doms gelangt man ohne Eintrittskarte. Zutritt zum Chor nur in Verbindung mit Kombiticket A oder B, → „Tickets und Öffnungszeiten", S. 115. Der **Domturm** ist tägl. 10–18 Uhr geöffnet und kostet zusätzliche 6 €. **Hinweis:** Selbst wenn die Besucherschlange vor dem Dom rund 50 m lang ist – mehr als 30 Min. wartet man i. d. R. nicht.

Königspalast
Královský palác

In ihm residierten vom 11. bis zum 16. Jh. die Regenten Böhmens. Vom dritten Burghof betritt man ihn im dritten und zugleich obersten Stockwerk. Dort befindet sich der berühmte **Vladislav-Saal**, der 62 m lang, 16 m breit und

13 m hoch ist. Er wurde in den Jahren 1492–1502 nach Plänen des Architekten Benedikt Ried gebaut. Die Gewölberippen haben nur z. T. eine tragende Funktion und dienen mehr der Ästhetik. Krönungsfeierlichkeiten und Hofbälle fanden darin statt, aber auch Turniere, bei denen die Ritter zu Pferd über die Reitertreppe im Nordflügel (heute der Ausgang) hereinkamen. Seit 1918 wird hier der Präsident des Landes vereidigt.

Von der südwestlichen Ecke des Vladislav-Saals (rechter Hand des Besucherzugangs) gelangt man in den **Ludwigstrakt**, an sich nicht besonders sehenswert, dafür geschichtsträchtig: Hier war der Ort des zweiten Prager Fenstersturzes, der zum Dreißigjährigen Krieg führte (→ Kasten S. 121).

Im Osten des Vladislav-Saals (also gegenüber dem Besuchereingang) gelangt man über Stufen auf die Empore der Allerheiligenkirche (nicht immer zugänglich). Sie wurde jüngst restauriert, dabei entdeckten Arbeiter bei der Verlegung einer Elektroleitung unter Putz eine 600 Jahre alte hölzerne Christusfigur.

Der **Sitzungssaal des Landtags** grenzt im Nordosten (im hintersten Eck linker Hand) an den Vladislav-Saal an. Das Mobiliar ist zwar nicht original – es stammt aus dem 19. Jh. –, wurde aber in der historischen Anordnung nachgestellt. Auf der Renaissancetribüne linker Hand saßen die Landesschreiber, rechts vom Thron der Bischof, auf den Bänken gegenüber die Adels- und Ritterstände.

Links des Portals, durch welches man den Vladislav-Saal verlässt, führt eine Wendeltreppe zu jenen Räumen, in denen die sog. Landtafeln aufbewahrt wurden. Darin verzeichnete man Beschlüsse des Landtags, zugleich waren sie auch eine Art Grundbuch. Die Wappen an den Wänden und Decken sind die der Beamten, die die Kanzlei leiteten.

Dritter Burghof. April–Okt. tägl. 9–17 Uhr, im Winter 9–16 Uhr. Zutritt nur in Verbindung mit Kombiticket A oder B, → „Tickets und Öffnungszeiten", S. 115.

Matthiastor mit Burgwache

Prag im Kasten
Prager Fensterstürze – eine lange Tradition

Die Premiere der Prager Fensterstürze fand am 30. Juli 1419 statt. Aufgebrachte Hussiten katapultierten damals zwei katholische Ratsherren aus den Fenstern des Neustädter Rathauses. Diese Tat markiert heute den Beginn der Hussitenkriege.

1483 rückte dann das Altstädter Rathaus in den Mittelpunkt. Dieses Mal musste der katholische Bürgermeister dran glauben. Der Wurf, den die Protestanten nun landeten, blieb aber für die europäische Geschichte ohne Folgen, und so wird dieser in der offiziellen Fenstersturzchronik nicht mitgezählt. Der berühmte zweite Prager Fenstersturz fand am 23. Mai 1618 statt. Die Spannungen zwischen Protestanten und Katholiken waren erneut eskaliert. Radikale Protestanten warfen zwei Statthalter samt deren Sekretär aus der Böhmischen Kanzlei auf der Prager Burg. Alle drei überlebten den 16 m tiefen Sturz, sie landeten weich auf einem Misthaufen. Für die erlittene Schmach wurden sie übrigens von den Habsburgern reich entschädigt. Auch ihr Sekretär: Er wurde in den Adelsstand erhoben und durfte sich von nun an „von Hohenfall" nennen.

Humorvoll stellte der englische Schriftsteller Jerome Klapka Jerome fest, dass die Geschichte Europas vielleicht anders verlaufen wäre, „wenn die Prager Fenster kleiner gewesen wären und zu solchen Taten nicht verlockt hätten". Er gab den Ratschlag, öfter mal im Keller zu verhandeln. Die Kette der Fensterstürze riss bis zur Jahrtausendwende nicht ab. Zum Glück lösten sie keine Kriege mehr aus. Der letzte Politiker, der aus dem Fenster fiel, war 1948 der einstige Außenminister Jan Masaryk kurz nach der kommunistischen Machtübernahme. Sein Tod ist bis heute nicht geklärt, man vermutet den russischen Geheimdienst hinter der Tat. Ebenso wenig der des Literaten Bohumil Hrabal, der 1997 angeblich beim Vogelfüttern (tatsächlich aber eher aus freien Stücken) aus dem Fenster gefallen war.

Geschichte der Prager Burg
Příběh Pražského hradu

Die Ausstellung in den unteren Etagen des Königspalastes ist eine Art Parforceritt durch die Historie der Prager Burg. Sie ist chronologisch aufgebaut und liefert Burgmodelle zu jeder Epoche. Doch die Fülle der behandelten Aspekte (Baugeschichte, Katastrophen, Begräbniskult etc.) geht in den verwinkelten Räumlichkeiten auf Kosten der Übersichtlichkeit. Zu den sehenswertesten Exponaten gehören ein Drahtmantel und ein silberner Helm – beide soll der heilige Wenzel getragen haben –, das gotische Tympanon *Thronende Madonna* aus der Georgsbasilika, diverse Kronjuwelen und die Grabbeigaben Rudolfs I. Die vielen Urkunden sind hingegen längst nicht so wertvoll, wie ihre dicken Siegel glauben machen: Es handelt sich durchwegs um Imitate.

Zugang zwischen drittem Burghof und Náměstí sv. Jiří. April–Okt. tägl. 9–17 Uhr, im Winter 9–16 Uhr. 5,60 €, erm. die Hälfte, Fam. 11,20 € oder mit Kombiticket A, → „Tickets und Öffnungszeiten", S. 115.

Romanische Perle: St.-Georgs-Basilika
Bazilika sv. Jiří

Sie ist der bedeutendste und schönste romanische Sakralbau Prags und zugleich die zweitälteste Kirche der Stadt, wenn man dies von außen auch gar nicht vermuten mag. Bereits im Jahr 925 wurde die Kirche, damals noch einschiffig, der Fürstin Ludmila geweiht. Sie wurde als erste Märtyrerin Böhmens heilig gesprochen. Ihre Schwiegertochter

Tour 6: Pražský hrad (Prager Burg)

hatte sie aufgrund von Machtstreitigkeiten erdrosselt. Die sterblichen Überreste Ludmilas befinden sich heute in der Kapelle, die sich an die Südseite des Chors anschließt. Die im Chor erhalten gebliebenen Fresken stammen aus dem 13. Jh. und lassen das himmlische Jerusalem nur noch erahnen. Neben Ludmila haben noch weitere Fürsten aus dem Geschlecht der Přemysliden hier ihre Grabstätte. So befinden sich zu Füßen des Chors in der hölzernen Tumba die Gebeine Vratislavs I. Gegenüber ruht Boleslav II. unter dem von einem schmiedeeisernen Gitter umgebenen Grabstein. Dahinter, in der Krypta unter dem Chor (nicht zugänglich, aber einsehbar), steht rechter Hand die Grauen erregende, dunkle Plastik *Vanitas* aus der Mitte des 16. Jh. Sie stellt den Verfall bzw. die Vergänglichkeit des menschlichen Körpers dar. Einer Sage nach schuf sie ein Bildhauer, der aus Eifersucht seine Geliebte ermordet hatte und vor seiner Hinrichtung als letzte Bitte geäußert hatte, zum Beweis seiner Reue ihren verwesenden Körper darstellen zu dürfen.

Náměstí sv. Jiří. April–Okt. tägl. 9–17 Uhr, im Winter 9–16 Uhr. Zutritt nur in Verbindung mit Kombiticket A oder B, → „Tickets und Öffnungszeiten", S. 115.

Georgskloster
Klášter sv. Jiří

Das Benediktinerinnenkloster wurde 973 als erstes Kloster Prags gegründet. Im Mittelalter war es durch seine illuminierten Handschriften aus dem klostereigenen Skriptorium weit über die Grenzen Böhmens hinaus bekannt. Von den vielen Um- und Anbauten erlebte es den letzten großen in der zweiten Hälfte des 17. Jh.; Ende des 18. Jh. wurde es aufgelöst und in eine Artilleriekaserne verwandelt. Zuletzt fanden Restaurierungsarbeiten statt, danach soll es für temporäre Ausstellungen genutzt werden.

Náměstí sv. Jiří.

Goldenes Gässchen
Zlatá ulička

Einst wohnten hier die Ärmsten der Armen in einfachen Verschlägen rechts und links der Gasse, die gerade 1 m breit war. Für alle gab es nur eine Toilette, und die düngte den Hirschgraben. Nach einem Umbau der Burgmauern im 16. Jh. wurden die Hütten kleine Häuschen, und vorübergehend zog die Burgwache ein. Danach lebten hier ein paar Goldschmiede – daher der Name des Gässchens. Im 19. Jh. begannen sich Wahrsager, Handwerker und Künstler einzumieten. Berühmtester Anwohner sollte Franz Kafka werden. In Haus Nr. 22 verfasste er im Winter 1917 mehrere Prosatexte. In Haus Nr. 12 lebte ein weiterer Schriftsteller: Jiří Mařánek, Autor mehrerer historischer Romane. Madame de Thebes, eine damals bekannte Hellseherin, bewohnte das Haus Nr. 14. Nachdem sie den Untergang des Dritten Reiches prophezeit hatte, wurde sie von der Gestapo totgeschlagen. Heute wohnt niemand mehr hier. In einigen der winzigen Häuser sind Mini-Expositionen zum Leben ihrer einstigen Bewohner und zur Geschichte des Gässchens zu sehen, in anderen Souvenirshops untergebracht.

Über der Häuserzeile des Goldenen Gässchens verläuft ein Verteidigungsgang, Zutritt z. B. bei Haus Nr. 24. Im Gang selbst sind Ritterrüstungen ausgestellt, zudem wird mittelalterliches Zielschießen mit der Armbrust angeboten – ein Spaß für Kinder. Im Westen mündet der Verteidigungsgang in den **Weißen Turm (Bílá věž)**. Dort kann man all das erstehen, für das das Mittelalter berühmt war – selbst Keuschheitsgürtel. Des Weiteren befinden sich im Turm eine spätgotische Toilette (nur zu besichtigen) und eine nachgestellte Alchemistenwerkstatt.

Zutritt im Sommer bis 17 Uhr, im Winter bis 16 Uhr, nur in Verbindung mit Kombiticket A oder B, → „Tickets und Öffnungszeiten", S. 115.

Nur selten ist das Goldene Gässchen so leer wie hier

Spielzeugmuseum
Muzeum Hraček

Es sorgt für Abwechslung im Standardkulturprogramm zwischen Gotik und Barock, und das nicht nur bei Kindern. Auf zwei Etagen werden bis zu 150 Jahre alte Spielsachen präsentiert – Dampfmaschinen, Eisenbahnen, Teddys und so fort, Exponate, die größtenteils aus Deutschland, Frankreich und den USA stammen. Sie sind Teil der großen Spielzeugsammlung des Filmemachers und Karikaturisten Ivan Steiger. Für viele ist die umfangreiche Barbie-Revue am spannendsten – mehrere hundert Modelle und Kostüme, darunter auch solche von namhaften Designern. Mütter, die hier ihre Barbiekleidchen aus den 80ern wieder entdecken, begeistert die Sammlung nicht selten mehr als ihre Töchter. Lesen Sie auch den Aushang über die Geschichte des Püppchens – wer weiß schon, dass Barbie ihre Wurzeln bei der „Bild-Zeitung" hat.

Jiřská 6. Tägl. 9.30–17.30 Uhr. 3 €, erm. 2 €, Fam. 8 €. www.ivansteiger.com.

Palais Lobkowitz
Lobkovický palác

Das frühbarocke Palais, ursprünglich ein Renaissanceanwesen, wurde im Jahr 2003 der Adelsfamilie Lobkowitz restituiert, die Kommunisten hatten es 1952 konfisziert. Neben dem Palais bekam die Familie auch ihre Landschlösser und Güter zurück, dazu ihre Kunstsammlung, eine der größten Mitteleuropas. Die kostbarsten Exponate zeigt die Adelsfamilie heute im Palais Lobkowitz auf der Prager Burg, darunter Gemälde von Cranach d. Ä., Brueghel d. Ä. und Canaletto. Darüber hinaus werden Waffen und Rüstungen, Familienporträts, Beethovens Originalpartitur der 4. und 5. Symphonie u. v. m. präsentiert. Auch beherbergt das Palais ein nettes Café, zudem werden im kleinen Festsaal stets mittags um 13 Uhr Konzerte geboten, → S. 204.

Jiřská 1. Tägl. 10–18 Uhr. 11 €, erm. 6 €, Fam. 27,60 €. Sehr informativ ist der Audioguide. www.lobkowicz.cz.

Der Singende Brunnen

Königsgarten mit Lustschloss Belvedér
Královská zahrada

Er wurde einst vielfach als der schönste Renaissancegarten nördlich der Alpen gepriesen. 1534 ließ ihn Ferdinand I. anlegen. Erstmals in Europa wurden darin Tulpen gezüchtet; die Zwiebeln stammten aus Konstantinopel. Während des Dreißigjährigen Krieges verwüsteten Schweden und Sachsen den Garten, und vorbei war es vorerst mit dem herrschaftlichen Lustwandeln. Als man ihn im 18. Jh. als Barockgarten gerade neu angelegt hatte, kamen die Franzosen. Zum Glück konnte man sie durch eine Zahlung von 30 Ananas davon abhalten, dem oben erwähnten Beispiel zu folgen. Seine ursprüngliche Renaissanceform stellte man nach dem Ersten Weltkrieg wieder her.

Vom Eingang führt der Weg vorbei an der **Präsidentenvilla** (wird nicht von allen amtierenden Präsidenten bewohnt) zum **Großen Ballhaus (Míčovna)** aus dem 16. Jh. Das Gebäude mit seiner üppigen figuralen und ornamentalen Ausschmückung brannte während des Zweiten Weltkrieges aus und wurde kurz darauf restauriert. Seitdem findet man unter den allegorischen Figuren neben den Fenstern auch zwei Mädchen mit Hammer und Sichel (drittes Fenster von rechts). Gegenwärtig dient der Bau für Ausstellungen, Konzerte und feierliche Anlässe. Auf der Ostseite des Gebäudes schließt die **Orangerie** an, wo bereits zu Zeiten Rudolfs II. exotische Früchte gezüchtet wurden.

Am östlichen Ende des Königsgartens steht das königliche Lustschloss **Belvedér**. Den Grundstein für den Renaissancebau mit seinem auffälligen Dach in Form eines kieloben schwimmenden Schiffrumpfs ließ Ferdinand I. 1538 legen; seiner geliebten Gemahlin wollte er das Schlösschen schenken. Es sollte dem Vergnügen und der Erholung dienen, auch ein Tanzsaal war geplant. Letztendlich zogen sich die Bauarbeiten jedoch bis 1564 hin. Während der Regierungszeit Rudolfs II. wurde das Schloss als astronomisches Observatorium zweckentfremdet. Heute wird es überwiegend für Ausstellungen genutzt.

Der berühmte **Singende Brunnen** davor stammt aus der Mitte des 16. Jh. Das Modell, einem römischen Brunnen gleich, schuf Francesco Terzio. Für den Guss war ein Glockengießer namens Thomas Jaroš verantwortlich. Vielleicht klingen deshalb die herabfallenden Wassertropfen auf der untersten Metallschüssel wie ein nie enden wollendes Glockenspiel, das am besten zu hören ist, wenn man den Kopf unter (nicht in) das untere Brunnenbecken hält.

U prašného mostu. April–Okt. tägl. 10–18 Uhr.

Praktische Infos

→ Karte S. 112/113

Essen & Trinken

Die Restaurants und Cafés im Burgbereich werden ausschließlich von Touristen aufgesucht. Dementsprechend stimmen Qualität und Service größtenteils nicht mit den Preisen überein. Unsere Empfehlungen:

Restaurants

Villa Richter ❶, nicht direkt auf dem Burggelände, sondern auf dem St.-Wenzels-Weinberg. Hinter dem Namen verbergen sich 2 Lokalitäten. Sehr gehoben ist das **Piano Nobile** in der eigentlichen Villa mit raffinierter saisonaler Küche (Hg. 19–23 €). Entlang des Wegs dorthin zieht sich das **Panorama Express Café**, das sich auf Burger (9–12 €) spezialisiert hat. Beiden Lokalen gemein sind ihre herrlichen Aussichtsterrassen. Staré zámecke schody 6 (Zugang gegenüber dem Schwarzen Turm), ☎ 257 219079, www.villarichter.cz.

Cafés

Lobkowicz Palace Café ❸, die Location mit der schönsten Terrasse innerhalb der Burganlage – herrlicher Blick über die Stadt. Dazu netter Innenhof. Sandwichs und Suppen, kleine Auswahl an Hauptgerichten (ca. 12 €) und das süffige Lobkowicz-Bier im Ausschank – nur selten in Prag zu bekommen, ein Genuss! Jiřská 3, ☎ 233312925, www.lobkowicz.cz.

Einkaufen

Bücher

Vitalis ❷, Buchhandlung des gleichnamigen, deutschsprachigen Prager Verlags. Viel Literatur zur Stadt, Übersetzungen tschechischer Autoren, zudem Kafka & Co. Im Goldenen Gässchen, Zlatá ulička 22, www.vitalis-verlag.com.

Der Vladislav-Saal im Königspalast

Alltag und Kreativwirtschaft
Tour 7

Südlich von Malá Strana erstreckt sich Smíchov, ein Stadtteil zwischen marode und mondän mit bröckelnden Fassaden, heruntergekommenen Fabrikanlagen und futuristischer Glas- und Stahlarchitektur.

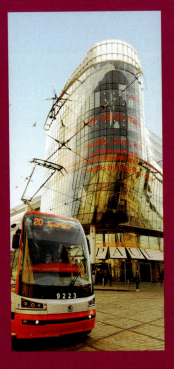

Centrum Futura, schräge Kunst im Abseits I, S. 127

MeetFactory, schräge Kunst im Abseits II, S. 128

Brauerei Staropramen, Prags berühmtestes Bier, S. 129

Vorstadt Smichow
Smíchov

Smíchov (dt. „Lachende Au") entdeckte der böhmische Adel im 18. Jh. In sicherem Abstand zu den Ufern der Moldau ließ er sich Lustschlösser bauen und blühende Gärten anlegen. An jene Zeit erinnern noch heute die → **Villa Bertramka**, in der Wolfgang Amadeus Mozart des Öfteren zu Besuch war, und das → **Sommerpalais Kinský (Letohrádek Kinských)** inmitten der friedlichen, gleichnamigen Parkanlage. Im Gefolge der Industrialisierung verflog jedoch die Sommerfrische über Smíchov. Rußende Fabrikanlagen kamen und mit ihnen das Proletariat und die Mietskasernen. Ende des 20. Jh. hörten die Schornsteine auf zu rauchen. Der Untergang des Kommunismus war auch der Untergang unzähliger Betriebe. Heute dienen die alten Fabrikhallen teils völlig anderen Zwecken oder werden abgerissen und machen so Platz für das neue Smíchov mit modernen Hotels, Büro- und Einkaufszentren.

Am attraktivsten ist jener Part von Smíchov, der südlich an Malá Strana anschließt und ohne weiteres zu Fuß zu erkunden ist. Das Moldauufer dominieren restaurierte Jugendstilfassaden, in zweiter und dritter Reihe bröckelt zuweilen noch der Putz. Smíchov hat hier nichts vom musealen Charakter der historischen Stadtteile, ist aber dennoch reizvoll – vielleicht genau deswegen. Neue Cafés, Restaurants und Bars sprießen aus dem Boden wie Pilze nach einem Sommerregen.

Prager Alltag ist in Smíchov zu Hause, und mit dem → **Centrum Futura** eine der innovativsten Galerien der Stadt. Die Avantgarde trifft sich auch im Kunstzentrum → **MeetFactory** ganz im Süden von Smíchov – dort, wo noch abgewirtschaftete Industrietristesse und düstere Straßenzüge gegenwärtig sind. Wer mit Kunst weniger am Hut hat, geht einfach ein Bier trinken – z. B. in eine der vielen Kneipen rund um die → **Brauerei Staropramen**. Ganz nebenbei: Das Brauwasser von Staropramen entspringt keiner berühmten Quelle, auch keiner „alten" (Staropramen = alte Quelle), es kommt aus der Moldau!

Sehenswertes

Wo Wolfgang Amadeus zu Gast war
Villa Bertramka

Die Villa, in welcher Mozart einst zu Gast war (→ Kasten S. 128), wurde 1929 von der Tschechischen Mozartgemeinde erworben und als Mozartmuseum der Öffentlichkeit zugänglich gemacht. 1986 ging sie samt Inventar (u. a. persönliche Gegenstände des Komponisten und historische Musikinstrumente) durch Enteignung in Staatsbesitz über. 2009 bekam die Mozartgemeinde die Villa nach 18-jährigem Rechtsstreit zurück – allerdings ohne die Exponate. Seither sammelt die Mozartgemeinde Spenden, um die Villa restaurieren und irgendwann wieder als Mozartmuseum eröffnen zu können.

Mozartova 169, Ⓢ 9, 10, 15, 16 Bertramka. Von dort ausgeschildert. www.betramka.eu.

Sommerpalais Kinský
Letohrádek Kinských

Das auch „Musaion" genannte Empirepalais beherbergt – falls nicht gerade eine Schulklasse da ist – ein meist besucherfreies Ethnografiemuseum, das nicht unbedingt zum Pflichtprogramm gehört: Trachten, Keramik, Heiligenfiguren, Bauernmöbel etc.

Kinského zahrada, Ⓢ 9, 12, 15, 20 Švandovo divadlo. Tägl. (außer Mo) 10–18 Uhr. 2,80 €, erm. 1,60 €. www.nm.cz.

Galerie im Hinterhof
Centrum Futura

Die Hinterhofgalerie dieser Non-Profit-Organisation präsentiert in einer ehemaligen Manufaktur schräge, meist konzeptuelle Gegenwartskunst aus dem In- und Ausland auf rund 1000 m² Ausstellungsfläche. Es lohnt auch ein Blick in den Garten: Dort stehen zwei riesige, nach vorn gebeugte Figuren, denen man über Leitern in den Allerwertesten blicken kann. Sie sind eine Arbeit David Černýs (→ Kasten S. 129), übrigens einer der Mitinitiatoren der MeetFactory (→ S. 128).

Holečkova 49, Ⓢ 9, 12, 15, 20 Švandovo divadlo, weiter mit Ⓑ 176 Holečkova. Mi–So 11–18 Uhr. Eintritt frei. www.futuraproject.cz.

Prag im Kasten
Sie nannten ihn „Mozard"

In Wien war er mit seinem *Figaro* kläglich gescheitert. In Prag pfiff man Melodien daraus auf der Straße, als Wolfgang Amadeus Mozart im Januar 1787 erstmals in der Moldaustadt eintraf. Im Gegensatz zu seinen Opern oder Sinfonien klang der Name des Urhebers aber noch fremd – die Zeitungen druckten ihn „Mozard". (Die Deutschen Böhmens unterschieden das D phonetisch nicht vom T, hinzu kam das rollende R.) Noch im gleichen Jahr entschloss sich Mozart, seinen *Don Giovanni* in Prag uraufführen zu lassen. Die Oper beendete er in der Villa Bertramka als Gast des Pianisten František Dušek. In den arbeitsamen Nächten hielt ihn seine Frau Constanze mit Kaffee wach, angeblich aber auch die Hausherrin Josefa Dušek … Wie auch immer: Die Premiere am 29. Oktober 1787 im Ständetheater wurde ein Erfolg. „Meine Prager verstehen mich", resümierte Mozart – wohl zu Recht. In Wien wurde er später in einem anonymen Massengrab beigesetzt. In Prag aber kamen 4000 Menschen zu einem Gedenkgottesdienst in die Sankt-Nikolaus-Kirche auf der Kleinseite.

Kunstzentrum in alter Fleischfabrik
MeetFactory

Die MeetFactory befindet sich in einer ehemaligen Fleischfabrik, auf die – unübersehbar – zwei leuchtend rot lackierte Autos an der Fassade aufmerksam machen. Der Ort ist ein multikulturelles Zentrum für moderne Kunst, in dem Künstler aus aller Welt kürzer oder länger leben, arbeiten und ausstellen können. Neben den 15 Wohnateliers für die kreativen Residenten gibt es Galerieräume, einen Filmklub für originelle Streifen, ein Theater und regelmäßig aus der Reihe fallende Konzerte.

Ke Skále 5, Ⓢ 4, 5, 12, 20 Lihovar. Auf dem Weg dahin rechter Hand Ausschau halten. Galerie tägl. 13–20 Uhr. www.meetfactory.cz.

Künstlertreff: die MeetFactory

Prags berühmtestes Bier
Brauerei Staropramen

Die 1869 gegründete Brauerei, die heute dem kanadisch-amerikanischen Brauereikonzern *Molson Coors* angehört, liefert ihrer trinkfreudigen Kundschaft aus 38 Ländern rund 3,2 Mio. Hektoliter Bier jährlich. Etwa 1,7 Mio. Flaschen werden täglich abgefüllt. Im historischen Sudhaus der Brauerei gibt

Prag im Kasten
David Černý, Meister der Provokation

David Černý (Jahrgang 1967) gilt als das Enfant terrible der tschechischen Kunstszene. International bekannt wurde der in Tschechien und Amerika ausgebildete Objektkünstler 1991, als er einen russischen Panzer, ein Ehrenmal für die sowjetischen Befreier, rosa anmalte. Es hagelte Proteste, bis der *Pink Tank* irgendwann vom Sockel gestoßen wurde und in der Versenkung verschwand. Andere Arbeiten Černýs sorgen aber noch immer für Kontroversen. Und wie kein anderer Gegenwartskünstler prägt Černý das Bild der Stadt mit. Übersehen kann man seine Kunst kaum, denn stets ragt sie irgendwie heraus, an Größe oder Originalität. Černý lässt bronzene Männerfiguren auf die tschechische Landkarte pinkeln (→ S. 87 und 275), Sigmund Freud über der Straße baumeln (→ Foto, S. 55) oder zwei kolossalen, vornüber gebeugten Figuren in den Hintern schauen. Er lässt Riesenbabys den Fernsehturm hochkrabbeln (→ S. 147), einem Trabi Beine wachsen (→ S. 90) und einen 40 t schweren Franz-Kafka-Kopf rotieren und zerfließen (→ S. 31). In vielen seiner ironisch-erheiternden und zugleich provokanten Kunststreiche geht der Künstler mit den Herrschenden und seinem Land hart ins Gericht – kein Wunder also, dass fast all seine Auftraggeber aus dem Ausland kommen. Als ihm 2008 aus Anlass der EU-Ratspräsidentschaftsübernahme einmal die tschechische Regierung einen Auftrag erteilte, führte er diese gleich hinters Licht: Unter seiner Regie sollten Künstler aus allen EU-Staaten für das Ratsgebäude in Brüssel ein Kunstwerk schaffen. Tatsächlich aber schuf Černý seine Installation *Entropa* mit zwei Freunden im „Alleingang", Namen und Viten der anderen 27 „europäischen Künstler" waren frei erfunden. Die Installation zeigte die EU-Mitgliedstaaten klischeehaft in einer Art Bausatz: Bulgarien als „Hockklo", Polen als Land der homosexuellen Priester, Deutschland als hakenkreuzähnliches Labyrinth aus Autobahnen usw. Der Kunsthistoriker Tomáš Pospiszyl, der bei Černýs Streich mit von der Partie war, verteidigte die Arbeit mit den Worten: „Täuschungen und Irreführungen sind Teil der tschechischen kulturellen Identität und unseres Erbes."

Černý-Kunst im Centrum Futura

es heute eine interaktive Ausstellung zur Geschichte der Brauerei und zur Bierherstellung. Angeschlossen ist eine Bierbar (neun Sorten Bier im Ausschank; unbedingt kosten: das naturtrübe *Kvasníčové pivo*). Schräg gegenüber der Brauerei gibt es zudem ein Bier-Spa (www.andelskalazen.cz).

Nádražní, Ⓜ B Anděl. Ausstellung tägl. 10–18 Uhr. 8 € inkl. eines kleinen Biers. Deutschsprachige Führungen i. d. R. um 14.30 Uhr, Infos unter www.staropramen.com.

Praktische Infos → Karte S. 131

Essen & Trinken

Restaurants

meinTipp Wine Food Market 9, im grauen Smíchover Abseits gibt es Bestes aus Bella Italia. Ein Besuch des „Marktes" in einem ehemaligen Industriebetrieb (toll restauriert) mit zig Ladentheken (Fisch, Wein, Käse usw.), Bäcker (super Snacks), Café und einem Restaurant (mit langen rustikalen Bänken, häufig Klavierbegleitung, Pizza, Pasta, Fisch zu 7,50–15 €) bringt nur ein Problem mit sich: Man kann sich nicht entscheiden – nimmt man lieber dies oder das oder doch lieber jenes? Strakonická 1, Ⓢ 4, 5, 12, 20 Plzeňka, ☏ 733338650, www.winemarket.cz.

Manú Risto & Lounge 3, auf einer kleinen Moldauinsel gelegen und von mehreren Seiten von Wasser umgeben – eine Traumlocation. Serviert wird auch hier gehobene italienische Küche: Gnocchi mit Fava-Bohnen und Kaninchen, *Umbrino* mit Pfifferlingen, Tatar mit Kognakzabaione. Pasta 11,50–13,50 €, Secondi 13–17 €. Wer mag, kann auch nur auf ein Getränk in die Lounge kommen. Dětský ostrov 25, Ⓢ 9, 12, 15, 20 Arbesovo náměstí, vom Park an der Nábřežní führt ein Brückchen hinüber, ☏ 725 161616, www.manuristo.cz.

Pastva 7, in diesem veganen Café-Restaurant sind die Backsteinwände weiß getüncht, für die wohlige Atmosphäre sorgen Pflanzen. Überschaubare Karte, darauf u. a. Burger aus schwarzen Linsen, Quinoa-Risotto oder Pilz-Walnuss-Pastete. Hg. 4,80–8,80 €. So geschl. Nádražní 102, Ⓜ B Anděl, ☏ 736115336, www.pastva-restaurant.cz.

Anděl 6, schwer rustikales Pilsner-Urquell-Restaurant. Trotz prominenter Lage viel tschechisches Publikum. Zum Bier gibt's derb-deftige Kost – durchschnittliche Qualität, aber urig und mit einem großen Innenhofbiergarten. Hg. 7,60–14,40 €. Nádražní 114, Ⓜ B Anděl, ☏ 257 323234, www.restauraceandel.cz.

Cafés

Kavárna co hledá jméno 8, das „Café, das einen Namen sucht", ist ein superkuschliges, mit ausgesuchten Retromöbeln bestücktes Hinterhofcafé im Shabby-Chic-Style. Kleiner, schattiger Gartenbereich, Galerie angeschlossen. Mo ab 12 Uhr, So nur bis 19 Uhr, ansonsten ganztägig bis 22 Uhr. Stroupežnického 10 (Zugang über den Parkplatz nebenan), Ⓜ B Anděl, ☏ 770165561, www.kavarnacohledajmeno.cz.

Českávárna Portheimka 5, Café mit eigener Rösterei in der Villa Portheimka, im 18. Jh. von Kilian Ignaz Dientzenhofer errichtet und heute Teil des Museums Kampa (Glaskunst, → S. 93). Innen historisches Gewölbe, außen nette Terrasse zum Park hin. Tolle Kuchen, kleine Gerichte. Sa/So erst ab 12 Uhr. Štefanikova 12, Ⓢ 9, 12, 15, 20 Arbesovo náměstí, ☏ 731471 874, www.portheimka.ceskavarna.cz.

Einkaufen

Shoppingmall

Nový Smíchov, zentrale Lage, alle bekannten Marken vorhanden, dazu Kinos, Foodmeile und ein großer Supermarkt. Plzeňská 8, Ⓜ B Anděl, www.novy-smichov.klepierre.cz.

Hipsteresk: Kavárna co hledá jméno, "Das Café, das einen Namen sucht"

Tolle Museen und viel Grün
Tour 8

U-förmig zieht sich die Moldau um die zwei Stadtteile Holešovice und Bubeneč. Prager Alltagstristesse und Prager Glanzlichter liegen hier eng beieinander.

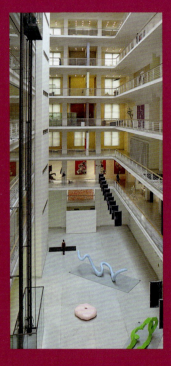

- **Messepalast**, Kunstreigen im funktionalistischen Tempel, Foto oben und S. 133
- **Nationales Technikmuseum**, was Haribo kann, kann das Technikmuseum auch, S. 134
- **DOX**, Galerie für zeitgenössische Kunst, S. 134
- **Letná-Park** grandioses Brückenpanorama vom Biergarten, S. 138

Im Moldaubogen
Holešovice und Bubeneč

Die beiden Stadtteile im Norden Prags haben viel zu bieten, wenn auch erst auf den zweiten Blick. Wer sich für Kunst interessiert, kann allein im → **Veletržní palác**, dem einstigen Messepalast und heutigen Museum moderner und zeitgenössischer Kunst, einen ganzen Tag verbringen. Hier ist alles vertreten, was Rang und Namen hat, der Schwerpunkt liegt auf tschechischer Kunst des 19. und 20. Jh. Noch mehr Kunst gibt es in der → **DOX Galerie und** voraussichtlich ab 2020 im → **Tichý Ocean Museum** zu sehen.

Aber auch das → **Nationale Technikmuseum (Národní technické muzeum)** hilft, ein verregnetes Wochenende zu überbrücken – Familien mit Kindern sollten den Marker zücken. Oder man geht ins → **Lapidárium**, ein weiteres gutes Museum, voll mit alten Statuen und Architekturfragmenten. Es befindet sich auf dem Messegelände → **Výstaviště**, zugleich Prags größter Freizeitpark, der jedoch etwas abgetakelt daherkommt. Wer einfach Ruhe sucht, geht in den → **Letná-Park** oder den → **Stromovka-Park**.

Zum gemütlichen Schlendern durch das Prag der Prager sollte man Vinohrady oder – am Abend – Žižkov den Vorzug geben. Holešovice ist dafür zu zerrissen. Zwar besitzt der Stadtteil viele schöne Straßenzüge mit Bauten aus der Gründerzeit. Daneben aber auch Ecken mit Häusern, bei denen man den Eindruck hat, als würden sie ihre tristen Hinterhoffassaden zur Straße kehren. Dazwischen erinnern alte Industrieanlagen an den Ruin der Planwirtschaft. Manche aber lassen sich auf den ersten Blick als solche gar nicht mehr erkennen: Sie wurden zu schicken Büromeilen und Lofts umgewandelt. Darin wohnen nun

Mieter, die sich das neue Feinkostgeschäft ums Eck leisten können. Sie passen so gar nicht zum alten Arbeiterpublikum des Stadtteils, das vor der Frühschicht sein erstes Bier in der Pinte trinkt. Holešovice ist ein Stadtteil im Wandel. Ein Stadtteil, in dem die trostlosen Saure-Gurken-Auslagen und die Schaufenster mit der Mode längst vergilbter Burdahefte peu à peu verschwinden und dafür stetig neue Galerien und innovative Läden eröffnen. Gefeiert wird in den coolen Ruinenbars aufgegebener Gewerbebetriebe – teils können sie nur temporär genutzt werden und verschwinden u. U. schneller, als Sie es evtl. nach Prag schaffen.

Überaus adrette Viertel weist Bubeneč auf, darunter eine vornehme Villengegend mit Botschaftsgebäuden (ganz im Westen des Stadtteils). Ganz im Norden des Stadtteils ist es zwar eher öde, dennoch lohnt ein Abstecher: Eine → **alte Kläranlage (Stará Čistírna)** ist zu besichtigen.

Sehenswertes

Moderne Kunst im Messepalast

Veletržní palác

Das Museum moderner und zeitgenössischer Kunst (Muzeum moderního a současného umění) begeistert in zweierlei Hinsicht, aufgrund seiner Architektur und aufgrund seiner Exponate. Als der ehemalige Messepalast 1928 eröffnet wurde, war er das erste Bauwerk Europas im funktionalistischen Stil und zugleich das größte Messegebäude der Welt. Heute hat sich das Auge an solche Bauten gewöhnt, von außen nimmt man sie gar nicht mehr als etwas Besonderes wahr. Von innen jedoch ist der Palast noch immer beeindruckend. Den Kern des Gebäudes bildet eine Halle mit verglastem Dach, die von den offenen Galerien der sechs Stockwerke umgeben wird. Die Architekten Oldřich Tyl und Josef Fuchs schufen dadurch ein Bauwerk von solcher Leichtigkeit, dass sich Le Corbusier bei dessen Anblick wie ein Dilettant vorgekommen sein soll.

Den größten Teil des Gebäudes belegt heute die Nationalgalerie. Ihre Sammlung umfasst wahre Schätze. Leider sind nicht immer alle Etagen geöffnet, auch werden Exponate immer wieder umgestellt.

Im EG werden temporäre Ausstellungen gezeigt, im 1. Stock Werke internationaler Künstler des 19. und 20. Jh.

Tour 8: Holešovice und Bubeneč

(u. a. Klee, Miró, Moore, Beuys usw.). Im 2. Stock bekommt man tschechische Kunst von 1930 bis heute zu sehen (Surrealismus, Aktionskunst, sozialistischer Realismus etc.), dazu Architekturmodelle und Designstudien.

Im 3. Stock (der spannendste!) ist eine Sammlung tschechischer Kunst von 1900 bis 1930 untergebracht (u. a. Filla, Gutfreund, Čapek, Zrzavý). Darunter befinden sich zahlreiche kubistische Werke und Art-déco-Mobiliar. Zudem wird eine Kollektion französischer Kunst des 19. und 20. Jh. präsentiert (u. a. Delacroix, Rodin, Matisse, Gauguin, Toulouse-Lautrec, Picasso und Monet).

Der 4. Stock ist der tschechischen Kunst an der Wende vom 19. zum 20. Jh. gewidmet (u. a. Mucha, Kupka, Švabinský, Schikaneder oder Drtikol). Außerdem bekommt man Werke von Vertretern des Wiener Modernismus zu sehen, darunter Klimt, Kokoschka und Schiele.

Der 5. Stock dient wieder temporären Ausstellungen verschiedenster Art. Das alles hört sich nicht nur nach viel an, das ist auch viel – bringen Sie entsprechend Zeit mit!

Dukelských hrdinů 47, Ⓜ C Nádraží Holešovice, weiter mit Ⓢ 6, 17 Veletržní. Tägl. (außer Mo) 10–18 Uhr. Eintritt für die permanente Ausstellung 6 €, erm. 3,20 €, inkl. temporären Ausstellungen 10 €, erm. 5,20 €. Kombiticket → S. 221. www.ngprague.cz.

Ausstellungen im Industrial-Ambiente
Dox Galerie

Die Galerie, die größte für moderne Kunst auf tschechischem Boden (sechs Ausstellungshallen), ist untergebracht in einer ehemals Metall verarbeitenden Fabrik. Obenauf thront ein Hingucker: der Zeppelin *Gulliver* des preisgekrönten Architekten Martin Rajniš. Die 42 m lange Holz-Stahl-Konstruktion scheint wie zufällig auf dem Dox-Dach gestrandet zu sein – halb Veranstaltungsraum, halb begehbare Skulptur und von derartiger Eleganz und Leichtigkeit, dass man glatt davonfliegen könnte.

Der Name der Galerie leitet sich vom griechischen Wort „Dóxa" (Meinung) ab. Zwei bis drei große sowie bis zu acht kleinere Expositionen sind hier pro Jahr zu sehen – alles ist dabei möglich. Angeschlossen sind ein Designshop und ein Café mit Sommerterrasse.

Poupětova 1, Ⓜ C Nádraží Holešovice, weiter mit Ⓢ 6, 12 Ortenovo náměstí. Mo und Sa/So 10–18 Uhr, Mi u. Fr 11–19 Uhr, Do bis 21 Uhr, Di geschl. Eintritt für alle laufenden Ausstellungen 7,20 €, erm. die Hälfte, Fam. 12 €. www.dox.cz.

> Ausstellungen junger tschechischer Künstler bietet in Holešovice zudem **The Chemistry Gallery** (www.thechemistry.cz) in der Bubenská 1 in einem ehemaligen Büro- und Klinikgebäude.

Frauenporträts eines Sonderlings
Tichý Ocean Museum

Der Künstler Miroslav Tichý (1926–2011) war ein wahrlich schräger Vogel. Ein versoffener Erotomane, der von den 60er- bis 80er-Jahren voyeuristische Schnappschüsse von halbnackten, oft badenden Frauen anfertigte – fotografiert mit billigen, teils sogar selbst gebastelten Kameras. Wiederentdeckt wurde Tichýs Werk erst in den Nullerjahren, als seine verwaschen-unperfekten Bilder plötzlich als „Denkmäler der Weiblichkeit" gefeiert wurden. 2020 soll das Werk Tichýs auf einem aufgegebenen Gewerbegelände gezeigt werden.

U Průhonu 34a, Ⓢ 6, 12 U Průhonu. www.tichyocean.com.

Nationales Technikmuseum
Národní technické muzeum

Das Museum in einem funktionalistischen Kasten aus den 1930er-Jahren besitzt einen Fundus von 58.000 Exponaten. Das Highlight ist die Verkehrshalle, die sich dem Transportwesen zu Luft, zu Land und zu Wasser widmet und für Autoliebhaber ein paar Schmankerl bereithält: alte Bugattis, Renaults und Benz', aber auch Modelle von Praga, Wikov, Laurin Klement (Vorgänger von Škoda), Aero und Jawa (darunter der coole Jawa 750). Des Weiteren werden die Themen Fotografie (interessante Sammlung fotografischer und kinematografischer Apparate), Druckwesen (alte Druckerpressen), Astronomie (auch Instrumente, mit denen schon Tycho Brahe und Johannes Kepler Sonne, Mond und Sterne studierten) sowie Architektur und Design (diverse Modelle, Möbel und Lampen) behandelt. Per Führung (nur tschechischsprachig, mit deutschem Text) kann im Untergeschoss zudem der Nachbau einer Erz- und Kohlegrube besichtigt werden.

Kostelní 42, Ⓜ C Vltavská, weiter mit Ⓢ 1, 12, 25 Letenské náměstí. Tägl. (außer Mo) 9–18 Uhr. 8,80 €, erm. 4 €, Fam. 16,80 €. www.ntm.cz.

Sehenswerte Skulpturensammlung
Lapidárium

Das Museum auf dem Ausstellungsgelände Výstaviště (s. u.) beherbergt überwiegend Originale jener Bildhauerarbeiten, die vielerorts in der Stadt aufgrund von Verwitterung oder einfach zum Schutz durch Kopien ersetzt wurden. Darunter befinden sich z. B. Originalskulpturen von der Karlsbrücke oder die Reiterstatue des heiligen Georg von der Prager Burg. Die Sammlung umfasst über 400 Exponate vom 11. bis zum 19. Jh., die in acht Sälen ausgestellt sind.

Výstaviště 442, Ⓜ C Nádraží Holešovice, weiter mit Ⓢ 6, 17 Výstaviště. Mi 10–16 Uhr, Do–So 12–18 Uhr. 2,50 €, erm. die Hälfte, Fam. 3,20 €. www.nm.cz.

Historisches Ausstellungsgelände
Výstaviště

Herz des Ausstellungsgeländes ist der 1891 eröffnete **Industriepalast (Průmyslový palác)** aus der Zeit des Jugendstils. 2008 zerstörte ein Feuer – der größte Brand in der Geschichte Tschechiens – den kompletten linken Flügel. Die Schäden wurden auf 40 Mio. Euro beziffert. Noch 2018 war der fehlende Gebäudeflügel durch eine provisorische Zeltkonstruktion ersetzt. In den kommenden Jahren soll er wieder aufgebaut werden, zudem das gesamte, unter

Das Ausstellungsgelände Výstaviště soll generalsaniert werden

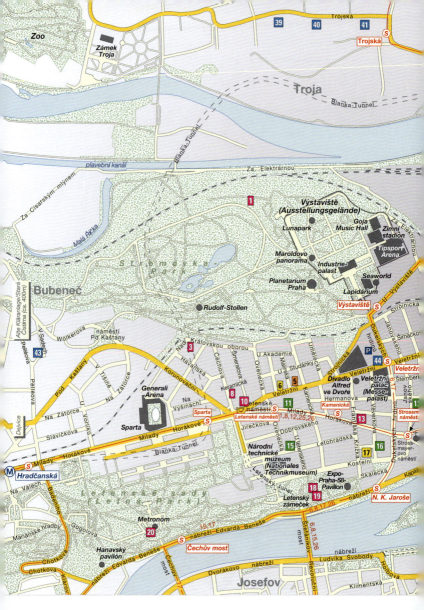

Denkmalschutz stehende Areal des Ausstellungsgeländes saniert und wiederbelebt werden. Bislang nämlich hält sich der Andrang, sofern keine Messen stattfinden, in Grenzen. Kein Wunder, präsentiert sich das Areal rund um den Industriepalast doch in einem unwirtlich-tristen Zustand.

Auf dem Gelände gibt es u. a. eine Sommerbühne, Terrassenlokale und Imbissstände. Im **Seaworld** (Morský svět)

kann man Korallen und Meeresfische besichtigen, darunter auch Haie in einem viel zu kleinen Aquarium. Außerdem befinden sich auf dem Gelände das **Lapidárium** (→ S. 135) und ein 1898 errichteter Rundbau **(Maroldovo panorama)**. Das gigantische Panoramabild in seinem Inneren ist ein Werk des Malers Ludvík Marold und zeigt die Hussitenschlacht bei Lipany (1434). Im Osten grenzt die **Tipsport Arena**, in der Sparta Prag Eishockey spielt und

Tour 8: Holešovice und Bubeneč

musikalische Großevents stattfinden, das Gelände ab.

Výstaviště 442, Ⓜ C Nádraží Holešovice, weiter mit Ⓢ 6, 17 Výstaviště. Das Gelände ist, außer bei Veranstaltungen, frei zugänglich. Seaworld, Mo–Fr 8.30–18 Uhr, Sa/So 9–19 Uhr. 12,80 €, erm. 3,20–10 €. www.morsky-svet.cz. Maroldovo panorama, Di–Fr 13–17 Uhr, Sa/So 10–17 Uhr. Nov.–März geschlossen. 1 €. www.vystavistepraha.eu.

Panoramablicke vom Letná-Park
Letenské sady

Hoch über der Moldau gelegen, bietet der Park herrliche Ausblicke über die Stadt. Auf Bierbänken sitzt man beim **Letenský zámeček**, einem kleinen Beinaheschlösschen, etwas gediegener im Westen der Parkanlage auf der Aussichtsterrasse des **Hanavský pavilón**. Dieser Jugendstilpavillon erinnert an eine russisch-orthodoxe Kirche, besitzt eine Stahlkonstruktion und wurde 1891 zur Landesjubiläumsausstellung gebaut. Ganz im Osten steht der **Expo-Praha-58-Pavillon**. Der nahezu vollständig verglaste Pavillon gewann die Goldmedaille bei der Weltausstellung in Brüssel und fand danach auf der Letná einen neuen Standort. Einst befand sich ein nobles Restaurant mit Aussichtsterrasse darin, heute wird der Pavillon als Bürogebäude genutzt – schade. Noch zu sozialistischer Zeit wurden auf der Rückseite des Parks, beim Sparta-Stadion, die Maiparaden abgenommen. Aber das ist Vergangenheit. Und wo einst das größte Stalinmonument der Welt (→ Kasten) stand, erinnert heute ein 25 m hohes, weithin sichtbares **Metronom** an die wechselvolle Geschichte des Landes. Es bewegt sich im Adagio und ist das Werk des 2014 verstorbenen Künstlers Vratislav Karel Novák (und nicht des Popkünstlers David Černý, wie viele Reiseführer behaupten). „Am Stalin" verabreden sich Skater und Verliebte, wenn sie das Metronom meinen. Der Name der Hipster-Sommerbar (→ Essen & Trinken, S. 141) zu Füßen des Metronoms ist deswegen nicht geschmacklos, sondern durchaus treffend.

Ⓜ C Vltavská, weiter mit Ⓢ 1, 12, 25

Sparta. Schönster Park der Stadt
Stromovka

Der Stromovka-Park ist nicht nur die größte, sondern auch die schönste Grünfläche der Stadt. Hunde, Jogger und Inlineskater finden genügend Auslauf. Bereits im 13. Jh. wurde er als Jagdgehege angelegt. Im 17. Jh., unter Rudolf II., grub man einen 1 km langen Stollen (Rudolfa štola), er führt unter dem Letná-Park hindurch zur Moldau

---

Prag im Kasten
Das „Auf und Ab" in der Geschichte

Auf der Letná hoch über Prag erinnert heute der Pendelschlag eines gigantischen Metronoms an die wechselvolle Geschichte des Landes und der Stadt. Es befindet sich an jener Stelle, an der 1955 das größte Stalinmonument der Welt stand: eine 30 m hohe, 14.000 t schwere kolossale Skulptur mit dem Diktator an der Spitze, hinter ihm eine Schar seiner Anhänger. Der Volksmund nannte es „tlačenice" (das Gedränge), da es stark dem Schlangestehen vor den Geschäften ähnelte. Der Entwurf dazu stammte von Otakar Švec. Kurz darauf beging er Selbstmord und stiftete sein Vermögen bezeichnenderweise einer Blindenschule. Ein Jahr nach der Einweihung des Monuments verurteilte Chruschtschow Stalin. Stück für Stück jagte man die 7000 Kubikmeter Granit daraufhin in die Luft, an der zuvor 600 Arbeiter über eineinhalb Jahre geklopft hatten.

Sommertreff: am Metronom im Letná-Park

(zuletzt nicht mehr begehbar). Und unter dem Stromovka-Park selbst verläuft der 2015 eröffnete **Blanka-Tunnel**, der mit 6384 m längste Stadttunnel Europas. Acht Jahre – und damit vier Jahre länger, als geplant – wurde an dem Pannenprojekt, das rund 1,35 Milliarden Euro verschlang, herumgewerkelt. Der Tunnel verbindet die Stadtteile Hradčany und Troja.

Das **Planetarium** am Eingang des Parks beim Ausstellungsgelände Výstaviště kann man sich sparen, sofern man des Tschechischen nicht mächtig ist. Von dort führt ein beschilderter Spazierweg durch den Stromovka-Park bis zum Schloss Troja.

Ⓜ C Nádraží Holešovice, weiter mit Ⓢ 6, 17 Výstaviště.

Industriedenkmal alte Kläranlage
Stará čistírna

In einem Eck von Prag, das nicht gut riecht, steht dieses Industriedenkmal aus den Jahren 1901–1906 – für den schlechten Geruch zeichnet aber der Nachfolger verantwortlich ... Bis 1967 war die Kläranlage in Betrieb, heute kann man sie im Rahmen von Führungen besichtigen. Zudem dient sie als Ausstellungs- und Drehort (u. a. wurden hier Szenen von *Les Miserables* und *Mission Impossible* gedreht).

Die Besichtigung ist spannend. Es geht hinab in einen Untergrund aus Klinkerstein, vorbei an Rechenanlagen (um tote Katzen und Ratten herauszusieben), Sand- und Fettabschöpfungsanlagen. Manche Maschinen sind noch immer funktionsfähig. Zudem passiert man riesige Pumpen, die von *Breitfeld*-Dampfmaschinen betrieben wurden. Ein Highlight ist die unterirdische Floßfahrt durch einen der 90 m langen Sedimentationstanks. Hier hat man das Gefühl, durch eine antike Zisterne zu fahren.

Papírenská 6, Ⓜ C Nádraží Holešovice, weiter mit dem Regionalzug bis Praha-Podbaba, von dort auf der Fluss- bzw. Kanalseite zurückgehen. Führungen werktags um 11 u. 14 Uhr, Sa/So um 10, 11.30, 13, 15 u. 16.30 Uhr (Dauer mit Floßfahrt ca. 80 Min.). 9,50 € mit Floßfahrt. www.staracistirna.cz.

Praktische Infos

→ Karte S. 136/137

Essen & Trinken

Restaurants

MeinTipp SaSaZu **14**, das weiträumige Club-Restaurant, eines der extravagantesten und besten Lokale Prags, befindet sich in einer restaurierten Viehhalle (!) auf dem Gelände des Prager Markts. In trendigem Buddha-Bar-Ambiente kann man liebevoll und mit viel Aufwand zubereitete Asia-Fusionsküche genießen. Zuvorkommendes Personal, das gut berät. Wird regelmäßig mit dem *Bib Gourmand* von Michelin ausgezeichnet. Ein Ess-Erlebnis mit nur einem Manko: die etwas zu laute Musik. Zum Sattwerden benötigt man etwa 3 Gerichte (die Portionen haben nur Appetizer-Größe), inkl. Wein sollte man mit ca. 50–60 €/Pers. rechnen. Tägl. ab 12 Uhr. Club angegliedert (→ Nachtleben, S. 212). Reservierung empfohlen. Bubenské nábřeží 13, Ⓜ C Vltavská, weiter mit Ⓢ 1, 12, 14, 25 Pražská tržnice, ✆ 284097455, www.sasazu.com.

Brasserie Ullmann 18, das Schlösschen Letenský zámeček auf der Letná-Höhe beherbergt ein nettes Lokal. Gute tschechisch-mediterrane Küche (Hg. 8–16 €). Schöne, große Gartenterrasse. Nebenan ein preiswerterer Self-Service-Biergarten. Letenské sady 341, Ⓜ C Vltavská, weiter mit Ⓢ 1, 12, 25 Letenské náměstí, ✆ 233378200, www.letenskyzamecek.cz.

🌿 **Lokál nad Stromovkou 3**, ordentliche tschechische Küche, die auf regional-saisonale Produkte Wert legt. Eine Filiale der „Lokál"-Kette, die u. a. auch in der Altstadt (→ S. 65) und auf der Kleinseite (→ S. 98) vertreten ist. Faire Preise. Nad Královskou oborou 31, Ⓜ C Vltavská, weiter mit Ⓢ 1, 12, 25 Letenské náměstí, ✆ 220912319, www.lokal-nadstromovkou.ambi.cz.

🌿 **Vegtral 8**, süßes, bunt-alternatives Lokal mit kleiner vegetarischer Karte zwischen tschechischer, mediterraner und asiatischer Küche. Günstig. Netter Garten. Čechova 12, Ⓜ C Vltavská, weiter mit Ⓢ 1, 12, 25 Letenské náměstí, ✆ 777794091, www.vegtral.cz.

Cafés/Kneipen

MeinTipp Café Letka **15**, eine Perle von einem Café, steht bei Instagram entsprechend hoch im Kurs. Bohemian Chic im wahrsten Sinne des Wortes, große Spiegel unter hohen Decken, schöner Kachelboden. Es gibt Frühstück und später Kleinigkeiten wie leckere Sandwichs. Dazu Craft Beer und gut gemixte Drinks. Letohradská 44, Ⓜ C Vltavská, weiter mit Ⓢ 1, 12, 25 Letenské náměstí, ✆ 777444035, www.cafeletka.cz.

Bistro 8 16, lichtes, karges Bistro für Kreative, die sich gerne gesund ernähren. Tolles Frühstück, leichte Tagesgerichte, Quiches, hausgebackene Kuchen, Pancakes, das meiste ist vegetarisch. Man kann auch einfach nur auf ein Gläschen Wein vorbeikommen, im Sommer sitzt man nett auf dem Gehweg. Sehr populär. Sa/So nur bis 17 Uhr. Veverkova 8, Ⓜ C Vltavská, weiter mit Ⓢ 1, 12, 25 Strossmayerovo náměstí, ✆ 730511973, www.bistro8.cz.

Cobra 13, was früher ein hässliches Automatencasino war (der Name erinnert noch daran!), ist nun ein cooles, junges Kneipen-Café im Shabby-Chic-Stil mit langer Theke unter Kappendecken. Frühstück und dazu tägl. wechselnde, kleine Karte mit gutem internationaler Küche. Achtung: Zwischen 10.50 Uhr (Ende der Frühstückszeit) und 12 Uhr (Beginn der Lunchzeit) gibt es nichts zu essen – man muss nicht immer alles verstehen … Sehr gute Whiskey-Auswahl, süffiges Handwerkerbier und brillanter Kaffee. Milady Horákové 8, Ⓜ C Vltavská, weiter mit Ⓢ 1, 12, 25, Strossmayerovo náměstí, ✆ 778470515, www.barcobra.cz.

Kavárna Liberál 7, großes karges Café mit abgetakeltem Parkettboden im Stil traditionsreicher Kaffeehäuser. Wird gerne von Studenten besucht, auch nur für ein Bierchen. Frühstück, Croissants und einfache Pastagerichte. Im Sommer auch draußen Tische und Stühle. So erst ab 14 Uhr. Heřmanova 6, Ⓜ C Vltavská, ✆ 732222880.

Fraktal 10, ein bisschen in den 90ern hängen gebliebene, leicht schrabbelige Kneipe, in der das Bier in Strömen fließt, mit netter Musik und alternativem Publikum. Kleiner Außenbereich. Tex-Mex-Küche zwischen Burgern und Burritos (preiswert), Sa/So Brunch (kein Büfett). Šmeralova 1, Ⓜ C Vltavská, weiter mit Ⓢ 1, 12, 25 Letenské náměstí, ✆ 777794094 www.fraktalbar.cz.

MeinTipp Vnitroblock **4**, wo einst Rohre fabriziert wurden, befindet sich heute ein hipsteresker, stilsicherer Treff. Im Mittelpunkt des einstigen Industrieareals gibt es eine Halle aus unverputztem Backstein und Beton, wo sich ein schönes Café und ein *Signature Store* befinden

(Streetwear mit teils sündhaft teuren Edelsneakers). Außerdem: ein nostalgischer Bus, aus dem Burger & Bier verkauft werden, diverse Kreativräume und ein Minikino. Tusarova 31, Ⓜ C Nádraží Holešovice, weiter mit Ⓢ 6, 12, Dělnická, ✆ 770101231, www.vnitroblok.cz.

Ouky Douky 12, hier sitzt man mitten im Antiquariat! Nettes Café mit Snacks und einem jungen, angenehmen Völkchen. Janovského 14, Ⓜ C Vltavská, weiter mit Ⓢ 1, 12, 25 Strossmayerovo náměstí, ✆ 266711531.

Erhartová Cukrárna 11, funktionalistischer Konditoreiklassiker aus der Ersten Republik (2007 wiedereröffnet). Das Besondere heute wie damals: große Auswahl an exzellenten Kuchen. Inneneinrichtung etwas bieder. Nur tagsüber geöffnet. Milady Horákové 56, Ⓜ C Vltavská, weiter mit Ⓢ 1, 12, 25 Letenské náměstí, ✆ 233312148, www.erhartovacukrarna.cz.

Sommerbars/Biergarten

🍃*mein Tipp* **Stalin** 20, superlässige Location unter dem Metronom. Die Hipster-Sommerbar im Unterbau des einstigen Stalinmonuments sorgt für gutes Bier, Cider und lässige Musik. Man fläzt in der Liege oder setzt sich nach oben neben das Metronom und genießt am Abend das Funkeln der Lichter der Stadt. Wechselndes Programm zwischen DJ-Sounds, Konzerten, Freiluftkino und Theater. Die Betreiber haben mit dem **Stromovka Containall** 1 mitten im gleichnamigen Park übrigens noch eine zweite schöne Sommerbar in petto. Letenské sady, Ⓜ C Vltavská, weiter mit Ⓢ 1, 12, 25 Sparta, ✆ 777070516, www.containall.cz.

Im gemütlichen, schattigen **Biergarten** vor dem **Letenský zámeček** 19 genießt man ebenfalls eine herrliche Aussicht über Prag. Bier gibt es in Plastikbechern, ein Kiosk serviert Snacks. Letenské sady 341, Ⓜ C Vltavská, weiter mit Ⓢ 1, 12, 25 Letenské náměstí.

Einkaufen

Fashion

🍃 **Recycle Vintage Store** 16, Slow-Fashion-Laden, in dem größter Wert auf Nachhaltigkeit gelegt wird. Aus alten Klamotten entsteht hier trendige neue Kleidung, dazu ausgewählte Vintage-Klamotten. Veverkova 8, Ⓜ C Vltavská, weiter mit Ⓢ 1, 12, 25 Strossmayerovo náměstí, www.recyclevintagestore.com.

Kuráž 6, Klamotten und Accessoires verschiedener junger Designer, die sich im bezahlbaren Rahmen halten und teils recht kitschig oder provokant daherkommen: Wie wäre es mit einer penisbedruckten Strumpfhose? Veletržní 48, Ⓜ C Vltavská, weiter mit Ⓢ 1, 12, 25 Letenské náměstí, www.kuraz.cz.

Vnitroblock 4, → Cafés/Kneipen.

Accessoires

Papírna 17, schönes handgemachtes Papier, vom Block bis zum Geschenkpapier ist alles zu haben. Sa nur 14–18 Uhr. Františka Křížka 8, Ⓜ C Vltavská, weiter mit Ⓢ 1, 12, 25 Strossmayerovo náměstí, www.papirna.net.

Märkte

Pražská tržnice, der trashige „Prager Markt" ist ein Tohuwabohu aus asiatischen Ramschständen, kleinen Läden, Supermärkten, Imbissständen und einem **Bauernmarkt** 9 mit regionalen Produkten (Halle 22). Fr/Sa lohnt ein Blick in Halle 13, wo der **Mint Market** abgehalten wird: Delikatessen, Design u. v. m. So geschl. Ⓜ C Vltavská, weiter mit Ⓢ 1, 12, 14, 25 Pražská tržnice, www.prazska-trznice.cz.

Eine Augenweide: Café Letka

Proleten und Hipster
Tour 9

Der Vítkov, ein grüner Hügelrücken mit einer Reiterstatue, trennt Žižkov von Karlín. Der südliche Stadtteil Žižkov war früher „rot", heute ist er ziemlich bunt. Karlín, nördlich des Vítkov, ist eine der dynamischsten Ecken der Stadt: kaum ein Monat ohne coole Neueröffnungen.

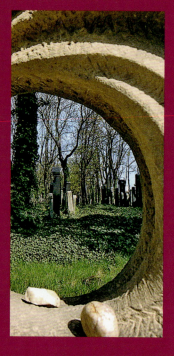

- **Neuer jüdischer Friedhof**, Pilgerstätte von Kafka-Fans, S. 146
- **Fernsehturm**, das letzte sozialistische Bauwerk Prags, S. 147
- **Karlín**, Seitensprung in den Trend-Stadtteil, S. 143

Zu Füßen des Vítkov
Žižkov und Karlín

Zu Beginn des 19. Jh. war Žižkov nur ein Ausläufer von Vinohrady. Als im Zuge der Industrialisierung große Fabrikanlagen im benachbarten Karlín entstanden, entwickelte sich Žižkov zum Arbeitervorort und wurde schließlich ein eigener Stadtteil. Schon in den ersten Jahrzehnten des 20. Jh. war er die Hochburg der Kommunisten, laut dem Dichter Jan Martinec „der ärmste Stadtteil Prags, mit düsteren Mietshäusern und uneleganten Ausdünstungen". In den 1980ern wollten die Kommunisten dieses „alte Žižkov" im Zuge einer Stadterneuerung fast vollständig dem Erdboden gleich machen und mit Plattenbauten bestücken. Zum Glück wurde dieses Vorhaben nur in Ansätzen in die Tat umgesetzt.

Noch heute gilt Žižkov als Arbeiterviertel, zudem ist es die Heimat vieler Roma. Aber auch junge Kreative und die Tourismusbranche haben den Stadtteil längstens entdeckt. Die meisten Hotels und Pensionen findet man zwischen den Straßen Husitská und Bořivojová.

Dazwischen, an der Seifertova, liegt das Stadion des lokalen Fußballclubs „Viktoria", des „FC St. Pauli" Prags. Dieses Eck bis hinauf zur Metrostation Flora ist zugleich das schönste des Stadtteils und abends das lebendigste. Hier kann man einen Streifzug durch die Žižkover Kneipen unternehmen – angeblich bot der Stadtteil während der Ersten Republik die weltweit höchste Anzahl an Gasthäusern pro Quadratkilometer. In den Kneipen geht es teils zu, als würde man noch immer den Sieg des Hussitenführers Jan Žižka, Namensgeber des Stadtteils, über das Kreuzfahrerheer begießen!

Abseits der Straßen um die Seifertova geht es erheblich ruhiger zu, zumal viele Ecken Žižkovs bislang nur schlecht mit öffentlichen Verkehrsmitteln zu erreichen sind. Das soll sich aber ändern. Geplant ist der Bau einer neuen Metrolinie (D), die durch Žižkov führen wird. Bislang wurde mit deren Bau zwar noch nicht einmal begonnen, dennoch: 2025 sollen erste Abschnitte fertig sein.

Das Gros der Touristen lässt Žižkov links liegen, und die wenigen, die kommen, besuchen vorrangig den → **Nové Židovské Hřbitovy**, den Neuen Jüdischen Friedhof, oder den → **Žižkovská Věž**, den die ganze Stadt überragenden Fernsehturm. Außerdem kann man den → **Vítkov** besteigen, einen länglichen Hügel, der die beiden Viertel Žižkov und Karlín voneinander trennt. Auf dem Hügel selbst befindet sich die **Nationale Gedenkstätte (Národní památník)**, die als Museum der Öffentlichkeit zugänglich gemacht wurde, zu Füßen des Vítkov hingegen ein → **Armeemuseum (Armádní muzeum)**.

Die kürzeste Verbindung nach **Karlín (Karolinenthal)** ist ein Fußgängertunnel, der durch den Vítkov-Hügel führt (Zugang in Žižkov von der Koněvova nahe dem Prokopovo náměstí). Karlín stand während des Jahrhunderthochwassers im August 2002 meterhoch unter Wasser, viele Häuser mussten danach abgerissen werden. Von der Katastrophe hat sich Karlín mittlerweile erholt und sein Gesicht verändert. In den Gründerzeithäusern richteten sich lässige Cafés und Restaurants ein. Die alten Industrieanlagen am Moldauufer wurden von schicken Glaspalästen abgelöst, manche Fabrikhallen mutierten zu Galerien. Unbedingt anschauen sollte man die **Kasárna Karlín**, eine als Hipster-Spielplatz zwischengenutzte historische Kaserne (→ Kasten S. 149).

Prag im Kasten
Die Republik Žižkov

Kein Stadtteil Prags pflegt einen solchen Lokalpatriotismus wie Žižkov. Von offizieller Seite – dem Rathaus von Prag 3 nämlich – wurde sogar schon spaßeshalber die „Unabhängige Republik Žižkov" ausgerufen und eine große Party veranstaltet, bei der Stadtbeamte Žižkover Reisepässe verteilten. Auch initiierte das Žižkover Rathaus schon mal ein Referendum zur Abspaltung Žižkovs von Prag: 91 % der Einwohner votierten dafür.

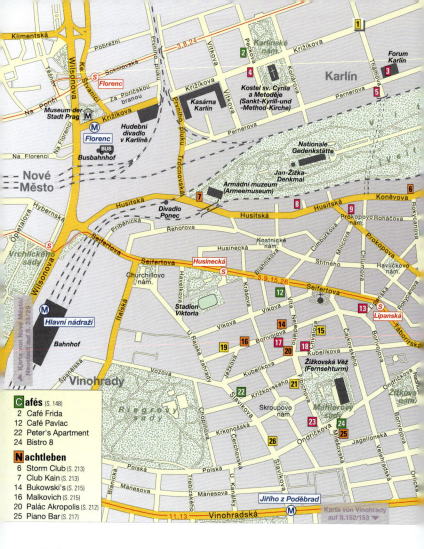

Sehenswertes

Veitsberg: Riesenreiter und Gedenkstätte
Vítkov

Hoch über Prag hat man Jan Žižka ein Denkmal gesetzt, so gigantisch, als hätte der einäugige Hussitenführer nicht nur ein Kreuzfahrerheer besiegt (→ S. 182), sondern die Erde auch noch vor einem Überfall der Klingonen bewahrt. Das Denkmal war, als es geschaffen wurde, das größte bronzene Reiterstandbild der Welt – aus der Nähe betrachtet, wirkt es aber gar nicht so imposant. Hinter dem Denkmal liegt die **Nationale Gedenkstätte (Národní památník)**, ein riesiger konstruktivistischer Würfel aus den 1920er-Jahren,

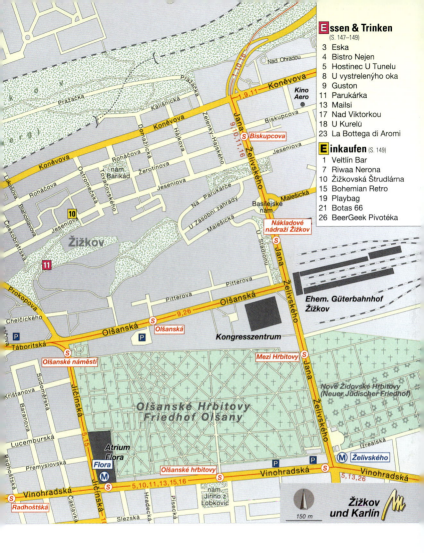

der einst zum Ruhm der neuen Republik errichtet wurde. Die Kommunisten zweckentfremdeten das Bauwerk und machten daraus ein Mausoleum. Unter anderen fand darin auch der einstige Präsident Klement Gottwald seine Ruhestätte, aber nicht die letzte: 1990 bettete man ihn schließlich um auf den Friedhof Olšany (→ S. 146). Gottwald starb übrigens nicht an einer Grippe, die er sich beim Begräbnis Stalins geholt hatte, wie gerne behauptet wird. Tatsächlich raffte ihn die Syphilis dahin.

Die Gedenkstätte gehört heute zum Nationalmuseum. In der Zentralhalle und im Untergeschoss informiert eine Ausstellung über die Eckdaten der Tschechoslowakei und der Tschechischen Republik. Besichtigt werden kann zudem die große Zeremonienhalle im

Obergeschoss, eine Kapelle für gefallene Soldaten, ein Kolumbarium und die Aussichtsterrasse, von der einem Prag zu Füßen liegt. Unter der Gedenkstätte erstreckt sich ein Atombunkerlabyrinth (nicht zugänglich).

Ⓜ B, C Florenc, weiter mit Ⓑ 133 U Památníku, von dort führen Spazierwege nach oben. Nationale Gedenkstätte Mi–So 10–18 Uhr, im Winter nur bis 16 Uhr. 4,80 €, erm. 3,20 €, Fam. 8 €. www.nm.cz.

Armeemuseum
Armádní muzeum

Das Museum, untergebracht in einem tristen Kasten am Fuße des Vítkovs, ist noch bis 2020 wegen umfassender Restaurierungsarbeiten geschlossen. Danach wird die Militärgeschichte des Landes hoffentlich zeitgemäßer aufgearbeitet sein, als das vorher der Fall war. Bislang beschränkte man sich auf die Zeit vom Ersten Weltkrieg bis 1945. Zu sehen gab es in erster Linie Uniformen, Waffen und Orden aus den Weltkriegen sowie einen Panzer.

U Památníku 2; Anfahrt → Vítkov. www.vhu.cz.

Neuer Jüdischer Friedhof
Nové Židovské Hřbitovy

Er ist ein bizarr-idyllischer Ort und nicht weniger besuchenswert als der Alte Jüdische Friedhof in Josefov, zumal hier kein Gedränge herrscht. Das Gros der Grabsteine stammt aus dem 19. und der ersten Hälfte des 20. Jh. Die deutschsprachigen Inschriften geben neben dem Namen und den Geburts- und Todesdaten vielfach auch Rang und Beruf der Verstorbenen an. Das bekannteste Grab ist das Franz Kafkas, der 1924 im Alter von knapp 41 Jahren an Tuberkulose starb. Er liegt zusammen mit seinen Eltern an der Südmauer bestattet (ausgeschildert). An seine drei Schwestern, die in den Vernichtungslagern der Nationalsozialisten umkamen, erinnert eine Steintafel. Kafkas Fangemeinde legt hier Briefe, Blumen und Steinchen nieder.

Izraelská 1. Ⓜ A Želivského. Das Kafkagrab ist ab dem Eingang ausgeschildert. April–Okt. So–Do 9–17 Uhr, im Winter bis 16 Uhr, Fr 9–14 Uhr. www.synagogue.cz.

Der riesige und ebenfalls überaus interessante **Friedhof Olšany (Olšanské hřbitovy)** nebenan wurde ursprünglich für die Toten der Pestepidemie des Jahres 1680 angelegt. Groteskerweise teilen sich hier heute der Protestler Jan Palach (→ S. 188, Sektion 9/2) und Klement Gottwald, der „tschechische Stalin" (Sektion 5/20), dieselbe Erde.

Vinohradská 294/212. Ⓢ 10, 11, 13, 15, 16 Olšanské hřbitovy. Mai–Sept. tägl. 8–19 Uhr, Okt. und März/April bis 18 Uhr, Nov. und Feb. bis 17 Uhr. www.hrbitovy.cz.

Kreativzentrum Kasárna Karlín

Prag im Kasten
Ostalgie-Tipps

An die kommunistische Ära erinnert im Zentrum Prags heute so gut wie nichts mehr. Die Symbole des Sozialismus sind verschwunden wie Spuren im Sand. Teils wurden sie abmontiert, teils hat man sie einfach übertüncht wie z. B. den großen roten Stern über dem Hotel International, der mittlerweile grau ist. Der ideologisch markante Schmuck mit Arbeitern und Bauern, Hammer, Sichel und Sternen, der die Fassade ziert, blieb jedoch erhalten. Das Gebäude selbst ist eine Art Prototyp des sozialistischen Realismus, das in Anlehnung an die Lomonossow-Universität in Moskau entstand. Auch Namensänderungen wurden vielfach durchgeführt. So benannte man z. B. die Metrostation Gottwaldova in Vyšehrad um, aus Leninova wurde Dejvická und aus Moskevská ("Moskauer") Anděl. In Letzterer finden sich noch Reliefs mit Hammer und Sichel, Arbeitern, Bauern, Fahnen und Kosmonauten, genauso an der Nationalen Gedenkstätte am Vítkov.

Fernsehturm
Žižkovská Věž

Nach siebenjähriger Arbeitszeit wurde 1992 das letzte sozialistische Bauwerk Prags vollendet. Mehr als 100 m ragt es in den Himmel. Daneben liegen noch die kümmerlichen Überreste eines jüdischen Friedhofs aus dem 19. Jh., der dem Giganten weichen musste. Ursprünglich sollte der Turm v. a. die Frequenzen westlicher Sender stören, heute dient er der Übertragung von Radio- und Fernsehprogrammen. Zudem befindet sich auf 66 m Höhe ein Restaurant (internationale Küche, Hg. 14,50–28 €) und auf 70 m ein trendiges Einzimmerhotel (ab 580 €/Nacht). Auf 93 m Höhe liegt das „Observatorium" (38 Sek. braucht der Aufzug hinauf), von wo man einen tollen Blick über Prag genießt. Die Metallbabys, die den Turm hinaufklettern, sind übrigens ein Projekt des Prager Popkünstlers David Černý (→ Kasten S. 129).

Mahlerovy sady. Ⓜ A Jiřího z Poděbrad. Observatorium tägl. 8–24 Uhr. 10 €, erm. 7,20 €. www.towerpark.cz.

Praktische Infos → Karte S. 144/145

Essen & Trinken

Wer den Foodtrends der Stadt nachspüren und sich unter die Hipster mischen will, ist in Karlín am besten aufgehoben. In Žižkov überwiegen eher unaufregende Esslokale und handfeste Kneipen.

Restaurants

Guston 9, im Retrostil gestyltes Restaurant in Žižkov, bunt und cool zusammengewürfeltes Interieur, viele Pflanzen. Auf der Karte stehen u. a. Burger, Fleischgerichte und Suppen, immer wieder taucht die Ente auf, Vegetarier haben es eher schwer. Hg. 8–11,60 €. Propokova náměstí 3, Ⓜ B, C Florenc, weiter mit Ⓑ 133 Táchovské náměstí, ✆ 774744407, www.guston.cz.

La Bottega di Aromi 23, Restaurant, Weinbar und Feinkostgeschäft in einem. Zugleich der Žižkover Ableger des Edelitalieners aus Vinohrady (→ S. 156). Nichts Sensationelles, einfach nur gut. Kleine Fischtheke, leckere Pasta, tolle Vitrine für Schleckermäuler, perfekter Cappuccino. Gehobeneres Preisniveau. Mo–Do bis 21.30 Uhr, Fr/Sa bis 22 Uhr u. So nur bis 21 Uhr geöffnet. Ondřičkova 17, Ⓜ A Jiřího z Poděbrad, ✆ 222233811, www.labottega.cz.

Mailsi 13, *der* Pakistaner in Žižkov. Trendig ist was anderes. Scharfe Currys, Tandoori-Gerichte, auch Vegetarisches. Die Portionen sind leider nicht die größten, und der Beilagenreis wird extra berechnet. Geöffnet nur mittags und abends. Hg. 10–20 €. Lipanská 1, Ⓢ 5, 9, 15, 26 Lipanská, ✆ 774972010, www.mailsi.cz.

MeinTipp **Eska** 3, locker-luftig-zeitgemäßes Lokal im Forum Karlín. Unten offene Küche, dazu

Verkauf von frisch gebackenem Brot und lokalen Produkten (Joghurt, Käse usw.), oben das Restaurant, in dem raffinierte neutschechische Küche kreiert wird. Morgens gibt's Frühstück, mittags ein feines Lunchangebot (9,40–18,30 €), abends Mehr-Gänge-Menüs wie das 8-Gänge-Degustationsmenü (74 €). Im Sommer auch Tische im überdachten Foyer. Pernerova 49, Ⓜ B Křížíkova, ℡ 731140884, www.eska.ambi.cz.

Bistro Nejen ▣, ebenfalls in Karlín. Schönes Lokal mit weiß getünchten Backsteinwänden und hübschen Keramikfliesen. Offene Küche im Industrial Style, aus der es wunderbar duftet. Die kleine Karte geht in die Fusion-Richtung: Oktopus mit Chorizo und Grenaille-Kartoffeln, *Pulled Beef* mit Koriander-Majo und *Perilla*, Saibling mit Kresse und Meerrettich. Sehr freundliches Personal, süffiges Bier aus Dalešice (Mähren) und Biowein aus Österreich. Hg. 11–16 €. Křížíkova 24, Ⓜ B, C Florenc, ℡ 721249494, www.nejenbistro.cz.

Hostinec U Tunelu ▣, hier hat man den traditionellen Bierstubentypus liebevoll wieder aufleben lassen. Rustikal-uriges Kneipchen mit Bollerofen und antikem Küchenbüfett. Zum guten *Konrad*-Bier gibt es Snacks und wechselnde Tagesgerichte, auch für Vegetarier ist etwas dabei. Sa/So geschl. Thámova 1 (Karlín), Ⓜ B Křížíkova, ℡ 606040470, www.utunelu.cz.

Pivnices/Kneipen

U vystřeleného oka ▣, was für ein Name: „Zum ausgeschossenen Auge"! Hinter dem alteingesessenen Žižkover Lokal ganz im Zeichen des einäugigen Hussitenführers verbirgt sich eine nette Mischung aus rustikaler Pivnice, Musikkneipe und Studententreff. Kleiner Biergarten. Ab 16.30 Uhr, So Ruhetag. U božích bojovníků 3, Ⓜ B, C Florenc, weiter mit Ⓑ 133 U Památniku, ℡ 222540465, www.uvoka.cz.

Nad Viktorkou ▣, simpel-nette Musik-Pivnice, an manchen Abenden Althippie-, an anderen Hipsterpublikum – ebenfalls ein Žižkover Urgestein. Fernseher für Fußballfans und coole S/W-Bilder an den Wänden. Günstiges Essen. Ab und zu kleine Konzerte. Hinterhofterrasse. Mo–Fr ab 17 Uhr, Sa/So ab 19 Uhr. Bořivojová 79, Ⓢ 5, 9, 15, 26 Lipanská, ℡ 777805352.

U Kurelů ▣, beliebtes Kneipenlokal in Žižkov. Zum leckeren Zemské-Bier (Handwerkerbier aus dem südlichen Vorort Braník) isst man *Smoked Pulled Pork* mit Nachos oder Burger zu 7,20–12,80 €. Im Sommer auch Tische auf dem Gehweg. Tägl. ab 17 Uhr. Chvalova 1, Ⓢ 5, 9, 15, 26 Lipanská, ℡ 275397214, www.ukurelu.cz.

Cafés

Café Pavlač ▣, schönes, stylishes Café für die Žižkover Boheme. Gut zum Frühstücken. Mit-

Prag im Kasten

Nobelpreisträger und Persona non grata – Jaroslav Seifert

Žižkovs berühmtester Sohn und, für den Stadtteil typisch, Sprössling einer Arbeiterfamilie heißt Jaroslav Seifert (1901–1986). 1920 gründete er mit befreundeten Schriftstellern den provokanten Künstlerbund „Devětsil" (dt. „Pestwurz"), eine surrealistische Avantgardegruppierung, die eine „neue proletarische Kunst" schaffen wollte. Kurz darauf trat er der Kommunistischen Partei bei. Den Genossen war er jedoch zu bürgerlich-liberal, nach ein paar Jahren warfen sie ihn hinaus. Während des Zweiten Weltkrieges stieg Seifert zum populärsten Lyriker des Landes auf. Als seine einstige Partei nach dem Krieg die Macht übernahm, durfte er nur noch unter Auflagen publizieren. Seifert aber ließ sich nicht einschüchtern und prangerte auf dem 2. Prager Schriftstellerkongress 1956 die Verbrechen Stalins an. Im Ausland erhielt er in den folgenden Jahren unzählige Literaturpreise, und als sich die politische Situation während des Prager Frühlings vorübergehend lockerte, auch im Inland. In den 70er-Jahren, als jegliche Liberalität wieder verflogen war, verhängte man über Seifert ein Publikationsverbot, er wurde zur Persona non grata. Doch der Literat verstummte nicht und schloss sich einige Jahre später der Bürgerrechtsbewegung „Charta 77" an. Zwei Jahre vor seinem Tod erhielt er als erster und bislang einziger tschechischer Schriftsteller den Literaturnobelpreis. Zu seinen bekanntesten und vielfach übersetzten Werken gehören *Morový sloup (Die Pestsäule*, 1977) und *Deštník z Piccadilly* (*Der Regenschirm vom Piccadilly*, 1979).

tags und abends auch Salate, Burger und Pasta. Mit Galerie, in der sich junge Talente präsentieren. Innenhofterrasse. Víta Nejedlého 23, Ⓢ 5, 9, 15, 26 Husinecká, ✆ 222721731, www.cafepavlac.cz.

Café Frida 2, in Karlín. Frida hängt gleich ein paar Mal an den Wänden dieser schönen Mischung aus jungem Kaffeehaus und lebhafter Bar samt Essensangebot (Quesadillas, Nachos, Burritos …). Im Sommer sitzt man nett am Platz davor. Sa/So erst ab 16.30 Uhr. Karlínské nám. 11, ✆ 728042910, www.cafefrida.cz.

Bistro 8 24, die Filiale des populären Bistros aus Holešovice, → S. 140. Ondříčkova 22, Ⓜ A Jiřího z Poděbrad, ✆ 737453476.

Peter's Apartment 22, keine Apartmentvermietung, sondern ein bei Hipstern angesagtes Bistro-Café in Žižkov. Bis 14 Uhr gibt's Frühstück, ansonsten leckere Snacks, Suppen und hausgemachte Limonade. So nur bis 18 Uhr. Slavíkova 24, Ⓜ A Jiřího z Poděbrad, ✆ 775199 539, www.petersapartment.cz.

Biergärten

Parukářka 11, auf dem Hügel zwischen Friedhof Olšany und Vítkov. Zum Panoramablick über die Stadt gibt es eine Kneipe in einer Hütte (auch im Winter geöffnet), eine Würstchenbude, einen Stehausschank, ein paar Sitzgelegenheiten und drum herum Wiese, über der in den lauen Sommernächten zuweilen eine mächtige Graswolke schwebt. Ein Hauch von Festivalatmosphäre (auch ohne Musik) unter dem Motto: je wärmer der Tag, desto lauer das Bier. Junges Publikum, viele Hunde, sehr gemütlich. Großer Kinderspielplatz nahebei. Ⓢ 5, 9, 15, 26 Olšanské náměstí, von dort bereits zu sehen, www.parukarka.cz.

Kreativzentrum Kasárna Karlín

Hingehen! Denn schneller, als man denkt, kann aus diesem speziellen Ort schon eine Shoppingmall oder ein Nobelhotel geworden sein. Für diese Buchauflage aber scheint die Existenz der Hipster-Spielwiese auf dem Gelände einer längst aufgegebenen Kaserne aus dem 19. Jh. immerhin gesichert zu sein. In und zwischen den ramponierten Gemäuern des neoklassizistischen Baus gibt es mehrere (Open-Air) Bars, ein Sommerkino, einen Konzertraum, ein Beachvolleyballfeld, einen Spielplatz und mit den **Karlín Studios** (Di–Fr 15–18 Uhr, Sa/So 14–19 Uhr, www.futurapro ject.cz) auch einen der spannendsten Kunsträume der Stadt. Prvního Pluku 2, Ⓜ B, C Florenc, www.kasernakarlin.cz.

Einkaufen

Fashion

Bohemian Retro 15, ausgesuchte Vintage-Klamotten für Männer und Frauen, dazu Accessoires (Schmuck, Sonnenbrillen u. v. m.). Nur Mi–Sa 14–19 Uhr. Chvalova 8, Žižkov, Ⓢ 5, 9, 15, 26 Lipanská, www.bohemianretro.com.

Playbag 19, das Streetwarelabel aus Zlín (Südmähren) bietet Taschen, Gürtel, Pullis und eine CZ-Version der Chucks. Bořivojova 106, Žižkov, Ⓢ 5, 9, 15, 26 Lipanská, www.playbag.cz.

Botas 66 21, die Žižkover Filiale der tschechischen Kultsneakers (→ Staré Město, S. 67). Křížkovského 18, Ⓜ A Jiřího z Poděbrad, www.botas66.com.

Riwaa Nerona 7, handgefertigte Korsetts und Damenunterwäsche. Supersexy Sachen von sehr hoher Qualität! Nur Mo–Fr 17–18.30 Uhr. Husitská 1, Ⓜ B, C Florenc, www.riwaa-nerona.com.

Lebensmittel

BeerGeek Pivotéka 26, der Verkaufsladen der gleichnamigen Craft-Beer-Bar in Vinohrady (→ S. 215). Rund 500 verschiedene Biere kleiner Brauereien (warum kleine Brauereien in kleine Flaschen abfüllen, ist eines der großen Rätsel der Weltgeschichte). Auch So 15–21 Uhr. Slavíkova 10, Žižkov, Ⓜ A Jiřího z Poděbrad, www.beergeek.cz.

mein Tipp **Žižkovská Štrudlárna** 10, in einem langweiligen Wohngebiet ab vom Schuss verkauft der Bäcker Petr Šusta köstlichen Strudel. Seine winzige Backstube befindet sich im EG eines restaurierten Plattenbaus. Den Strudel gibt es in den Sorten „Apfel", „Quark" und „Mohn", sonst nichts. Sa/So geschl. Jeseniova 29, Ⓢ 5, 9, 15, 26 Lipanská, von dort noch ca. 500 m zu Fuß, www.strudl-zizkov.cz.

Veltlín Bar 1, Mischung aus Weinverkauf und Bar mit junger, höchst professioneller Beratung. Das Besondere: Im Angebot sind ausschließlich Weine aus den Gebieten der ehemaligen k.u.k.-Monarchie, vorrangig tolle Weine von jungen Wilden! Tägl. (außer So) 17–23 Uhr. Křížíkova 115, Ⓜ B Křížíkova, www.veltlin.cz.

Prenzlberg an der Moldau
Tour 10

Südöstlich von Nové Město erstreckt sich Vinohrady. Mangels bedeutender Sehenswürdigkeiten wird der Stadtteil in vielen Reiseführern nicht erwähnt. Dennoch zählt Vinohrady zu den schönsten Vierteln der Stadt, nicht zuletzt deshalb, weil dieses Eck den Pragern oder zumindest Wahl-Pragern gehört.

Nach Vinohrady fährt man nicht zum Sightseeing, sondern zum Schlendern – vorbei an schmucken Wohnhäusern, originellen Lädchen, netten Bars und vielen, vielen guten Restaurants. Lassen Sie sich einfach treiben!

Das Prag der Prager
Vinohrady

Bis ins 18. Jh. war Vinohrady das, was es übersetzt auch heißt: ein Weinberg. Doch dann kam die Bourgeoisie, ließ sich vornehme Bürgerhäuser bauen, und Vinohrady entwickelte sich bis zur Jahrhundertwende zu einem der nobelsten Bezirke Prags. Bis in die zweite Hälfte des 20. Jh. sollte sich daran auch nichts ändern, dann jedoch färbte sozialistisches Einheitsgrau den Stadtteil, die Fassaden begannen zu bröckeln. Heute erstrahlen sie jedoch größtenteils wieder in neuem Glanz, Vinohrady ist wieder zu dem geworden, was es einst war – zu einem der begehrtesten Wohngebiete der Metropole. Die Gentrifizierung ist in vollem Gange: Junge Familien mit gutem Einkommen und kreative Expats aus der ganzen Welt residieren nun dort, wo bis vor wenigen Jahren noch Omas mit Kittelschürze Kraut kochten. Das hat auch die Infrastruktur verändert – aus den angestaubten Trödlern wurden Biolädchen mit einem Angebot zwischen makrobiotischen Lebensmitteln und koscherem Brot, die altmodischen Weinstuben und miefigen Tante-Emma-Läden wandelten sich zu veganen Restaurants oder hippen Cafés.

Um Vinohrady nicht wie ausgestorben zu erleben, sollten Sie den Stadtteil unter der Woche erkunden – die Wochenenden verbringen viele Prager auf dem Land. Dabei ist es ganz egal, ob Sie tagsüber über belebte Straßen schlendern oder eine abendliche Kneipentour unternehmen.

Tour-Info Länge ca. 4,5 km, **Dauer** ca. 3 Std., Karte S. 152/153.

Spaziergang

Das Zentrum Vinohradys ist der **Náměstí Míru**, ein weiter, runder Platz, in dessen Mitte eine neugotische Backsteinkirche (Kostel sv. Ludmily) steht. Neben der Kirche befindet sich der Eingang zur gleichnamigen Metrostation. Wer gerne Rolltreppe fährt, kann dort an die zwei Minuten lang nach unten tuckern – sie soll die längste Rolltreppe Europas sein.

Das schönste Gebäude an dem Platz ist das **Vinohradské divadlo**, ein herrliches Jugendstiltheater und zugleich eine der Bühnen des deutsch-tschechischen Theaterfestivals im Spätherbst. Zwei Gebäude weiter (rechter Hand) steht das **Národní dům**, das einstige Nationale Casino, dessen Repräsentationssäle heute als Eventlocations und Konzertsäle dienen.

Der Náměstí Míru war schon mehrmals Ausgangspunkt größerer Demonstrationen. NATO-Gipfel, IWF-Tagung – gegen was hat man sich hier nicht alles versammelt. Die Demonstranten ziehen für gewöhnlich die Jugoslávská hinab, wo sich dann die ansässigen Banken hinter meterhohen Holzverschalungen verbarrikadieren.

Die Jugoslávská führt zum Tylovo náměstí, wo nahebei der Zugang zur **Metrostation I. P. Pavlova** liegt. Der russische Verhaltensforscher Iwan Petrowitsch Pawlow erhielt 1904 den Nobelpreis für Physiologie und Medizin, weil er anhand von Versuchen mit Hunden nachwies, dass deren Speichelsekretion nicht erst mit dem Fressvorgang beginnt, sondern bereits beim Anblick der Nahrung. Beim Menschen funktioniert das genauso – das können Sie überprüfen, wenn Sie auf dem Weg zum Tylovo náměstí den kleinen Imbissladen **Príma Chlebíčky** in der Londýnská 69 aufsuchen (kurzer Abstecher, hinter der Tschechischen Sparkasse, der *Česká spořitelna*, geht es rechts ab). Die mit viel Liebe garnierten, belegten Brötchen gehören zu den besten der Stadt. Vormittags ist die Auswahl am größten!

Am Tylovo náměstí findet im Sommer einmal monatlich ein Flohmarkt statt, zudem von März bis November wochentags ein kleiner Bauernmarkt (→ Einkaufen, S. 159), auf dem regionale und überregionale Produkte wie Gemüse, knuspriges Brot, Geräuchertes (oft auch vom Wild), eingelegter Käse und mährischer Wein angeboten werden.

Vorbei am **Hotel Beránek** – Maxim Gorki war hier einst zu Gast, anno dazumal war das Hotel noch etwas feiner – geht es nun weiter. Die Bélehradská ist eine ganz normale Geschäftsstraße. In den Läden wird verkauft, was die Anwohner benötigen, und nicht, was die Touristen brauchen könnten. Neben Drogerien, Bäckereien und einem Bioladen gibt es auch einen Metzger (*Řeznictví a Uzenářství*, Nr. 80), wo Hartgesottene

Essen & Trinken (S. 156–159)
1 Park Café
2 Mlíkárna
6 Pho Vietnam
14 Dish Fine Burger Bistro
15 Notabene
17 Aromi
18 Kofein
20 Arepas de Lyna
22 Vinohradský Parlament
23 Vinohradský Pivovar
25 Etnosvět
26 U Bulínů
27 Bistro Javánka
28 Pho Original Restaurant
30 Giardino
33 Plevel
36 U Holanů
38 Zvonarka
40 Viniční Altán

Cafés (S. 158)
5 Kaaba
21 Dos Mundos
35 Café V Lese
37 Café Sladkovský
39 Café Pavilon Grébovka

Nachtleben
3 Le Clan (S. 213)
7 Klub 21 (S. 217)
8 Termix (S. 217)
10 BeerGeek (S. 215)
11 Garage (S. 217)
12 Termax (S. 217)
19 Radost FX (S. 212)
29 Boudoir (S. 217)
32 Bad Flash (S. 215)
34 Café Bar Pilotů (S. 215)

Einkaufen (S. 159)
4 Vinotéka Noelka
13 Pavilon
14 Lazy Eye
16 Fifty:Fifty
24 Little Rock Star
31 Boho Vintage Concept Store

an Stehtischen schon um 10 Uhr morgens Braten und Bier frühstücken.

Hält man sich bei der nächsten Möglichkeit links (danach geht es rechts und dann wieder links ab), gelangt man in ein hübsches Wohngebiet mit einigen Bars und Restaurants, die meisten im Sommer mit gemütlicher Außenbestuhlung. Dieses Eck ist auch bei in Prag lebenden Ausländern sehr beliebt, bei Italienern, Deutschen, Franzosen und den noch verbliebenen US-Amerikanern. Noch Mitte der 1990er sollen bis zu 50.000 US-Amerikaner (exakte Zahlen gibt es nicht, da sich kaum einer registrieren ließ) vorüber-

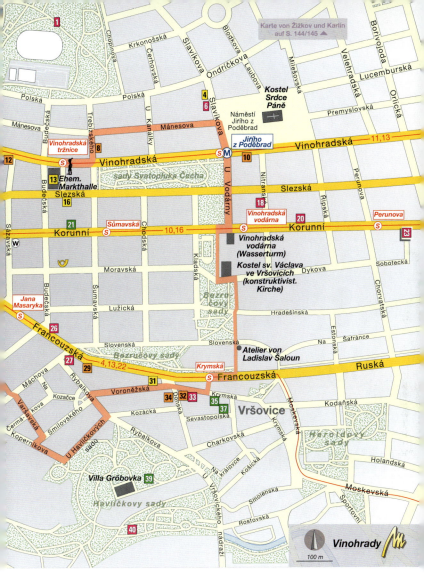

gehend in Prag gelebt haben. Den Hype um Prag hatten Reportagen in verschiedenen US-Magazinen ausgelöst. In diesen wurde Prag mit dem Paris der 1920er-Jahre verglichen. Die Essays machten Laune auf ein exaltiertes Leben, wie es Henry Miller und Anaïs Nin mit der Gegend um die Bars und Cafés von Montparnasse oder Clichy als Schauplatz so lustvoll beschrieben hatten. Und plötzlich war ein neues Mekka noch unentdeckter Künstler und Literaten geboren – mit Frank Zappa als Kulturattaché.

- ▲ Náměstí Míru: längste Rolltreppe Europas
- ▼ Samstagsmarkt auf dem Jiřiho z Poděbrad

Wo die Záhřebská auf die Americká trifft, passiert man einen kreisrunden Brunnen mit Fischskulpturen wie aus einem Kinderbuch, die das Werk von Miroslav Beščec sind – kein Wunder, dass den Künstler keiner kennt …

Über die Varšavska und vorbei an ein paar prächtigen Villen an der Koperníkova gelangt man zum **Havlíčkovy sady**, einem Park, der an warmen Sommertagen immer für eine Pause und ein Gläschen gut ist. Dazu lädt u. a. das hübsche Weinlokal am kleinen Weinberg hinter der unübersehbaren Neorenaissance-Villa ein (→ Essen & Trinken, S. 158). Die Villa, nach ihrem Bauherrn Moritz Gröbe *Gröbovka* genannt, beherbergt heute u. a. das *Ceeli Institute*, eine Non-Profit-Organisation, die sich mit der Reform des Rechtssystems in ex-kommunistischen Ländern befasst. In ihr wohnte vorübergehend Rainer Maria Rilke. Den Park selbst suchte Max Brod des Öfteren auf und widmete ihm ein Gedicht. Zusammen mit Franz Kafka, Franz Werfel, Felix Welsch und Otto Baum bildete er einen Literatenzirkel, den er später als den „Prager Kreis" titulierte. Brod ist es zu verdanken, dass Kafkas Werke überhaupt in die Literatur eingehen konnten. Entgegen dem letzten Willen seines Freundes entschloss sich Brod nach dessen Tod, die Manuskripte nicht zu vernichten, sondern in Druck zu geben.

Heute drehen im Park Hundebesitzer ihre Runden. Ein Hund gehört zu jeder zweiten tschechischen Familie, dabei gilt der Grundsatz: je kleiner die Wohnung, desto größer der Hund.

Auf dem weiteren Weg streift man **Vršovice**, jenen Stadtteil, der östlich an Vinohrady anschließt. Vršovice wird unter jungen Pragern immer beliebter. Die Ecke um die Krymská ist eines der neuen Szeneviertel der Stadt, immer mehr Bars und Cafés machen hier auf.

An der Straßenbahnhaltestelle Krymská (untere Station) beginnt ein steiler

Spaziergang 155

Treppenweg bergauf. Auf diesem passiert man ein auffälliges Gebäude (Slovanská 4), das einstige **Atelier von Ladislav Šaloun** (1870–1946), jenem Bildhauer, der das Hus-Denkmal am Altstädter Ring schuf. Weiter bergauf erreicht man schließlich die erste konstruktivistische Kirche Prags, die **Kostel sv. Václava ve Vršovicích** aus den Jahren 1932–35. Mit ihrem hohen Turm samt Korkenziehertreppe entspricht sie allem anderen als dem herkömmlichen Schema sakraler Bauten.

An einem Wasserturm aus dem 19. Jh. vorbei führt der Spaziergang weiter zum **Náměstí Jiřího z Poděbrad**. Die dortige **Herz-Jesu-Kirche (Kostel Srdce Páně)** inmitten einer weiten Grünanlage entstand zwischen 1928 und 1932. Sie hat etwas von einem gestrandeten Öltanker, dem Bug und Heck abgebrochen sind, und ist das Werk des Architekten Jože Plečnik, der zu Beginn des 20. Jh. auch die Umbauarbeiten an der Prager Burg leitete. Sollte sie offen sein, gehen Sie hinein, das Innere ist sehenswert. Den Kirchenbau wollen die Stadtväter übrigens auf die UNESCO-Welterbeliste setzen lassen.

Vor der Kirche findet immer von Mittwoch bis Samstag ein netter Markt statt, der samstags auch ein Treffpunkt im Viertel ist: Bauern verkaufen Obst und Gemüse, Hipster foodpornige Törtchen, es gibt Blumen, Fisch, Biofleisch, Kaffeestände u. v. m.

Hinter dem Náměstí Jiřího z Poděbrad ragt der mächtige **Fernsehturm** empor (→ S. 147), der sich bereits im Stadtteil Žižkov Zbefindet. In der Nähe liegt das Atelier von Jan Saudek, des wohl bekanntesten lebenden tschechischen Fotografen (→ Kasten).

Die **Mánesova** säumen Jugendstilhäuser, aber auch Bauten des Historismus. Im Sommer ist ein Abstecher über die Třebizského zum **Rieger-Park (Riegrovy sady)** empfehlenswert. Der Park bietet nicht nur tolle Ausblicke über die Stadt, sondern auch zwei gemütliche Biergärten (→ Essen & Trinken, S. 159).

Südlich der Mánesova verläuft die **Vinohradská**. Einst hieß sie Stalinova. Auf ihr fanden während des Prager Frühlings jene Straßenschlachten statt, deren Bilder um die Welt gingen. In der dortigen historischen, luftig durchdesignten **Markthalle** (Pavilon, Nr. 50) sitzen heute diverse Möbeldesignläden – sehenswert. Davor bringt Sie die Straßenbahn zur Metrostation Muzeum.

Prag im Kasten
Jan Saudek – vom Buhmann zum Aushängeschild

Fettleibige, alte Frauen mit weit auseinander gespreizten Beinen, verkrüppelte Nackte, runzelige Brüste im Russ-Meyer-Format: Gewalt und Traum, verbunden mit Erotik und Obsession in oft surrealen Welten, das sind Jan Saudeks Motive. Diese nachkolorierten Akte machen sein Werk unverwechselbar. Weniger provokant hingegen sind seine früheren Schwarzweißfotografien wie das oft kopierte Werk *Mann mit Kind*, das er übrigens selbst in den Armen wiegt. Saudek bezeichnet seine Bilder, die so faszinierend wie absurd sind, als „Theater des Lebens". Das hat er auch erlebt. 1935 geboren, verbrachte er die Kriegsmonate aufgrund seiner jüdischen Abstammung im KZ. Die Kommunisten steckten ihn später ins Gefängnis, seine Arbeiten galten als „subversive Propaganda". Während Saudeks Werk im Ausland schon früh Anerkennung fand, wurden die Arbeiten des bekanntesten tschechischen Fotografen im Heimatland erstmals – man mag es kaum glauben – 1996 gezeigt. Heute, in hohem Alter, ist das einstige Enfant terrible nicht nur akzeptiert, sondern gar zu einem Aushängeschild des Landes geworden.

Tour 10: Vinohrady

Praktische Infos

→ Karte S. 152/153

Essen & Trinken

Restaurants

MeinTipp Aromi **17**, Edelitaliener mit perfektem Service in äußerst repräsentativen Räumlichkeiten. Hier kann man (im Bistro) frühstücken und feinste Törtchen zu sich nehmen, zum Businesslunch kommen oder ganz feudal dinieren. Kleine, aber feine Karte (Schwerpunkt ist die Küche der Marken), wechselnde Tagesgerichte. Köstliche Pasta- und Fleischgerichte sowie frischester Fisch, den man vorm Verzehr begutachten kann. Pasta ab 14,50 €, *Secondi* ab 20,50 €, Glas Wein ab 6 €. Restaurantbetrieb nur mittags und abends. Náměstí Míru 6, Ⓜ A Náměstí Míru, ✆ 222713222, www.aromi.cz.

Dish Fine Burger Bistro **9**, sympathisches Lokal im Bistrostil, mit offener Küche und kleiner Terrasse. Bessere und fantasievollere Burger sind in Prag kaum zu bekommen (7,20–8,60 €; u. a. mit Olmützer Quargel, Portobello-Pilzen oder Ziegenkäse und Feigenmayonnaise)! Handgeschnitzte Pommes, Salate oder Soßen schlagen jedoch extra zu Buche. Ohne Reservierung hat man abends schlechte Karten. Římská 29, Ⓜ A Náměstí Míru, ✆ 222511032, www.dish.cz.

Notabene **15**, nicht nur das heimelige Interieur fällt in diesem Restaurant aus der Reihe, sondern auch die wirklich feine tschechisch-internationale Küche. Mittags wie abends gibt es nur eine kleine Karte mit tägl. wechselnden Gerichten (ab 11 Uhr ab 5,20 €, ab 18 Uhr ab 12 €). Dazu trinkt man Bier kleiner böhmischer Brauereien. So geschl. Mikovcova 4, Ⓜ C I. P. Pavlova, ✆ 721299131, www.notabene-restaurant.cz.

Kofein **18**, der gut gehende Laden – ein unterirdisches, verzweigtes Backsteinlabyrinth – gewinnt vielleicht keinen Schönheitspreis, ist aber durchaus empfehlenswert, was auch Leser meinen. Mo–Fr serviert man günstigen Mittagstisch. Abends gibt es Tapas, und zwar nicht nur klassisch-spanische, sondern auch böhmisch beeinflusste wie solche mit eingelegtem *Hermelín*, Entenbrust mit Mohnsoße und Kastanien oder mit Kaninchenstücken mit Knoblauch. Freundlicher Service, gutes Bier. Man sollte mit mind. 16 €/Pers. rechnen. Sa/So erst ab 17 Uhr. Nitranská 9, Ⓜ A Jiřího z Poděbrad, ✆ 273132145, www.ikofein.cz.

U Bulínů **26**, ein kachelgeschmücktes Restaurant, in dem gehobenere böhmische Küche (super die Ente) auf den Tisch kommt. Hg. 9–15,50 €, preiswertere Mittagskarte. Budečská 2, Ⓢ 4, 13, 22 Jana Masaryka, ✆ 224254676, www.restauraceubulinu.cz.

Zvonařka **38**, eine Adresse für den Sommer. Bar-Restaurant mit toller baumbestandener Terrasse, die einen Blick auf das Nusle-Tal bie-

Wo einst Weinberge standen, fährt heute die Straßenbahn

Praktische Infos 157

Fast wie in Berlin: Bar im Szeneviertel Vršovice

tet. Junges Publikum. Die Küche ist keine Sensation, gut sind aber seit eh und je die Steaks, die im Sommer auf der Terrasse gegrillt werden. Hg. 8–16 €. So Ruhetag, sonst tägl. ab 11.30 Uhr. Šafaříkova 1, Ⓢ 6, 11 Bruselská, ☏ 224251990, www.restauracezvonarka.cz.

Vinohradský Parlament 22, modernes Bierhallenambiente in historischem Gemäuer, laut und fröhlich – ein Lokal, wie es die Tschechen lieben. Kredenzt wird eine spannende, oft wechselnde Auswahl neu interpretierter böhmischer Gerichte in kleinen und größeren Portionen (u. a. zartes Rindfleisch im eigenen Saft, Entenbrust mit mariniertem Kürbis oder Kartoffeln mit süßer Dillsoße). Dazu Bier aus dem Tank oder hausgemachte Limonaden. Hg. 7,60–14,50 €. Korunní 1, Ⓜ A Náměstí Míru, ☏ 224250403, www.vinohradskyparlament.cz.

Vinohradský Pivovar 23, zeitgemäße Brauereigaststätte im ehemaligen Gärkeller einer in Teilen abgebrannten Brauerei. Vom Speisesaal blickt man durch riesige Fenster in die jetzige Braustätte. Sehr beliebt, kein Wunder, gibt es doch nicht nur hervorragendes Bier, sondern auch gute böhmische Küche zu annehmbaren Preisen (Hg. 4,80–10 €), darunter Hirschgulasch mit Pflaumen oder Schnitzel mit Kartoffelsalat. Nur kleine Auswahl, Vegetarier haben es nicht leicht. Korunní 106, Ⓢ 10, 16 Perunova, ☏ 222760080, www.vinohradskypivovar.cz.

Etnosvět 25, hier reist man vegetarisch um die Welt: Melonen-Gazpacho, Trüffel-Risotto, Kokosnuss-Tempura, Sushi etc. Von 11.30–15.30 Uhr preiswerte Tagesgerichte und Menüs (ab 5,50 €), ab 17 Uhr wird à la carte gegessen (Hg. ab 10 €, Menüs 27–48 €). Legerova 40, Ⓜ C I. P. Pavlova, ☏ 226203880, www.etnosvet.cz.

Giardino 30, italienische Küche ohne Pizza. Spezialisiert auf Fleisch, Fisch und Meeresfrüchte, dazu gute Auswahl an Salaten. Sehr gepflegt, leicht gediegenes Ambiente. Garten. Hg. 11–20 €. Záhřebská 24, Ⓜ A Náměstí Míru, ☏ 222513427, www.restgiardino.cz.

Pho Original Restaurant 28, gleich gegenüber. Das schummrig-nette vietnamesische Restaurant genießt einen sehr guten Ruf. Neben den Klassikern der vietnamesischen Küche auch Sushi. Hg. 7–9 €. Záhřebská 21, Ⓜ A Náměstí Míru, ☏ 608363327, www.phooriginal.cz.

Plevel 33, nettes veganes Café-Restaurant mit Blümchentapete. Guter Kuchen, Frühstück, dazu Hummus mit Pita, Bohnenburger mit Tofubacon, Pastagerichte u. v. m. – selbst die tschechischen Klassiker kommen vegan daher. Wem's zu trocken wird, der spült mit dem süffigen Bier aus Polička nach. Krymská 2, Ⓢ 4, 13, 22 Krymská, ☏ 273160041, www.restauraceplevel.cz.

Arepas de Lyna 20, netter venezolanischer Imbiss, alternativ-bunt, im Sommer Tische auf

Vinohrady → Karte S. 152/153

Herz-Jesu-Kirche am Náměstí Jiřího z Poděbrad

dem Gehweg. Es gibt *Arepas*, herzhaft gefüllte Maisfladen, dazu *Empanadas*. Die Portion gibt's für 6 €. Ab 16 Uhr, So geschl. Korunní 83, Ⓢ 10, 16 Perunova, ✆ 252546827, www.arepasdelyna.eatbu.com.

Bistro Javánka 27, was mit einem Asia-Schnellimbiss begann, hat sich schnell zu einem gemütlichen Kerzenschein-Restaurant gemausert, in dem man richtig lecker indonesisch essen kann. Neben regelmäßig wechselnden Tages-Specials wie Saté-Spießchen oder Fisch im Bananenblatt gibt es leckere Suppen in unterschiedlichen Größen und das würzigscharfe *Hovězí Rendang*, eine Art Rindsgulasch. Sehr netter Service und für das Gebotene ausgesprochen günstig: Hg. 6,60–8,40 €. Sa Ruhetag. Máchova 22, Ⓢ 4, 13, 22 Jana Masaryka, ✆ 251550249, www.javanka.eu.

Pivnices

Auch in Vinohrady verschwinden die alten Pivnices immer mehr, schicke Bars ziehen dafür ein. Ein Überbleibsel ist das **U Holanů** 36, das sich auch „Restaurace" nennt (nichts für Genießer). Es hat eine nette Terrasse, von der man Omas mit Dackel vorbeispazieren sieht. Vornehmlich tschechisches Publikum. Záhřebská 8 (Eingang Londýnská), Ⓜ A Náměstí Míru, ✆ 222511001, www.uholanu.cz.

Cafés

Kaaba 5, freundliches Café mit Kiosk (Zeitungen und Weinverkauf) und Retro-Charakter (70er-Jahre). Immer gut für eine Pause. Mánesova 20, Ⓢ 11, 13 Italská, ✆ 222254021, www.kaaba.cz.

Café V Lese 35, angenehmes Kneipen-Café mit Waldtapete (les = Wald) und Kellerclub. Viele Expats. Tägl. ab 16 Uhr. Krymská 12, Ⓢ 4, 13, 22 Krymská, www.cafevlese.cz.

Café Sladkovský 37, gemütliches alternatives Szenecafé. Es werden größere und kleinere Happen aus der Weltküche serviert, hochgelobte Burger. Hin und wieder schauen auch mal Mitglieder der *Plastic People of the Universe* (→ S. 212) vorbei. Sa erst ab 17 Uhr. Sevastopolská 17, Ⓢ 4, 13, 22 Krymská, ✆ 776772478, www.cafesladkovsky.cz.

Dos Mundos 21, *Brew Bar*. Hier wird allerdings kein Bier gebraut, sondern Kaffee handgebrüht. Neben schmackhaftem Filterkaffee ist in der kleinen, schicken und gut duftenden Location (eigene Rösterei) aber auch Espresso & Co zu bekommen. Hübsch eingepackter Kaffee zum Mitnehmen. Mo–Fr 8–19 Uhr, Sa/So 12–17 Uhr. Korunní 31, Ⓜ A Náměstí Míru, ✆ 731 421002, www.dos-mundos.cz.

Viniční Altán 40 und **Café Pavilon Grébovka** 39 zwei hübsche Sommerplätzchen im

Havlíčkovy sady. Ersteres ist eine Terrassenbar in einem romantischen Holzpavillon, drum herum ein 1,6 ha großer Weinberg. Über 50 Sorten Wein, darunter der selbst gekelterte *Gröbovka* (was für ein Fusel!). Nicht teuer, Snacks und dazu kann man noch an Sommerwochenenden die neueste Prager Brautmode bewundern ... (✆ 222516887, www.vinicni-altan.cz). Das zweite Plätzchen ist ein Gartenpavillon aus dem 19. Jh. mit schmucken Wandmalereien und einem gläsernen Anbau. Auch in diesem Gartencafé sitzt man nett (✆ 725000334, www.pavilon grebovka.cz). Havlíčkovy sady, Ⓢ 4, 13, 22 Krymská.

Biergärten

Park Café 1, kein Café, sondern ein einfacher, großer Biergarten im Rieger-Park. Viel Schatten, das Bier fließt in Strömen und Würste werden gegrillt. Vornehmlich junges, freakiges Publikum. Natürlich nur im Sommer geöffnet (www.restauraceriegrovysady.cz). Sehr lauschig sitzt man auch auf den beiden Dachterrassen der ebenfalls im Rieger-Park befindlichen Kneipe **Mlíkárna 2**. Davor ebenfalls ein Biergarten (✆ 774565808). Riegrovy sady, Ⓜ A Jiřího z Poděbrad.

Snacks

Pho Vietnam 6, sehr guter vietnamesischer Schnellimbiss, zu recht sehr populär. Tolle Frühlingsrollen, Frittiertes und gute Suppen. Slavíkova 1, Ⓜ A Jiřího z Poděbrad.

Einkaufen

Vintage

Boho Vintage Concept Store 31, der Laden von Patricia Madarová. Viele schöne, auf Flohmärkten zusammengesammelte Sachen, dazu Wohnaccessoires. Di–Fr 13–19 Uhr, Sa bis 17 Uhr. Francouzká 76, Ⓢ 4, 13, 22 Krymská, Filiale mit Café zudem in der Ondříčkova 6 in Žižkov, www.boho.cz.

Fifty:Fifty 16, coole Vintage-Second-Hand-Klamotten für Mann und Frau. Dazu auch schöne Schuhe. Nur Mo–Fr 10–18 Uhr. Slezská 28, Ⓜ A Náměstí Míru.

Lazy Eye 14, nennt sich „Neovintage". Sehr ästhetischer Laden, in dem tolle feminine Kleider im Stil der 40er- und 50er-Jahre verkauft und geschneidert werden (auf Wunsch auch super Badeanzüge). Mo–Fr 12–18.30 Uhr. Ibsenova 3, Ⓜ A Náměstí Míru, www.lazyeye.cz.

Little Rock Star 24, T-Shirts, Sweatshirts und Strampler für Kinder bis 11 Jahre. Mit witzigen Sprüchen (teils auch auf Englisch) oder Aufdrucken. Nur Mo–Fr 10–19 Uhr. Francouzká 11, Ⓢ 4, 13, 22 Jana Masaryka, www.littlerockstar.cz.

Designermöbel

MeinTipp Pavilon 13, in der schick restaurierten ehemaligen Markthalle von Vinohrady (→ Spaziergang) gibt es verschiedene Läden mit herausragenden Designermöbeln, gebraucht und neu. Unser Lieblingsladen ist **Modernista**, wo man Stahlrohrmöbel im Bauhausdesign findet, aber auch reproduzierte kubistische Möbel und Art-déco-Klassiker. Außerdem im Haus: **Favorit**, der tschecholowakische Rennradklassiker als wunderhübsche Retrovariante. Vinohradská 50, Ⓢ 11, 13 Vinohradská tržnice, www.pavilon.cz.

Wein

Vinotéka Noelka 4, das kleine *Hole in the Wall* ist an der Wein trinkenden Menschentraube davor recht leicht zu erkennen. Ins Innere passen viele, viele Weinflaschen, viel mehr aber auch nicht. Sehr gute mährische Tröpfchen, kompetente Beratung. So erst ab 14 Uhr. Slavíkova 3, Ⓜ A Jiřího z Poděbrad.

Floh- und Bauernmärkte

🍃 **Bleší trh Tylovo náměstí**, kleiner Flohmarkt auf dem Tylovo náměstí. Antiquitäten, Platten, Bücher, alte Klamotten. März–Okt. einmal im Monat (Termine unter www.pravyblesitrh.cz). Von März–Nov. findet Mo–Fr auf dem Platz auch ein Bauernmarkt mit vielen leckeren lokalen Bioprodukten statt (www.farmama.cz), Mi–Sa ein ähnlicher Markt auf dem **Náměstí Jiřího z Poděbrad** (besonders empfehlenswert am Sa, www.trhyjirak.cz), Ⓜ A Jiřího z Poděbrad). Ⓜ C I.P.Pavlova.

Vinohrady: Wohnqualität vom Feinsten

Raus aus der Innenstadt

Rund um das alte Prag zieht sich ein breiter Gürtel von Plattenbausiedlungen, schmucken Neubauvierteln, modernen Büroparks, brachliegendem Bauland, grünen Parklandschaften und Industriegebieten. Dazwischen verstecken sich einige interessante Ziele.

- Průhonice, S. 161
- Šárka-Tal, S. 161
- Stift Brenau, S. 162
- Der Prager Zoo, S. 163
- Schloss Troja, S. 163
- Baba-Kolonie, S. 164
- Müllervilla, S. 164
- Museum des Flugwesens, S. 164
- Burg Vyšehrad, S. 165
- Verkehrsmuseum, S. 166

Abstecher in Prags Peripherie

Die Prager Vororte bestehen vorrangig aus gewaltigen Plattenbausiedlungen. Mit ihrem Bau begann man in den 1950er-Jahren – und das sehr erfolgreich, allein Prag weist über 200.000 Plattenbauwohnungen auf. Fast jeder dritte Tscheche lebt in einem Plattenbau, in Prag tut dies fast jeder zweite. Die Retortenstädte gehören genauso zu Prag wie die museale Innenstadt, und wer sich ein Gesamtbild von Prag verschaffen will, sollte sich eine dieser Siedlungen ansehen. Manche Anfahrten zu den unten aufgeführten Zielen in der Peripherie passieren die Retortenstädte. Falls Sie eine direkt ansteuern wollen, fahren Sie z. B. mit der Metrolinie C in die **Jižní město**, die Prager **Südstadt** (Station Háje), eine der größten Plattenbausiedlungen der Metropole.

Einen Ausflug ins Grüne hingegen bedeutet der Besuch der weitläufigen Parkanlage von → **Průhonice** ganz im Osten der Stadt. Auf der anderen Seite, im Westen Prags, lädt → **Divoká Šárka**, ein herrliches Tal, zum Baden und Spazieren ein. Die Straßenbahn dorthin kommt am → **Kloster Břevnov (Břevnovský klášter)** vorbei, wo noch immer Mönche leben und Bier gebraut wird.

Mit Kindern ist ein Tiergartenbesuch im → **Zoologická zahrada** ein Erlebnis. Er liegt im Norden Prags, unmittelbar neben dem → **Zámek Troja**, einem Schloss, in dem die Städtische Galerie Prags oft spannende temporäre Ausstellungen zeigt.

Funktionalistische Villen prägen die → **Baba-Kolonie**. Ein besonderes Highlight dieser Architektur stellt die → **Müllervilla (Müllerova vila)** im Stadtteil Střešovice dar. Aber nicht nur Bauten der Pioniere moderner Architektur sind im Norden Prags zu sehen, die alten Propellermaschinen der Pioniere der Lüfte ebenfalls. Sie sind im →Letecké muzeum, dem Museum des Flugwesens, zu besichtigen. Der Stadtteil →Vyšehrad schließlich, der seinen Namen der gleichnamigen Burg verdankt, liegt im Süden Prags.

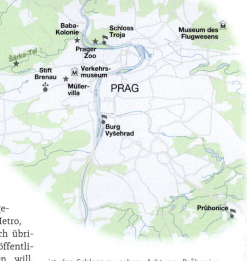

Zu allen beschriebenen Orten gelangt man problemlos mit Metro, Straßenbahn oder Bus. Wer sich übrigens über die Geschichte des öffentlichen Nahverkehrs informieren will, kann das →Verkehrsmuseum (Muzeum Městské Hrmadné Dopravy) im Nordwesten Prags besuchen.

Hinweis Das Gros der hier aufgeführten Ziele ist nur für all jene interessant, die mehr als 3 oder 4 Tage in Prag verbringen oder an irgendeinem Ziel ein besonderes Interesse haben. Die Prager Innenstadt ist für Kurzurlauber sehenswerter.

Märchenschloss im Park
Průhonice

Das aufgeräumte Průhonice, ein Nobelvorort im Südosten Prags, ist bekannt für seine wunderschöne, weitläufige Parkanlage mit über 40 km Spazierwegen. Ein Ausflug in den Park ist im Mai und Juni am bezauberndsten, dann blühen hier Tausende von Rhododendren, Azaleen und Rosen. Der Park mit einem See zum Enten- und Schwänefüttern erstreckt sich vor einem märchenhaften Renaissanceschloss aus dem 14. Jh. Es wird heute für botanische Studien genutzt, außerdem finden wechselnde Ausstellungen, Hochzeiten und Konferenzen darin statt. Die Parkanlage gehört zum UNESCO-Welterbe Prag.

Ⓜ C Opatov, weiter mit Ⓑ 363 oder 385 bis Haltestelle Průhonice, von der Bushaltestelle ist das Schloss zu sehen. Achtung: Průhonice gehört nicht mehr zur Tarifzone P. Wer im Besitz einer Zeitfahrkarte ist, muss beim Busfahrer ein Anschlussticket für 12 Kč (ca. 0,50 €) erstehen. Alle anderen zahlen 40 Kč/Fahrt (ca. 1,50 €). Parkanlage Nov.–Feb. tägl. 8–17 Uhr, März 7–18 Uhr, April und Okt. 7–19 Uhr, Mai–Sept. 7–20 Uhr. 3,20 €, erm. 2 €. www.parkpruhonice.cz.

Spazieren oder Baden im Šárka-Tal
Divoká Šárka

Die wohl schönste wildwüchsige Grünfläche innerhalb der Stadtgrenzen. Das in weiten Teilen schluchtartige Tal mit einer Länge von knapp 7 km beeindruckt durch bizarre Kalksteinformationen rechts und links des Baches Šárecký potok. Im Sommer lädt dort ein kleines Naturbad zum Schwimmen und Sonnen ein. In einem schattigen, idyllischen Biergarten (gleich hinter dem Bad) werden kühle Getränke serviert, ein Picknickkorb ist also nicht erforderlich. Leider ist das Tal an heißen Tagen oft überlaufen. An sonnigen Wintertagen, im Frühling und Herbst hingegen geht es verhältnismäßig ruhig zu, lediglich Spaziergänger sind dann noch anzutreffen. Übrigens ist es nahezu egal, welchen Weg Sie dort einschlagen. Wo Sie auch herauskommen, ein

Bus oder eine Straßenbahn bringt Sie ins Zentrum zurück. Namensgeberin des Tals war die legendäre Šárka, eine Art böhmische Jeanne d'Arc, die hier im vorletzten Jahrtausend aus Liebeskummer Selbstmord begangen haben soll.

Mit Ⓢ 20, 26 bis Divoká Šárka (Endstation). Beim dortigen McDonald's-Restaurant dem weiß-rot-weiß markierten Weg hinab ins Tal folgen. Eintritt Naturbad 4 €. www.koupaliste-sarka.webnode.cz.

Noch heute aktiv: Stift Brenau
Břevnovský klášter

Im Jahre 993 wurde das Benediktinerkloster von Fürst Boleslav II. im Westen des heutigen Stadtgebiets gegründet, ein blühendes Gemeinwesen entstand alsbald drum herum. Der heute nach dem Kloster benannte Stadtteil zählt somit zu den ältesten Siedlungsgebieten der Hauptstadt. Wer hier aber Häuser wie in Staré Město vermutet, wird enttäuscht sein. Das ursprünglich romanische Kloster, dem die Barockarchitekten Christian und Kilian Ignaz Dientzenhofer sein jetziges Aussehen gaben, ist jedoch sehenswert. Die Klosterkirche besticht durch herrliche Deckenmalereien von Johann Steinfels. Die Krypta aus dem 10. Jh. wurde erst 1964 wiederentdeckt. Als 1986 in der Kirche die Totenmesse für den Literaturnobelpreisträger Jaroslav Seifert stattfand (→ S. 148), stand fast jedem Trauernden ein Spitzel der Geheimpolizei zur Seite.

Im Kloster leben heute noch rund zehn Mönche. Führungen werden leider nur auf Tschechisch angeboten. Dem Kloster sind eine beliebte Schenke, eine Kunstgalerie (in der Orangerie, nur im Sommer geöffnet), eine Brauerei (*Břevnovský klášterní pivovar sv. Voitěcha*; lecker das Helle, aber auch das cremige IPA) und ein Hotel angeschlossen.

Bělohorská 1, Ⓢ 22, 25 Břevnovský klášter. Führungen durch Kirche, Krypta und Prälatur ganzjährig Sa um 10 und 14 Uhr, So um 11 und 14 Uhr, im Sommer zudem Sa/So um 16 Uhr. 4 €, erm. 2,40 €. Ansonsten ist die Kirche nur zu Gottesdiensten geöffnet. Man kann jedoch

Wo bleibt Rapunzel? Märchenschloss in Průhonice

durch den verglasten Eingangsbereich meist einen Blick in die Kirche werfen. www.brevnov.cz.

Der Prager Zoo
Zoologická zahrada

Neben dem Schloss Troja (s. u.) erstreckt sich auf felsigem Terrain der 1931 eröffnete Prager Zoo mit einer Fläche von 60 ha und einem Wegenetz von mehr als 10 km Länge. Auf dem weiten Gelände befinden sich neben Tiergehegen und Pavillons auch Restaurants, Kioske und eine Seilbahn. Bekannt wurde der Zoo durch die Zucht von Przewalski-Wildpferden, die in freier Wildbahn schon als ausgestorben galten. Unter den 645 Tierarten, die hier gehalten werden (mehr als 4000 Tiere), finden sich über 130 Rote-Liste-Arten. Immer wieder wird der Prager Zoo zu einem der besten Tiergärten der Welt gewählt. Zuletzt war eine Gondelbahn vom Zoo zum Nádraží Podbaba (Endstation der Straßenbahnlinien 8 und 18) in Planung.

U Trojského zámku 3. Anfahrt → Zámek Troja. Tägl. April/Mai u. Sept./Okt. 9-18 Uhr, Juni-Aug. 9-21 Uhr, Nov.-Feb. 9-16 Uhr, März 9-17 Uhr. 8 €, erm. 6 €, Fam. 24 €. www.zoopraha.cz.

Schloss Troja
Zámek Troja

Die ehemalige Sommerresidenz des Grafen Wenzel Adalbert von Sternberg befindet sich im Stadtteil Troja, eingebettet zwischen Moldau und ein paar

---

Prag im Kasten
Leben zwischen Plattenbau und Datscha

Das imposanteste Beispiel sozialistischer Wohnungsbaupolitik aus der Zeit der Tschechoslowakei ist in Prag *Jižní město*, die sog. Südstadt. Rund 100.000 Menschen leben hier in *Paneláky* – so nennen die Tschechen die aus Betonplatten zusammengeschraubten Blocks. Noch vor wenigen Jahren ähnelten sie sich wie ein Ei dem anderen. Und damit das Kind nach der Schule auch wieder nach Hause fand, versah man die Fassaden mit verschiedenen Symbolen. Heute ist die graue Trostlosigkeit weggeschminkt, die Modularbauten sind neu verschalt und frisch gestrichen, die Grünanlagen davor gepflegt. Doch im Innern lebt der Geruch des Sozialismus noch fort: ein eigenartiger Dreiklang aus Bohnerwachs, Küchenmief und dem in jeder Betonritze festsitzenden Gestank verheizter Braunkohle. Die Gänge erinnern an Flure von Krankenhäusern, in denen man nur schwerlich gesund wird. Bis zu 120 Familien wohnen in einem einzigen Block, in winzigen Apartments mit Minibädern und oft schon vorgebohrten Löchern für Wandbilder. Die Klospülung im 10. Stock ist auch im Keller noch zu hören und der Streit des jungen Ehepaars im Erdgeschoss durch die ganze Etage – als Mega-Reality-Soap entpuppt sich schließlich das Leben. Die Enge vieler Wohnungen ist bedrückend, aus dem Weg kann man sich kaum gehen – kein Wunder also, dass die Prager Kneipen immer voll sind.

Einen Ausgleich zur Anonymität der Trabantenstädte finden die Prager in ihren Datschen, die ebenfalls ein Relikt aus sozialistischer Zeit sind. Unzählige große Laubenkolonien liegen rund um den Großraum Prag, fast jede Familie besitzt ein Wochenendhäuschen. Dort vergisst man den Arbeitsstress und die nüchterne Betonsiedlung, in der man leben muss, grillt stattdessen Würstchen und plaudert mit dem Nachbarn am Gartenzaun. Wie die Zukunft der Plattenbauten liegt aber auch die der Datscha- bzw. Chata-Kultur im Ungewissen – für viele Prager ist mittlerweile ein Badeurlaub an der Adria attraktiver als ein Schrebergarten an der Moldau.

Weinbergen. Das Schloss, im Stil frühbarocker italienischer Villen Ende des 17. Jh. erbaut, gilt als eines der bemerkenswertesten Schlösser Böhmens. Heute nutzt die Städtische Galerie das Schloss für temporäre Kunstausstellungen. Mal wird böhmische Landschaftsmalerei aus adeligen Sammlungen präsentiert, mal sind es moderne Installationen. Egal, was gerade geboten wird, stets sehenswert ist der sog. **Habsburger Saal (im OG)**, der von den flämischen Brüdern Godyn rundum ausgemalt wurde, u. a. mit Motiven, die an die Belagerung Wiens durch die Osmanen erinnern. An den Saal schließen die **Chinesischen Kammern** an, zwei durch einen Korridor miteinander verbundene Räume, die von einem unbekannten Maler über und über mit chinesischen Landschaftsszenerien dekoriert wurden. Sie zeugen vom Faible des barocken Adels für den fernen Osten. In der gepflegten barocken Gartenanlage, die nach französischen Vorbildern angelegt wurde, treffen sich zwischen Fontänen und Terrakotta-Vasen Verliebte zum nachmittäglichen Rendezvous oder Rentner auf ein Schwätzchen.

U Trojského zámku 4-6, Ⓜ C Nádraží Holešovice, weiter mit Ⓑ 112 Zoologická zahrada. April–Okt. Di–Do u. Sa/So 10–18 Uhr, Fr 13–18 Uhr, Nov.–März geschl. 5 €, erm. die Hälfte. www.ghmp.cz.

Funktionalistische Villen

Baba-Kolonie

Beeinflusst von der Weißenhofsiedlung in Stuttgart entstand zwischen den Weltkriegen unter Leitung des funktionalistischen Architekten Pavel Janák ein ähnliches Projekt auf einer Anhöhe im Norden des Stadtteils Dejvice. Dabei handelt es sich um über 30 eigenartige und für die damalige Zeit recht provokante würfelförmige Villen mit breiten Fensterfronten und verschachtelten Aussichtsterrassen. Ihren luxuriösen Charakter erhielten die Häuser nicht durch die Verwendung wertvoller Materialien, sondern durch großzügige Raumgestaltung. Zugänglich ist leider keines der Gebäude, doch ein Blick über die Gartenzäune lohnen für Architekturinteressierte in den Straßen Na ostrohu, Na Babě, Nad Pat'ankou und Průhledová.

Ⓜ A Hradčanská, weiter mit Ⓑ 131 U Matěje.

Architektur von Adolf Loos

Müllerova vila

Die Müllervilla, ein eigenwilliges, 1928 errichtetes, funktionalistisches Wohnhaus, entwarf der österreichische Architekt Adolf Loos (1870–1933). Benannt wurde das Gebäude nach den Auftraggebern František Müller und dessen Ehefrau Milada. Nach den Grundsätzen von Loos sollte ein Gebäude von außen schmucklos und schlicht sein und erst im Inneren seinen Reichtum entfalten. So besticht das Innere des weißen Würfels mit gelben Fensterrahmen durch eine grandiose, offene Raumgestaltung und erstklassige Materialien wie Marmor, Mahagoni oder Zitronenbaum. Der größte Teil der Originalmöbelstücke blieb erhalten. Eine kleine Ausstellung informiert zudem über Leben und Werk des Architekten, der durch seinen Einsatz für ein ornamentfreies Bauen einer radikal neuen Baukunst den Weg ebnete. Aufgrund seiner einzigartigen Architektur wurde das Gebäude 1995 zum nationalen Kulturdenkmal erhoben.

Nad hradním vodojemem 14, Střešovice. Ⓢ 1, 2 Ořechovka. Führungen April–Okt. Di, Do und Sa/So um 9, 11, 13, 15 und 17 Uhr, Nov.–März nur um 10, 12, 14 und 16 Uhr. Voranmeldung unter www.muzeumprahy.cz vonnöten (hier erfahren Sie auch, wann Sie sich einer deutsch- oder englischsprachigen Tour anschließen können). 18 €, erm. 14 €.

Museum des Flugwesens

Letecké Muzeum

Es liegt im nordöstlichen Stadtteil Kbely. Die Sammlung des Museums besteht aus rund 280 Flugzeugen, gezeigt werden allerdings „nur" rund 110 Exemplare, darunter eine *Spitfire* aus dem Zweiten Weltkrieg. Außerdem: Flugzeugmotoren, Raketen und eine Weltraumkapsel. Bei vielen der jüngeren Maschinen hat man den Eindruck, sie stehen einfach da, weil man sich die Verschrottung sparen wollte. Lediglich die alten Flieger sind wirklich sehenswert.

Letiště (Flugplatz) Kbely, Ⓜ C Letňany, weiter mit Ⓑ 185, 302, 375 Letecké muzeum. Mai-Okt. tägl. (außer Mo) 10–18 Uhr. Eintritt frei. www.vhu.cz.

Wyschehrad
Burg Vyšehrad

Zahlreiche Legenden ranken sich um die südlich von Nové Město gelegene Burg Vyšehrad (Wyschehrad) auf einem Felsen hoch über der Moldau. Angeblich war sie die erste Residenz böhmischer Könige, und Prinzessin Libuše soll – wie vielfach in der Literatur beschrieben – von hier die glorreiche Zukunft Prags prophezeit haben (→ Kasten). Leider alles Humbug – Vyšehrad entstand erst um das Jahr 930 und damit später als die Prager Burg.

Von der ursprünglichen Burganlage ist heute außer den ziegelroten Festungsmauern und ein paar Toren kaum mehr etwas erhalten. Dort, wo Herzog Vratislav II. im frühen 12. Jh. residierte, erstrecken sich Grünflächen mit Spazierwegen. Wirklich sehenswert ist lediglich der im 19. Jh. errichtete **Ehrenfriedhof**. Auf ihm ruht die Crème de la Crème der tschechischen Kunstszene unter reich verzierten Arkaden in prachtvollen Gräbern, darunter Antonín Dvořák, Božena Němcová und Bedřich Smetana. Ein Plan am Eingang weist auf die wichtigsten Gräber hin.

Ehrenfriedhof Vyšehrad

Der Friedhof liegt direkt neben der **Peter-und-Paul-Kirche (Kapitulní Chram sv. Petra a Pavla)**, deren Zwillingstürme die Burg dominieren. Ihre Fundamente reichen bis ins 11. Jh. zurück. Nahebei entdeckte man zuletzt Reste einer rund 230 m² großen Basilika aus dem 10. Jh.

Zu sehen gibt es ansonsten noch einen **gotischen Keller (Gotický sklep)** mit einer Ausstellung zur Geschichte der Burg, eine romanische **Rotunde**, auf der 1776 Prags erster Blitzableiter installiert wurde, eine kleine Kunstgalerie, die spärlichen Überreste einer Basilika aus dem 11. Jh. und die **Kasematten**, unterirdische Gewölbegänge des Befestigungswalls am nördlichen Ziegeltor. Sie münden in einen großen Saal, in dem einige Originalstatuen der Karlsbrücke aufbewahrt werden. Auf eine Pause lädt das Café Citadela mit seiner gemütlichen Terrasse ein.

Ⓜ C Vyšehrad, von dort ausgeschildert. Informationsbüro wenige Meter hinter dem Eingang, hier gibt es auch einen Plan zur Burganlage (alles ist jedoch bestens ausgeschildert). **Infobüro**, tägl. 9.30–17 Uhr, im Sommer bis 18 Uhr. Führungen durch die **Kasematten** tägl. 10–17 Uhr (Nov.–März bis 16 Uhr) zu jeder vollen Std. 2,40 €, erm. 1,20 €, Dauer 20 Min. **Kirche**, April–Okt. tägl. 10–18 Uhr, sonst bis 17 Uhr. Eintritt (!) 2 €, erm. 1,20 €. **Friedhof**, Nov.–Feb. tägl. 8–17 Uhr, März/April und Okt. bis 18 Uhr, Mai–Sept. bis 19 Uhr. **Gotischer Keller**, tägl. 9.30–18 Uhr (Nov.–März bis 17 Uhr). 2 €, erm. 1,20 €.

Verkehrsmuseum

Muzeum Městské Hromadné Dopravy

Zu sehen gibt es alte Busse und Straßenbahnen, die einst in Prag unterwegs waren. Darunter auch eine Pferdebahn aus dem Jahr 1886. Hinein darf man aber in kaum ein Gefährt. Übrigens werden in einem hier ausliegenden Prospekt „Besucher, die mit langfingrigen Kindern ohne Sitzfleisch kommen", gebeten, „diese an der Hand zu halten".

Patočkova 4, Střešovice, Ⓜ A Malostranská, weiter mit Ⓢ 1 o. 2 Vozovna Střešovice. April bis Mitte Nov. Sa/So und feiertags 9–17 Uhr. 2 €, erm. 1,20 €. www.dpp.cz.

Prag im Kasten
Libušes Liebe und Visionen

Erstmals berichtete Domdechant Cosmas Anfang des 12. Jh. von Libuše, der Thronfolgerin des slawischen Königs Crocco. Er beschrieb sie als „liebenswürdig zu jedermann" und als „die Zierde und Pracht der Weiblichkeit, die mit klugem Urteil sich der Geschäfte der Männer annahm". Doch sei sie laut Cosmas eben eine Frau gewesen und habe folglich nicht ordentlich von einem Thron aus regiert, sondern von „einem hoch getürmten Haufen weicher und bestickter Kissen, wie es der wollüstigen Weichlichkeit der Frauen entspricht". Das konnte selbstverständlich nicht gut gehen. Das Volk verlangte nach einem Herzog. Libuše entschied sich für einen jungen, kräftigen Ackersmann, genannt „Přemysl der Pflüger", der von seinem Glück nichts wusste, bis ihn Libuše zu sich bringen ließ. Er wurde ihr Gemahl und damit auch Fürst, der erste des Geschlechts der Přemysliden. Und an seiner Seite prophezeite Libuše, dass dort, wo ein Mann eine Schwelle (auf Tschechisch „prah") zimmert, man eine Burg bauen wird, die den Namen Praha trägt. Und mit Worten, die an Vergil erinnern, lässt Cosmas Libuše fortfahren: „Siehe, ich sehe eine große Stadt, deren Ruhm bis an die Sterne reichen wird."

Cosmas Zeilen inspirierten unzählige Autoren und Komponisten, u. a. Herder, Grillparzer, Brentano, Smetana, Mahler usw. Bis in die Gegenwart lebt Libuše in Kunst und Literatur fort.

Schloss Troja

Raus aus der Stadt

Rund um Prag liegt der Hund begraben – so sagt man in Tschechien, und das stimmt auch zum Teil. Dennoch gibt es einiges zu entdecken, und zwar nicht nur böhmische Dörfer.

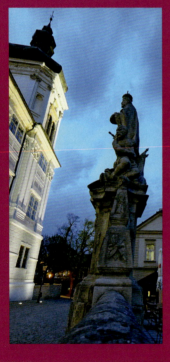

- **Nelahozeves**, prächtiges Renaissanceschloss in Mühlhausen an der Moldau, S. 168
- **Burg Karlstein**, bekannteste Burg Böhmens, S. 169
- **Kutná Hora**, königliche Bergbaustadt Kuttenberg, S. 170
- **Terezín**, Festungsstadt Theresienstadt, S. 173

Ausflüge rund um Prag

Die Tourenveranstalter in Prag werben mit etlichen Zielen, darunter auch weiter entfernten wie dem 150 km westlich gelegenen Kurort **Karlsbad (Karlovy Vary)** oder dem 180 km südlich gelegenen Städtchen **Böhmisch Krumau (Český Krumlov)**, dessen historisches Zentrum wie das von Prag UNESCO-Welterbe ist. Diese Ziele sind aber eine eigene Reise wert, z. B. übers Wochenende. Wer nur ein paar Tage in Prag verweilt, findet genügend Interessantes in der Stadt. Wahrgenommen werden solche größeren Touren i. d. R. von Überseetouristen, die längere Zeit in Prag verweilen.

Die hier aufgeführten Ausflugsziele lassen sich relativ einfach von Prag aus erreichen und erfordern keine Übernachtung. Sie müssen sich dafür keiner organisierten Tour anschließen. Auch mit öffentlichen Verkehrsmitteln erreichen Sie die Orte gut.

Mühlhausen an der Moldau
Nelahozeves

25 km nördlich von Prag liegt das unscheinbare 1800-Seelen-Städtchen Nelahozeves. Darüber thront seit dem 16. Jh. jedoch ein alles andere als unscheinbares **Renaissanceschloss**, ein prächtiger, u-förmiger Bau mit einer schönen Sgraffitofassade und auffälligen Schornsteinen. Das Schloss ist im Besitz der Adelsfamilie Lobkowitz – 1623 fiel es in ihre Hände, 1950 wurde es von den Kommunisten konfisziert, 1993 restituiert. Heute präsentiert man darin die Dauerausstellung „Eine Adelsfamilie zu Hause", die Einblicke in das Privatleben der Familie Lobkowitz gewährt. Im Rahmen einer Besichtigung bekommt man u. a. den Speisesaal, diverse Schlafzimmer, das Rau-

cherzimmer, die Familienkapelle und die Bibliothek zu sehen.

Im Schatten des monumentalen Schlossbaus verbrachte Antonín Dvořák (1841–1904; → S. 39) die ersten elf Jahre seines Lebens. Das nur 100 m vom Schlossparkplatz entfernt gelegene **Geburtshaus Dvořáks** kann ebenfalls besichtigt werden. Zu sehen gibt es hier unter anderem den Schaukelstuhl des großen Meisters.

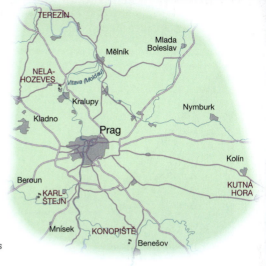

Öffnungszeiten/Eintritt

Schloss, April–Okt. tägl. (außer Mo) 9–17 Uhr. Eintritt mit dt. Text 4,40 €, erm. 3 €, mit fremdsprachiger Führung 10 €, erm. 8 €. www.lobkowicz.cz. **Dvořák-Geburtshaus**, 1. und 3. Woche im Monat Mi–So 9.30–12 und 13–17 Uhr, 2. und 4. Woche selbe Zeit, jedoch nur Mi–Fr; Nov.–Feb. nur bis 16 Uhr und nur nach Vorbestellung. Eintritt 1,20 €, erm. die Hälfte. www.nm.cz.

Anfahrt

Zug, bis zu 10-mal tägl. Direktzüge vom Masarykovo nádraží (Ⓜ B Naměstí Republiky). Dauer ca. 45 Min. **Auto**, von Prag die Autobahn D 8 Richtung Teplice/Dresden nehmen. Bei Ausfahrt Nr. 9 abfahren und weiter Richtung Kralupy nad Vltavou, dann ausgeschildert.

Karlstein – bekannteste Burg Böhmens
Hrad Karlštejn

Kaiser Karl IV. ließ die Burg Karlštejn, 28 km südwestlich von Prag, im 14. Jh. zur Aufbewahrung seiner Kronjuwelen und Reliquiensammlung errichten. Heute zählt sie zu den berühmtesten Baudenkmälern Tschechiens. Wenn man sie aus der Ferne sieht, mächtig auf einem Kalksteinfelsen thronend, wirkt sie äußerst imposant. Vor Ort hingegen hat man teils eher das Gefühl, eine Plastikburg in Eurodisney zu besuchen. Wer die Hauptattraktion, die **Heilig-Kreuz-Kapelle**, sehen will, sollte vorab reservieren – nur mit großem Glück kann man sich auch spontan einer Gruppe anschließen. In der Heilig-Kreuz-Kapelle wurden einst die Kronjuwelen aufbewahrt, und zwar hinter meterdicken Mauern, deren Wände mit 2200 Halbedelsteinen und Tafelbildern des Meisters Theodoricus verziert sind.

Die **klassische Tour** hingegen führt u. a. durch kärglich eingerichtete Räume mit Mobiliar aus dem 14. bis 19. Jh., durch den holzvertäfelten Audienzsaal, durch die Schatzkammer mit einer Kopie der legendären Wenzelskrone (Original im Prager St-Veits-Dom, →S. 119) und in das Burggefängnis.

Durch das gleichnamige Dorf unterhalb der Burg am Flüsschen Berounka laufen im Jahr über 250.000 Touristen. Kaum ein Haus, das nicht an ihnen zu verdienen versucht.

Öffnungszeiten/Eintritt

Juli/Aug. tägl. 9–18 Uhr, Mai. u. Sept. Di–So 9.30–17.30 Uhr, April. u. Okt. Di–So 9.30–16.30 Uhr, März und Nov./Dez. i. d. R. nur Sa/So 10–15 Uhr, Jan/Feb. geschl.

Führung (obligatorisch, Dauer 50–60 Min.) 6,80 €, erm. 4,40 €. Führungen, die auch die Heilig-Kreuz-Kapelle beinhalten, muss man unter ☏ 311681617 reservieren oder unter

Lobkowicz-Schloss Nelahozeves

www.hrad-karlstejn.cz buchen (am besten mind. einen Monat vorher, nur Mai–Okt. möglich). 12 €/Pers., erm. 8 €.

Anfahrt

Zug, ca. halbstündl. vom Prager Hauptbahnhof. Dauer ca. 45 Min. Vom Bahnhof in Karlštejn sind es noch ca. 35 Min. zu Fuß bis zur Burg, der Beschilderung „Hrad" folgen.

Auto, zuerst auf der R 4 Richtung Dobříš, dann ausgeschildert. Großer, gebührenpflichtiger Parkplatz nahe dem Dorf Karlštejn (teuer!). Von dort sind es ca. 15 Min. zu Fuß steil bergauf auf einer Straße, die für Autos gesperrt ist.

Königliche Bergbaustadt Kuttenberg
Kutná Hora

Sieben Jahrhunderte ist es her, da war die königliche Bergbaustadt Kuttenberg reich an Silber und Kupfer und nach Prag das bedeutendste Zentrum Böhmens. Heute ist Kutná Hora ein beschauliches Städtchen mit rund 20.400 Einwohnern 60 km östlich von Prag. An den Glanz alter Tage erinnern aber noch immer prächtige Bauten, so wertvoll, dass die charmante historische Zentrum und zwei monumentale Kirchen in die UNESCO-Welterbeliste aufgenommen wurden. Eine der UNESCO-Welterbekirchen ist die **St.-Barbara-Kathedrale (Chrám sv. Barbory)** aus der zweiten Hälfte des 14. Jh. Als Architekten beauftragte man den aus Schwaben kommenden Peter Parler, der auch für die Prager Karlsbrücke verantwortlich zeichnete. Beachtenswert sind die bemalten Fenster und Fresken der Kapellen im Chor, die Statue eines Bergknappen in der Tracht um 1700 und die gotische Kanzel – halb Holz, halb Stein –, die sich an einer tragenden Säule emporrankt.

Eine weitere Sehenswürdigkeit ist das sog. **Steinerne Haus (Kamenný dům)** am Václavské náměstí. Es ist zugleich das schönste gotische Patrizierhaus der Stadt und beherbergt heute u. a. eine Dauerausstellung zum Thema „Bürgerliches Leben und Kultur vom 17. bis zum 19. Jh.". Das **Böhmische Silbermuseum** ist im **Kastell (Hrádek)** untergebracht, einer kleinen, einst freistehenden Burganlage an der Barborská. Das Museum verwaltet auch ein mittelalterliches Bergwerk, in das man hinabsteigen kann. Schließlich kann man

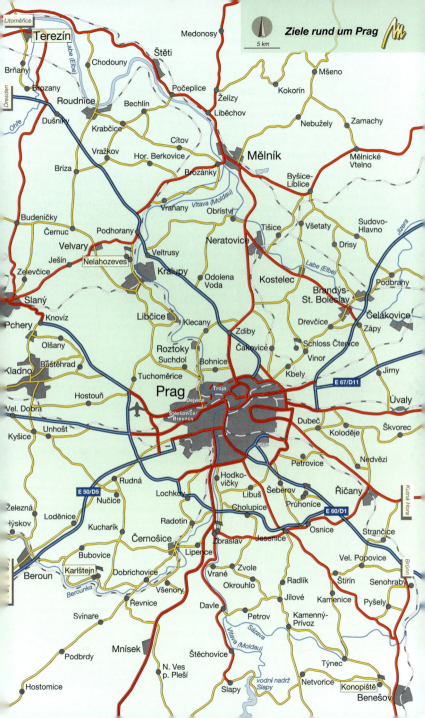

am Havlíčkovo náměstí noch einen Blick in den **Welschen Hof (Vlašský dvůr)** werfen, die ehemalige königliche Münze, die bis 1727 in Betrieb war. Bevor man sich in den Vorort Sedlec aufmacht, ist Zeit für ein Bier: Am besten schmeckt es in der urigen **Brauereigaststätte Dačický pivnice** an der Rakova, wo man auch deftig-gut essen kann.

Im 3 km östlich gelegenen Sedlec steht die zweite UNESCO-Welterbekirche Kutná Horas. Die fünfschiffige **Mariä-Himmelfahrts-Kirche (Chrám Panny Marie)** wurde zwischen 1290 und 1330 im Grundriss eines lateinischen Kreuzes gebaut. Pracht besitzt sie nur ansatzweise, da die Zisterzienser Schlichtheit forderten, so fehlen z. B. auch die Türme. Den beachtenswerten Umbau im Stil der Barockgotik führte Anfang des 18. Jh. Giovanni Santini durch. Ca. 400 m nördlich der Kirche kann man Kutná Horas heimliche Hauptattraktion besuchen: die ziemlich schief stehende, ursprünglich gotische **Knochenkapelle (Kostnice)** von Sedlec. Ein kaum bekannter „Künstler" machte sich um 1870 daran, die hier eingelagerten Knochen von rund 40.000 Menschen so zu drapieren, wie sie heute noch zu sehen sind: da ein Kronleuchter aus Oberschenkelknochen und Rippen, dort Schädelketten …

Information

Palackého nám. 377, ✆ 327512378, www.kutnahora.cz. April–Sept. tägl. 9–18 Uhr, Okt.–März Mo–Fr 9–17 Uhr, Sa/So 10–16 Uhr.

Öffnungszeiten/Eintritt

St.-Barbara-Kathedrale, April–Okt. tägl. 9–18 Uhr, sonst 10–16 Uhr. Eintritt (!) 3,20 €, erm. 2,40 €. www.khffarnost.cz. **Mariä-Himmelfahrt-Kirche**, April–Okt. Mo–Sa 9–17 Uhr, restliche Monate 10–16 Uhr, So stets erst ab 10.30 Uhr. Eintritt (!) 2 €, erm. 1,20 €. www.ossuary.eu. **Knochenkapelle**, Nov.–Feb. tägl. 9–16 Uhr, März u. Okt. tägl. 9–17 Uhr, April–Sept. tägl. 8–18 Uhr. 3,60 €, erm. 2,40 €. www.ossuary.eu. **Steinernes Haus**, Mai/Juni u. Sept. tägl. (außer Mo) 9–18 Uhr, Juli/Aug. 10–18 Uhr, April u. Okt. 9–17 Uhr, Nov. 10–16 Uhr. 3,20 €, erm. 1,60 €. www.cms-kh.cz. **Böhmisches Silbermuseum**, Mai/Juni u. Sept. tägl. (außer Mo) 9–18 Uhr, Juli/Aug. 10–18 Uhr, April u. Okt. 9–17 Uhr. Je nach Rundgang 2,80–6 €, erm. 1,60–3,60 €. www.cms-kh.cz. **Welscher Hof**, Nov.–Feb. tägl. 10–16 Uhr, März u. Okt. tägl. 10–17 Uhr, April–Sept. tägl. 9–18 Uhr. Führungen 3,40 €, erm. 2,60 €. www.vlasskydvur.cz.

Anfahrt

Ab Prag ca. alle 2 Std. **Direktzüge** (vom Hauptbahnhof, Dauer ca. 1 Std.) oder ca. stündl. **Busse** (von Ⓜ C Háje, Dauer ca. 1 ¾ Std.). Busbahnhof von Kutná Hora ca. 10 Fußmin. nördlich des Zentrums, Bahnhof ca. 3 km nordöstlich des Zentrums im Vorort Sedlec (Stadtbusverbindungen).

Auto, von Prags Südtangente (E 55) zweigt die Nationalstraße 2 nach Kutná Hora ab.

Knochenkapelle von Sedlec bei Kutná Hora

Prag im Kasten

Von böhmischen Dörfern und der Boheme

„Ich sag' ihm das bei meiner Ehren, mir das böhmisch' Dörfer wären" – im didaktischen Tierepos *Froschmeuseler* von Georg Rollenhagen, das im Jahr 1595 erschien, tauchte die Redewendung erstmals auf. Viele Ortsnamen Böhmens klangen für deutsche Reisende schon damals fremd und unaussprechbar – was nach und nach dazu führte, dass der Ausdruck „böhmische Dörfer" für Unverständliches bzw. Unverstandenes im Allgemeinen verwendet wurde. Die Tschechen benutzen übrigens eine ganz ähnliche Wendung, nur sind es dort keine böhmischen, sondern spanische Dörfer, mit denen sich der Ahnungslose konfrontiert sieht. Kommt Ihnen das etwa spanisch vor?

Der Böhme steckt auch im Wort Boheme (frz. bohème), das zunächst für die Pariser Künstleravantgarde vom Anfang des 19. Jh. stand und schon bald ungezwungenes (Lebens-)Künstler-Dasein schlechthin bezeichnete. Nun ist offenkundig nicht jeder Böhme ein Bohemien, aber das ist auch gar nicht gemeint. Die Wortgeschichte fußt auf einer früheren Verwendungsweise von *Böhme*, als auch noch Zigeuner so genannt wurden – weil sie über Böhmen nach Westeuropa eingewandert waren. Populär wurde das Wort *bohème* durch Henri Murgers Roman *Scènes de la bohème* (1851), der literarischen Vorlage von Puccinis Oper *La Bohème* (1896).

Theresienstadt
Terezín

Die Festungsstadt Terezín – benannt nach der österreichischen Kaiserin Maria Theresia – wurde Ende des 18. Jh. von den Habsburgern zur Verteidigung der nördlichen Grenze gegen die Preußen gebaut. Sie besteht aus der **Großen Festung (Hlavní pevnost)** – mit der schachbrettförmig angelegten Kasernenstadt Terezín in ihrem Inneren – und der einen Kilometer südlich davon gelegenen **Kleinen Festung (Malá pevnost)**.

Im Oktober 1941 entschieden sich die Nazis für die Errichtung eines Ghettos in der Großen Festung. Ab Juni 1942 entwickelte sich Theresienstadt zu einem Sammel- und Durchgangslager auf dem Weg in die osteuropäischen Vernichtungslager. Die Zahl der Gefangenen stieg rapide an, die Lebensverhältnisse verschlechterten sich drastisch. Dort, wo in Vor-Ghetto-Zeiten gerade mal etwa 7000 Menschen gelebt hatten, fristeten nun zeitweise bis zu 60.000 Inhaftierte ihr Dasein.

Im Jahr 1944 nutzten die Nazis Theresienstadt für einen großen Propagandacoup: Am 23. Juni öffneten sie einer Delegation des Internationalen Roten Kreuzes die Ghetto-Tore und kamen damit den schon lange erhobenen Forderungen nach einer von unabhängiger Seite durchzuführenden Inspektion der deutschen Konzentrationslager nach. Was der Delegation präsentiert wurde, war aber nichts weiter als eine von langer Hand vorbereitete Inszenierung, bei der man die Festung in eine kurortähnliche Anlage mit Parks, Musikpavillons und gar einem „Gesellschaftshaus" verwandelt hatte. Dass für die Propagandaaktion viele Kranke und unterernährte Häftlinge, die das Bild der Sommerfrische getrübt hätten, nach Auschwitz abtransportiert worden waren, konnten die Inspekteure nicht wissen. Kurz vor Kriegsende wurde Theresienstadt schließlich zu einem reinen Durchgangslager auf dem Weg nach Auschwitz. Bis Mai 1945 hatten etwa 150.000 Juden das Ghetto durchlaufen, davon starben 33.000 bereits vor Ort, 87.000 bestiegen die Züge in die todbringenden Vernichtungslager.

Heute wirkt die Stadt unheimlich und seelenlos, nur 3000 Menschen leben noch hier, überwiegend Rentner und Roma. Neben kleineren Expositionen konfrontieren auch zwei hervorragende Museen auf erschütternde Weise mit dem dunkelsten Kapitel deutscher Vergangenheit. Das zentral am Hauptplatz gelegene **Ghetto-Museum** informiert über das Schicksal der Juden und die Lebensverhältnisse im Ghetto von 1941 bis 1945 – absolut sehenswert, nehmen Sie sich Zeit dafür. In der ehemaligen **Magdeburger Kaserne** (**Magdeburská kasárna**, etwa 350 m südlich des Ghetto-Museums, ausgeschildert), einst Sitz der eingeschränkten jüdischen Selbstverwaltung, widmet man sich dem kulturellen Leben im Ghetto: dem literarischen Schaffen, den Theateraufführungen, der Musik und der bildenden Kunst. Zudem wurde hier eine Häftlingsunterkunft aus der Ghettozeit rekonstruiert.

Besichtigen kann man auch die **Kleine Festung (Malá pevnost)**, die die Prager Gestapo ab 1940 als Gefängnis für Oppositionelle nutzte. Etwa 32.000 Häftlinge wurden während des Krieges darin interniert. Die Gemeinschaftszellen waren mit bis zu 600 Mann belegt, es wurde gefoltert und gemordet. Dazwischen, im sog. „Herrenhaus", wohnten die Aufseher mit ihren Familien. Der zynische Nazi-Slogan „Arbeit macht frei" ist über einem Tor links hinter dem Eingang noch zu sehen. Auf dem Friedhof vor dem Eingang liegen über 10.000 Menschen begraben.

In Verbindung mit Terezín lohnt ein Besuch des nur 3 km nördlich gelegenen 24.200-Einwohner-Städtchens **Litoměřice (Leitmeritz)**. Die Bistumsstadt besitzt eine sehr schöne denkmalgeschützte Altstadt. Zentrum ist der kopfsteingepflasterte Mírové náměstí, der zu den größten Marktplätzen Böhmens gehört. Drum herum gibt es ein Labyrinth an geschäftigen oder verwunschen-einsamen Gassen und einige sehenswerte Kirchen zu entdecken.

Öffnungszeiten/Eintritt

Ghetto-Museum und Magdeburger Kaserne, April–Okt. tägl. 9–18 Uhr, sonst 9–17.30 Uhr. Kleine Festung, April–Okt. tägl. 8–18 Uhr, sonst 8–16.30 Uhr. Kombiticket für Ghetto-Museum, Magdeburger Kaserne und Kleine Festung 9 €, erm. 6,80 €. www.pamatnik-terezin.cz.

Anfahrt

Bus, stündl. ab Busbahnhof Nádraží Holešovice (Ⓜ C). Dauer ca. 1 Std. **Auto**, Autobahn D 8 Richtung Teplice/Dresden nehmen, etwa 30 km vor Teplice ausgeschildert. Stadtbusverbindungen zwischen Terezín und Litoměřice.

Im Ghetto-Museum

Abendstimmung steht Kutná Hora besonders gut

Lachen verboten – die Burgwache

Nachlesen & Nachschlagen

Geschichte ▪ S. 178
Tschechien und Prag in Zahlen und Fakten ▪ S. 192
Architektur ▪ S. 193
Essen & Trinken ▪ S. 200
Kulturleben ▪ S. 204
Veranstaltungen ▪ S. 210
Nachtleben ▪ S. 212
Prag mit Kindern ▪ S. 218
Prag (fast) umsonst ▪ S. 220
Anreise ▪ S. 222
Unterwegs in Prag ▪ S. 225
Übernachten ▪ S. 229
Prag von A bis Z ▪ S. 237

Kompakt Alle Museen ▪ S. 253
Kompakt Alle Restaurants ▪ S. 256
Kompakt Alle Shopping-Adressen ▪ S. 259

Etwas Tschechisch ▪ S. 261
Impressum & Verzeichnisse ▪ S. 266
Register ▪ S. 270

Prag ist eine Stadt im Wandel: Irgendwo ist immer eine Baustelle

Geschichte

Was der Stadt heute den besonderen Reiz verleiht, ist das Erbe des alten, multikulturellen Prags – das Prag der Tschechen, Deutschen und Juden. Die feudalen Palais, großen Theater oder prachtvollen Bürgerhäuser sind dabei aber nicht das Resultat eines einstigen Miteinanders. Das Gegenteil war der Fall. Bis zur Mitte des 20. Jh. herrschte eine vehemente Konkurrenz der Kulturen, insbesondere zwischen der deutschen und der tschechischen. Doch obwohl sich alle beteiligten Gruppen nicht sonderlich mochten, so wussten sie dennoch lange voneinander zu profitieren. Wie es dazu kam und was daraus wurde im Überblick:

Böhmen und Tschechen – die Vorgeschichte

Die ersten Siedlungen auf dem Gebiet des heutigen Prag entstanden ca. 3000 v. Chr. Alte Handelswege kreuzten hier, da sich die Moldau an einer Furt leicht überqueren ließ. Im 5. Jh. v. Chr. drangen die Bojer, einer der bedeutendsten keltischen Stämme nach Mitteleuropa vor. Es waren Prunk liebende Krieger, die befestigte, stadtähnliche Siedlungen schufen. Eine solche fanden Archäologen u. a. in Závist, im heutigen Prager Südwesten. Noch vor Christi Geburt wichen sie anderen einfallenden Stämmen, dem Land hinterließen sie aber ihren Namen, auf Lateinisch *Boiohaemum*, Böhmen. Aber nicht nur der Begriff Böhmen geht auf die Bojer zurück, auch „Bayern".

Im Zuge der Völkerwanderung stießen Anfang des 6. Jh. westslawische Stämme bis an die Moldau vor, der Mythologie zufolge auch einer mit einem Anführer namens Čech. Dessen Clan sollte ebenfalls namengebend für Land und Leute werden. Schon in der zweiten Hälfte des 6. Jh. wurden diese Stämme von den Awaren unterworfen, ein zu den Hunnen gehörendes, nomadisierendes Steppenvolk aus Zentralasien. Die Awaren, die eine ständige Bedrohung des Fränkischen Reiches darstell-

Geschichte

ten, vertrieb wiederum Karl der Große im Jahr 796. Die Fürstentümer Böhmens, Mährens und der Westslowakei fielen damit an das Fränkische Reich. Aufgrund der geforderten hohen Tributzahlungen schlossen sie sich aber gegen das Fränkische Reich zusammen (Jahrhunderte später prägten Historiker dafür den Begriff „Großmährisches Reich"), wobei die Tschechen den dominierenden Stamm bildeten. Um auch religiös unabhängig zu werden (die Region gehörte zum fränkischen Bistum Regensburg), bat man Byzanz um Unterstützung. Missionare wurden gesandt, angeführt von den Brüdern Kyrill und Method, die das Evangelium nicht in Latein, sondern in der Landessprache verkünden sollten. Am 5. Juni 863 trafen die beiden „Apostel der Slawen" in Mähren ein (seit der Samtenen Revolution ist dieser Tag ein Feiertag in Tschechien).

Es war eines der letzten großen Ereignisse, das die Chronisten jener Zeit schilderten, ohne von Prag zu berichten. Die Entstehung der Stadt zeichnete sich aber bereits mehr als deutlich ab, und auf der heutigen Kleinseite existierte schon eine große Zahl an Gehöften.

Aller Anfang war die Burg

In der zweiten Hälfte des 9. Jh. siedelte der erste christliche Herrscher Böhmens, Herzog Bořivoj I., von seiner Burgstätte Levý Hradec (im Norden Prags) auf jenen Bergrücken über, der sich heute Hradčany nennt. 883 begann man mit dem Bau der Burg, zwei Jahre später zog der Herzog ein. Mit Bořivoj I. tritt zugleich der erste Herrscher aus dem Geschlecht der Přemysliden in den Chroniken des Landes auf, einem Geschlecht, dessen Ursprung sagenumwoben ist (→ Kasten „Libušes Liebe und Visionen", S. 166) und das die Geschicke Böhmens bis zum Anfang des 14. Jh. lenken sollte.

Bořivojs Sohn Spytihněv I. wandte sich wieder der lateinischen Kultur des Westens zu und löste die Tschechen aus der Sphäre des Großmährischen Reiches, was zugleich dessen Untergang einläutete. Darin wurzelt übrigens die soziale und kulturelle Trennung zwischen Tschechen und Slowaken, die trotz späterem, gemeinsamem Staat nie überwunden wurde. Die Tschechen verbündeten sich mit dem fränkischen Kaiser Arnulf, die Slowaken wurden von den Magyaren, dem Urvolk der Ungarn, unterjocht.

Nach dem Tod Spytihněvs I. 915 übernahm dessen Bruder Vratislav I. die Regierung Böhmens. Als dieser starb, kamen seine Söhne an die Macht. Václav zuerst (→ Kasten „Heiliger oder Lebemann", S. 116), danach der jüngere Boleslav, der seinen Bruder kurzerhand ermordet hatte und daher den Beinamen „der Grausame" trägt. Dieser strebte eine weitgehende Autonomie seines Herzogtums an, doch seine Politik schlug fehl. 950 stand das Heer des deutschen Königs und späteren Kaisers Otto des Großen vor der Tür, und Böhmen wurde Teil des Ostfrankenreiches.

Von Boleslav, Vratislav, Vladislav ...

Im Jahr 965 traf der aus Spanien stammende jüdische Gelehrte Ibrahim ibn Ya'qub ein. Seinem Reisebericht ist zu entnehmen, dass unterhalb der Prager Burg bereits ein blühendes Marktzentrum entstanden war, in dem Slawen, Muslime und Juden lebten. Gehandelt wurde damals mit Sklaven, Zinn und Pelzen.

Unter Boleslav II. wurde Prag 973 von der Diözese Regensburg unabhängig und zum selbstständigen Bistum erhoben; erster Bischof wurde der sächsische Benediktiner Thietmar. In jener Zeit entstanden auch die ersten Klöster. Gegen Ende des 10. Jh. wurde zudem flussaufwärts die Burg Vyšehrad (im heutigen Prager Süden gelegen) befestigt und mit einer Münzprägestätte ausgestattet. Als Herzog Vratislav II. 1061 den Thron bestieg, verlegte er die Residenz der Přemysliden nach Vyšehrad. Vratislav II. wurde übrigens aufgrund seiner militärischen Verdienste in Oberitalien von Kaiser Heinrich IV. 1085 zum ersten König Böhmens erhoben (von da ab nannte er sich Vratislav I.). Die Rückorientierung auf die Prager Burg erfolgte in der Regierungszeit Soběslavs I. (1125–1140) und keiner der nachfolgenden Regenten tat noch etwas, um den Prunk auf Burg Vyšehrad wieder aufleben zu lassen.

Im Jahr 1158 ließ Soběslavs Neffe Vladislav II. die erste Steinbrücke über die Moldau errichten, die nach seiner Frau Judithbrücke genannt wurde. Dieser wichtige Übergang trug erheblich zur Entwicklung der Stadt bei. Insbesondere am rechten Moldauufer siedelten daraufhin mehr und mehr Kolonisten, vorrangig aus Bayern und Sachsen. Und nachdem Soběslav II. Juden, Italienern und Deutschen das Recht auf Selbstverwaltung zugestanden hatte, war deren Zuzug enorm. Man schätzt, dass in der zweiten Hälfte des 13. Jh. bereits 35.000 Menschen dort lebten, denen Hungersnöte und Pestepidemien allerdings immer wieder schwer zu schaffen machten. Zu jener Zeit ging auch der Name „Prag" von der Burg auf die Stadt darunter über. Mehr als 15 Kirchen hatte sie bereits aufzuweisen, dazu zwei Synagogen. Das Handelszentrum, das aus mehreren Märkten bestand, umgab eine Befestigungsmauer, die entlang der heutigen Fußgängerzone Na příkopě (Am Graben) verlief. Drum herum erstreckten sich viele kleine Ansiedlungen.

Von Böhmens Niedergang und dem Aufstieg Prags

Mit dem Tode König Václavs III. 1306 endete die Přemysliden-Dynastie. Da die Přemysliden keinen männlichen Thronfolger mehr stellen konnten, erlebte Prag lang anhaltende innerpolitische Wirren mit Rebellion und Anarchie, die erst 1310 enden sollten, als der tschechische Adel Johann von Luxemburg die böhmische Krone anbot. Dieser verfolgte während seiner Regentschaft ehrgeizige militärische Ziele. Feldzüge aber sind bekanntlich teuer, der Adel und das Volk verarmten. Der König selbst bezahlte zuerst mit seinem Augenlicht und 1346 auf dem Schlachtfeld mit seinem Leben.

Als sein Sohn, der Kronprinz, 1333 aus Frankreich nach Böhmen kam, fand dieser die Burg in einem so verwahrlosten Zustand vor, dass er sich zunächst eine Unterkunft in der Altstadt suchen musste. Auf den Namen Wenzel war der junge Spross nach seiner Geburt im Jahr 1316 noch getauft worden, doch am königlichen Hof in Paris, wo er erzogen wurde, nahm er den Namen seines Idols und Onkels Karl an. Er galt als klug, kunstsinnig und sehr fromm. Bereits 1344 übertrug ihm sein Vater die Verwaltung Böhmens. Wer ahnte wohl damals, dass gerade dieser 28-Jährige ein goldenes Zeitalter einleiten und Prag zu den bedeutendsten Städten Europas, zum Mittelpunkt des Heiligen Römischen Reiches machen sollte.

Noch im selben Jahr 1344 ließ der neue Herrscher den Grundstein des Sankt-Veits-Doms legen, einer mächtigen Kathedrale für das ebenfalls neu geschaffene Erzbistum Prag. Und nachdem er als Karl IV. 1347 den böhmischen Königsthron bestiegen hatte, gründete er Mitteleuropas älteste Universität (1348), die bis heute seinen Namen trägt. Auch das auf der rechten Seite der Moldau gelegene Viertel Nové Město, die Neustadt, ließ er mit weiten Straßen und Plätzen anlegen. Der Grundriss dieses Stadtteils blieb übrigens bis ins 19. Jh. fast unverändert. Und nachdem er 1355 in Rom zum Kaiser des Heiligen Römischen Reiches gekrönt worden war, wurde für die Aufbewahrung der Reichskleinodien die Burg Karlštejn errichtet. 1357 schließlich ließ Kaiser Karl die durch Treibeis beschädigte Judithbrücke durch das heutige Wahrzeichen Prags – die Karlsbrücke – ersetzen.

Karls Sohn Wenzel IV., der nach dem Tod des Vaters 1378 den Königsthron bestieg, konnte das Erbe nicht auf dem Erfolgskurs weiterführen. Zwei Jahre nach seiner Krönung brach die Pest aus. Es war ein schwerer Schlag für sein Reich und die Stadt Prag. Schätzungen gehen davon aus, dass jeder Siebte dem Schwarzen Tod erlag. Auch politisch hatte Wenzel IV. wenig Glück, er hatte sowohl den böhmischen Adel als auch den hohen Klerus gegen sich aufgebracht, musste sich mit der eigenen Familie und mit den deutschen Kurfürsten herumschlagen und ging in die Geschichtsbücher schließlich als fauler Trunkenbold ein.

Jan Hus und die Folgen

Bereits 100 Jahre vor Martin Luther trat Jan Hus (vermutlich 1370–1415) für eine Reform der Gesellschaft und der Kirche ein. Sein Denkmal blickt heute in Bronze über den Altstädter Ring. Berühmt in der Stadt wurde der Priester durch seine Predigten in der Bethlehemskapelle, wo er dem einfachen Volk aus der Seele sprach. In Anlehnung an die Thesen des englischen Reformators Wyclif forderte er die Abkehr der Kirche von Besitz und weltlichem Machtstreben. Das konnte nicht gut gehen. 1414 wurde er zum Konzil nach Konstanz beordert. Man sicherte ihm freies Geleit zu. Doch um der Gefahr einer immerwährenden Spaltung der Kirche

Prag im Kasten
Die Nepomuk-Legende

Den Intrigen zwischen Kirche und Krone Ende des 14. Jh. fiel der Generalvikar des Prager Erzbischofs, Johann aus Nepomuk (ursprünglich nur Pomuk, um 1345–1393), zum Opfer. Wenzel IV. hatte ihn zu Tode foltern und in die Moldau werfen lassen. Drei Jahrhunderte später, während der Gegenreformation, spannen die Jesuiten daraus die Geschichte vom schweigsamen Beichtvater Nepomuk, der die Beichtgeheimnisse der Königin nicht preisgeben wollte und deswegen sterben musste. Zum Beweis für seine Schweigsamkeit exhumierten sie seinen Leichnam und fanden seine unverweste Zunge, die sie der Welt zur Schau stellten. (Laut weniger frommen Quellen soll es sich dabei um das verschrumpelte Gehirn gehandelt haben.) 1729 erfolgte schließlich die Heiligsprechung Johann Nepomuks. Acht Tage dauerten die prunkvollen Feierlichkeiten in Prag. Durch sein Denkmal auf der Karlsbrücke, 1683 errichtet, wurde er zum wichtigsten Brückenheiligen der katholischen Welt.

Brückenheiliger Nepomuk

entgegenzuwirken, verbrannte man ihn auf dem Scheiterhaufen. In Prag und Böhmen erreichte man mit seinem Tod genau das Gegenteil: Hus wurde zum Märtyrer. Die sozialen Spannungen verschärften sich. Es kam zu Unruhen und 1419 mit dem ersten Prager Fenstersturz (→ Kasten „Prager Fensterstürze – eine lange Tradition", S. 121) zur Revolte. Darüber erboste sich Wenzel IV. so sehr, dass er einen Herzinfarkt erlitt und, so überlieferte es ein Zeitgenosse, „brüllend wie ein Löwe starb".

Für den Papst waren die Hussiten nichts anderes als Ketzer aus Böhmen, und so erließ er eine Kreuzzugsbulle. Doch die Hussiten stellten Heere auf, triumphierten 1420 in der berühmten Schlacht auf dem Vítkov (Veitsberg) mit Jan Žižka als Anführer über das zahlenmäßig weit überlegene Kreuzfahrerheer und verhinderten damit die Einnahme Prags. Krieg auf Krieg folgte, 16 Jahre lang, dann war die Niederlage der Hussiten besiegelt.

In der Folgezeit löste nun ein böhmischer König den anderen ab, darunter waren welche aus dem Geschlecht der Luxemburger, dem der Habsburger und der polnischen Jagiellonen. Sie alle aber waren zu schwache Persönlichkeiten für ein Zeitalter religiöser Umwälzungen. Immer wieder kam es zu Konflikten zwischen den konfessionellen Richtungen. Es herrschte Misstrauen und häufig auch Gewalt. Zudem brach im 15. Jh. mehrmals die Pest in Böhmen aus. Die Vorzeichen für ein wieder erblühendes Prag waren alles andere als gut. Aber dennoch sollte sich die Stadt in der zweiten Hälfte des 16. Jh., mittlerweile zählte man rund 60.000 Einwohner, noch einmal zu einer der glanzvollsten Metropolen des Heiligen Römischen Reiches entwickeln.

Unter Rudolf II. wurde Prag 1583 kaiserliche Residenzstadt. Der katholische Adel und der Klerus leisteten sich zahlreiche Paläste, entworfen von italienischen Baumeistern, die den Renaissancestil nach Prag brachten. Die finanziellen Mittel dafür kamen von protestantischen Adeligen, wobei etliche nicht nur ihr Vermögen einbüßten, sondern auch ihr Leben. Und das Volk in Böhmen, überwiegend reformierten Konfessionen zugehörig (70 % waren lutherisch), wurde unterdrückt. Protestantische Kirchen wurden eingerissen. Protestanten verloren Ämter und Privilegien, wurden mit Sondersteuern belegt und mussten Schikanen erdulden.

Dreißig Jahre Krieg

So wundert es nicht, dass 1618 die Spannungen zwischen Protestanten und Katholiken erneut eskalierten. Es kam zum berühmten zweiten Prager

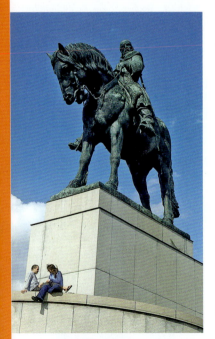

Die größte bronzene Reiterstatue der Welt: das Jan-Žižka-Denkmal auf dem Vítkov

Fenstersturz (→ S. 121), der den Dreißigjährigen Krieg zur Folge hatte. Die protestantischen böhmischen Stände verweigerten daraufhin den katholischen Habsburgern die Gefolgschaft und verwiesen den Erzbischof und die Jesuiten des Landes. Ein Jahr später wählten sie den jungen, protestantischen Friedrich von der Pfalz zu ihrem neuen König. Als „Winterkönig" sollte er in die Geschichte eingehen, was ungefähr die Zeitspanne seiner Regentschaft beschreibt. Denn bereits 1620 fügte der Habsburger Ferdinand II. mit seinem kaiserlichen Heer in der Schlacht am Weißen Berg (Bílá hora, heute Endstation der Straßenbahnlinien 22 und 25) den Protestanten eine böse Niederlage zu, mit der er seine Thronrechte über Böhmen wieder durchsetzte. Die Strafe für die Aufständischen folgte auf dem Fuß: 27 Adelige wurden am Altstädter Ring in einem Schauprozess hingerichtet, andere spießte man am Altstädter Brückenturm auf – zehn Jahre lang blieben ihre Überreste dort hängen. Fast die gesamte protestantische Aristokratie und alle nichtkatholischen Geistlichen wurden verfolgt. Wer konnte, verließ das Land. Grund und Vermögen der Geflüchteten fiel loyalen katholischen Adelsfamilien zu, die sich damit prächtige Palais finanzierten.

Als Folge des Dreißigjährigen Krieges war das Land verwüstet, die Bevölkerung um fast zwei Drittel dezimiert. Prag wurde vorübergehend von einem sächsischen Heer besetzt, und als der Westfälische Friede 1648 kam, waren die Schweden gerade dabei, die Kunstschätze der Prager Burg zu plündern.

Doba temna, das dunkle Zeitalter

Der Friede sollte sich für die Tschechen kaum vom Krieg unterscheiden. Die Habsburger regierten Böhmen von nun an aus Wien und ließen das Land durch hohe Steuern förmlich ausbluten. Prags kulturelle und wirtschaftliche Bedeutung war vorüber. Die nächsten zwei Jahrhunderte unter Habsburger Herrschaft bezeichnen die Tschechen daher als das „dunkle Zeitalter", die tschechische Geschichtsschreibung verwendet dafür den Begriff *Doba temna*.

Die Rekatholisierung des Landes wurde flächendeckend durchgesetzt. Alle Formen des Protestantismus wurden verboten. Die Tschechen wurden zu Menschen zweiter Klasse, ihre Sprache zu einem verachteten Dialekt, der nur von Leibeigenen, Bauern, Handwerkern und Dienstboten gesprochen wurde. Im Gegensatz dazu bestand die Händlerschicht überwiegend aus Deutschen, und die deutsche Sprache, die Lingua franca des habsburgischen Zentralismus, wurde zur alleinigen Amtssprache erhoben. Auch wenn die Tschechen unter den Habsburgern litten, der architektonischen Entwicklung Prags kam es zugute. Kirchen und Paläste schwelgten nun im Barock, der heute noch das „Goldene Prag" ausmacht.

1713 erlebte Prag ein verheerendes Jahr: Zum letzten Mal brach die Pest aus, 13.000 Menschen fielen ihr zum Opfer. In eine schwere Zeit geriet die Stadt zudem nach dem Tod Karls VI. 1740. Prag wurde von Bayern, Sachsen, Franzosen und Preußen belagert, die seiner Thronfolgerin Maria Theresia das Erbe streitig machen wollten. Dem Preußen Friedrich II. gelang es 1745 sogar, mit einem Heer von 80.000 Mann Prag vorübergehend einzunehmen. Zwölf Jahre später versuchte er sein Glück erneut: Diesmal stand er mit über 100.000 Mann vor den Toren der Stadt, und fast genauso viele Kanonenkugeln hagelten auf sie nieder, doch einnehmen konnte er Prag nicht mehr.

Maria Theresias Sohn Joseph II. (1765– 1790) reformierte das Habsburgerreich nach den Ideen der Aufklärung. 1774 ließ er die Schulpflicht einführen, 1781 wurde die Leibeigenschaft abgeschafft, was viele Tschechen vom Lande veranlasste, ihr Glück in Prag zu suchen. 1782 gewährte das sog. Toleranzedikt die Glaubensfreiheit. Sie kam v. a. den Juden zugute. Protestanten gab es ohnehin fast keine mehr, denn die Rekatholisierung des Landes hatte Wirkung gezeigt, 90 % der Bevölkerung waren nunmehr katholisch. Aber weiterhin hielten die Spannungen zwischen reichem Bürgertum und armem Volk an, oder anders ausgedrückt, zwischen dem, was „deutsch" war, und dem, was „tschechisch" war.

Die nationale Frage stellt sich

Dank der Bildungsreform entstand zu Anfang des 19. Jh. ein kleines intellektuelles Bürgertum. Aus diesem ging die *Národní obrození* hervor, eine Bewegung, die zunächst die Gründung tschechisch-nationaler Vereinigungen in Kunst und Literatur zur Folge hatte. Diese fanden regen Zulauf, zumal durch die industrielle Revolution (1833 wurden die ersten Dampfmaschinen in Karlín aufgestellt) immer mehr Tschechen nach Prag kamen, so viele, dass auch das zahlenmäßige Verhältnis zwischen Deutschen und Tschechen zugunsten Letzterer kippte.

1843, in dem Jahr, als der erste Prager Bahnhof eröffnet wurde, bildete sich in der heutigen Havelská Nr. 3 ein geheimer politischer Zirkel, der sich *Repea Club* nannte. Junge böhmische Patrioten saßen darin, anti-deutsch eingestellt – kein Wunder in einer Monarchie, die keine Gleichberechtigung kannte, die Presse- und Versammlungsfreiheit verweigerte und deren Erhalt Polizeispitzel und eine Bürokratie garantierten, die für ganz Afrika gereicht hätten. Der Repea Club wandte sich schließlich an die Öffentlichkeit und mobilisierte die Massen gegen die Habsburger. Um die Aufständischen zu besänftigen, erfolgte am 8. April 1848 per kaiserlichem Dekret die Gleichstellung der Sprachen – ein Schritt, der zu spät kam. Der Traum von einem tschechischen Staat war bereits geboren, Straßenschlachten waren die Folge – selbst bei Kunstlicht: 1847 waren die ersten Gaslaternen in Prag aufgestellt worden. Doch die Hoffnungen auf eine Hauptstadt namens Praha fanden schon bald ihr Ende. Bereits am 17. Juni 1848 verschaffte sich das österreichische Militär mit schwerem Geschützfeuer wieder Respekt. Aus Angst vor den Militärgerichten flüchteten ca. 20.000 Prager.

Der letzte Hochmut vor dem Fall

Nach der kurzen Erschütterung der Habsburger Herrschaft übte sich die alte Oberschicht deutsch-böhmischer Prägung wieder in Ignoranz und Überheblichkeit. Wie gewohnt belächelte man alles Tschechische. Als sie schließlich 1861 die Mehrheit im Prager Stadtparlament verlor, gefiel sie sich in Larmoyanz bei der Verteidigung ihrer Privilegien.

Die Deutschen machten schon bald nur noch ein Drittel der Bewohner Prags aus. Der Zuzug von Tschechen hielt weiter an. 1872 riss man gezwungenermaßen die Stadtmauern ein und ersetzte kleinere, ältere Gebäude durch neue Gründerzeithäuser. Prag wurde immer größer, auch durch Eingemeindungen, und verwandelte sich zudem in ein industrielles Zentrum (v. a. für Schwer- und Textilindustrie). 1883 brannte die erste elektrische Straßenlampe, 1896 fuhr die erste elektrische Straßenbahn durch Prag. Gleichzeitig war das Streben der Tschechen nach Souveränität und kultureller Emanzipation nicht mehr umkehrbar. Es drückte sich u. a. in Repräsentationsbauten wie dem Nationaltheater (1881) und dem Nationalmuseum (1893) aus. Bei der Eröffnung des ersten stand Smetanas *Libuše* auf dem Programm. Der Komponist hatte übrigens auch

Der Wenzelsplatz um 1910

einen Gesangsverein gegründet, dessen Motto beispielhaft für den tschechischen Geist der Zeit war: „Durch Gesang zum Herzen, durchs Herz zum Vaterland". Die tschechische Kultur mit Musik von Dvořák oder dem Prager Jugendstil fand bald darauf in ganz Europa Anerkennung. Anders aber bei den Deutschen in Prag: Sie behielten ihren Hochmut bei, mehr als zur Unterhaltung in den Wirtshäusern taugten böhmische Musikanten in ihren Augen nicht.

Erster Weltkrieg, erste Republik

Als Erzherzog Franz Ferdinand d'Este, Schlossherr von Konopiště etwa 40 km südlich von Prag), am 28. Juni 1914 in Sarajevo einem Attentat zum Opfer fiel, ein Ereignis, das schließlich den Ersten Weltkrieg auslöste, sah eine Gruppe von Exilanten die Gelegenheit gekommen, bei den Entente-Mächten für eine unabhängige tschechoslowakische Republik zu werben. Eine Schlüsselrolle unter ihnen nahm Tomáš Garrigue Masaryk ein. Und als die habsburgische Monarchie zerschlagen war – Prag blieb übrigens von Kriegshandlungen verschont –, wurde die Republik Realität und Masaryk ihr erster Präsident.

Prag war wieder ins Zentrum des politischen Geschehens gerückt, als Hauptstadt der neuen Tschechoslowakischen Republik (ČSR). Und der neue Staat hatte gute Karten, ca. 60 % der Industrieanlagen Österreich-Ungarns waren ihm in intaktem Zustand zugefallen – von heute auf morgen befand sich das Land an 10. Stelle unter den Industrienationen der Welt. Die Bevölkerung war bunt gemischt: 6,8 Mio. Tschechen, 3,1 Mio. Deutsche (über 80 % davon lebten in geschlossenen Siedlungsgebieten in Böhmen und Mähren), 1,9 Mio. Slowaken, 750.000 Ungarn, 460.000 Ukrainer und 70.000 Polen. Um ethnischen und sozialen Spannungen vorzubeugen, wurde unter Masaryk eine der liberalsten Verfassungen jener Zeit verabschiedet. Mit Erfolg, die Stadt erlebte ein neues goldenes Zeitalter, die Moderne hielt Einzug, es entstanden etliche Gebäude im funktionalistischen und kubistischen Stil. Das Radio spielte ab 1923 und die junge Nation göttlichen Fußball: 1934 wurde die Tschechoslowakei Vizeweltmeister. Doch während dieser Zeitspanne wurden peu à peu auch Gesetze verabschiedet, die an den Besitzständen der deutschsprachigen Bevölkerung rüttelten und ihre Rechte einschränkten (z. B. Enteignung durch Agrarreform, Entlassung von über 30.000 deutschsprachigen Beamten, da diese der tschechischen Sprache nicht ausreichend mächtig waren, Schließung deutscher Schulen etc.). Vor allem in den grenznahen, fast rein deutschsprachig besiedelten Gebieten blickten die Menschen deshalb sehnsüchtig ins Reich, wo die Nazis nach der Weltwirtschaftskrise für Aufschwung sorgten, während in der ČSR allein 500.000 Deutsche arbeitslos waren. Die Deutschböhmen formierten sich daraufhin als Sudetendeutsche (zuvor sprach man von Deutschböhmen, Deutschmährern und Deutschschlesiern) und forderten die Selbstbestimmung. 1933 wurde die „Sudetendeutsche Heimatfront" gegründet, aus der später die „Sudetendeutsche Partei" hervorging. Ihr Führer war Konrad Henlein, der die Nähe zum Führer in Berlin suchte.

Braune Hemden

Am 29. September 1938 unterzeichneten Hitler, Mussolini, Chamberlain und Daladier das Münchner Abkommen, das die Abtretung der Sudetendeutschen Gebiete ans Deutsche Reich regelte. Zwei Tage später marschierten deutsche Truppen ein. Doch die Nazis wollten mehr. Im März 1939 besetzten sie das restliche Staatsgebiet Tschechiens – die Slowakei war inzwischen auf deutschen Druck formal unabhängig geworden – und etablierten das Reichsprotektorat Böhmen und Mähren. Sie trafen kaum auf Widerstand, angesichts ihrer militärischen Überlegenheit war das auch kein Wunder. Lediglich in Prag gingen ein paar Studenten auf die Straße – Brutalität war die Antwort. Aufgrund einschüchternder Vergeltungsmaßnahmen der Nazis blieb Widerstand auch in der Folgezeit selten. Ein Beispiel: Auf das tödliche Attentat auf den Reichsprotektor Reinhard Heydrich im Prager Vorort Libeň wurde das ganze Dorf Lidice nordwestlich von Prag – dort vermutete man die Herkunft des Widerstandskämpfer – dem Erdboden gleichgemacht und alle männlichen Bewohner über 14 ermordet. Mit Unterdrückung und Terror ist für die Tschechen der Stadt das Kapitel Nazizeit verbunden, für ca. 36.000 Prager Juden, die nach 1941 über Theresienstadt in die Vernichtungslager deportiert wurden, mit dem Tod. Die Stadt selbst überstand den Krieg weitestgehend unversehrt. Nur einen Luftangriff musste Prag erleiden: Am 14. Februar 1945 hatten 62 Kampfflieger der US Army bei schlechtem Wetter Dresden mit Prag verwechselt. 637 Einwohner fielen dem Bombenangriff zum Opfer.

Am 9. Mai 1945 kam die Befreiung Prags durch die Russen. Der bereits erwähnte Henlein beging in alliierter Haft Selbstmord, der letzte Reichsprotektor Frick wurde in Nürnberg zum Tod verurteilt. Und nach dem Motto „Auge um Auge" folgten Vergeltungsmaßnahmen gegen die deutsche Bevölkerung und mutmaßliche tschechische Kollaborateure. Ihnen wurden die gleichen Lebensmittelrationen zugeteilt, wie sie die Juden während des Krieges erhalten hatten. Tausende starben an Hunger. Andere wurden in Schnellverfahren verurteilt und hingerichtet.

Vertreibung und Kommunismus

Kurz nach Kriegsende wurde die Tschechoslowakische Republik (ČSR) wieder hergestellt und Edvard Beneš ihr erster Präsident. Unter seiner Führung wurden 1945 auch jene von der Potsdamer Konferenz gebilligten Dekrete verabschiedet, die der deutschen Bevölkerung das Recht auf die tschechoslowa-

kische Staatsangehörigkeit aberkannten und deren gewaltsame Abschiebung zur Folge hatten. Fast drei Millionen Deutsche waren davon betroffen. Nur rund 200.000 Deutsche durften bleiben, insbesondere jene, die für die Industrie „unersetzlich" waren. Noch heute sind zwei Drittel der Tschechen davon überzeugt, dass die Vertreibung der Deutschen richtig war.

Ein Jahr später erhielten die Kommunisten bei den Wahlen zur Nationalversammlung knapp 40 %, das beste Ergebnis, das eine kommunistische Partei je in einer freien Wahl erzielte. 1948 führten sie eine Regierungskrise herbei, riefen den Generalstreik aus und organisierten die größte Demonstration, die Prag je gesehen hatte. Sie zwangen Beneš zum Rücktritt, neuer Staatspräsident wurde Klement Gottwald, eine tschechische Ausgabe Stalins. Mit ihm kamen eine neue Verfassung und die Entmündigung des Volkes. Es folgten die kommunistische Ideologisierung von Kultur und Wissenschaft, die Verstaatlichung von Industrie und Handel, die gewaltsame Kollektivierung der Landwirtschaft und Fünfjahresplan auf Fünfjahresplan. Etwa zwei Millionen Tschechen und Slowaken verließen ihr Land.

1960 zählte Prag eine Million Einwohner und rühmte sich der größten Stalinstatue der Welt. Auf arg viel mehr konnte man jedoch nicht stolz sein. Die einseitige Förderung der Schwerindustrie, Korruption und die Unfähigkeit der Regierenden führten das Land in die wirtschaftliche Krise. Wer das Regime kritisierte, wurde interniert oder zum Tod verurteilt. Einigen Quellen zufolge soll bis 1968 fast jeder fünfte männliche Erwachsene vorübergehend inhaftiert gewesen sein. Auf jeden Fall litt das Volk und mit ihm litten auch überzeugte Kommunisten, die sich eingestehen mussten, dass es so nicht mehr weitergehen konnte. Es folgten innerparteiliche Streitigkeiten zwischen den selbstgefälligen Genossen stalinistischer Prägung und Reformern, aus denen Letztere als Sieger hervorgingen.

Prager Frühling

Im Januar 1968 wurde Alexander Dubček Erster Parteisekretär und damit neuer Staatschef. Die von ihm vorgestellten Liberalisierungs- und Demokratisierungsprogramme sollten zu einem „Sozialismus mit menschlichem Antlitz" führen, was viel über die vorherige Gestalt des Systems aussagt.

Das Volk jubelte Dubček zu. Es herrschte Optimismus, der Prager Frühling verwandelte die Stadt.

Walter Ulbricht aber gingen die geplanten Reformen vor seiner Haustür zu weit. Und der kalte Krieger Leonid Breschnew sah sogleich die Außengrenzen des Warschauer Paktes in Gefahr und pochte auf die beschränkte Souveränität der zugehörigen Staaten (Breschnew-Doktrin). Am 21. August 1968 marschierten die Truppen des Warschauer Paktes auf, insgesamt 650.000 Mann. Es kam zu lang anhaltenden Protesten. Die Bilder gingen um die Welt: Tausende Prager auf den Straßen, in ihrer Mitte sowjetische Panzer. Sechs Studenten übergossen sich in aller Öffentlichkeit mit Benzin und zündeten sich an. Nach einem von ihnen, Jan Palach, wurde nach der Samtenen Revolution der einstige Krasnoarmejců náměstí (Rotarmistenplatz; im Stadtteil Josefov) umbenannt. Bevor der Eiserne Vorhang die Tschechoslowakei endgültig abriegelte, verließen mehr als 150.000 Menschen das Land.

Langer Winter

Die Tristesse des sozialistischen Alltags wurde wiederhergestellt, aus dem großen Hoffnungsträger Dubček ein paar Jahre später ein kleiner Forstbeamter. Mithilfe eines gigantischen Sicherheitsapparates schaffte es die kommunistische Partei (KSČ), für Ruhe zu sorgen und den Lebensstandard sogar so weit zu verbessern, dass er im Ostblock nur noch von der DDR übertroffen wurde.

Mit Prestigeobjekten wie dem Bau der Prager U-Bahn inszenierte man vor der Bevölkerung den grandiosen Fortschritt des Landes. Doch lediglich im Sport feierte das kleine Land wirklich große Erfolge. 1976, in dem Jahr, in dem man Fußballeuropameister wurde, verhaftete man die Musiker der Undergroundband „The Plastic People of the Universe" (→ Kasten S. 212). Liberale Intellektuelle setzten sich daraufhin für die Musiker ein. 1977 schlossen sie sich zur Charta 77 zusammen, aus der das Bürgerforum hervorging. Einer ihrer geistigen Urheber war Václav Havel. Sie forderten die Einhaltung der Menschenrechte und erlebten dafür das Gegenteil: Überwachung, Verfolgung und Gefängnis.

Samten fällt der Eiserne Vorhang

Gorbatschows Politik der Perestrojka läutete Ende der 80er-Jahre das Aus für die greisen Funktionäre des Ostblocks ein. In Berlin war die Mauer bereits gefallen (9. November 1989), in Polen, Ungarn und Bulgarien hatte sich das Volk schon erhoben, als in Prag am 17. November 1989 über 50.000 Menschen auf die Straße zogen. Die Kommunisten hatten die Kundgebung genehmigt, da sie offiziell an die Novemberdemonstration von 1939 erinnern sollte.

Damals waren Studenten gegen Hitlers Einmarsch auf die Straße gegangen. Der Protest aber, so zeigte sich schnell, galt der eigenen politischen Führung. Die Demonstration schlug man brutal nieder. Über 100 Teilnehmer wurden verhaftet, ca. 500 verletzt. Dieser Tag gilt heute als der Auftakt zur „Samtenen Revolution". Seit 2000 ist er ein Feiertag.

Es folgten Arbeitsniederlegung und Großdemonstrationen; am Wenzelsplatz versammelten sich ein paar Tage später über 200.000 Menschen, am Letná-Berg demonstrierten 750.000. Noch bevor das Jahr zu Ende war, hatten die Kommunisten ihre Führungsrolle verloren. Das Volk forderte mit Plakaten „Havel auf die Burg", und so kam es. Um die Turbulenzen jener Zeit zu verdeutlichen, wird gerne die Geschichte von Jiří Dienstbier erzählt, der als Dissident im Gefängnis saß und dann für die Heizanlagen mehrerer Plattenbauten verantwortlich war. Seine Ernennung, dass manche kalt duschen mussten, weil

Prag im Kasten

Václav Havel – vom Dichter zum Präsidenten und zurück

Die meisten Künstler und Intellektuelle des ehemaligen Ostblocks, die zum Sturz der dortigen Regime beitrugen, sind heute in Vergessenheit geraten. Nicht Václav Havel (1936–2011). Aus dem gefeierten Dichter wurde ein gefeierter Präsident und aus dem Präsidenten wieder ein gefeierter Dichter, der als Symbolfigur für Freiheit und Gerechtigkeit bis heute weiterlebt.

Havels Familie gehörte dem Großbürgertum der Stadt an. Die Kommunisten enteigneten die Havels, und dem jungen Václav verweigerten sie wegen seiner bourgeoisen Herkunft den Besuch des Gymnasiums. So begann Havels berufliche Laufbahn als Chemielaborant und Taxifahrer. 1960 startete Havels Karriere am Theater – zunächst als Kulissenschieber und Beleuchter. Nebenbei absolvierte er ein Fernstudium an der Theaterfakultät, schrieb seine ersten Stücke und stieg zum Dramaturgen auf. Vier Jahre später heiratete er Olga Spíchalová. 1967 erregte Havel auf dem IV. Prager Schriftstellerkongress erstmals politisches Aufsehen, als er die Zensur und die Widersinnigkeit des kommunistischen Machtapparates öffentlich kritisierte. Bald darauf hatte Havel in der Tschechoslowakei Aufführungs- und Publikationsverbot. Doch Havel verstummte nicht. Fortan führte er sein dramatisches und literarisches Schaffen aus dem Untergrund fort. Die Absurdität jener Zeit verarbeitete er in absurden Theaterstücken. 1977 wurde Havel Mitbegründer und Sprecher der *Charta 77* – zum Ärger der Machthaber (s. o.). Viermal wurde er verhaftet, insgesamt saß er 50 Monate im Gefängnis. Aus der verschärften Haft in einer nasskalten Zelle verfasste er seine viel gerühmten *Briefe an Olga*. War Havel in Freiheit, beschattete ihn der Geheimdienst rund um die Uhr. Verfolger und Verfolgter kannten sich im Laufe der Zeit – gerne wird die Geschichte erzählt, dass Havel seine Beschatter auch mal auf ein *Pivo* an den Tresen bat. Sieben Monate nach seiner letzten Haftentlassung jagte er voller Elan – das ist belegt – mit einem Tretroller durch die Gänge der Präsidentschaftskanzlei. Dahin hatte ihn das Volk nach der Samtenen Revolution geschickt, und dort ging er als letzter Präsident der Tschechoslowakei und als erster Präsident der Tschechischen Republik in die Geschichte ein. Havel punktete im In- und Ausland durch seine moralische Integrität. Dabei ging der Dichterpräsident mit dem eigenen Volk zuweilen recht hart ins Gericht: „Die Tschechen neigen zum Spießbürgertum, zum Isolationismus und Kleinmut." Und Tabus brach er auch – vielen ging es zu weit, dass sich Havel bei den Sudetendeutschen für die Vertreibung entschuldigte. Nach dem Ausscheiden aus der großen Politik (2003) sammelte Havel Preise und Auszeichnungen wie andere Briefmarken. 2008 kehrte er mit dem Stück *Odcházení (Abgang)* zurück ins Theater – gefeiert von Kritikern und Publikum. Sein Tod am 18. Dezember 2011 schockierte das ganze Land. Eine dreitägige Staatstrauer wurde angeordnet. Auf dem Königsweg, jenem Weg, den die neuen Regenten Böhmens einst vor ihrer Krönung beschritten (→ S. 58), fand die letzte große Prozession Prags statt. Aber ohne Jubel. Nur Tränen begleiteten Havels Sarg auf dem Weg zur Burg. Danach verschwand sein Name aus den Schlagzeilen. Seitdem aber Rechtspopulisten den Ton im Land angeben und seitdem der Milliardär Andrej Babiš, gegen den wegen Steuer- und Subventionsbetrugs ermittelt wird, regiert, erlebt Havel als integre Symbolfigur für Freiheit und Anstand ein Comeback. „Wahrheit und Liebe müssen siegen über Lügen und Hass", ist eines seiner bekanntesten Statements. Und: „Es gibt Werte, die gelten und keine Staatsgrenze haben." Sein Porträt in immer mehr Kneipen und Cafés ist ein Appell an Offenheit und Toleranz.

seine Stelle so schnell nicht wieder besetzt werden konnte.

1990 gab es schließlich nach langer Zeit wieder die ersten freien Wahlen, zu denen nicht nur jeder gehen durfte, sondern auch ging: Die Wahlbeteiligung lag bei 99 %. Havels Bürgerforum gewann. Demokratie war nun da, aber eine Zukunftsfrage bewegte alle osteuropäischen Länder: Wie schafft man den Übergang von einer veralteten Planwirtschaft zu einer freien Marktwirtschaft, wenn die Gesellschaft – wie Havel es ausdrückte – an einer „Postgefangenschaftspsychose" litt, der Unfähigkeit, selbst Entscheidungen zu treffen und zu handeln.

Die Spaltung des Landes und der Beitritt zur EU

Am 1. Januar 1993 erfolgte die Trennung der ČSFR (der Name existierte seit 1990) in die Tschechische und die Slowakische Republik. Das Gros der 1,5 Mio. Mitglieder der Kommunistischen Partei hielt fortan das Fähnchen der Demokratie und des Kapitalismus in den Wind. Viele alte Parteimitglieder machten Karriere in Politik und Wirtschaft, brachten es auf Ministerposten oder in die Vorstände internationaler Unternehmen wie *Škoda Auto* oder *HVB*. Bei den einstigen Dissidenten herrschte darüber bittere Enttäuschung. Erst seit 2007 gibt es das staatliche Institut für das Studium totalitärer Systeme, das vergleichbar mit der Behörde für Stasi-Unterlagen in Deutschland ist und auf die Akten der Geheimdienste zurückgreifen kann.

Freuen konnten sich hingegen viele, die nach 1948 enteignet worden waren, unzählige Gebäude, Burgen, Schlösser, Klöster und Kirchen wurden ihren früheren Besitzern zurückgegeben.

Prag im Kasten
Prag unter Wasser – die Flut von 2002

Dem Volksglauben nach heißt es, dass großes Unheil die Stadt heimsucht, wenn der Klöppel der Sigmundsglocke im Turm des Sankt-Veits-Doms springt. Das war im August 2002 öfters der Fall. Und das Moldau-Hochwasser, das folgte, war die verheerendste Katastrophe, die die Tschechische Republik bisher erlebt hatte. In

Prag mussten rund 50.000 Einwohner evakuiert werden, im ganzen Land 250.000. Die Moldau führte 30-mal mehr Wasser als sonst. Am meisten litten die Kleinseite und der Stadtteil Karlín, wo viele Einwohner nicht nur ihre Wohnung verloren, sondern auch ihre Arbeit. Denn so manch kleinerer Betrieb besaß nicht die Mittel, nach dem Desaster einen Neuanfang in die Wege zu leiten. Mit Metallbarrieren hingegen hatte man die Altstadt vor dem Allerschlimmsten bewahren können. Aber selbst dort liefen viele Keller voll, darunter Archive von Bibliotheken – noch heute sind Bände bei -30 °C eingefroren, um sie so bis zu ihrer Restaurierung zu konservieren.

Moldau-Hochwasser 2002

Durch ein radikales Privatisierungsprogramm versuchte man, die Wirtschaft des Landes wieder auf Vordermann zu bringen. Eine große Zahl ausländischer Unternehmen investierte in den neuen Standort, und das mit Erfolg (→ Wirtschaft, S. 192).

Am 1. Mai 2004 trat die Tschechische Republik der EU bei. Seitdem erhält das Land durch den EU-Strukturfonds Fördermittel insbesondere für die Bereiche Transport, Umwelt und Regionalentwicklung – für den Besucher spiegelt sich das v. a. in neugepflasterten Markt- und Parkplätzen sowie in Umleitungen wider. Die Gelder werden aber auch für den Erhalt des baulichen Erbes und für vieles mehr verwendet. Rund 3,7 Mrd. Euro überweist Brüssel jährlich nach Prag, sofern die Förderung wegen Korruptionsvorwürfen nicht ausgesetzt wird.

Prag heute – und morgen?

Laut *Eurostat*, dem europäischen Statistikamt, gehört Prag heute aufgrund seiner Wirtschaftsleistung zu den zehn reichsten Regionen Europas. So mancher international agierende Konzern hat hierher seine Europazentrale verlegt, andere Unternehmen rechnen an ihrem Hauptsitz in Prag das ab, was sie anderswo im Land produzieren lassen. Prag boomt, Gewerbeimmobilien für immer mehr Büroflächen schießen rund um die Stadt wie Pilze aus dem Boden. Die Mieten explodieren. Doch die Elite des Landes kann sich einiges leisten – auch einen luxussanierten Stuckaltbau im Herzen der Stadt. Es ist daher nur noch eine Frage der Zeit, bis das historische Zentrum wieder ein wenig „tschechischer" wird. In den Jahrzehnten nach der Samtenen Revolution wurde es von den Pragern fast vollständig geräumt. Böse Zungen bezeichnen es mittlerweile gar als seelenloses Disneyland, für das man womöglich irgendwann einmal Eintritt zahlen müsse. Reisegruppen aus aller Herren Länder schieben sich in Stoßzeiten über die Karlsbrücke und durch die pittoresken Altstadtgassen, vorbei an wie geklont wirkenden Souvenirläden, vorbei an *McDonald's*- und *Starbucks*-Filialen. Der Overtourism ist kaum übersehbar, aber für die meisten Prager, die mit dem historischen Zentrum nichts am Hut haben, kein wirkliches Problem.

Und weiterhin in der EU?

Auch wenn es Tschechien nicht schlecht geht (geringe Arbeitslosigkeit, hohes Wachstum), sehen sich dennoch viele Bewohner der rückständigen Provinz weniger als Profiteure der Globalisierung denn als Menschen zweiter Klasse, als „verlängerte Werkbank", an der man für Niedriglöhne schuftet, um denen in Prag oder da drüben hinter der Grenze zu noch mehr Wohlstand zu verhelfen. Landesweit stößt auf, dass hinter ein und derselben Verpackung in deutschen Supermarktregalen zuweilen qualitativ hochwertigere Produkte stecken als in tschechischen. Der Begriff „Lebensmittelrassismus" macht dabei die Runde. Namhafte Politiker, darunter der Präsident des Landes, hetzen gegen die EU, auch weil sie Migration aufzwingen will. Dabei ist Fremdenfeindlichkeit keine Grundhaltung im Land. Es sind v. a. die Politiker (mit Ausnahme der Grünen), die der Bevölkerung eintrichtern, Zuwanderung sei eine Gefahr. Die Integration der Roma ist bis heute nicht geglückt, wieso also sollte es mit Flüchtlingen besser klappen?

Der Euroskeptizismus ist weit fortgeschritten. 2017, als Andrej Babiš, der „Berlusconi von der Moldau", mit seiner Partei ANO („Aktion unzufriedener Bürger") die Parlamentswahlen gewann, hielt nicht einmal mehr ein Drittel der Bevölkerung die EU für eine gute Sache. So wundert es nicht, dass bereits der Czexit zur Diskussion steht.

Tschechien und Prag in Zahlen und Fakten

Geografie

Mit 78.866 km² ist Tschechien nur wenig größer als Bayern. Das Stadtgebiet von Prag beträgt 496 km² und ist in 22 Verwaltungsbezirke gegliedert. Prag liegt auf etwa 50°05'19'' nördlicher Breite, d. h. ungefähr auf gleicher Höhe wie Frankfurt. Der höchste Punkt Tschechiens, der Gipfel der Schneekoppe (Sněžka), misst 1602 m über dem Meer, der niedrigste 115 m, die Daten für Prag lauten 399 m und 177 m.

Bevölkerung

Von den ca. 10,5 Mio. Einwohnern bezeichnen sich 63,7 % als Tschechen, 5 % als Mährer und Schlesier, 1,4 % als Slowaken, 0,4 % als Polen, 0,3 % als Vietnamesen und 0,3 % als Deutsche (die fehlenden Prozent verweigerten die Antwort). Die Zahl der Roma schätzt man auf 250.000–300.000. In Prag sind offiziell etwa 12 % aller Einwohner des Landes registriert, d. h., hier wohnen rund 1,27 Mio. Menschen. 14 % der Einwohner Prags sind Ausländer, dabei sind am stärksten Ukrainer vertreten (die als Billigkräfte am Bau arbeiten), gefolgt von Slowaken und Russen. Prag 1, das touristische und historische Zentrum, zählt gerade mal 30.000 Einwohner.

Sprache

Landes- und Amtssprache ist Tschechisch, eine Minderheit spricht Slowakisch.

Religion

Tschechien ist das am stärksten säkularisierte Land des ehemaligen Ostblocks. Nach der letzten Volkszählung 2011 bekannten sich nur 20 % überhaupt zu einer Konfession, davon die meisten zur römisch-katholischen Kirche (10 %).

Wirtschaft

Die tschechische Wirtschaft boomt, in den letzten 5 Jahren gab es Wachstumsraten zwischen 2,6 und 5,3 %. Für 2019 wird ein Wirtschaftswachstum von 3,1 % erwartet. Die Arbeitslosenquote beträgt ca. 3 %, in Prag und in weiten Teilen des Landes herrscht nahezu Vollbeschäftigung. Dennoch ist mancherorts beinahe ein Fünftel der Bevölkerung ohne Arbeit. Das Bruttoinlandsprodukt hat sich in den vergangenen 15 Jahren mehr als verdoppelt und betrug 2018 etwa 90 % des EU-Durchschnitts (in Deutschland 123 %). Zum BIP trägt die Industrie 37 % bei, die Landwirtschaft weniger als 2 %. Das durchschnittliche Bruttomonatseinkommen liegt landesweit bei etwas über 1000 €, in Prag etwa ein Viertel darüber, der Mindestlohn betrug 2018 490 €. Die Inflationsrate schwankte zuletzt um die 2,4 %. Die bedeutendsten Handelspartner sind die EU-Staaten, unter diesen steht Deutschland an erster Stelle. Rund ein Viertel der tschechischen Wirtschaft befindet sich auch in deutscher Hand. Für mehr als die Hälfte der tschechischen Industrieproduktion, für über ein Drittel der Beschäftigten in der Industrie und für 70 % der tschechischen Exporte sorgen Tochtergesellschaften ausländischer Unternehmen.

Politisches System

Die Česká Republika ist eine parlamentarische Demokratie. Das Parlament besteht aus 2 Kammern, dem Abgeordnetenhaus (200 Mitglieder nach dem Verhältniswahlrecht auf 4 Jahre gewählt) und dem Senat (alle 2 Jahre wird ein Drittel der 81 Mitglieder für 6 Jahre per Mehrheitswahl bestimmt).

Der Staatspräsident, seit 2013 Miloš Zeman, wird vom Volk gewählt und besitzt ein aufschiebendes Vetorecht. Der Staatspräsident ernennt den vom Abgeordnetenhaus gewählten Ministerpräsidenten (seit 2017 der Milliardär Andrej Babiš, ANO). Seit den letzten Wahlen zum Abgeordnetenhaus im Oktober 2017 sind im Parlament folgende Parteien vertreten: ANO (Aktion unzufriedener Bürger, liberal-populistisch, 78 Sitze), Občanská demokratická strana/ODS (rechtskonservativ, 25 Sitze), Česká pirátská strana/Piráti (Piraten, 22 Sitze), Svoboda a přímá demokracie/SPD (islamkritisch, EU-skeptisch, rechtsradikal, 22 Sitze), Česká strana sociálně demokratická/ČSSD (Sozialdemokraten, 15 Sitze), Komunistická strana Čech a Moravy/KSČM (Altkommunisten, 15 Sitze), KDU-ČSL (Christdemokraten, 10 Sitze), TOP 09 (wirtschaftsliberal, 7 Sitze), Starostové a nezávislí/STAN (Allianz tschechischer Bürgermeister, 6 Sitze). Oberbürgermeisterin von Prag ist seit 2014 Adriana Krnáčová, die zuvor 7 Jahre lang das tschechische Büro von *Transparency International* leitete.

Tourismus

Rund 6,5 Mio. ausländische Gäste besuchen Prag jährlich, die meisten Besucher kommen aus Deutschland, fast jeder siebte Gast ist Deutscher. Im Ranking folgen US-Amerikaner (7,3 %), Engländer (6,2 %), Russen (6 %) und Italiener (5 %).

Notizen zur Architekturgeschichte

Es gibt nur wenige Städte der Welt, die eine solche architektonische Vielfalt wie Prag zu bieten haben. Die wichtigsten Baustile des letzten Jahrtausends im Überblick:

Romanik

Die Entstehung Prags fällt zusammen mit dem Baustil der Romanik, der ersten europäischen Kunstrichtung im frühen Mittelalter (um 950–1250). Da die meisten Häuser unterhalb der Prager Burg zu jener Zeit nichts anderes als Holzhütten waren, blieb außer ein paar steinernen Kirchenbauten wenig erhalten. Und das, was es heute noch zu sehen gibt, ist nicht immer auf Anhieb als romanischer Bau zu erkennen, da durch spätere Umbauten andere Stilelemente aufgesetzt wurden. Geschlossenheit und Festigkeit, Wucht und Strenge sind an sich die generellen Merkmale der Romanik. Sowohl durch ihr dickes, unverputztes Kleinquadermauerwerk als auch durch ihre Kargheit besitzen die Bauten von außen häufig Festungscharakter. Beispielhaft für den romanischen Sakralbau der böhmischen Länder sind einschiffige Rundbauten wie die kleine **Heilig-Kreuz-Rotunde (Rotunda sv. Kříže)** in der Karoliny Světlé in der Altstadt oder die **Sankt-Martins-Rotunde** auf dem Gelände der Burg Vyšehrad (→ S. 165). Leider sind beide Rotunden so gut wie immer geschlossen. Der schönste und bedeutendste romanische Bau der Stadt versteckt sich heute hinter einer barocken Fassade: die **Sankt-Georgs-Basilika** (→ S. 121) auf der Prager Burg.

Gotik

Wie überall in Europa hielt die Gotik auch in Prag Mitte des 13. Jh. ihren großen Einzug. Himmelwärts strebende Bauwerke, Spitzbögen, Kreuzrippengewölbe und große Fensteröffnungen ersetzten die schweren, breit gelagerten Bauten der Romanik. Das Bauwerk, das bis heute als Inbegriff gotischer Architektur gilt, ist die Kathedrale. Angelehnt an französische Vorbilder sollte auch mit dem **Sankt-Veits-Dom** in Prag der Idealtypus einer Kathedrale geschaffen werden – jedoch konnte während der Gotik lediglich das Chorhaupt in Ansätzen fertiggestellt werden (→ S. 117). Die Gotik ist in Prag aber nicht nur bei sakralen Bauwerken zu finden, auch Türme, Brücken und Patrizierhäuser wurden in dieser Manier errichtet. Dass diese nicht sofort ins Auge fallen, liegt wie bei den romanischen

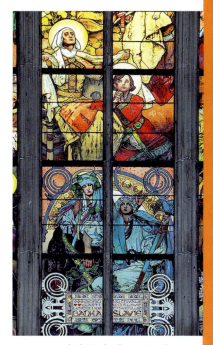

Jugendstil: Mucha-Fenster im Dom

Bauten v. a. daran, dass spätere Renaissance- und Barockumbauten den ursprünglichen Stil regelrecht übertünchten. Noch heute kann man in manchen Häusern der Altstadt gotische Keller und Gewölbe finden.

Zu den bedeutendsten gotischen Bauten der Stadt gehören neben dem Chor des Sankt-Veits-Doms das **Sankt-Agnes-Kloster** (→ S. 74), die **Altneusynagoge** (→ S. 76), die **Teinkirche** (→ S. 58), der **Altstädter Brückenturm** und die **Karlsbrücke** (→ S. 61). Während im übrigen Europa gegen 1500 die Epoche der Gotik endete, blieb sie in Prag bis zum Anfang des 17. Jh. erhalten. Insbesondere die Hussiten förderten die Gotik noch lange Zeit, da der neue Stil – die Renaissance – aus dem katholischen Italien kam und so für sie nicht akzeptabel war.

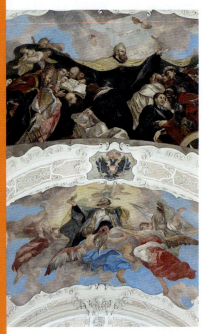

Deckenmalereien in der barocken Sankt-Thomas-Kirche auf der Kleinseite

Renaissance

In der zweiten Hälfte des 16. Jh. führten italienische Handwerker dann doch die neuen Formen ein, insbesondere die Spätrenaissance (Manierismus) sollte in Prag Anklang finden. Sehnte man sich in der Epoche der Gotik noch nach einer schnellen Überwindung des „elenden" Erdendaseins und nach dem Jenseits, entdeckte man in der Renaissance die Schönheit und Harmonie der Welt. Angewandt wurde der Baustil in Prag weniger bei sakralen als vielmehr bei säkularen Gebäuden. Die neuen Bautypen waren Lustschlösser wie **Belvedér** (→ S. 124), Ballhäuser wie das **Große Ballhaus** im Königsgarten (→ S. 124) oder Paläste wie das **Palais Schwarzenberg** (→ S. 103). Vor allem am Palais Schwarzenberg, der als schönster Renaissancebau der Moldaustadt gilt, lassen sich die typischen Stilelemente der Epoche nachvollziehen: figürliche und geometrische Sgraffiti, ornamentales Stuckwerk in den Innenräumen und nach altrömischen Vorbildern errichtete Arkadenloggien. Da sich mit der böhmischen Renaissance keine Baumeister von Rang in Verbindung bringen lassen, wie beispielsweise Peter Parler mit der Gotik und Christoph Dientzenhofer mit dem Barock, wird die Prager Renaissance von ausländischen Kunsthistorikern gerne übersehen.

Barock

Nicht übertrieben ist es, Prag als eine der europäischen Hauptstädte des Barock zu bezeichnen, eines Baustils, der im 16. Jh. ebenfalls in Italien entstanden war. Nach der Schlacht am Weißen Berg 1620 kam er auch in der Moldaustadt zur Geltung. Der Sieg der katholischen Partei war zugleich der Auftakt für die neue Kunstepoche, für die zunächst überwiegend ausländische Baumeister wie Carlo Lurago und Giovanni Domenico Orsi zuständig waren. Der

Barock, von den katholischen Habsburgern zum „Reichsstil" erhoben, sollte religiöse Frömmigkeit, aber auch weltliche Daseinsfreude symbolisieren. Unter den Jesuiten, die die Gegenreformation des Landes vornehmlich lenkten, wurde der prunkvolle barocke Um- oder Neubau von Kirchen gefördert. Mit ihnen kamen auch viele deutschsprachige Baumeister nach Prag, darunter Joseph Emanuel Fischer von Erlach aus Wien und Christoph Dientzenhofer aus Oberbayern. Insbesondere mit dem Namen Dientzenhofer sind viele Barockbauten Prags verbunden, woran auch Kilian Ignaz (1689–1751), der Sohn Christoph Dientzenhofers, großen Anteil hat. In Prag wurde v. a. darauf geachtet, den aus Italien adaptierten Baustil mit natürlichen Begebenheiten der Stadt in Einklang zu bringen. Herausragendes Beispiel dafür ist das **Barockschloss Troja** (→ S. 163): Das Schloss im Stil einer frühbarocken italienischen Villa liegt harmonisch eingebettet zwischen Weinbergen und Moldauufer.

Das Ideal der harmonischen, an der Antike angelehnten Ordnung der Renaissance wird im Barock zur stürmischen Dynamik. Gerade Linien mutieren zu schwungvollen Kurven, Flächen zu plastischen Gebilden. Typisch sind mächtige Kuppeln und illusionistische Deckengemälde (z. B. an der **Sankt-Nikolaus-Kirche** auf der Kleinseite → S. 89), geschwungene Linien an Fenstern, Portalen und Gesimsen (z. B. an der **Sankt-Margareten-Kirche** des Klosters Břevnov → S. 162 mit Statuen geschmückte Portale und Fassaden (z. B. am **Palais Clam-Gallas** → S. 56) und v. a. überall Putten, Putten, Putten. Weitere bedeutende Prager Barockbauten sind u. a. das **Loreto-Heiligtum** (→ S. 105) und das **Palais Waldstein** (→ S. 87).

Rokoko

Es wird gerne gestritten, ob das Rokoko eine eigene Stilepoche oder als Variante des Spätbarock (etwa 1740–1780) anzusehen ist. Selbst der mit dem Barock groß gewordene Baumeister Kilian Ignaz Dientzenhofer wandte sich später dem Rokoko zu. Von ihm stammt z. B. der Entwurf zu einem der herausragendsten Rokokobauwerke Prags, dem **Palais Kinský** (→ S. 58), das erst nach seinem Tod, zwischen 1755 und 1765, verwirklicht wurde. Der Überdruss an all dem schwülstigen Prunk und der Monumentalität des Barocks wird hier deutlich. Im Rokoko wurde das Dekor feiner, kleiner und verspielter. Neben Knorpelwerk, Blumen und Ranken wurde die Muschel (französisch „Rocaille") zu einem der Grundmotive des Stils, auffallend zum Beispiel an der 1765 gestalteten Fassade des **Erzbischöflichen Palais** (→ S. 101), einem weiteren bedeutenden Rokokobau Prags. Ansonsten sind Rokokobauwerke in der Moldaustadt eher rar, dafür lassen sich noch Beispiele dieses Stils in der **Plastik** finden. Ignaz Platzer, der berühmteste Prager Bildhauer des Rokoko, hinterließ seine Spuren z. B. in der Sankt-Nikolaus-Kirche auf der Kleinseite (→ S. 89).

Klassizismus

Stilistisch stellt der Klassizismus (1750–1840) v. a. eine Gegenreaktion auf die überschwängliche Formensprache von Barock und Rokoko dar. Dem Dekor des Rokoko begegnete man mit klarer und eleganter Linienführung, glatten Flächen und geometrischer Ordnung. In Prag erreichte der Klassizismus bei weitem nicht die Bedeutung wie in anderen europäischen Städten – es mangelte in jener Epoche v. a. an wirtschaftlicher Kraft, um dem neuen Stil zum Durchbruch zu verhelfen.

Das bedeutendste klassizistische Bauwerk Prags, das **Ständetheater** (→ S. 53), wurde zwischen 1781 und 1783 von Anton Haffenecker erbaut. Die Neigung der klassizistischen Architekten zu einer an die Antike angelehnten, tempelartigen Grundstruktur kommt hier zum Ausdruck. Ein anderes klassizistisches Highlight der Moldaustadt stellt der **Philosophische Saal** im Kloster Strahov (→ S. 106) dar. Ignaz Johann Palliardi schuf ihn um 1782/83.

Historismus

Der rapide Fortschritt von Wissenschaft und Technik und die damit einhergehende Industrialisierung in der zweiten Hälfte des 19. Jh. sowie wachsende Anforderungen an Rentabilität und Zweckmäßigkeit stellten die Architekten vor massive Aufgaben, boten aber auch neue Chancen. Da Zeit mittlerweile Geld war und dieselbe zum Experimentieren knapp wurde, mussten schnelle Lösungen her, und das war auch im Falle Prags der Rückgriff auf bereits vorhandene historische Formen. Die Dekorteile wurden nun aber maschinell produziert und wie Katalogware nach Bildern ausgesucht. Die damalige Situation wird gerne mit der Frage des Maurers an den Bauherrn wiedergegeben: „Das Haus ist fertig, welcher Stil soll nun dran?" So entstanden der neoromanische Stil, die Neorenaissance und der Neobarock.

Der Prager Historismus, der sich in erster Linie als **Neorenaissance** realisierte, wurde daneben auch vom Wunsch nach einer nationalen Identität motiviert. Herausragendes Beispiel dafür ist das **Nationaltheater** (→ S. 35), das zwischen 1868 und 1881 mithilfe von Spendengeldern und nach Plänen von Josef Zítek errichtet wurde. Bemerkenswerte Neorenaissancebauwerke sind zudem das **Nationalmuseum** (1885–1890, → S. 33) und das **Rudolfinum** (1876–1882, → S. 77).

Jugendstil

Eine Antwort auf die oft unmenschlich und unnatürlich erscheinenden Zustände der Industrialisierung hieß zu Beginn des 20. Jh. „zurück zur Natur". Architekten und bildende Künstler verwendeten nun organische, oft pflanzliche Formen und fließende Linien, gern gewählte Motive waren Ranken, Wasserläufe oder langes, wallendes Frauenhaar. Diese Ornamentik nannte man in Deutschland „Jugendstil" (nach der 1896 gegründeten Zeitschrift „Jugend"), in Österreich sprach man vom „Sezessionsstil" (da es zur Sezession – Abspaltung – einer jüngeren Künstlergruppe von einer älteren gekommen war), in Italien vom „Stile Liberty", in England vom „Modern Style", in Spanien vom „Modernismo" und in Frankreich und Belgien von der „Art Nouveau".

Ein starkes Echo fand die Wiener Sezession in der Prager Architektur. Viele junge tschechische Architekten waren aus dem berühmten und viel besuchten Atelier des Österreichers Otto Wagner mit neuen Ideen nach Prag zurückgekehrt. Nicht zuletzt deswegen spricht man zuweilen auch von der „tschechischen Sezession", die sich in ihrem Ausdruck aber nur unwesentlich von den anderen europäischen Spielarten unterscheidet. Die Formensprache der Sezession erstarrte schon bald zur Spielerei, noch vor dem Ersten Weltkrieg war der Stil wie eine veraltete Mode passee.

Zu den großen tschechischen Jugendstilkünstlern gehört u. a. Alfons Mucha. Er wirkte am Gemeindehaus **Obecní dům** mit (1905–1912, → S. 59), dem Vorzeigebauwerk der Prager Sezession. Typische Jugendstilelemente sind hier z. B. Intarsienfußböden, farbige Fenstergläser in der Kombination mit kunstgeschmiedetem Metall sowie das mit pflanzlichen Formen versehene Mosaik im Bogengiebel der Fassade. Auch der zwischen 1901 und 1909 vom Architekten Josef Fanta errichtete und reich ausgeschmückte **Prager Hauptbahnhof** gilt als Paradebeispiel des lokalen Jugendstils.

Kubismus

So wie man in der Malerei (z. B. bei Braque, Picasso, Delaunay) abgebildete Gegenstände auf die geometrischen Grundformen Kubus (lat. „Würfel"), Kegel und Kreis zurückführte, versuchten dies Prager Architekten Anfang des 20. Jh. auch bei Häusern. Dabei wurde das gesamte Gebäude einer plastischen Gestaltung unterzogen, es vermittelt teilweise und v. a. von außen den Eindruck einer bewohnbaren Skulptur. Dies kommt z. B. durch kristallin gebrochene Fassaden oder diamantförmige Fensterbekrönungen zum Ausdruck.

Prag ist bezüglich seiner kubistischen Architektur einzigartig auf der Welt. Der Grund: Die Architekten orientierten sich nicht nur an der modernen Malerei und Plastik, sondern nahmen auch die spätgotische Prager Architektur mit ihren nahezu abstrakten Gewölbeformationen als Vorbild. Lange Zeit wurde die kubistische Architektur der Moldaustadt lediglich als eine regionale Entwicklung verstanden, heute interpretiert man sie als eigenständige Spielart des **Expressionismus**. Zu den bedeutendsten Architekten gehören Josef Gočár und Josef Chochol. Sehenswert sind das **Haus zur Schwarzen Madonna** (→ S. 60), das **Haus Diamant** und mehrere Gebäude unterhalb der Burg Vyšehrad (→ S. 60).

Rondokubismus

Nach der Gründung der ersten Republik 1918 entwickelte sich der Rondokubismus, bei dem die eckigen, prismatischen Formen des Kubismus durch weichere, eher zylindrische ersetzt wurden. Der Rondokubismus, auch **Nationaler Stil** genannt, war mehr eine patriotische Bewegung, die das Volkskunstschaffen und die nationale Vielfalt reflektierten sollte und zugleich einen direkten Abschied von der klassischen Formenlehre, die noch für den Kubismus maßgeblich war, darstellte. Sichtbar sind diese neuen Ansätze in erster Linie am **Palais Adria** (→ S. 30), dem bedeutendsten rondokubistischen

Spannende Architektur der 1950er: Expo-Praha-58-Pavillon im Letná-Park

Gebäude Prags. Es wurde von den Architekten Josef Zasche und Pavel Janák geplant und zwischen 1922 und 1924 erbaut. Das Palais besitzt Türmchen und Zinnen und ist verziert mit einer überschwänglichen plastischen Ornamentik, die traditionelle böhmische und mährische Motive aufgreift. Letztendlich aber hatte der Rondokubismus nur eine kurze Blüte.

Funktionalismus

Der Funktionalismus, auch „Neues Bauen" oder „Neue Sachlichkeit" genannt, verlangte ab den 20er-Jahren des 20. Jh. die strikte Abkehr von rein dekorativen und historisierenden Tendenzen in der Architektur. Die Funktion eines Gebäudes stand im Vordergrund, zweckgebunden sollte es gestaltet werden. Eine reine, ornamentlose Architektur mit klaren Formen und geraden Linien war gewünscht.

In der **Baba-Kolonie** (→ S. 164), einem zwischen 1932 und 1940 errichteten Villenviertel im Stadtteil Dejvice, setzte man diese Ideen provokant um: Bei den quaderförmigen, weiß verputzten Häusern kamen v. a. neue Baustoffe wie Beton, Stahl und Glas zur Verwendung. Spannend, da nicht nur von außen, sondern auch von innen zu besichtigen, ist zudem die **Müllervilla** (→ S. 164) von

Adolf Loos. Das imposanteste funktionalistische Gebäude Prags ist jedoch der 1924–28 errichtete **Messepalast**, der heute das Museum moderner und zeitgenössischer Kunst beherbergt (→ S. 133). Der extravagante, transparente Bau, geschaffen von den Architekten Oldřich Tyl und Josef Fuchs, gilt als Meilenstein im europäischen Funktionalismus – anderswo war der Stil in jenen Jahren noch in der Projektphase.

Architektur während der sozialistischen Zeit

Das Konzept des **sozialistischen Realismus** geht auf Stalin selbst zurück und war der Versuch, „eine getreue und historisch korrekte Abbildung der Wirklichkeit in ihrem revolutionären Fortschritt" zu schaffen. Der sozialistische Realismus sollte sich von den Visionen eines rigiden Funktionalismus zugunsten einer gegenständlichen, parteilichen Kunst abwenden. Die Frontfassaden schmückte man wieder mit Elementen historischer Baustile. Das **Hotel International** (1951–59, → Kasten „Ostalgie-Tipps", S. 147) wurde z. B. mit aus der Renaissance entlehnten und mit sozialistischer Symbolik angereicherten Sgraffiti verziert. Ein weiteres interessantes Gebäude aus der sozialistischen Ära ist das **Planetarium** (→ S. 139), das an den russischen Konstruktivismus der 20er- und 30er-Jahre anknüpft. Vor allem aber dominieren Modulbauten aus jener Zeit. Wer sich ein Bild von der Prager Plattenbauarchitektur machen will, kann einen Spaziergang durch die Südstadt unternehmen (→ S. 160).

Architektur nach 1989

Auch über ein Vierteljahrhundert nach der Samtenen Revolution hämmert, bohrt und kracht es noch in der Moldaustadt. Der Restaurierungsboom hält an, kaum eine Straße ohne Baustelle. Die Bauarbeiter kommen vielfach aus der Ukraine – auch Tschechien hat seine Gastarbeiter. Die Augenwischerei nach der Wende, als im Zentrum Fassade auf Fassade geliftet und geschminkt wurde, ist weitestgehend abgeschlossen. Nun steht das morsche Gebälk dahinter an: Aus feuchten, dunklen Kabuffs mit Pawlatschen (offene Gänge an der Hofseite eines Hauses) in den Hinterhöfen werden lichte Apartments, und hinter der Pracht alter Palais tun sich moderne Büros auf. Ein Beispiel für diese Entwicklung ist der Shoppingtempel **Palladium** am Náměstí Republiky. Hinter der Fassade im Stil der Tudorgotik befand sich einst eine Kaserne aus der k.-u.-k.-Zeit.

Aber auch mutige Schritte hin zu einer wirklich neuen Architektur sind auszumachen. Ein gelungenes Beispiel dafür ist das von 1992–96 vom kanadischen Architekten Frank Owen Gehry entworfene **Tanzende Haus** (→ S. 32), ein extravagantes Gebäude im Stil des Dekonstruktivismus – die Auflösung traditioneller statischer Verhältnisse steht dabei im Vordergrund. Oder das Holz-Stahl-Luftschiff *Gulliver* von Martin Rajniš, das seit 2016 über der Galerie Dox schwebt (→ S. 134). Weitere moderne Bauten sind und waren schon in der Diskussion, u. a. ein avantgardistischer Kunsttempel für ein Dalí-Museum von Daniel Libeskind, eine neue Nationalbibliothek in Form einer Krake nach Plänen des 2009 verstorbenen Jan Kaplický oder die *Walter Towers*, ein w-förmiger Hochhauskomplex, entworfen von dem dänischen Architektenbüro Bjorke Ingels. Doch darüber, was man dem altehrwürdigen Zentrum zumuten kann, gehen die Meinungen im Stadtrat auseinander: Je nach Machtverhältnissen stehen die Projekte kurz vor der Realisierung oder sind gleich wieder vom Tisch. Auch mischt sich die UNESCO ein. Wegen zweier geplanter Wolkenkratzer im etwas abseits gelegenen Stadtteil Pankrác droht sie, Prag von der Welterbeliste zu streichen.

Am Kleinseitner Brückenturm

Au Gourmand in Josefov: eine Frühstücksadresse der oberen Liga

Essen & Trinken

Böhmische Standards

Auf keiner Karte fehlen Suppen als Vorspeise. Der Klassiker ist die Rinderbouillon, mal bekommt man sie mit Griesnockerln, mal mit Flädle, mal auch nur mit Nudeln. Empfehlenswert sind zudem die sämigen und herzhaften Kraut-, Kartoffel- oder Linsensuppen.

Zu den böhmischen Standards in Sachen **Hauptgerichte** zählt zuallererst das „Dreigestirn" *vepřová pečeně* (Schweinebraten), *svíčková na smetaně* (Lendenbraten mit Sahnesoße und Preiselbeeren) und *guláš*. Beliebt sind zudem *kachna pečena* (Entenbraten) oder der legendäre *moravský vrabec* (Mährischer Spatz) – kein knochiges Federvieh, sondern gewürfeltes Schweinefleisch mit Knoblauch. Auch das panierte Schweineschnitzel *(vepřový řízek)* fehlt auf keiner typisch tschechischen Karte. Zudem kommen Wild und Fisch auf den Tisch.

Wichtigste **Beilage** und quasi der Schwamm zum Aufsaugen der Bratensoße sind Klöße, die in verschiedenen Variationen serviert werden: als *houskové knedlíky* (in Scheiben geschnittene Mehlklöße, für böse Zungen „geschmacksneutrale Pappscheiben"), *bramborové knedlíky* (Kartoffelklöße) und – seltener – als *špekové knedlíky* (Speckklöße). Braten isst man zudem mit Kraut oder Spinat, Kurzgebratenes meist mit Pommes und ein bisschen Gemüsegarnitur. **Salate** tauchen als Hauptgerichte auf, als Beilage sind sie in der traditionellen böhmischen Küche jedoch weniger geläufig.

> **Bioprodukte** sind in Tschechien stark im Kommen. Wer es sich leisten kann, isst „bio" – angefeuert durch die vielen Lebensmittelskandale der jüngeren Vergangenheit. Auch diverse Restaurants bieten mittlerweile Gerichte mit Bioprodukten an.

Berühmt ist das Land für seine **Süßspeisen**. Fragen Sie nach *livance* (Liwanzen, mit Pflaumenmus bestrichene Hefeplätzchen), *buchty* (Buchteln, eine mit Pflaumenmus oder Mohn gefüllte

Mehlspeise), Obstknödeln *(ovocné knedlíky)* oder den bekannten gefüllten Pfannkuchen *(palačinky).*

Den zwickenden Magen beruhigt hinterher ein *Slivovice* oder ein *Becherovka*, die tschechischen Nationalschnäpse schlechthin.

In manchen Bierstuben gibt es nur **kalte Speisen**. Zu den beliebtesten zählen *utopenci* („Ertrunkene"), das sind dicke Fleischwürste in Essig und Zwiebeln. Oder *pivní sýr* (Bierkäse), ein würziger Quarkkäse, der mit Zwiebeln, warmem Senf und Bier vermischt aufs Brot gestrichen wird. Äußerst lecker ist *nakládaný hermelín*, kein zähes Wiesel, sondern der tschechische Camembert, in Öl, Gewürzen und Knoblauch mariniert. *Topinka* schließlich ist ein mit Knoblauch bestrichenes, belegtes Röstbrot.

Fast Food auf Tschechisch

Fast Food auf Tschechisch ist z. B. *párek v rohlíku* (Hotdog) oder eine dicke *klobása* (gegrillte Wurst) mit Brot und Senf – ein fettig-spritzendes Basserlebnis, das die Handcreme ersetzt. Gern gegessen werden auch *bramborák* (dünner Kartoffelpuffer mit Knoblauch und Majoran) und *chlebíčky*, kunstvoll arrangierte und reich mit Schinken, Edamer, Mayonnaise und Ei belegte Weißbrotscheiben. Diese heute vom Aussterben bedrohten „Brötchen fürs Volk" gibt es auch in anderen Variationen. Wer sie kosten will, muss nach einem *lahůdky* (Delikatessengeschäft) Ausschau halten. *Trdlník* ist ein bei Touristen ungemein beliebtes, knuspriges Süßgebäck, das viele Stände im historischen Zentrum verkaufen. Äußerst fotogen wird es auf Rollen über Holzkohle gebacken und anschließend mit Zimt und/oder Nüssen bestreut.

Was isst man als Vegetarier?

Der durchschnittliche Fleischkonsum Tschechiens zählt zu den höchsten der Welt. Verhungern müssen Vegetarier deswegen aber noch lange nicht. In vielen Restaurants findet man unter

---

Prag im Kasten

Touristenabzocke in Restaurants – noch kein Schnee von gestern

Leider verstehen sich manche Restaurants im historischen Zentrum weniger aufs Kochen, sondern eher aufs Kassieren. Das gilt insbesondere für traditionsbetonte und an den Haupttrampelpfaden gelegene Lokale ohne Stammpublikum, die oft mit einem „Touristenmenü" werben. Das Essen ist dort meist keinen Deut besser als in der miefigsten Vorstadtkneipe, nur um ein Vielfaches teurer. Das Gros der Ausländer bekommt das gar nicht mit, da man von zu Hause solche Preise gewohnt ist oder sie für eine Großstadt noch immer als angemessen erachtet. So manch traditionsreiches Lokal, das Sie im Buch vielleicht vermissen, wird deswegen nicht aufgeführt. Auch ist die alte Faustregel „Dort essen, wo die Einheimischen essen" für Prag nicht immer zutreffend. Noch immer kommt es vor, dass ausländischen Gästen mehr abgeknöpft wird als dem tschechischen Nachbartisch. Bereits im Mittelalter gab es übrigens eine Zeit skrupelloser Kneipiers in Prag, worauf sich eine Art Bürgerschutzverein gründete, der eine besondere Vergeltungsmaßnahme praktizierte: Man steckte die Betrüger in Körbe und tunkte sie in die Moldau ... Kontrollieren Sie also stets Rechnung und Wechselgeld! Schreiben Sie uns, falls Sie mit einem der empfohlenen Restaurants unzufrieden waren, damit wir es ggf. aus der nächsten Auflage streichen können. Und halten Sie sich an den Ratschlag der Tschechischen Fremdenverkehrszentrale: „Man sollte nur so viel trinken, dass man sich noch an die Anzahl der getrunkenen Biere erinnern kann."

der Überschrift „*Bezmasa*" (ohne Fleisch) ein paar Gerichte. Doch Achtung: Darunter fallen manchmal auch Speisen, deren Hauptbestandteil nicht aus Fleisch besteht, wie ein Omelett mit Schinken oder Bratkartoffeln mit Speck. Größer ist das Angebot in Restaurants mit zeitgemäßer internationaler Küche. Zudem schossen in Prag in den letzten Jahren vegetarische und selbst vegane Restaurants wie Pilze aus dem Boden, Empfehlungen finden Sie in den Stadtteilkapiteln und in unserer Restaurantliste ab S. 257.

Pivo – des Tschechen liebstes Kind

„Wo andere Städte Grundwasser haben, hat Prag Bier." Was Bohumil Hrabal, der 1997 verstorbene tschechische Literat und Biertrinker, so treffend formulierte, beweist auch die Statistik. 138 Liter *pivo* pro Kopf und Jahr konsumieren die Tschechen im Durchschnitt – Kinder und Abstinenzler eingerechnet (Deutsche 106 Liter). Überraschend ist es nicht, gehört doch tschechisches Bier zu den besten der Welt. Die Kommunisten ernannten es gar einst zum „Brot der Bevölkerung".

Die international bekanntesten tschechischen Biere sind *Plzeňský prazdroj* (Pilsner Urquell) und *Budvar* (Budweiser). Prags größte Brauerei ist *Staropramen* (→ S. 129). Prags berühmteste Kleinbrauerei ist das *U Fleků*, das ein dunkles Lagerbier nach bayerischer Art ausschenkt (→ S. 39). Allgemein unterscheidet man zwischen hellem *(světlé)* und dunklem Bier *(tmavé oder černý)*, einer Art Malzbier für Erwachsene. Beide lassen sich auch mischen. Was dabei herauskommt, heißt *řezané*, „Geschnittenes". In manchen Bierlokalen bekommt man auch unpasteurisiertes Lagerbier aus speziellen Tanks. Zudem ist es en vogue, handgemachte Craft-Biere und Biere kleinerer Brauereien aus den letzten Winkeln des Landes auszuschenken. Mittlerweile gibt es über 350 Mikrobrauereien. Es macht Spaß, auf Bierentdeckungstour zu gehen, zumal die hiesigen Craft-Biere nur einen Bruchteil dessen kosten, was in deutschen Hipster-Craftbeer-Kneipen verlangt wird.

Tschechisches Bier wird nicht nach seinem Alkoholgehalt, sondern den Platograden unterschieden, d. h. dem Anteil löslicher Stoffe in der Würze vor dem Gärungsprozess. Faustregel zum Ausrechnen des Alkoholgehaltes: Stammwürze geteilt durch Zweieinhalb. Meist wird 10- oder 12-gradiges Bier ausgeschenkt, das mit etwa 4–4,8 % Alkohol schwächer ist als deutsches Bier. Wer es dennoch verdünnt haben will: Man kennt auch *Radler* (heißt hier genauso!).

> **Alkfreies**: Die Softdrinks sind im Grunde die gleichen wie zu Hause. Ausnahme: *Kofola*, eine koffeinhaltige Brause, die in den 1960ern als tschechoslowakisches Gegenprodukt zu Coca Cola und Pepsi entstand und noch heute überaus beliebt ist. Das Leitungswasser ist zwar trinkbar, schmeckt aber nicht (Chlor).

Und wo trinkt man sein *pivo*? Am besten natürlich in einer *Pivnice* – das ist jedoch einfacher gesagt, als getan. Denn die Prager Bierstuben, einst so berühmt wie die Pariser Bistros oder die Wiener Kaffeehäuser, sind am Aussterben. Wer sich im touristischen Zentrum aufhält, wird die traditionellen Schankstuben mit derben Kellnern und verklebten Holztischen kaum mehr finden, sie wurden abgelöst von modern-rustikalen Einheitslokalen. In den Vororten wie Smíchov oder Holešovice gibt es sie aber noch! In den dortigen Pivnices wird das Bier noch immer so lange unaufgefordert auf den Tisch gestellt, bis man zahlt oder umfällt. Je weiter man sich vom Stadtzentrum entfernt, desto billiger wird es. Einen halben Liter bekommt man ab 1,50 €. Eine Auflistung aller im Buch erwähnten Bierstuben finden Sie auf S. 258.

Wein

Tschechischem *vino* schenkt man auf dem Weltmarkt kaum Beachtung. Das hat weniger mit der im internationalen Vergleich geringen Ausstoßmenge zu tun als vielmehr mit der Qualität – im Sozialismus wurde mehr Wert auf Masse als auf Klasse gelegt. Erst seit rund einem Jahrzehnt versuchen Winzer, ihre Weine zu verbessern und dem internationalen Niveau anzupassen. So manchem ist das schon gelungen, es gibt überaus gute Tropfen von Jungen Wilden, oft aber auch billigen Fusel (hüten Sie sich vor Weinen unter 5 €).

Die größten Weinanbaugebiete findet man in Mähren. Als Weißweinsorten werden dort überwiegend Müller-Thurgau (heißt im Tschechischen genauso), Weißer Burgunder *(Rulandské bílé)*, Grüner Veltliner *(Veltlínské zelené)*, Welschriesling *(Ryzlink vlašský)* und Rheinriesling *(Ryzlink rínský)* angebaut, außerdem der *Pálava*, eine Neuzüchtung zwischen Gewürztraminer und Müller-Thurgau – die duftigen Weißweine gehören zu den besten Mährens, unbedingt probieren! Zu den gängigsten Rotweinen zählen Blaufränkischer *(Frankovka)*, Blauer Portugieser *(Modrý Portugal)*, Zweigeltrebe (heißt im Tschechischen genauso), St. Laurent *(Svatovavřinecké)* und *Alibernet*. Letzterer ist eine Kreuzung zwischen Alicante Bouschet und Cabernet Sauvignon; entdeckungsfreudigen Rotweinliebhabern empfehlen wir eine Kostprobe dieses vollfruchtigen Weins. *Burčák*, der tschechische Federweiße, wird im Herbst angeboten.

Kavárna, das Kaffeehaus

„Hier debattierte man bei Lagen schwarzen Kaffees und bei Mělníker Wein über Kierkegaard, Augustinus und die letzte Theaterpremiere, die halbnackten Mädchen bildeten bunte Reihe mit den knabenhaften Philosophen, und es gehörte zum guten Ton, nicht zu bemerken, wenn eines der Paare für eine halbe Stunde verschwand, aufs Zimmer ging." So beschrieb Max Brod die Blütezeit der Prager Kaffeehauskultur 1957 im Rückblick. Und dass kein Mensch die Kaffeehäuser des Kaffees wegen aufsuchte, meinte gar Jaroslav Seifert (→ S. 148): „Der Kaffee war dort stadtbekannt schlecht."

Im Kommunismus war es vorbei mit den Kaffeehäusern, ihrem avantgardistischen Publikum und den Kellnern, die sich angeblich 2-mal am Tag rasierten. Zahlreiche Häuser wurden geschlossen, um der „Bourgeoisie" den Raum zu nehmen. Mittlerweile aber kann man von einer Renaissance sprechen. Viele alte Cafés wurden restauriert, teils aber auch totrestauriert. Künstler sieht man darin keine mehr, die Cafés gehören vorrangig den Touristen aus aller Welt. Trotzdem, und auch wenn Prag nicht Wien ist: Ein Cappuccino oder *presso* (ein guter, verlängerter Espresso) in einem der traditionsreichen Kaffeehäuser mit ihren großen Salons und ihrer oft prachtvollen ornamentalen Ausschmückung ist ein Erlebnis.

Die schönsten Kaffeehäuser finden Sie auf S. 258 aufgelistet.

Im Café Imperial

Náplavka: Sommer-Hotspot am Moldauufer

Kulturleben

Einen guten Überblick über kulturelle Veranstaltungen bietet www.goout.cz. Die beiden Portale www.ticketportal.cz und www.pragueclassicalconcerts.com listen nahezu sämtliche Events auf, für die man Tickets bestellen kann. Tickets verkaufen auch alle offiziellen städtischen Informationsbüros (→ S. 240). Wie man beim Ticketkauf vor Ort etwas sparen kann, erfahren Sie im Kapitel „Prag (fast) umsonst" (→ S. 221).

Klassische Musik, Oper und Ballett

„Wer Tscheche ist, ist Musiker", lautet ein altes Sprichwort. Große Komponisten wie Bedřich Smetana und Antonín Dvořák bezeugen dies. Leider hat heute die Crème de la Crème der tschechischen Musiker der Stadt den Rücken gekehrt – im Ausland lässt sich mehr verdienen. Dennoch sind die Prager Ensembles gut und die prachtvollen Konzertsäle und Opernhäuser allein schon eine Augenweide. Zudem finden während der Sommermonate in vielen Gärten und Parks nahezu täglich Konzerte statt. Eher abzuraten ist von den in diversen Kirchen dargebotenen Mozart-, Vivaldi- und Dvořák-Potpourris. Über ihre Zweitklassigkeit helfen auch keine historischen Kostüme hinweg. Solche *Best-ofs* gibt es nur, weil viele Touristen glauben, ein Konzertbesuch gehöre einfach zu einer Pragvisite. Mit den im Folgenden genannten Konzertsälen treffen Sie i. d. R. die bessere Wahl:

Rudolfinum, Sitz der Tschechischen Philharmonie (→ S. 77). Vorverkauf u. a. im Haus. ✆ 227059227, www.ceskafilharmonie.cz.

Smetana-Saal, im Jugendstilbau Obecní dům (→ S. 59). Karten bekommt man über www.praguemusic.cz und im Haus. ✆ 222002101, www.obecnidum.cz.

Villa Amerika, April–Okt. regelmäßig Konzerte über dem Dvořák-Museum (→ S. 39). ✆ 224 923363, www.nm.cz.

Španělský Sál (Spanischer Saal), grandioser Saal im Neorenaissance-Look auf der Prager Burg (→ S. 112). Leider finden Konzerte nur sehr unregelmäßig statt. Infos unter ✆ 224372 419, www.hrad.cz.

Lobkowicz Palace, einstündige Klavier-, Flöten- und Violinkonzerte stets um 13 Uhr im gleichnamigen Palast auf der Prager Burg (→ S. 123). ✆ 777227853, www.prague-castle-concert.cz.

Stavovské divadlo (Ständetheater), zählt mit Recht zu den schönsten Theatern Europas

(→ S. 53). Vorverkauf gegenüber dem Haupteingang an der Železná 24, ✆ 224901448, www.narodni-divadlo.cz.

Národní divadlo (Nationaltheater), neben anspruchsvollen Theateraufführungen auch tschechische Opern und Ballett in prunkvollem Ambiente (→ S. 35). Ticketverkauf nebenan in der Nová scéna (→ S. 206). ✆ 224901448, www.narodni-divadlo.cz.

Státní opera (Staatsoper), wesentlich kleiner als das Nationaltheater, aber ebenfalls eine Augenweide (→ S. 40). Allerdings sind Spielplan und Inszenierungen i. d. R. wenig innovativ. Seit Jahrzehnten auf dem Spielplan: *Tosca*, *Carmen*, *La Traviata*, *Aida*... Ticketverkauf u. a. im Haus. Wegen Generalsanierung aber bis voraussichtlich Herbst 2019 geschlossen. www.narodni-divadlo.cz.

Hudební divadlo v Karlíně, einziges Prager Haus, dessen Schwerpunkt auf Operetten liegt. Geboten werden aber auch Musicals. Vorverkauf im Haus. Křížíkova 10 (neben dem Busbahnhof Florenc), Karlín, Ⓜ B Florenc, ✆ 221 868666, www.hdk.cz.

Theater, Musicals

Prag besitzt über 200 Bühnen – man hat die Qual der Wahl, sofern man des Tschechischen mächtig ist. Doch viele Bühnen kämpfen ums Überleben, da die staatlichen Zuschüsse seit Jahren kaum erhöht, in manchen Jahren gar gekürzt wurden und zeitgleich die Kosten enorm stiegen.

Die **Schwarzen Theater (Černé divadlo)**, für die die Stadt berühmt ist, haben unter den Kürzungen weniger zu leiden. Sie sind ein Stück Touristenkult und können höhere Eintrittspreise verlangen. Viele Vorstellungen bedienen sich rein pantomimischer Darstellung, Musik untermalt die einfach erzählten Geschichten. Dabei bewegen dunkel gekleidete Schauspieler vom Publikum unbemerkt leuchtende Gegenstände vor einem schwarzen Hintergrund. Hinzu kommen oft Multimedia-Effekte. Zu viel des Zaubers, wie oft angepriesen, sollte man jedoch nicht erwarten.

Eine lange Tradition haben auch die **Marionettentheater**. Leider passten sich auch diese überwiegend dem touristischen Allerweltsgeschmack an. Die Endlosaufführungen von Mozarts *Don Giovanni* kann man sich sparen. Andere Puppentheater versprechen durchaus anspruchsvolle Unterhaltung – nicht nur für Kinder.

In der folgenden Auswahl sind nur Theater berücksichtigt, die auch für

Der Smetana-Saal: Heimat des Prager Symphonieorchesters

Pragbesucher ohne Tschechischkenntnisse interessant sein können.

Theater/Veranstaltungsorte

Divadlo Archa, eines der wenigen Prager Theater mit ausgesprochen avantgardistischem und experimentellem Programm. Gastspiele, ausgefallene Konzerte, Lesungen (vieles in Englisch). Ticketvorverkauf u. a. im Haus. Es gibt auch ein ansprechendes Café im Art-déco-Stil. Na Poříčí 26, Nové Město, Ⓜ B Náměstí Republiky, ☏ 221716333, www.archatheatre.cz.

Nová scéna, der Glasbau aus den frühen 1980ern beherbergt die zweite Bühne des Nationaltheaters (→ S. 35). Buntes Programm: Theater (viele Dramen, zuweilen auch ausländische Gastspiele), Schwarzes Theater usw. Ticketverkauf im Haus. ☏ 224901448, www.narodni-divadlo.cz.

Švandovo divadlo, einziges Theater der Stadt, das seine (oft recht anspruchsvollen) Stücke nahezu regelmäßig englisch „übertitelt". Nette Café-Bar angeschlossen. Štefánikova 57, Smíchov, Ⓢ 9, 12, 15, 20 Švandovo divadlo, ☏ 257321334, www.svandovodivadlo.cz.

Jatka 78, diverse Veranstaltungen (Konzerte und Theater), v. a. aber die Bühne des Cirk La Putyka, der „neuen Zirkus" in all seinen Facetten bietet. Pražská tržnice (Halle 7), Holešovice, Ⓜ C Vltavská, weiter mit Ⓢ 1, 12, 14, 25 Pražská tržnice, ☏ 773134884, www.jatka78.cz.

La Fabrika, durchgestylte Location in einer ehemaligen Fabrik. Vielfältiges Programm abseits des Mainstreams: Theater, Tanz, aber auch Filmvorführungen und Konzerte. Mit Bar. Komunardů 30, Holešovice, Ⓜ C Vltavská, weiter mit Ⓢ 1, 12, 14, 25 Dělnická, ☏ 604104600, www.lafabrika.cz.

Divadlo Ponec, modernes Tanztheater. Einige der weltbesten Tanzgruppen traten hier schon auf. Die Vorstellungen sind schnell ausverkauft. Husitská 24a, Žižkov, Ⓜ B, C Florenc, weiter mit Ⓑ 133, 504 U Památníku, ☏ 222721531, www.divadloponec.cz.

Divadlo Alfred ve Dvoře, innovatives nonverbales Theater, das auf den kommerziellen Schwarzlicht-Schnickschnack gut verzichten kann. Die Vorstellungen sind stets auf hohem Niveau. Fr. Křížka 36, Holešovice, Ⓢ 1, 6, 8, 12, 17, 25, 26 Strossmayerovo náměstí, ☏ 233376985, www.alfredvedvore.cz.

Nationaltheater, → Oper/Ballett.

Forum Karlín, eine Veranstaltungshalle, in der viele Konzerte und Gastspiele großer Theater über die Bühne gehen. Pernerova 53, Karlín, Ⓜ Křížíkova, www.forumkarlin.cz.

Schwarzes Theater

Černé divadlo Jiřího Srnec, gilt als weltweit erstes Schwarzes Theater, zudem als das beste Prags. Spielt im Palast Savarin, Ticketverkauf im Haus. Na Příkopě 10, Nové Město, Ⓜ A, B Můstek, ☏ 774574475, www.srnectheatre.com.

Laterna Magika, touristenüberlaufenes Multimediatheater mit Projektionen, Pantomime und Tanz – hört sich spannender an, als es ist. Spielort ist die Nová Scéna (→ S. 206). Ticketverkauf im Haus. ☏ 224901448, www.narodni-divadlo.cz.

Divadlo Image, neben Schwarzlichteffekten auch Pantomime und moderner Tanz. Ticketverkauf vor Ort. Národní 25, Nové Město, Ⓜ B Národní třída, ☏ 222314448, www.imagetheatre.cz.

Marionettentheater

Divadlo Spejbla a Hurvínka, weltbekanntes Puppentheater, das bereits seit 1930 besteht, schon in 31 Ländern gastierte und auch Anteil daran hat, dass tschechisches Puppenspiel seit 2016 zum immateriellen Kulturerbe der UNESCO gehört. Leider nur selten Aufführungen auf Deutsch. Ticketverkauf vor Ort. Dejvická 38, Dejvice, Ⓜ A Dejvická, ☏ 224316784, www.spejbl-hurvinek.cz.

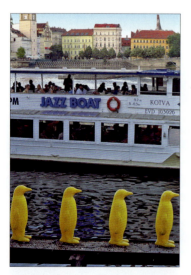

Beliebt bei Touristen: Jazz auf dem Boot

Prag im Kasten

Barrandov, das Hollywood des Ostens

Auf einem Hügel südlich von Smíchov liegen die Filmstudios Barrandov. Erbaut wurden sie von der Familie Havel, Václav Havels Onkel Miloš leitete den Betrieb anfangs höchstpersönlich. Die Erfolgsgeschichte der Studios begann in den 1930ern mit Gustav Machatýs deutschsprachigem Skandalstreifen *Ekstase* – die Kinos wurden förmlich überrannt, als zum ersten Mal nackte Haut auf der Leinwand zu sehen war. Während des Protektorats drehten die Nazis über 100 Propagandafilme in den Studios. Unter den Kommunisten wurden sie verstaatlicht. In dieser Zeit entstieg auch *Pan Tau* den Hügeln Barrandovs, genauso wie *Aschenbrödel* – das mit den drei Nüssen. Die Kinderfilme aus der damaligen Tschechoslowakei erweckten weltweite Begeisterung. Nach der Samtenen Revolution entdeckte Hollywood Barrandov als billigen Drehort. In Prag drehte man u. a. zwei Teile von *Mission: Impossible* mit Tom Cruise (1996 und 2011), Szenen des Jack-the-Ripper-Thrillers *From Hell* mit Johnny Depp (2001), von Roman Polanskis *Oliver Twist* (2004), des James-Bond-Films *Casino Royale* (2006) sowie des Kriegsfilms *Anthropoid* (2016). Überaus beliebt ist Prag auch bei „Kostümfilmern", da die Altstadt schnell in eine x-beliebige historische Umgebung verkleidet und in Szene gesetzt werden kann.

Tschechien verfügt nicht nur über eine qualitativ hochwertige Filmindustrie, auch tschechische Regisseure genießen weltweite Anerkennung. Einer der Vorreiter war Miloš Forman (1932–2018), der 1968 ins amerikanische Exil ging und dort mit *Hair* und *Einer flog über das Kuckucksnest* Riesenerfolge feierte. Für den Dreh von *Amadeus* (1984) kam er zurück nach Prag. Ein anderer Regisseur mit großer Strahlkraft ist Jiří Menzel (Jg. 1938). Für seine Komödie *Liebe nach Fahrplan*, nach einer Novelle von Bohumil Hrabal, erhielt er 1966 den Oscar für den besten fremdsprachigen Film. Mit *Ich habe den englischen König bedient* (2006) wagte sich der Altmeister nochmals an eine Vorlage von Hrabal. Einer jüngeren Generation an Filmemachern gehört Jan Svěrák an. Sein Film *Kolya* wurde 1996 mit dem Oscar ausgezeichnet, 2007 feierte er mit *Leergut* große Erfolge, seine jüngsten Filme waren *Drei Brüder* (2014) und *Barfuß* (2017). Aufsehen erregten in den letzten Jahren auch Ondřej Trojan mit seinem Liebesdrama *Želary* (2004 für den Oscar nominiert), Bohdan Sláma mit seinen Tragödien *Der Dorflehrer* (2008) und *Vier Sonnen* (2012), Jan Hřebejks Familiendrama *Kawasaki's Rose* (2009), Tomáš Luňáks Animationsfilm *Alois Nebel* (2011), Václav Kadrnkas Historienfilm *Der kleine Kreuzritter* (2017) oder Martin Šulíks Roadmovie *Der Dolmetscher* (2018).

Das Filmpoint Exhibition Centre im Hauptgebäude der Barrandov-Studios zeigt Kostüme, Requisiten und diverse Kuriositäten aus vergangenen und aktuellen Filmen. Sa/So 10–16 Uhr, 4,80 €, erm. 4 €. Kříženeckého nam. 322/5, zu erreichen mit Bus 105 (vom Bahnhof Smíchov) bis Haltestelle „Filmová ateliéry". www.barrandov.cz.

Dreharbeiten vor dem Außenministerium

Musicals

Internationale Gastspiele finden für gewöhnlich im **Kongresszentrum** im Stadtteil Vyšehrad statt (5. května 65, Ⓜ B Vyšehrad, www.prague cc.cz). Die ortsansässigen Musicaltheater präsentieren überwiegend Stücke in tschechischer Sprache, das Niveau reicht nicht an Stella-Produktionen heran.

Goja Music Hall, hier stehen Klassiker wie *Phantom der Oper* oder *Les Misérables* auf dem Programm. Im Ausstellungsareal Výstaviště in Holešovice, → S. 135. ✆ 272658337, www.goja.cz.

Divadlo Hybernia, der imposante Empirebau, der schon Kloster, Finanzamt und lange Zeit eine Ruine war, bietet heute neben Musicals auch Ballett. Vorverkauf u. a. im Haus. Náměstí Republiky 3, Staré Město, Ⓜ B Náměstí Republiky, ✆ 221419420, www.hybernia.eu.

Rock Opera, Musical-Theater mit Metalsound und Horrorshow. Ozzy Osbourne trifft auf Carl Orff oder Bach. Pražská tržnice (Halle 10), Holešovice, Ⓜ C Vltavská, weiter mit Ⓢ 1, 12, 14, 25 Pražská tržnice, ✆ 730515055, www.rockopera.cz

Divadlo Broadway, Bühne für Musicals, aber auch andere Veranstaltungen. Vorverkauf u. a. im Haus. Na příkopě 31, Nové Město, Ⓜ B Náměstí Republiky, ✆ 225113311, www.divadlo-broadway.cz.

Divadlo Kalich, hier stehen v. a. Klassiker und viel Seichtes auf dem Programm. Ticketverkauf im Haus. Jungmannova 9, Nové Město, Ⓜ A, B Můstek, ✆ 296245311, www.divadlokalich.cz.

Hudební divadlo v Karlíně, → Oper/Ballett.

Weitere Veranstaltungsorte

Größere Events (egal ob Rockkonzerte oder Sportveranstaltungen) finden vielfach in der modernen **O2 Arena**, dem angrenzenden **O2 Universum** (Českomoravská 17, Libeň, Ⓜ B Českomoravská, www.o2arena.cz) und in der **Tipsport Arena** beim Ausstellungsgelände Výstaviště (Holešovice, Ⓢ 6, 12, 17 Výstaviště, www.tipsportarena-praha.cz) statt.

Kino

Große Hollywoodproduktionen laufen in Prag zum gleichen Zeitpunkt wie im restlichen Europa an, unkommerzielle Filme oft mit ein paar Monaten Verzögerung, manchmal sind sie nur auf den Filmfestivals (→ Veranstaltungen, S. 210 f.) zu sehen. Ausländische Produktionen werden überwiegend in der Originalfassung mit Untertiteln gezeigt – erkundigen Sie sich am besten vorher. Die Kinokarten kosten selten mehr als 8 €, manchmal sind sie schon ab 4 € zu bekommen. Für Festivalbeiträge sollte man sich die Karten früh besorgen.

Multiplexkinos findet man in nahezu allen Shoppingmalls, im Folgenden eine kleine Auswahl außergewöhnlicher Kinos:

Lucerna, grandioser Kinopalast aus den 20er-Jahren des letzten Jahrhunderts. Prächtige ornamentale Ausschmückung. 500 Sitzplätze. Schönes Kino-Café. Standardfilmprogramm. Vodičkova 36, Nové Město, Ⓜ A, B Můstek oder A, C Muzeum, www.lucerna.cz.

Světozor, traditionsreiches Kino mit alternativem Programm, viele tschechische Filme mit englischen Untertiteln. Dazu Filmplakateverkauf. Vodičkova 41 (Eingang von der Passage), Nové Město, Ⓜ A, B Můstek, www.kinosvetozor.cz.

Cinestar Anděl, moderner Kinokomplex mit 14 Sälen, darunter auch ein „Gold-Class-Saal" mit Bar und großen Lümmelsesseln samt Fußlehne. Radlická 1E, Smíchov, Ⓜ B Anděl, www.cinestar.cz.

Aero, großes alternatives Kino mit netter Bar. Überwiegend anspruchsvolle Filme. Biskupcova 31, Žižkov, Ⓢ 9, 10, 11, 16 Biskupcova, www.kinoaero.cz.

IMAX, hier laufen 3-D-Filme (i. d. R. in Tschechisch) auf einer der größten IMAX-Kino-Leinwände (20 x 25 m) Europas. Im Shoppingcenter Palác Flora, Žižkov, Ⓜ A Flora, www.cinemacity.cz.

> **Sommerkino im Freien**
>
> Gibt es u. a. im Garten des Agnes-Klosters (→ S. 74, Programm auf www.ngprague.cz), in der Kasárna Karlín (→ S. 149, www.kasarnakarlin.cz), auf der **Schützeninsel** (→ S. 38, www.letnak.cz), im Freibad **Žluté lázně** (→ S. 237, www.zlutelazne.cz) und im **Rieger-Park** (→ S. 155, www.restauraceriegrovysady.cz).

Blick von der Aussichtsterrasse auf dem Vítkov

Veranstaltungen

Januar

An **Neujahr** feiert und feuert Prag. Menschenmassen und Rauchbomben gibt's am Wenzelsplatz und auf der Karlsbrücke. Wer das Feuerwerk in Ruhe genießen will, geht auf den Vítkov-Hügel in Žižkov oder auf die Moldauinsel Střelecký ostrov. Das offizielle Neujahrsfeuerwerk der Stadt Prag findet übrigens erst am 1. Jan. um 18 Uhr statt.

Beginn der **Ballsaison**. Jeder Stadtteil, jeder Verein feiert seinen repräsentativen Ball: Die Spannbreite reicht von feucht-fröhlichen Polkapartys bis zu elitären Veranstaltungen mit dem Wiener Opernball als Vorbild.

Kurzfilmfestival – dauert 4 Tage und findet im Kino Světozor statt, www.pragueshorts.com.

Februar

Spectaculare – genreübergreifendes Schaufenster der elektronischen Musikkultur mit Tanz, Theater und Kunstinstallationen. Veranstaltungsorte sind u. a. das Roxy und das Palác Akropolis. Geht bis in den März hinein. www.spectaculare.eu.

Karneval wird seit Jahren im Stadtteil Žižkov gefeiert. **Masopust** nennt sich das dortige kleine, lustige Spektakel mit einem Umzug am Faschingsdienstag, bei dem es von Kneipe zu Kneipe geht. Die Feierlichkeiten in der Innenstadt, darunter Umzüge und Maskenbälle, wurden jüngst von der Hoteliers- und Gastrobranche wiederbelebt, um als „Rio an der Moldau" punkten zu können.

März

Matthäus-Kirmes – traditionsreichste Kirmes der Stadt mit allem, was dazugehört: Lebkuchenherzen, Karussells und Schießbuden. Auf dem Ausstellungsgelände Výstaviště, geht meist bis nach Ostern.

Febiofest – ein populäres Filmfestival. Es läuft Neues und Kultiges im Cinestar Anděl. www.febiofest.cz.

One World – Dokumentarfilmfestival mit Schwerpunkt auf Menschenrechten, auf kleinere Kinos der Stadt verteilt. www.oneworld.cz.

April

Art Prague – Kunstmesse, an der diverse Galerien der Stadt teilnehmen, Hauptort war zuletzt das Palais Clam-Gallas. www.artprague.cz.

Days of European Film – dauert rund 1 Woche und liefert ein sehr interessantes Programm. Hauptveranstaltungsorte sind die Kinos Světozor und Lucerna. www.eurofilmfest.cz.

Traditionelles **Hexenfeuer** auf dem Ausstellungsgelände Výstaviště, stets am 30. April.

Mai

Das klassische Musikfestival **Prager Frühling** beginnt am 12. Mai mit einem Konzert beim Grab Smetanas (Ehrenfriedhof Vyšehrad). Konzerte an verschiedenen Orten, Dauer 4 Wochen. www.festival.cz.

Open House – zig Einrichtungen und Gebäude, die für die Öffentlichkeit sonst nicht zugänglich sind, öffnen für ein Wochenende ihre Pforten. Datum auf www.openhousepraha.cz.

Marathon – die Strecke führt durch die ganze Stadt. Anmeldung auf www.runczech.com.

Veranstaltungen

UP Festival – 72 Std. lang Kunst und Musik auf 4 Bühnen. Viel Experimentelles, viel Underground. Auf dem Ausstellungsgelände Výstaviště Praha. www.upfestival.cz.

Khamoro – größtes Romafestival Mitteleuropas (Dauer 1 Woche) mit Filmen, Tänzen und Konzerten, auf verschiedene Locations verteilt. www.khamoro.cz.

Prague Fringe Festival – das unkonventionelle Kleinkunstfestival dauert 9 Tage. Alle Aufführungen in englischer Sprache. www.praguefringe.com.

Juni

Dance Prague – internationales Festival für zeitgenössische Tanzkunst. Geht den ganzen Juni über. Hauptveranstaltungsort ist das Divadlo Ponec. www.tanecpraha.cz.

Respect Festival – 2-tägiges Worldmusic-Open-Air auf dem Ausstellungsgelände Výstaviště Praha. www.rachot.cz.

United Islands of Prague – an dem 3-tägigen Musikfestival nehmen rund 100 Bands und DJs aus aller Herren Länder teil. Auf verschiedene Parks und Moldauinseln der Stadt verteilt. www.unitedislands.cz.

Prague PROMS – buntes Musikfestival mit Schwerpunkt auf Klassik, Jazz und Weltmusik. Für gewöhnlich begleitet dabei das Nationale Symphonieorchester internationale Stars. Hauptveranstaltungsorte sind das Obecní dům, der Loop Jazz Club und das Hybernia-Theater. www.pragueproms.cz.

Juli

Metronome Festivals – 2-tägiges Open-Air-Festival, 2018 bereicherten u. a. Massive Attack und John Cale das Line-up. Auf dem Ausstellungsgelände Výstaviště. www.metronomefestival.cz.

Sommerfestival der alten Musik – von Mitte Juli bis Anfang Aug. teils hochkarätige Konzerte internationaler Musiker an den verschiedensten Orten. Aber nicht nur Barockmusik, im Programm auch Fado und anderes. www.letnislavnosti.cz.

Bohemia Jazz Fest – 2 Tage Jazz am Altstädter Ring, freier Eintritt. www.bohemiajazzfest.cz.

Nultý Bod/Zero Point – avantgardistisches Tanz- und Theaterfestival, bei dem die Genres verschwimmen. An verschiedenen Orten. www.nultybod.cz.

August

Prague Pride – die Queerparade durch Prag. Als Touristenattraktion von der Stadt gefördert. www.praguepride.com.

Audite Organum – internationales Festival der Orgelmusik. Die Konzerte fanden zuletzt stets donnerstags in der Sankt-Jakobs-Kirche in der Altstadt statt. Dauert bis weit in den Sept. hinein. www.auditeorganum.cz.

LetníLetná – 2-wöchiges Zirkusfestival im Letnapark. www.letniletna.cz.

Prague Jazz Week – 3 Tage Jazz am Altstädter Ring, freier Eintritt. www.agharta.cz.

September

Dvořák Praha – 3-wöchiges Festival im Zeichen Dvořáks, bespielt werden das Rudolfinum und das Sankt-Agnes-Kloster. www.dvorakpraha.cz.

Vinohradské vinobraní – traditionelles Weinfest am Náměstí Jiřího z Poděbrad (Vinohrady). Open-Air-Konzerte und Markttreiben, dazu läuft der Federweiße in Strömen.

Oktober

Strings of Autumn – internationales Musikfestival, das Klassik und Jazz bietet. Geht bis in den Nov. hinein. Verschiedene Veranstaltungsorte. www.strunypodzimu.cz.

Designblok – 5-tägige Designmesse auf dem Ausstellungsgelände Výstaviště. Parallel dazu die **Fashion Week**. www.designblok.cz.

Prague Writers Festival – internationales Schriftstellertreffen mit öffentlichen Lesungen. www.pwf.cz.

Signal – für 4 Tage werden bekannte und unbekanntere Orte und Ecken Prags kunstvoll illuminiert. www.signalfestival.com.

Das Filmfest – das Festival deutschsprachiger Filme entspringt der Zusammenarbeit von Goethe-Institut, Österreichischem Kulturforum, Schweizer Botschaft und Kino Lucerna. www.goethe.cz.

November

Prager Theaterfestival deutscher Sprache – auf mehrere Theater der Stadt verteilt. Hervorragende Gastspiele verschiedener deutschsprachiger Bühnen. www.theater.cz.

Mezipatra – schwullesbisches Filmfestival, in den letzten Jahren in den Kinos Světozor und Aero. www.mezipatra.cz.

Festival Alternativa – unkonventionelles Festival von Avantgarderock über Jazz bis zu moderner Klassik, dazu Ausstellungen, Filmvorführungen, experimentelles Theater usw. Verschiedene Veranstaltungsorte. www.alternativa-festival.cz.

Dezember

26. Dez.: Beim traditionellen **Moldauschwimmen** (seit 1923!) organisiert der „1. Prager Schwimmverein der Abgehärteten" den Sprung ins kalte Nass. Start am Nationaltheater. Die ältesten Schwimmer gehen schon auf die 90 zu.

Bei Nacht noch schöner als tagsüber: Altstädter Ring

Nachtleben

Clubszene

Die besten Danceclubs und die besten Clubs für handgemachte Musik – hier steigt die Party:

Clubs

SaSaZu 14 →Karte S. 136/137. Einer der größten Spaßtempel der Stadt – Platz für bis zu 2500 Partypeople! Schwarze Wände, minimalistische Deko, VIP-Lounge, da sehr promilastig. Gemischtes Programm, neben Tanzevents für den Allerweltsgeschmack auch gute DJ-Partys (Paul van Dyk war auch schon da) und Konzerte zwischen Kool & The Gang und Nina Hagen. Nebenan die gleichnamige Restaurantsensation (→ Holešovice/Essen & Trinken), S. 140. Kein regelmäßiger Barbetrieb, Programm beachten. Bubenské nábřeží 13 (im Markt Pražská tržnice), Holešovice, Ⓜ C Vltavská, weiter mit Ⓢ 1, 12, 14, 25 Pražská tržnice, www.sasazu.com.

Lucerna Music Bar 30 →Karte S. 28/29. Touristen und junge Prager geben sich hier ein Stelldichein. Gute Konzerte, 80s-Partys am Wochenende. Faire Preise für die Lage. Vodičkova 36, Nové Město, Ⓜ A, B Můstek oder A, C Muzeum, www.musicbar.cz.

meinTipp **Palác Akropolis** 20 →Karte S. 144/145. Kulturzentrum mit riesigem Angebot. Kneipen-Restaurant im EG (samt Gehwegterrasse im Sommer). Im Keller regelmäßig Konzerte (u. a. spielten hier schon *Nouvelle Vague*, die *Strokes*, *Ween*, aber auch schräge Trompeter aus Rumänien und, und, und). Dazu tägl. wechselnde DJs. Sehr empfehlenswert, obwohl ein wenig in den 90ern hängen geblieben. Kubelíkova 27, Žižkov, Ⓜ A Jiřího z Poděbrad, www.palacakropolis.cz.

Malostranská beseda 8 →Karte S. 85. Ein wiedererweckter Klassiker. Im ehemaligen Kleinseitner Rathaus fanden schon in den 1970er-Jahren legendäre Folkrockkonzerte statt, die dem Regime ein Dorn im Auge waren. Heute gibt es hier Jazz, Blues, Folk und Rock im bunten Wechsel. Malostranské náměstí 21, Malá Strana, Ⓢ 12, 15 20, 22, 23 Malostranské náměstí, www.malostranska-beseda.cz.

Radost FX 19 →Karte S. 152/153. Wurde schon unter die besten Clubs und Bars der Welt gewählt, doch zuletzt schien man ein wenig den Zeitgeist verschlafen zu haben. Schicke Sofas, Parketttanzfläche. Viel US-amerikanisches Publikum. Angegliedert ein etwas protziges, aber gutes vegetarisches Lounge-Restaurant und ein Café. House, Techno, Soul und Latin überwiegen. Restaurant tägl. ab 11 Uhr, Club nur Do–Sa. Bělehradská 120, Vinohrady, Ⓜ C I. P. Pavlova, www.radostfx.cz.

Vagon 20 → Karte S. 28/29. Laden für Altfreaks: Rolling Stones Revival, The Doors Revival, Led Zeppelin Revival ... Fast tägl. Live-Gigs. Faire Preise. Trotz zentralster Lage vornehmlich tschechisches Publikum. Národní třída 25, Nové Město, Ⓜ B Národní třída, www.facebook.com/klubvagon.

Rock Café 22 → Karte S. 28/29. Schräg gegenüber dem Vagon. Ebenfalls ein Kellerclub, ebenfalls viele Live-Gigs – eine gute Adresse, um witzige Newcomer zu erleben. Zuweilen auch Theateraufführungen und Partys. Národní třída 20, Nové Město, Ⓜ B Národní třída, www.rockcafe.cz.

Futurum 4 → Karte S. 131. Ein Dauerbrenner. Unspektakulär dekorierter Club im Untergeschoss eines Mehrzweckpalasts. Beliebt sind die 80er-, 90er- und Nullerjahre-Partys, bei denen Haus-DJ Jirka Neumann sein Bestes gibt (stets freitags). Dazu witzige Konzerte. Günstig. Zborovská 7, Smíchov, Ⓢ 4, 5, 7, 10, 16, 21 Zborovská, www.futurum.musicbar.cz.

MeetFactory → Karte S. 131. In der ehemaligen Fleischfabrik (→ S. 128) im Stadtteil Smíchov gibt es immer wieder spannende Events und Konzerte. Ke Skále 5, Ⓢ 4, 5, 12, 20 Lihovar, www.meetfactory.cz.

Club Kain 7 → Karte S. 144/145. Wer auf langhaarige Bartträger mit Harley-Davidson-Shirts und handgemachten Rock steht, ist hier richtig. Im Keller fast tägl. ab 21 Uhr Konzerte (Revivalbands zwischen Van Halen und Ozzy Osbourne überwiegen). Husitská 1, Žižkov, Ⓢ 5, 9, 15, 26, Husinecká, www.kain.cz.

Klub Strahov 007 28 → Karte S. 85. Im Viertel Strahov westlich der Kleinseite in einem Studentenwohnheim. Empfehlenswerter Undergroundclub, der bereits seit 1969 (!) einheizt, aber seit Jahren von der Schließung bedroht ist (Lärm!). Fast tägl. Konzerte oder DJs: Ska, Hip-Hop, Punk, Hardcore, Jungle, Electroclash etc. Illustre Gäste aus der ganzen Welt, selbst Jello Biaffra und die Black Lips waren schon hier. Mit 150 Besuchern ist es allerdings bereits knallvoll. Günstig. Chaloupeckého (Block 7), Strahov, Ⓜ C Anděl, weiter mit Ⓑ 191 Stadion Strahov (nachts zurück mit Ⓑ 510 in die Innenstadt), www.klub007strahov.cz.

Roxy 4 → Karte S. 28/29. Die Techno-, House- und Reggae-Partys im großen Kellerclub ziehen bereits seit 1992 ein internationales Publikum an, gelegentlich auch gute Konzerte renommierter Bands. Mo freier Eintritt. Im 1. Stock das **NOD** 4, ein großräumiges, mittlerweile recht schickes Szenecafé. Galerie angegliedert, Sessions und Performances. Man kann auch Kleinigkeiten essen. Dlouhá 33, Staré Město, Ⓢ 6, 8, 15, 26 Dlouhá třída, www.roxy.cz.

Le Clan 3 → Karte S. 152/152. Afterhour-Club. Schöne Männer und noch schönere Frauen mit viel Koks im Handtäschchen. Kerzenlicht, Madonnenbilder an der Wand, rote Vorhänge. Internationales Publikum. Dancemusic, zu der aber selten jemand tanzt. Am interessantesten Sa und So gegen 6 Uhr morgens, noch um 3 Uhr herrscht gähnende Leere. Zuweilen erotische Themen-Partys, mittwochs Karaoke. Mi–So ab 23.30 Uhr. Balbínova 23 (Erkennungszeichen ist eine Mondsichel, klingeln), Vinohrady, Ⓜ A, C Muzeum, www.leclan.cz.

2. Patro 3 → Karte S. 48/49. Der „Zweite Stock" gehört zu Prags „best kept secrets". Man erreicht ihn über einen morbiden Renaissancehof, klingelt dort auf der linken Seite und steigt dann in den 2. Stock hoch. Vorne eine stylishe Bar, hinten bearbeiten DJs die Turntables (viel House), und es wird getanzt, zuweilen witzige Performances. Nur Fr/Sa ab 20 Uhr. Dlouhá 37, Staré Město, Ⓢ 6, 8, 15, 26 Dlouhá třída.

Cross Club 2 → Karte S. 136/137. Populärer, touristenarmer Club. Schräger Biergarten, innen wie außen wurde Metallschrott zu skurrillen Kunstwerken verarbeitet. Im Kneipen-Café im 1. Stock kann man auch Burger und Pizza essen. Breites Programm zwischen DJ-Abenden (Jungle, Breakbeat, House, Acid etc.) und Liveacts (Punk, Blues etc.). Sehr junges Publikum. Biergarten/Café tägl. ab 14 Uhr, Club ab 20 Uhr. Plynární 23, Holešovice, Ⓜ C Nádraží Holešovice, www.crossclub.cz.

Storm Club 6 → Karte S. 144/145. Szeneclub in einer ehemaligen Gefrierfleischfabrik. Für alle unter 25. Hier vergewaltigen die besten Nachwuchs-DJs der Stadt den Plattenteller, und die tanzwütige Menge ist unter der dicken Graswolke kaum zu sehen. Themenabende (meist Fr/Sa) zwischen Techno, Punk, Hip-Hop, D'n'B und Dub. Mit Biergarten. Koněvova 13 (Zugang jedoch vom Tachovské nám.), Žižkov, Ⓜ B, C Florenc, weiter mit Ⓑ 133 Tachovské náměstí, www.stormclub.cz.

Bars und Kneipen

Bars und Kneipen, die auch tagsüber geöffnet haben, finden Sie bei den Stadtteilkapiteln unter der Rubrik „Essen & Trinken". Hier noch ein paar zusätzliche Adressen für den Abend:

Náplavka – Hipsterflaniermeile in der Neustadt

Náplavka nennt sich der Abschnitt am östlichen Ufer der Moldau zwischen Palackého most (Palackého-Brücke) und Železniční most (Eisenbahnbrücke). Im Sommer ist die Meile der Hipster-Treff schlechthin. Ausrangierte Schiffe und Boote liegen hier vertäut, darauf eine ganze Reihe witziger Outdoorkneipen und die „Floating Gallery (A)Void". Es gibt viel handgemachtes Bier kleiner tschechischer Brauereien und dazu ordentliche Snacks. An lauen Abenden legen DJs auf oder spielen Bands. Sa findet am Ufer davor ein Bauernmarkt statt. Ⓢ 2, 3, 7, 17, 21 Výtoň.

Bar & Books 8 → Karte S. 48/49. Der Tipp für die gediegene Abendgestaltung. Gepflegt-geschmackvolle Whiskeybar (ein Ableger aus New York) mit großen Fenstern und langer Theke im Stil eines englischen Herrenclubs. Bücherwand, Kellner im Anzug, satte Preise. Týnská 19, Staré Město, Ⓜ A Staroměstská, www.barandbooks.net.

Čili Bar 24 → Karte S. 48/49. Süße, kleine Cocktailbar mitten im historischen Zentrum, in der man hin und wieder auch noch auf junge Tschechen trifft. Rote Tapeten, leicht schrabbelig, dazu – natürlich – mit vielen, vielen getrockneten Chilis dekoriert. Gute Cocktails und süffiges Bernard-Bier aus kleinen Gläsern. Kožná 8, Staré Město, Ⓜ A, B Můstek, www.cilibar.cz.

Prag im Kasten
The Plastic People of the Universe – die tschechische Underground-Legende

Die Psychedelic-Rock-Band „The Plastic People of the Universe" (→ Geschichte), S. 188 wurde 1968 gegründet, ihr Name geht auf den Frank-Zappa-Song *Plastic People* zurück. Der abgekürzte Bandname PPU war das Geheimsymbol des Widerstands zu sozialistischer Zeit. Schräg, schrill und schreiend kämpfte die Band gegen das rockfeindliche System an. Auf ein Verbot der Plastic People im Jahr 1976 folgten Scheinprozesse wegen „öffentlicher Ruhestörung, grob unsittlichen Verhaltens und Verbreitung einer dekadenten Weltanschauung". Einige Bandmitglieder wanderten in den Knast. Bis zur Samtenen Revolution konnten die Plastic People nur noch im geheimen Rahmen auftreten, zweimal taten sie dies in Václav Havels Chata. Havel

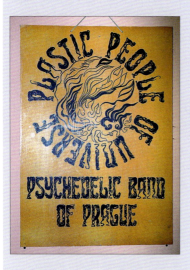

gehörte übrigens zu den großen Verehrern der Band – 1998, als Havel Präsident war, nahm er auf Einladung von Bill Clinton den Bassisten Milan Hlavsa mit ins Weiße Haus. Zusammen mit Lou Reed, einem Velvet-Underground-Gründungsmitglied, veranstalteten sie dort eine Session. Milan Hlavsa verstarb 2001. Der Rest der Plastic People (von den sechs Bandmitgliedern gehören nur noch drei der Urbesetzung an) gibt in Prag noch heute hin und wieder Konzerte vor einer noch immer großen Fangemeinde – achten Sie auf Plakate oder werfen Sie einen Blick auf www.plastic-people.cz. Ganz nebenbei: Die Bezeichnung „Samtene Revolution" für den Novemberumsturz von 1989 geht auf die Begeisterung vieler Bürgerrechtler für die Musik von Velvet Underground (Velvet = Samt) zurück.

Nachtleben

/meinTipp Hemingway 37 → Karte S. 48/49. Eine gehobene, kuschelige Cocktailbar in der Altstadt – dennoch verirrt sich kaum ein Tourist hierher. Extrem adrette wie nette Barkeeper, unendliche Auswahl an Cocktails (etliche auch mit Absinth), dazu feiner Champagner und feine Zigarren. Ohne Reservierung sollte man am besten schon vor 20 Uhr da sein. Karoliný Světlé 26, Staré Město, Ⓢ 2, 17, 18 Karlovy Lázně, www.hemingwaybar.cz.

Parlour 43 → Karte S. 28/29. Und noch eine Cocktailbar, dieses Mal in der Neustadt in unmittelbarer Wenzelsplatznähe. Ein völlig unauffälliger Eingang führt hinab zu der kleinen Souterrainbar, wo perfekt gemixt und geshaket wird. Krakovská 15, Nové Město, Ⓜ A, C Muzeum.

U staré studny 15 → Karte S. 85. Wein- und Cognacbar für Schlechtwettertage. Der namengebende „alte Brunnen" ist im weitverzweigten Keller mit seinen Treppchen und kleinen Séparées tatsächlich zu finden. Kleine Häppchen, kompetente Beratung. Tržíště 3, Malá Strana, Ⓢ 12, 15, 20, 22, 23 Malostranské náměstí, www.ustarestudny.cz.

Blue Light Bar 9 → Karte S. 85. Die schummrige Cocktailbar auf der Kleinseite, in der es auch Lesern sehr gefiel, besteht bereits seit Mitte der 90er-Jahre. Das sieht man ihr an: vollgekritzelte Wände, auf der sich die Besucher verewigten, Plakate, Bilder und Plunder ohne Ende – keine Ecke, wo es nichts zu gucken gibt. Hin und wieder Livemusik. Nicht ganz billig. Und besser nicht zu früh kommen! Josefská 1, Malá Strana, Ⓢ 12, 15, 20, 22, 23 Malostranské náměstí, www.bluelightbar.cz.

BeerGeek 10 → Karte S. 152/153. Craft-Bier-Kneipe. Hier kann man sich durch rund 30 (!) Craft-Biere vom Fass trinken, neben tschechischen gibt es auch solche aus Dänemark, Polen und Spanien. Dazu leckere Chickenwings oder Käseplatten. Vinohradská 62, Vinohrady, Ⓜ A Jiřího z Poděbrad, www.beergeek.cz.

Bukowski's 14 → Karte S. 144/145. Keine Absturzkneipe, wie der Name vielleicht suggerieren mag, sondern eine gemütliche, bei Tschechen wie Expats populäre Cocktailbar im Ausgehviertel Žižkov. Mobiliar vom Trödler, gedämpftes Licht, nette Musik und an den Wänden Bilder von berühmten Trinkern wie Hemingway oder Lowry. Am Wochenende sehr voll und gute Partystimmung. Bořivojova 86, Žižkov, Ⓢ 5, 9, 15, 26 Husinecká.

Malkovich 16 → Karte S. 144/145. In dieser witzigen Vintagebar ein paar Türen weiter ist meist deutlich weniger los als im Bukowski's. Retromobiliar, auf den Tapeten flattern Vögel herum, gute Cocktails und noch besseres Bier aus dem nordböhmischen Žatec. Mo geschl. Bořivojova 100, Žižkov, Ⓢ 5, 9, 15, 26 Husinecká.

Bad Flash 32 → Karte S. 152/153. Im angesagten Szeneviertel rund um die Krýmská im Stadtteil Vršovice entstehen ständig neue Bars. Diese hier serviert im rustikalen Shabby-Chic-Ambiente *Craft Beer* aus dem In- und Ausland. Ein beliebter Treff mit nettem Personal. Krymská 2, Vršovice, Ⓢ 4, 13, 22 Krymská, www.badflash.cz.

Café Bar Pilotů 34 → Karte S. 152/153. In der Nachbarschaft, aber doch ganz anders. Luftige Bar (eher Cocktailbar als Café-Bar), in der Bücherregale die ultrahohen Decken hinaufklettern. Ein Orientteppich auf dem Boden, ein Klavier und eine Schlangenhaut (!) als Deko. Nichts für Biertrinker (nur kleine Flaschen zum übertreuerten Preis). So geschl. Dónská 19, Vršovice, Ⓢ 4, 13, 22 Krymská.

The Elbow Room 5 → Karte S. 136/137. Ein Ableger des Bukowksi's (s. o.). Schöne klassische Cocktailbar ohne elitär-edlen Quatsch. Für den großen Durst gibt's Bier aus Vinohrady. Veletržní 40, Holešovice, Ⓢ 1, 8, 12, 25, 26 Letenské náměstí.

Duende 34 → Karte S. 48/49. Eine gemütliche Oase in der Altstadt, mit viel Trödel eingerichtet (Achtung: So manchem Gast brach hier schon der Stuhl unterm Hintern zusammen). Kunterbuntes Publikum – nach ihrem Prager Gig schauten auch die Pixies vorbei. So lange offen, bis die Bedienungen keine Lust mehr haben. Karoliny Světlé 30, Staré Město, Ⓢ 2, 17, 18 Karlovy lázně, www.barduende.cz.

Újezd 26 → Karte S. 85. Johnny Rotten is not forgotten, zumindest hier nicht. Ein alternatives Überbleibsel aus den 1990ern, fast schon ein Dinosaurier unter den Prager Szenebars. Junges und älteres, aufgedrehtes und hängen

Prager Cafékultur

gebliebenes Publikum aus aller Herren Länder. Tagsüber gibt es seit Juni 2017 nicht selten traurige Gesichter (Rauchverbot!), zu später Stunde aber stellt man auch schon mal verbotenerweise Aschenbecher auf die Tische. Újezd 18, Malá Strana, Ⓢ 9, 12, 15, 20, 22, 23 Újezd, www.klubujezd.cz.

Bokovka 3 → Karte S. 48/49. Stylish-rustikal eingerichtete Weinbar im morbiden Hinterhof eines Renaissancehauses. Neben internationalen Weinen auch gute mährische Tropfen und kleine Leckereien. Für Prager Verhältnisse recht teuer! So Ruhetag. Nicht ausgeschildert, Dlouhá 37, Staré Město, Ⓢ 6, 8, 15, 26 Dlouhá třída, www.bokovka.com.

Chapeau Rouge 14 → Karte S. 48/49. Bar ganz in Rot, viel amerikanisches Publikum. In der Vergangenheit machte die Kneipe immer wieder Schlagzeilen, weil aufgebrachte „Obermieter" Wasser auf Gröler und Dealer vor der Tür kippten. Im Keller ein Dance- (Dubstep, House, Minimal etc.) und ein Livemusikclub (Rock, Crossover, Blues, Punkrock etc.). Jakubská 2, Staré Město, Ⓜ B Náměstí Republiky, www.chapeaurouge.cz.

Punto 2 → Karte S. 131. Simpler D'n'B-Schuppen (auch Chicago House, Dubstep, Ghettofunk, Techhouse oder Minimal ist möglich). Ändert alle paar Jahre seinen Namen. So geschl.

Prag im Kasten
Pub Crawling statt Sightseeing – die Invasion der Hirsche

Sie tragen Shirts mit Aufdrucken wie „Prague Drinking Team", sind tagelang im Dauerrausch und dazwischen im Bordell. Unzählige englische Männergrüppchen fallen jedes Wochenende nach Prag ein, um hier sog. „Stag Partys" (*stag* = Hirsch) zu feiern – feuchtfröhliche Junggesellenabschiede ganz nach dem Motto „Cheap beer and cheap sex". Kein Wunder, kommt doch ein Wochenende in Prag mit Freunden billiger als die Kneipentour zu Hause. Rund 70 % aller Stag Partys finden mittlerweile außerhalb von England statt (beliebt sind neben Prag mehr und mehr auch Tallinn, Riga und Bratislava). Im Internet bieten an die 40 Agenturen Stag-Reisen im Paket an. Am bekanntesten ist „Prague Pissup" („Saufgelage in Prag"), hier kann man alles buchen: von „partyfreundlichen Apartments" bis zu „Milchmädchen-Stripshows". Die Gruppen lassen viel Geld in der Stadt, doch etliche Hoteliers und Kneipiers haben von zertrümmerten Möbeln und vollgeko... Toiletten mittlerweile die Nase voll. Daher prangt vor manchen Bars das Schild „No stag groups allowed".

Zuweilen Events. Kleine Tanzfläche. Faire Preise. Krovtova 1, Smíchov, Ⓢ 9, 12, 15, 20 Švandovo divadlo, www.punto-praha.cz.

Jazz

Die Konzerte in den meisten Jazzclubs beginnen gegen 21 Uhr.

Jazzclubs

Reduta 22 → Karte S. 28/29. Legendärer Jazzschuppen seit 1958. Bill Clinton packte hier vor Václav Havel sein Saxophon aus. Dixie, Swing und Jazz-Rock. Viele „Tribute to ..."-Konzerte. Národní třída 20, Nové Město, Ⓜ B Národní třída, www.redutajazzclub.cz.

Jazz Dock 1 → Karte S. 131. Der teilverglaste Pavillon, umspült von den Wogen der Moldau, ist eine der trendigsten Jazzlounges der Stadt. Fast jeden Abend Live-Jazz, dazu ordentliches Essen, und das alles zu fairen Preisen. Janáčkovo nábřeží 2, Smíchov, Ⓢ 9, 12, 15, 20 Švandovo divadlo, www.jazzdock.cz.

The Loop Jazzclub 2 → Karte S. 85. Im einstigen Bürgerschwimmbad aus dem frühen 18. Jh., einem neoklassizistischen Bau an der Moldau. Tolle, leicht plüschige, gehobene Atmosphäre. Draußen kann man sich im Sommer auf coolen Liegeflächen direkt am Fluss ausstrecken. Konzerte finden leider nur unregelmäßig statt, Programm beachten. Nebenan ein Thai-Restaurant. U Plovámy 8, Malá Strana, Ⓢ 15, 17 Čechův most, www.loopjazzclub.cz.

U malého Glena 19 → Karte S. 85. Der Tipp für die Kleinseite. Gemütliches rustikales Bar-Restaurant im Erdgeschoss, winziger Club im Keller. Tägliche Live-Gigs zwischen Funk, Blues und Modern Jazz. Sehr beliebt unter US-Amerikanern. Karmelitská 23, Malá Strana, Ⓢ 12, 15, 20, 22, 23 Malostranské náměstí, www.malyglen.cz.

AghaRTA Jazz Centrum 22 → Karte S. 48/49. Für viele der beste Jazzclub der Stadt, zudem auch noch in einem wunderschönen Gewölbekeller untergebracht. Groove, Smooth, Latin und Modern Jazz. Železná 16, Staré Město, Ⓜ A, B Můstek, www.agharta.cz.

Jazzclub Ungelt 18 → Karte S. 48/49. Kleiner, verwinkelter Club im mittelalterlichen Kellergewölbe. Jazz, Blues, Funk und Fusion. Wer vom Musikhören hungrig wird, findet über dem Club ein Restaurant. Týn 2 (Eingang von der Týnská), Staré Město, Ⓜ B Náměstí Republiky, www.jazzungelt.cz.

Schwules und lesbisches Nachtleben

Clubs und Bars

Friends 44 → Karte S. 48/49. Für viele der netteste, niveauvollste und sympathischste Gayclub Prags, offen auch für Frauen. Tägl. 19–6 Uhr, im Programm Beach-Partys, Bodypainting, Karaoke. Bartolomějská 11, Staré Město, Ⓜ B Národní třída. www.friendsprague.cz.

Termix 8 → Karte S. 152/153. Schwulen-(vorrangig) und Lesben- (weniger) Club. Nüchterne, langgezogene Bar mit gläserner Theke. Großer Videoscreen, Darkroom. Tschechische Musik und Elektronisches im Wechsel. Mi–Sa 22–6 Uhr, vor 23 Uhr ist tote Hose, im wahrsten Sinne des Wortes. Třebízského 4a, Vinohrady, Ⓜ A Jiřího z Poděbrad, www.club-termix.cz. Unter gleicher Leitung stehen der neue **Club Termax** 12 nahebei an der Vinohradská 40 (Nur Fr/Sa ab 22 Uhr, www.club-max.cz) und der **Club Garage** 11, ein Fetisch- und BDSM-Club ebenfalls in Vinohrady in der Balbínová 3 (Mi–Sa ab 20 Uhr, www.club-garage-prag.cz).

Boudoir 29 → Karte S. 152/153. Schwule, Lesben und Heteros treffen sich in dieser netten, unprätentiösen und quirligen Backsteinhöhle. Stufen führen hinauf auf die kleine, teppichausgelegte Galerie. Nicht wahnsinnig hip, nur nett. Francouzská 50, Vinohrady, Ⓢ 4, 13, 22 Krymská, www.boudoir.cz.

Klub 21 7 → Karte S. 152/153. Etwas versteckte Gaykneipe mit Galerie im Backsteinkeller. Auch Lesben sind willkommen. Nettes Publikum. Římská 21, Vinohrady, Ⓜ A Náměstí Míru, www.klub21.cz.

Piano Bar 25 → Karte S. 144/145. Verspielte, mit altem Trödel eingerichtete Kneipe für Schwule und Lesben. Sehr gemütlich. Das namengebende Klavier ist natürlich auch zu finden. Milešovská 10, Žižkov, Ⓜ A Jiřího z Poděbrad, www.piano-bar.cz.

JampaDampa 45 → Karte S. 28/29. Lesbenclub im Backsteingemäuer – nicht gerade stilvoll, aber witzig. Häufige Karaoke- und Burlesquepartys. So–Di geschl. V Tůních 10, Nové Město, Ⓜ C I.P. Pavlova, www.jampadampa.cz.

Q Café 39 → Karte S. 28/29. Freundliche schwul-lesbische Café-Bar in der Neustadt, eine Regenbogenfahne macht darauf aufmerksam. Tägl. ab 13 Uhr, auch gut für den Nachmittagskaffee. Opatovická 12, Nové Město, Ⓢ 5 Myslíkova, www.q-cafe.cz.

Eine Bootsfahrt auf der Moldau ist bei Familien sehr beliebt

Prag mit Kindern

Kein Problem. Es gibt kaum eine andere Metropole weltweit, die für Reisen mit Kindern besser geeignet ist. Einfach deshalb, weil der mittelalterliche Stadtkern weitestgehend verkehrsberuhigt ist (wegen des Kopfsteinpflasters empfiehlt sich allerdings ein Buggy mit breiten Reifen). Zudem kommt jeder auf seine Kosten. Gaukler und Marionettenspieler begeistern Jung und Alt genauso wie eine Moldauschifffahrt. Abwechslung verspricht auch der Besuch von so manchem Museum, das nicht nur Erwachsene staunen lässt. Und ganz nebenbei: In vielen Hotels wohnen die Kleinen bis zwölf Jahre umsonst. Noch mehr Tipps gibt's in der Broschüre „Prag mit Kindern", die man als PDF-Datei auf www.prague.eu herunterladen kann.

Cafés und Restaurants

Pizzeria Nuova, in Nové Město. Hier gibt es Ballons und eine Spielecke für Kinder, → S. 42.

Hergetova Cihelna, in Malá Strana. Bezeichnet sich selbst als babyfreundlich. Die Kleinen können aus der Kinderkarte wählen, → S. 97.

Café Savoy, ebenfalls in Malá Strana. In dem pompösen Kaffeehaus schaut einen keiner blöd an, wenn Kinder dabei sind, → S. 98.

Výtopna Restaurant, in der Mall Palladium (→ S. 68) in der Altstadt. Hier werden die Getränke von Modelleisenbahnen gebracht.

Etnosvět, dieses vegane Lokal in Vinohrady hat auch Kindergerichte auf der Karte, → S. 157.

U Bulínů, ebenfalls in Vinohrady. Im Sommer mit einem kleinen Kinderspielplatz im Garten, → S. 156.

Café Jedna, im Messepalast in Holešovice. Ein Treff junger Eltern mit sehr netter Spielecke. Willkommen zur Buggyparade, → S. 133.

Draußen

Zoo, die größeren Kinder staunen über Gorillas, Pinguine, Riesensalamander und Co, bei den kleineren erfreut sich der Streichelzoo großer Beliebtheit. Weitere Attraktionen sind ein Minizug, eine Seilbahn oder das Ponyreiten, → S. 163.

Baden, dafür bietet sich mit den Größeren das Freibad im Divoká Šárka (→ S. 161) an, mit den Kleineren das Moldaubad Žluté Lázně (→ S. 237) mit Kinderspielplatz und Planschbecken. Ganzjährig ist das Aquapalace Praha mit seinen Erlebnis-, Wellen- und Kinderbecken, Wasserrutschen und Saunas (→ S. 238) etwas Besonderes.

Bootsfahrt, eine Fahrt auf der Moldau – egal ob Fähre oder Ausflugsschiff – erfreut Kinder im Piratenkostüm, → S. 228.

Auf den Petřín, auf den Prager Hausberg führt eine Standseilbahn. Oben gibt es einen Kinderspielplatz, eine Sternwarte, ein Spiegelkabinett (superwitzig) und einen Aussichtsturm, → S. 95 ff.

Slaweninsel, hier kann man Tretboot fahren, zudem gibt es einen großen Spielplatz, → S. 36.

Weitere Spielplätze findet man u. a. im Letná-Park (→ S. 138, gleich zwei an der Zahl), im Stromovka-Park (nahe dem Planetarium, → S. 138), im Rieger-Park (→ S. 155), im Havlíčkovy sady (→ S. 154, gar mit Höhle für Kinder) und selbstverständlich auf der Dětský ostrov (dt. „Kinderinsel", mit riesigem Spielplatz) vor Smíchov (→ Karte S. 131).

Drinnen

Spielzeugmuseum, Teddybären, Modellautos, Puppenstuben und nicht zuletzt die stattliche Barbie-Sammlung machen dieses Museum bei Jung und Alt beliebt, → S. 123.

Nationales Technikmuseum, für Kinder ist die Verkehrshalle mit den alten Bugattis, Motorrädern, Eisenbahnen, Schiffen und Flugzeugen besonders eindrucksvoll, → S. 134.

Muzeum Karla Zemana (Karel-Zeman-Museum), → Karte S. 85 Kleines Mitmach-Museum für „handgemachte", nicht computeranimierte Special Effects. Die Traumwelten stammen von dem preisgekrönten Trickfilmspezialisten Karel Zeman (1910–1989). Tägl. 10–19 Uhr. 8 €, erm. 5,60 €. Saská 3, Malá Strana, Ⓢ 12, 15, 20, 22, 23 Malostranské náměstí, www.karelzemanmuseum.org.

Hamleys, → Karte S. 28/29 Filiale des Londoner Spielzeugkaufhauses: knatschbunt-lauter Rummel in elegantem Interieur – ein Schmerz für Ästheten, aber fast ein Muss für Familien mit Kindern. Die können u. a. Karussell fahren und mit Riesenplüschtieren quatschen. Die Kleinen werden derart bespaßt, dass sie vermutlich nie mehr wegwollen. Na příkopě 14, Nové Město, Ⓜ A, B Můstek, www.hamleys.com.

Rundfahrt mit der Straßenbahn 91, mit den Originalwagen aus dem Jahre 1928 geht es ratternd durch die historischen Viertel, → S. 221.

Fernsehturm, in 38 Sek. katapultiert der Aufzug einen nach oben. Dort offenbart sich ein grandioses Fern-Seh-Programm, → S. 147.

Marionettentheater Spejbla a Hurvinka, für Kinder ab 4 J. und Erwachsene spielt das Theater modern bearbeitete Märchen sowie humorvolle und fantastische Stücke, leider nur selten in deutscher Sprache, → S. 206.

Království Železnic, → Karte S. 131. Dahinter verbirgt sich die größte Modelleisenbahn Tschechiens. Tägl. 9–19 Uhr. 10,50 €, erm. 2–6,50 €. Stroupežnického 23, Smíchov, Ⓜ B Anděl, www.kralovstvi-zeleznic.cz.

Muzeum Kostek, → Karte S. 28/29 Laut Eigenwerbung die größte private Legosammlung der Welt. Es gibt aber mehr zu gucken als anzufassen. Shop angegliedert. Tägl. 10–20 Uhr. 8,40 €, bis 120 cm 2,40 €. Národní 31, Nové Město, Ⓜ B Národní třída, www.muzeumlega.cz.

Kinderbetreung

Falls Sie abends ins Konzert möchten, können Sie über **Prague Family** ein Kindermädchen anfordern (www.praguefamily.cz, ☏ 737 749 019, 8 €/Std.).

Im Spiegelkabinett

Swingherbst am Altstädter Ring

Prag (fast) umsonst

Prag ist noch immer preiswert, aber – je nach dem, wo man sich in der Stadt aufhält und wann man anreist – kein Billigziel mehr, wie man es vielleicht noch von der Klassenfahrt von einst im Kopf hat. So manches Café an den Touristenpfaden verlangt schon Preise wie in München, und auch die zentral gelegenen Hotels langen in der Hochsaison zu. Von Preisen wie in London oder Paris ist Prag aber zum Glück noch immer weit entfernt. Ein Bier gibt es in der Eckkneipe schon ab 1,50 €, und wer keine großen Ansprüche ans Essen hat, bekommt ein einfaches Mittagessen für 7–8 €.

Ganz umsonst

Die größten Sehenswürdigkeiten „für umme" sind die **Karlsbrücke**, die **Höfe der Prager Burg**, die **Astronomische Uhr** am Altstädter Rathaus, die **John-Lennon-Gedenkmauer** und die **Insel Kampa**. Auch der sog. **Königsweg** (→ Kasten S. 58), der an den schönsten Ecken und Winkeln Prags vorbeiführt, lässt sich ganz umsonst abspazieren.

Die **Museen der Nationalgalerie** laden ca. 10-mal im Jahr zum freien Besuch ein. Die genauen Termine erfahren Sie unter www.ngprague.cz. Ganz nebenbei: Auch viele Kunstgalerien kosten keinen Eintritt.

Ins Museum – Ermäßigungen und Spezialtickets

Die **Eintrittspreise** für das Gros der Museen, Kirchen und Paläste liegen bei 5–15 €; Kinder *(děti)* bis sechs Jahre kommen meist umsonst hinein. Schüler *(školáci)* zwischen sechs und 16 Jahren, Studenten *(studenti)* und Senioren *(senioři* oder *důchodce)* über 65 Jahre bezahlen bei privaten Museen i. d. R. die Hälfte, bei so manchen staatlichen Museen ebenfalls nichts. Schüler und Studenten sollten sich mit der ISIC-Karte ausweisen können. Ausländische Senioren haben zuweilen Pech, denn manchmal wird nur der tschechische Personalausweis akzeptiert. Familientickets *(rodinné vstupenky)* gibt es nicht überall, aber fragen Sie stets danach –

sie kosten meist nur 30–50 % mehr als das Ticket für einen Erwachsenen.

Kombitickets

Die **Nationalgalerie** bot 2018 ein zehn Tage gültiges Kombiticket für die Dauerausstellungen all ihrer Häuser an: Sankt-Agnes-Kloster (Böhmische Kunst des Mittelalters), Palais Schwarzenberg (Barock in Böhmen), Palais Sternberg (Sammlung alter Meister) und Messepalast (zeitgenössische Kunst). Es kostet 12 €, d. h. 3 € pro Museum – das ist fast umsonst. Da sich die Nationalgalerie gerade neu erfindet, Sammlungen verschiebt und neu konzipiert, ändert sich deren Ticketpreisgestaltung leider ständig.

Für die **Prager Burg** gibt es drei verschiedene Kombitickets, die die dortigen Sehenswürdigkeiten unterschiedlich zusammenfassen (für Details → S. 115).

Prague Card

Dieses Touristenticket bietet **freien oder ermäßigten Eintritt** in viele Ausstellungen und Museen, kostenlosen Nahverkehr, außerdem Ermäßigungen für ausgewählte Restaurants, Bootsausflüge usw. Die Prague Card kostet für zwei Tage 58 €, für drei Tage 68 € und für vier Tage 78 €. Kinder bezahlen ca. 25 % weniger. Man bekommt die Prague Card u. a. am Flughafen, am Ticketschalter der Prager Burg und bei diversen Infostellen. Weitere Infos unter www.praguecard.com.

Sightseeing mit der Straßenbahn

Eine fast kostenlose Stadtrundfahrt (32 Kč einfach, etwa 1,30 €) lässt sich mit der **Linie 22** unternehmen, die die Schriftstellerin Libuše Moníková in ihrem Roman *Verklärte Nacht* als die schönste Straßenbahnstrecke der Welt bezeichnete. Am besten steigt man im Stadtteil Vinohrady am Náměstí Míru (zu erreichen mit Ⓜ A) Richtung Stadtmitte zu. Die Linie passiert von dort zunächst den Karlovo náměstí (Karlsplatz), dann die belebte Einkaufsstraße Národní třída. Vorbei am Nationaltheater geht es über die Most legií (Legionärsbrücke) hinein in die malerische Kleinseite. Danach folgt der schönste Streckenabschnitt auf der Serpentinenstraße Chotkova mit herrlichem Panoramablick über Prag. Etwas später taucht links der Sankt-Veits-Dom auf. Bleibt man bis zur Endstation sitzen, bekommt man Prager Seiten zu sehen, die den meisten Touristen verborgen bleiben.

Ein schönes, wenn auch klapprig-lautes und zugiges Erlebnis ist zudem eine Fahrt mit der **historischen Straßenbahnlinie Nr. 41**. Diese Bahn stammt aus dem Jahr 1928 und startet vom Ausstellungsgelände Výstaviště im Stadtteil Holešovice einen Kurs durch die historischen Viertel und vorbei an der Burg zur Station Vozovna Střešovice. Zusteigen kann man u. a. am Wenzelsplatz oder am Nationaltheater. Die Tickets (35 Kč, etwa 1,40 €, erm. 20 Kč, etwa 0,80 €) löst man direkt in der Bahn. Die Linie 91 verkehrt nur von Anfang April bis Mitte November nachmittags an Wochenenden und Feiertagen.

Günstiges Kulturleben von klassisch bis rockig

Die Ticketpreise für größere **Rockkonzerte** liegen oft weit unter den Preisen für Konzerte der gleichen Bands in Deutschland. Auch Karten für **klassische Konzerte**, **Theater**, **Oper** oder **Ballett** sind preiswerter als daheim, man bekommt sie oft schon ab 10 €, lediglich die Schwarzen Theater sind teurer (25–30 €). Da viele Vorverkaufsstellen (in selbst ernannten Touristeninformationen im Zentrum) versuchen, zuerst oder ausschließlich die teuersten Tickets zu verkaufen (mehr Provision), lohnt es sich, die Häuser direkt aufzusuchen!

Anreise

Wie Sie am schnellsten und billigsten nach Prag kommen, erfahren Sie u. a. auf www.goeuro.de. Die besten Angebote erhält man, wenn man die zweite Tageshälfte am Freitag und Sonntag außer Acht lässt.

Mit dem eigenen Fahrzeug

Seit dem Beitritt Tschechiens zum Schengenraum (2008) hat man freie Fahrt über die deutsch-tschechische und die österreichisch-tschechische Grenze. Dennoch kommt es häufig zu innerstaatlichen Zoll- und Polizeikontrollen im Grenzgebiet.

Fahrzeuge mit ausländischen Kennzeichen verschwinden gerne. Die besseren Marken werden ins Ausland transferiert, ältere Modelle im Land ausgeschlachtet. Infolgedessen verbieten viele international operierende Autovermietungen Fahrten mit Fahrzeugen der Luxusklasse nach Tschechien. Wer nun glaubt, er fährt besser nach Italien, irrt: Dort verschwinden noch mehr Autos. Um sicherzugehen, dass Sie mit Ihrem Fahrzeug auch wieder abreisen können, parken Sie am besten auf bewachten oder abschließbaren Parkplätzen (viele Hotels verfügen über entsprechende Parkmöglichkeiten oder können sichere Parkplätze für Sie reservieren). Lassen Sie niemals Wertsachen – egal ob sichtbar oder nicht – im Fahrzeug liegen.

Entfernungen
- Prag – München 365 km
- Prag – Frankfurt/Main 531 km
- Prag – Hamburg 631 km
- Prag – Berlin 348 km
- Prag – Zürich 670 km
- Prag – Wien 309 km

Ein eigenes Fahrzeug in Prag ist nicht vonnöten. Das öffentliche Verkehrsnetz ist sehr gut ausgebaut und zudem preiswert (→ Unterwegs in Prag). Die Fahrt ins Zentrum ist bislang noch kostenfrei, es gibt jedoch Überlegungen, eine City-Maut ähnlich wie in London einzuführen, um das hohe Verkehrsaufkommen einzudämmen.

Besondere Verkehrshinweise

■ Infos zu **Papieren** → Prag von A bis Z/Reisedokumente, S. 247.

■ Die **Promillegrenze** beträgt 0,0.

■ Pkws und Motorräder müssen das ganze Jahr über auch **tagsüber mit Licht fahren**, andernfalls drohen bis zu 2000 Kč Strafe (ca. 80 €).

■ Die **Höchstgeschwindigkeiten** liegen – sofern nicht anders angegeben – für Pkws innerorts bei 50 km/h, außerorts

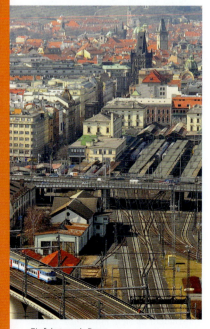

Einfahrt nach Prag

Anreise

bei 90 km/h, auf Autobahnen (die stets vignettenpflichtig sind) bei 130 km/h und auf Schnellstraßen (die überwiegend vignettenpflichtig sind) bei 110 km/h. Fahrzeuge über 3,5 t und Gespanne dürfen außerorts nie schneller als 80 km/h fahren. Vor Bahnübergängen gilt ein Tempolimit von 30 km/h, in verkehrsberuhigten Zonen gilt eine Höchstgeschwindigkeit von 20 km/h.

■ Abbiegende **Straßenbahnen** haben grundsätzlich Vorfahrt (auch gegenüber Fußgängern!).

■ Von November bis einschließlich März gilt bei winterlichen Straßenverhältnissen oder Temperaturen von unter 4 °C eine **Winterreifenpflicht**.

■ Kinder unter 1,50 m oder unter 36 kg Gewicht dürfen nur im **Kindersitz** mitreisen.

■ Für die Nutzung **tschechischer Autobahnen** und (fast aller) **Schnellstraßen** benötigt man eine **Vignette**. Diese ist an den Grenzübergängen und an vielen Tankstellen erhältlich. Man bekommt sie zudem in allen tschechischen Postämtern. Für Kfz bis 3,5 t kostet der Aufkleber für ein Kalenderjahr umgerechnet ca. 60 €, für 30 Tage (ab Stempelloch) 17,50 € und für 10 Tage (ab Stempelloch) 12,50 €. Wer ohne Vignette erwischt wird, zahlt mindestens 185 € Strafe (Stand 2018, www.autobahn.cz). Ab 2021 wird die Klebevignerre durch eine elektronische Maut abgelöst (Abwicklung unter Angabe des Nummernschilds an Tankstellen möglich).

■ Beim **Tanken** kann man wählen zwischen *Natural 95* (Bleifrei Super), *Natural 98* (Bleifrei Super plus) und *Nafta* (Diesel). E 85 ist Biosprit mit 85 % Bioethanol. Für eine Betankung mit Gas benötigen Sie einen DISH-Anschluss oder einen Adapter.

■ Bei **Unfallschäden** ab rund 3800 € muss die Polizei gerufen werden (Notruf ℡ 112). Am Unfallort nichts verändern!

■ **Bußgelder** bezahlt man am besten sofort – das ist billiger als über den bürokratischen Weg. Bestehen Sie **unbedingt (!)** auf einer Quittung!

■ Tipps und Hinweise zum **Parken** sowie eine Auswahl empfohlener Parkplätze → Prag von A bis Z/Parken, S. 246.

Mit dem Flugzeug

Der Flug aus dem deutschsprachigen Raum dauert maximal 90 Min. Egal, ob Sie von Deutschland oder aus der Schweiz nach Prag fliegen wollen, je nach Saison und Sondertarif müssen Sie bei den meisten Airlines mit Preisen zwischen 150 und 300 € für einen Hin- und Rückflug rechnen. Sie können natürlich auch mehr bezahlen (z. B. in der Business-Class), aber auch weniger, wenn Sie ganz früh buchen. Aber Achtung: Für aufgegebenes Fluggepäck verlangen viele Low-Cost-Airlines zusätzlich hohe Gebühren.

Prag besitzt zwei Flughäfen: den **Václav Havel Prague International Airport** (auch: **Letiště Ruzyně**, Flughafencode PRG) etwa 20 km nordwestlich des Zentrums und den **Letiště Vodochody** (LKVO) ca. 30 km nordwestlich des Zentrums. Letzterer soll bis 2023 zu einer internationalen Drehscheibe für Billigflieger ausgebaut werden.

Václav Havel Airport Prague

Der **Václav Havel Prague International Airport** (www.prg.aero) verfügt über drei Terminals. Terminal 3 dient in erster Linie der Abfertigung kleiner Privatjets, Terminal 2 der Abfertigung von Maschinen, die zu Schengenstaaten pendeln, und Terminal 1 der Abfertigung von Maschinen aus der restlichen Welt. Die Terminals 1 und 2 sind miteinander verbunden, in ihren Ankunftsbereichen befinden sich Bankomaten und Geldwechselmöglichkeiten (schlechte Kurse!), Touristeninformationen der Stadt Prag (Terminal 1 tägl. 8–20 Uhr, Terminal 2 tägl. 8–22 Uhr) und außerdem Schalter der Prager Verkehrsbetriebe (tägl. 7–22 Uhr, an den Bushaltestellen vorm Flughafen befinden sich darüber hinaus Automaten).

Die nationalen und internationalen Autoverleiher haben ihre Schalter im Parkhaus C gegenüber Terminal 1.

Bei verspäteter Ankunft oder Ausfall des Fluges, können Sie mit **www.refund.me** auf eine Entschädigung hoffen.

Transfer vom/ins Zentrum

Der Prager Flughafen besitzt bislang noch keinen Metroanschluss.

Linienbus Nr. 119: Die billigste Alternative, um ins Zentrum zu gelangen, ist von 5–24 Uhr der Bus Nr. 119 (Abfahrtsstelle am Flughafen mit „Public Transport" ausgeschildert), der ca. alle 5–20 Min. bis zur Metrostation Nádraží Veleslavín fährt; von dort sind es mit der Ⓜ A noch sechs Stationen bis zum Wenzelsplatz. Von der Metrostation Nádraží Veleslavín ist die Abfahrtsstelle des Busses mit „Airport bus" ausgeschildert.

Gesamtdauer ins Zentrum: ca. 30–50 Min. Achtung: keine Metro von 0–5 Uhr! Von 0–4 Uhr verkehrt dafür vom Flughafen der Nachtbus 910 zur Metrostation I. P. Pavlova ca. alle 30 Min.

Tickets für die gesamte Strecke kosten 1,30 € (32 Kč, Stand 2018). Sofern Sie keine Tages- oder Mehrtagekarte lösen, brauchen Sie ein zusätzliches Ticket (0,65 €, 16 Kč) für ein großes Gepäckstück (über 70 cm).

Airport Express Bus (AE): Er fährt zwischen 5.30 und 21 Uhr ca. alle 30 Min. vom Flughafen (Abfahrt vor Terminal 1) zum Hauptbahnhof (Hlavní nádraží, Abfahrt dort vor dem historischen Gebäudetrakt, mit „Historická budova nádraží" ausgeschildert, erste Fahrt gegen 5.30 Uhr, letzte gegen 22 Uhr). Tickets (Fahrpreis inkl. Gepäck 2,40 €, 60 Kč) löst man im Bus beim Fahrer, die Fahrscheine der Prager Verkehrsbetriebe gelten hier nicht. Fahrtdauer ca. 45 Min.

Taxis: Für Fahrten ins Zentrum (Prag 1) zahlt man ca. 25 €. Am besten nimmt man ein AAA-Taxi (→ S. 227). Diese fahren vor Terminal 1 bei *Parking P1 Express* ab, vor Terminal 2 bei *Parking P2 Express – Departures* und können auch per Kreditkarte bezahlt werden. Die Strecke zwischen Flughafen und Zentrum dauert ca. 30 Min., planen Sie zu den morgendlichen und abendlichen Stoßzeiten zur Sicherheit 1 Std. ein.

Mit der Bahn

Die gemütlichste Anreisevariante. Zudem fahren von mehreren deutschen Städten und von Zürich Nachtzüge mit Liege- und Schlafwagen nach Prag. Prag hat mehrere Bahnhöfe. Die Züge aus Deutschland, Österreich und der Schweiz enden entweder am Hauptbahnhof (Hlavní nádraží) im Zentrum oder im Norden Prags am Bahnhof Holešovice (Nádraží Holešovice). Ins Zentrum gelangt man von Letzterem mit der Ⓜ C, nach Mitternacht mit der Ⓢ 94. In beiden Bahnhöfen finden Sie Gepäckaufbewahrungs-, Geldwechsel- und Duschmöglichkeiten. **TIPP**: Falls Sie den Normaltarif zahlen müssen, kommen Sie i. d. R. billiger weg, wenn Sie Hin- und/oder Rückfahrtticket über www.cd.cz oder am Schalter in Prag lösen.

Information: Unter www.bahn.de, www.alex.info, www.sbb.ch, www.oebb.at oder www.cd.cz.

Mit dem Bus

Die meisten international verkehrenden Busse starten und enden in Prag am Busbahnhof Florenc (mit Gepäckaufbewahrung); hier befindet sich auch die gleichnamige Metrostation (Ⓜ B, C). Weniger stark frequentiert ist der Start- und Haltepunkt vorm Prager Hauptbahnhof (Abfahrt dort vor bzw. gegenüber dem historischen Gebäudetrakt, mit „Historická budova nádraží" ausgeschildert).

Was wann fährt, erfährt man unter www.buslinensuche.de.

Mit der Standseilbahn hinauf auf den Petřín

Unterwegs in Prag

Wer gut zu Fuß ist und nur kurze Zeit bleibt, in der Innenstadt wohnt und nur die dortigen Sehenswürdigkeiten besuchen will, kann auf die Angebote des öffentlichen Nahverkehrs verzichten. Es macht Spaß, durch die Gassen Prags zu schlendern. Wer aber mehr erleben will, den bringen 948 Straßenbahnen, 1255 Busse und 730 Metrowagen von A nach B.

Öffentlicher Nahverkehr

Aktuelle Infos findet man auch auf den Internetseiten der Prager Verkehrsbetriebe unter **www.dpp.cz** und **www.pid.cz**.

Tarifzonen

Die **Zone P** (Prag Stadt) umfasst sämtliche Metro- und Straßenbahnlinien, die Busse des städtischen Nahverkehrs mit den Nummern 100–299 und 901–915, die Seilbahn auf den Petřín, die Fähren und ausgewählte Eisenbahnabschnitte. Das heißt, zu nahezu allen im Buch angegebenen Adressen und Sehenswürdigkeiten einschließlich jener im Kapitel „Abstecher in Prags Peripherie" genügen, je nach Start, Kurz- oder Grundfahrkarten (→ Nahverkehrstarife/Preise). Bei Zielen, die ein höheres Beförderungsentgelt verlangen, ist dies angegeben.

Nahverkehrstarife

Tickets: Fahrscheine, die für alle öffentlichen Verkehrsmittel – egal ob Metro, Straßenbahn, Bus, Standseilbahn oder Fähre – gültig sind, erhält man an den gelben Fahrkartenautomaten in den Metrostationen. Nur wenige Bus- und Straßenbahnhaltestellen haben Automaten! Informationen zum Fahrkartenkauf finden Sie an fast allen Automaten auch in deutscher Sprache. Zudem verkaufen Tabak- und Zeitungsläden zuweilen Fahrscheine. Und auch über die *SEJF*-App kann man Tickets kaufen (Infos unter www.mobilnipenezenka.cz). Kinder *(dítě)* bis 6 Jahre und Senioren *(senior)* über 70 Jahre fahren kostenlos, zwischen 6 und 15 Jahren bezahlen sie die Hälfte (zum Nachweis des Alters ist ein Ausweis vonnöten).

Preise: Mit *Kurzfahrkarten (krátkodobá)* zu 1 € (24 Kč; alle Angaben Stand August 2018, eine Preiserhöhung war zu diesem Zeitpunkt angekündigt, aber noch nicht beschlossen) darf man nicht länger als 30 Min. in Straßenbahnen, Bussen oder in der Metro unterwegs sein. Mit der *Grundfahrkarte (základní)* zu 1,30 € (32 Kč) 90 Min.

Für größere Gepäckstücke müssen Extratickets zu 0,65 € (16 Kč) gelöst werden – wer jedoch im Besitz einer Tages- oder Mehrtagekarte ist, kann ein größeres Gepäckstück kostenlos mitnehmen.

Schwarzfahren lohnt nicht, Kontrollen sind häufig. Wer ohne Fahrkarte erwischt wird, bezahlt – sofern er sofort bezahlt – 32 € Strafe (800 Kč). Wer nicht erwischt werden will, erfährt auf www.farebandit.net (auch als App downloadbar, übrigens ein Prager Start-up), wo gerade Kontrollen stattfinden.

Tages- und 3-Tage-Karten gibt es am Flughafen (Schalter der Prager Verkehrsbetriebe in den Ankunftsbereichen beider Terminals und an den Ticketautomaten an der Bushaltestelle) und an den Ticketschaltern (aber nicht an allen Automaten) der großen Metrostationen zu kaufen. Das 24-Stunden-Ticket kostet 4,40 € (110 Kč) und das 3-Tage-Ticket 12,50 € (310 Kč). Wochenkarten gibt es nicht, dafür eine übertragbare 30-Tage-Karte, die kein Lichtbild erfordert (26,80 €, 670 Kč). Diese bekommen Sie jedoch nur in der Ticketverkaufsstelle der Metrostation Můstek an der gelben Linie B (Zugang vom Jungmannovo náměstí), und nur Mo–Fr von 6–20 Uhr sowie Sa von 7–14 Uhr.

Mit der Metro

Zwischen den Stadtteilen stellt sie die schnellste Verbindung dar. Das Netz ist klein und übersichtlich. Es besteht aus drei Linien, die mit Buchstaben und Farben A (grün), B (gelb) und C (rot) unterschieden werden. Im Zentrum überschneiden sich die Linien. Die Metro fährt täglich von 5 Uhr morgens bis Mitternacht, zu Stoßzeiten alle 3–5 Min., in den verkehrsschwachen Zeiten alle 5–10 Min. Das Streckennetz wird laufend ausgebaut.

Mit Straßenbahn und Bus

Das Straßenbahnnetz ist sehr dicht, und die meisten Linien sind auf die Minute pünktlich. Vor allem das Zentrum lässt sich besser mit der Straßenbahn als mit der Metro erkunden. Die holpernden, rot-beigefarbenen Bahnen aus den 1960ern werden nach und nach durch moderne, silberne, teils von Porsche designte Bahnen ersetzt. Straßenbahnen *(tramvaj)* fahren i. d. R. von 4.30 bis 0.15 Uhr, werktags alle 8–10 Min., am Wochenende und an Feiertagen alle 8–15 Min. Danach sind Nachttrams im Abstand von etwa 30 Min. unterwegs, sie tragen 90er-Nummern und passieren das Stadtzentrum. Orientieren kann man sich an den Fahrplänen an jeder Haltestelle. Hängen für eine Straßenbahnlinie gelbe oder grüne anstelle von weißen Plänen aus, fährt die Linie infolge von Bauarbeiten nicht die übliche Route. Umleitungen sind häufig, auch kommen hin und wieder neue Straßenbahnabschnitte und -linien hinzu. Achtung: In den Stoßzeiten am späten Nachmittag sind die Bahnen häufig restlos überfüllt, und Taschendiebe haben Hochkonjunktur.

Spacig: die Prager Metro

Es gibt kaum eine gemütlichere Art, Prag zu erkunden, als mit der Straßenbahn

Auch die Busse verkehren meist auf die Minute genau, jedoch fahren sie vorrangig die Prager Außenbezirke an. Es existieren auch Nachtbuslinien – sie tragen 900er-Nummern und verkehren im 30- oder 60-Min.-Takt.

Mit dem Taxi oder Velotaxi

Lassen Sie sich von einem Taxifahrer nie irgendetwas empfehlen, sei es ein Restaurant oder ein Nachtclub. Sie werden Stunden unterwegs sein und irgendwo in der Peripherie landen.

Es gibt keinen einheitlichen Taxitarif. Bei AAA (s. u.) kostet 1 km 1 € (25 Kč, Stand 2018), der Einstiegssatz beträgt 1,60 € (40 Kč) – eine Fahrt von der Burg zum Wenzelsplatz dürfte demnach nicht mehr als ca. 10 € (250 Kč) kosten. Etwas billiger wird's, wenn man sich die AAA-Taxi-App herunterlädt (www.aaataxi.cz). Sehr preiswert fährt man zudem mit dem Fahrdienstvermittler *Taxify* – einfach die App runterladen. Quittungen müssen auf Verlangen ausgestellt werden. Falls Sie das Gefühl haben, bitterböse abgezockt zu werden, bestehen Sie auf einer Quittung, auf der Fahrtstrecke, Preis und Wagennummer vermerkt sind – ohne Quittung brauchen Sie nicht zu bezahlen.

> Am besten fahren Sie mit Taxis von **AAA radiotaxi s.r.o.** (📞 14014 o. 222333222). Die seriöse Gesellschaft verfügt über eigene Taxistandplätze mit Preistafeln im Zentrum. Betrügerische Fahrer werden fristlos entlassen.

Weniger der alltäglichen Beförderung als den Sightseeing-Touren fußfauler Touristen durch die Innenstadt dienen die **Velototaxis** (www.riksha.cz). Das sind windschnittige, von einem Elektromotor unterstützte Fahrradrikschas, die von Mai bis Oktober unterwegs sind. Abfahrtsstellen finden Sie u. a. am Altstädter Ring und am Náměstí Republiky. Für eine 30-minütige Stadtrundfahrt müssen Sie mit rund 28 € (700 Kč) rechnen.

Mit dem Rad

Zu einer Stadterkundung mit dem Rad lädt Prag nicht unbedingt ein. Radfahrer sind in erster Linie wagemutige Fahrradkuriere, die auch vor stark befahrenen Hauptstraßen und Straßenbahnschienen nicht zurückschrecken. Rücksicht im Straßenverkehr erfahren sie wenig. Doch die Situation bessert sich, die Stadtverwaltung richtet peu à peu ein flächendeckendes Radwegenetz ein. Wer die Metropole per Rad erkunden will, kann u. a. bei folgenden Anbietern Räder leihen (etwa 20–24 €/Tag, E-Bikes 35–40 €/Tag) oder geführte Touren buchen (2:30–3:30 Std. ab etwa 25 €, i. d. R. nur April–Okt.):

City Bike, ✆ 776180284, www.citybike-prague.com. Kralodvorská 5, Staré Město, Ⓜ B Náměstí Republiky.

Praha Bike Tours, ✆ 732388880, www.prahabike.cz. Dlouhá 24, Staré Město, Ⓜ B Náměstí Republiky.

Electric Bike Tours, ✆ 604474546, www.ilikeebike.com. Vlašská 15, Malá Strana, Ⓢ 12, 20, 22, 23 Malostranské náměstí.

Auf der Moldau

Das Angebot an Boots- und Schiffsausflügen ist groß und reicht von Trips auf kleinen Tuckerbooten mit Platz für acht Leute über Touren auf Moldaudampfern mit Schaufelrad bis zu Nachtfahrten mit Discobetrieb. Die meisten Boote dümpeln zwischen Nationaltheater und Burg Vyšehrad vor sich hin. Wer längere Touren bucht, verbringt die halbe Zeit davon in Schleusen. Empfehlenswerter sind – sofern man ganz viel Zeit hat – ganztägige Ausflüge per Schiff, beispielsweise in die nördlich von Prag gelegene Weinstadt Mělník oder zum Stausee Slapy.

Personenfähren

Von den Personenfähren des öffentlichen Nahverkehrs sind für Touristen, wenn überhaupt, nur die Fährlinien 3, 5 und 7 von Interesse.

Das Boot der **Fährlinie Nr. 3** (April–Okt. alle 20 Min. zwischen 6 und 22 Uhr) pendelt zwischen Lihovar (Stadtteil Smíchov am westlichen Moldauufer) und der Insel Veslařský ostrov (Stadtteil Podolí, beim Strandbad Žluté Lázně).

Fährlinie Nr. 5 (April–Okt. etwa alle 15 Min. zwischen 8 und 20 Uhr) verkehrt zwischen Náplavka Smíchov (links der Moldau), Výtoň (Neustadt) und der Moldauinsel Císařská louka (interessant für Camper).

Fährlinie Nr. 7 (April–Okt. werktags etwa alle 15–30 Min. zwischen 7 und 20 Uhr, Sa/So weniger Fahrten) verkehrt zwischen Pražská tržnice (Holešovice), Ostrov Štvanice (Moldauinsel) und Rohanský Ostrov (Karlín).

Für eine Fahrt genügt – sofern Sie keine Tages- oder Mehrtagekarte haben – eine Kurzfahrkarte zu 1 € (24 Kč, Stand 2018) der Prager Verkehrsbetriebe. www.dpp.cz.

Ausflugsboote

Ein 1- bis 2-stündiger Ausflug kostet 13–20 €, wer Live-Musik und Essen dabeihaben will, muss mit etwa 30–60 € rechnen. Tagesausflüge kosten ab ca. 28 €.

Gesellschaften/Anlegestellen: **Prague Boats**, Ablegestelle an der Čechův-Brücke (gegenüber Hotel Intercontinental), Josefov, ✆ 724 202505, www.prague-boats.cz. Kurztrips, aber auch längere Fahrten mit Essen und Musik.

Pražská paroplavební společnost (Prager Dampfschifffahrtsgesellschaft), Rašínovo nábřeží (Nähe Palackého-Brücke), Nové Město, ✆ 224930017, www.paroplavba.cz. Neben Kurztrips auch Tagesausflüge nach Mělník (leider nur an wenigen Sonntagen zwischen Juni u. Aug.) und zum Stausee Slapy (im Mai nur Sa, von Juni bis Anfang Sept. Sa/So).

Jazzboat (tägl. um 20.30 Uhr), Pier Nr. 2 unter der Čechův-Brücke, Josefov, ✆ 731183180, www.jazzboat.cz. Ab ca. 28 € ohne Essen.

Kleine **Boote** legen auf der Kleinseite, rechts und links der Karlsbrücke, ab.

Bootsverleih

Tret- und Ruderboote werden südlich der Karlsbrücke am Altstadtufer und auf der Slovanský ostrov (Slaweninsel) vermietet.

Kutsch- oder Oldtimerfahrten

Wer will, kann mit der Kutsche eine Stadtrundfahrt unternehmen. Pferdekutschen stehen in den Sommermonaten am Staroměstské náměstí (Altstädter Ring) bereit. Die Preise sind Verhandlungssache. Stadtrundfahrten mit dem Oldtimer (stehen entlang der Touristenpfade parat, online kann man z. B. über www.pragueoldtimertours.cz reservieren) kosten für 1 Std. rund 80 €.

MEET ME 23: coole Unterkunft beim Hauptbahnhof

Übernachten

→ Karte S. 230/231

Das Angebot an Quartieren in Prag ist vielseitig. Von prunkvollen Hotels, die keinen Komfort vermissen lassen, bis zu muffeligen Absteigen mit verkeimten Teppichböden ist alles vorhanden. Alternativ dazu gibt es Apartments und nette Hostels für Low-Budget-Reisende. Unsere Tipps:

Nové Město

**** **Hotel BOHO** 17, edel-elitäres Haus mit zeitgemäß-elegant ausgestatteten Zimmern, gehört zur Gruppe „Small Luxury Hotels of the World". Einziger Haken: die Hausbar, so gemütlich, dass man nicht mehr vor die Tür will. Dazu kleiner Wellnessbereich. Saftige Preise: DZ ab 335 €. Senovážná 4, PLZ 11000, Ⓜ B Náměstí Republiky, ✆ 234622600, www.hotelbohoprague.com.

Cosmopolitan Hotel 4, Boutiquehotel der oberen Liga, untergebracht in einem mehr als stattlichen Gebäude in bester Neustadtlage nahe dem Platz der Republik. 80 elegant designte Zimmer ohne einen Funken Biederkeit, hochgradig komfortabel mit Klimaanlage, interaktivem Smart-TV, Fußbodenheizung, beheizten Spiegeln (!) usw. Dazu Fitnessraum, Sauna und schickes Bistro. EZ/DZ ab 250 €. Zlatnická 3, PLZ 11000, Ⓜ B Náměstí Republiky, ✆ 295563000, www.hotel-cosmopolitan.cz.

UNIC Hotel 1, schickes Hotel im Altbau. Zentrale Lage, dennoch ruhig. Die Zimmer und Apartments sind unterschiedlich eingerichtet, aber allesamt, wie auch die Lobby, sehr heimelig. Mit dabei das gute Restaurant *home*, das sich der leichten neutschechischen Küche verschrieben hat. „Superfrühstück", sagen Leser. DZ ab 160 €, Parken 29 €/Nacht in der Tiefgarage. Soukenická 25, PLZ 11000, Ⓢ 6, 8, 15, 26 Dlouhá třída, ✆ 222312521, www.hotel-unic.cz.

*** **Hotel 16** 32, kleineres Haus mit viel Stammkundschaft. 14 leicht biedere Zimmer. Zuvorkommender Service, deutschsprachig. Kleiner Garten. Wer früh bucht, bekommt einen kostenlosen Parkplatz (sonst 20 €/Tag). DZ ab ca. 110 €. Kateřinská 16, PLZ 12800, Ⓜ B Karlovo náměstí, ✆ 224920636, www.hotel16.cz.

mein Tipp **Botel Matylda** 28, 2 nebeneinander liegende Hotelboote mit 25 freundlichen, modernen Zimmern (keine engen Kajüten wie bei den Hotelbooten aus sozialistischer Zeit). 7 davon befinden sich auf dem namengebenden Boot Matylda (dort ist auch das Restaurant, wo das Frühstück serviert wird), die 18 anderen

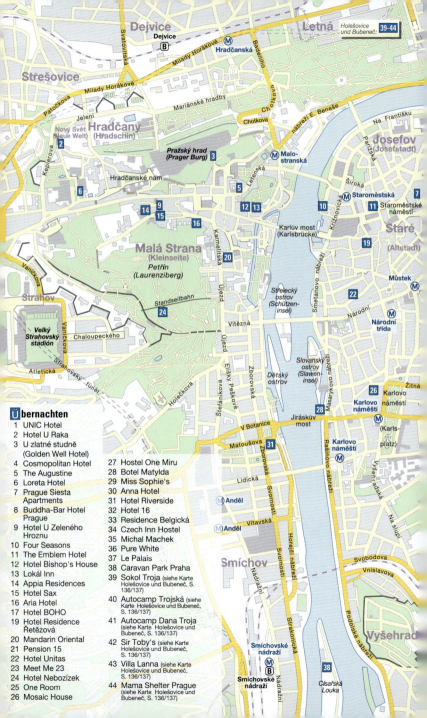

auf dem benachbarten Boot Klotylda (mit Panoramadeck). Schön die oberen Zimmer zur Flussseite, aber auch die Suite am Bug mit Blick auf die Slaweninsel ist, wie auch Leser betonen, herrlich. EZ ab 89 €, DZ ab 109 €. Masarykovo nábřeží, PLZ 11000, Ⓢ 5, 17 Jiráskovo náměstí, ✆ 222511826, www.botelmatylda.cz.

> **Achtung**: In Hotels an den Straßen Wilsonova, Mezibranská, Legerova, Sokolská, Žitná und Ječná (allesamt Prag 1 und Prag 2) müssen Sie mit einer extremen Lärmbelästigung rechnen!

Mosaic House 26, hipper Mix aus Megahostel und -hotel, wird mit Biogas und erneuerbarer Energie betrieben. Neben Mehrbettzimmern auch viele DZ mit Bad auf dem Niveau eines 3-Sterne-Hotels, manche davon mit Terrasse und herrlichen Blicken über die Stadt. Mit dem La Loca befindet sich auch eine angesagte Bar mit vielen coolen Babyfaces im Mosaic House. DZ ab 94,50 €, im Schlafsaal ab 15 €/Pers., Frühstück stets extra. Odborů 4, PLZ 12000, Ⓜ B Karlovo náměstí, ✆ 277016 880, www.mosaichouse.com.

meinTipp **Miss Sophie's 29**, moderne Pension, schickes Hotel, cooles Hostel und lässige Apartmentvermietung in einem. Egal, was man bucht – gutes Preis-Leistungs-Verhältnis. Sehr freundlich. DZ ab ca. 80 €, Bett im Schlafsaal ab 10 €, geräumige Apartments für 4 Pers. ab 100 €. Melounová 3, Ⓜ C I. P. Pavlova, PLZ 12 000, ✆ 246032620, www.miss-sophies.com.

meinTipp **MEET ME 23 23**, auch diese sehr cool und durchdacht gestylte Unterkunft in einem historischen Stadtpalast in unmittelbarer Bahnhofsnähe changiert zwischen Boutiquehotel und Hostel. Jeder Geschmack und Geldbeutel wird bedient: Es gibt Dormitorys, aber auch nette Zimmer im jungen Design, selbst eine Rooftop-Suite. Alle mit privatem Bad! Nur Hostelpreise sollte man nicht wirklich erwarten: Bett im Dorm ab 28 €, DZ 99 €, Suite 153 €. Washingtonova 23, PLZ 11000 Ⓜ C Hlavní nádraží, ✆ 601023023, www.meetme23.com.

Staré Město

***** **Four Seasons 10**, untergebracht in einem Gebäudekomplex, zu dem u. a. eine Barockvilla und ein Neorenaissancebau gehören. Großzügige, klassisch-elegante Zimmer mit Marmorbädern und z. T. mit Blick auf die Burg. Top-Restaurant. EZ und DZ ab 430 €, jedoch regelmäßig Specials. Veleslavinova 2A, PLZ 11000, Ⓜ A Staroměstská, ✆ 221427000, www.fourseasons.com.

meinTipp ***** **Buddha-Bar Hotel Prague 8**, kein Hotel für biedere Snobs, sondern für flippige Leute mit Geld. Altstadthaus mit 39 stylishen, schwarz-rot-braun gehaltenen Zimmern, die asiatische Kitschelemente mit westlicher Eleganz verbinden. Frische Orchideen auf den Kingsize-Betten, in der Mosaikwanne kann man den legendären Buddha-Bar-Chillout-Compilations lauschen. In den Gängen schummriges Licht und Räucherstäbchen, in der Minibar Champagner satt. Bar-Restaurant mit einer 3 m hohen Buddha-Statue aus Fiberglas und DJ-Beschallung. EZ und DZ ab 240 €. Jakubská 8, PLZ 11000, Ⓜ B Náměstí Republiky, ✆ 221776300, www.buddhabarhotelprague.cz.

***** **The Emblem Hotel 11**, gemütliches, neueres First-Class-Hotel. 59 Zimmer mit zeitgemäßer Ausstattung in Beige-, Grau- und Brauntönen, leider aber, was die Größe anbelangt, von zeitgemäßer Bescheidenheit. Supernettes Personal, Spa-Bereich. Parken 40 €/Nacht extra. DZ ab 230 €. Platnéřská 19, PLZ 11000, Ⓜ A Staroměstská, ✆ 226202500, www.emblemprague.com.

**** **Hotel Unitas 22**, Teil eines Nonnenklosters. Und einst ein Gefängnis der Geheimpolizei, in dem auch Václav Havel einsaß, später Pension für Budgetreisende, seit seiner letzten Restaurierung ein schmuckes 4-Sterne-Haus mit 37 Zimmern – der Knastcharakter ist seitdem komplett verschwunden. Parkplätze im Innenhof (20 €/Nacht extra; anmelden). EZ ab 109 €, DZ ab 119 €. Bartolomějská 9, PLZ 11000, Ⓜ B Národní třída, ✆ 224230533, www.unitas.cz.

**** **Hotel Residence Řetězová 19**, 9 gediegen und individuell ausgestattete Apartments in ruhiger Lage. Alle tragen Städtenamen, „London" verfügt z. B. über eine kleine Dachterrasse. Zuvorkommender Service. Keine Parkplätze. Je nach Größe und Anzahl der Schlafzimmer für 2 Pers. ab ca. 95 €, Frühstück extra. Řetězová 9, PLZ 11000, Ⓢ 2, 17, 18 Karlovy lázně, ✆ 222221800, www.retezova.com.

Prague Siesta Apartments 7, nahe dem Altstädter Ring. Die Apartments (15 an der Zahl) sind unterschiedlich ausgestattet, teils hell und angenehm, teils aber auch etwas bieder. Sehr freundlicher Service. Von Lesern gelobt. Café nahebei. Für 2 Pers. ab ca. 115 € (in der Saison Mindestaufenthalt 4 Nächte).

Übernachten 233

Týnská 9, PLZ 11000, Ⓜ A Staroměstská, ✆ 727 937998, www.praguesiesta.com.

Malá Strana

Mandarin Oriental 20, in einem ehemaligen Kloster untergebracht. Lediglich die Hofeinfahrt ist etwas nüchtern, danach entfaltet sich Luxus pur in stilsicher eingerichteten Zimmern und Suiten. EZ bzw. DZ (gleicher Preis) ab ca. 435 €, Parkgebühr 40 €/Nacht! Nebovidská 459/1, PLZ 11800, Ⓢ 12, 15, 20, 22, 23 Hellichova, ✆ 233 088888, www.mandarinoriental.com.

MeinTipp ***** **The Augustine** 5, Nobelherberge in einem historischen, labyrinthartigen Klosterkomplex, in dem bis heute Mönche leben. 101 überaus komfortable Zimmer, davon 16 Suiten, sehr gemütlich, individuell und mit Liebe zum Detail gestaltet: rustikale Holzböden, kubistische Reproduktionen, kuschelige Sofas, geschmackvolle Accessoires, Bücher zum Schmökern, Wellnessbereich, Garten. Parkmöglichkeiten (38 €/Nacht). In der angeschlossenen Bar bekommt man das süffige Sankt-Thomas-Bier, das heute jedoch nicht mehr im Kloster selbst, sondern außerhalb Prags gebraut wird. DZ ab ca. 360 €. Letenská 12, PLZ 11800, Ⓢ 12, 15, 20, 22, 23 Malostranské náměstí, ✆ 266112233, www.augustinehotel.com.

**** **U zlaté studně (Golden Well Hotel)** 3, in traumhafter Lage neben dem Ledebour-Garten. 17 komfortable Zimmer, 2 Suiten. Die Räume sind mit stilvollen Repliken klassischer Möbelstücke ausgestattet. Panoramablick von der Dachterrasse. Ruhig. Zuvorkommender Service. Angeschlossen ein gutes, aber auch entsprechend teures Restaurant. Parkplätze 10 Fußmin. entfernt (28 €/Nacht extra). DZ ab 290 €. U zlaté studně 4, PLZ 11801, Ⓜ A Malostranská, ✆ 257011213, www.goldenwell.cz.

***** **Hotel Aria** 16, schickes Hotel im Zeichen der Musik, von Versace-Designer Rocco Magnoli gestaltet. Schon Heidi Klum, Bill Clinton und Gérard Depardieu fielen hier in die weichen Betten. Die 51 Zimmer sind nach Komponisten oder Musikern benannt und passend dazu eingerichtet. Wählen Sie ganz nach Ihrem persönlichen Geschmack. Manche Teppichböden mit Notendekoration! Sehr zuvorkommendes Personal, Chauffeurservice, türkisches Bad, Restaurant mit Dachterrasse, Musikbibliothek und, und, und ... DZ ab ca. 260 €. Parken in der Tiefgarage 28 €/Nacht. Tržiště 9, PLZ 11800, Ⓢ 12, 15, 20, 22, 23 Malostranské náměstí, ✆ 225334111, www.ariahotel.net.

**** **Hotel Bishop's House** 12, kein Bischofspalast, sondern ein Bürgerhaus aus dem 19. Jh., aber auf dem Areal, wo einst die Bischöfe residierten – daher der Name. Die heutige eher schlichte grüne Fassade lässt gar nicht erahnen, welch modernes Design sich dahinter verbirgt. Nur 26 Zimmer, grandios jene unterm Dach mit kleiner Terrasse. DZ ab 150 €. Dražického náměstí 6, PLZ 11800, Ⓢ 12, 15, 20, 22, 23 Malostranské náměstí, ✆ 257532320, www.hotelbishopshouse.cz.

**** **Hotel Sax** 15, alteingesessenes Haus nahe der deutschen Botschaft. Im 70er-Jahre-Retrostil durchgestylt. Jedes Zimmer sieht anders aus, es überwiegen die Farben Orange, Weiß und Schwarz. Witzige Bettwäsche, schöne Bäder. Aber buchen Sie keines der billigen Zimmer mit Fenstern zum Innenhof! Ruhige Lage. Parkplätze (30 €/Nacht extra, unbedingt reservieren). DZ ab 125 €. Jánský Vršek 3, PLZ 11800, Ⓢ 12, 15, 20, 22, 23 Malostranské náměstí, ✆ 775859694, www.hotelsax.cz.

**** **Hotel U Zeleného Hroznu** 9, das „Hotel zur grünen Traube" ist ein Altstadthaus in einer romantischen Gasse. Die 8 völlig unterschiedlichen Zimmer sind im Stil verschiedener Epochen eingerichtet: im Stil des Barock („J. B. Santini"), der Neorenaissance („Ema Destinnova") oder des Jugendstils („Alfons Mucha"). Charmant. DZ ab ca. 130 €. Jánský vršek 11, PLZ 11 800, Ⓢ 12, 15, 20, 22, 23 Malostranské náměstí, ✆ 257211775, www.uzelenehohroznu.cz.

Appia Residences 14, historisches Gebäude in einer ruhigen und malerischen Ecke. 21 klassisch-moderne, teils etwas nostalgisch dekorierte Zimmer, Suiten und Apartments, komfortabel ausgestattet, Dielen- oder Parkettböden. Garten, Sauna, Tiefgarage (25 €/Tag). Für 2 Pers. ab 128 €. Šporkova 3, PLZ 11000, Ⓢ 12, 15, 20, 22, 23 Malostranské náměstí, ✆ 257215 819, www.appiaresidencesprague.com.

Hotel Nebozízek 24, ein Traum für Flitterwöchner: 2 klassisch-elegante Suiten (ohne Küche) mit Himmelbett und herrlichem Blick auf die Stadt. Dem gleichnamigen, etwas biederen Restaurant am Petřín-Berg angeschlossen. 150 €/Tag. Petřínské sady 411, PLZ 11800, Ⓢ 12, 15, 20, 22, 23 Újezd, weiter mit der Drahtseilbahn bis zur Station Nebozízek, ✆ 257 315329, www.nebozizek.cz.

Lokál Inn 13, hübsche Unterkunft auf 3-Sterne-Niveau über dem gleichnamigen Lokal (→ S. 98). 10 Zimmer und 4 Suiten in einem restaurierten Gebäude aus dem 18. Jh., die Suiten mit Deckenmalereien, die Dachzimmer mit tollem Gebälk. Freundliches junges Personal. EZ oder DZ 160 € (gleicher Preis). Míšeňská 12, PLZ 11800, Ⓢ 12, 15, 20, 22, 23 Malostranské náměstí, ✆ 257014800, www.lokalinn.cz.

Hradčany

Hotel U Raka 2, ruhiger geht es kaum. Hier wohnt man fast wie auf dem Land und ist doch direkt in der Stadt. Schönes Fachwerkhaus aus dem 18. Jh. mit schweren Deckenbalken, innen wie außen sehr rustikal dekoriert. Unterschiedlich große, komfortable Zimmer. Parkplätze vor der Tür (15 €/Tag extra). Café, idyllischer Garten. EZ ab 95 €, DZ ab 145 €. Černínská 10, PLZ 11800, Ⓢ 22, 23 Brusnice, ✆ 220511100, www.hoteluraka.cz.

*** **Loreta Hotel** 6, kleines, nettes und günstiges 18-Betten-Hotel beim Loreto-Heiligtum. Die ländlich-nostalgisch eingerichteten Zimmer mit Holzböden betritt man von einem ruhigen Innenhof. Familiäre Atmosphäre. Kein eigener Parkplatz. EZ ab 79 €, DZ ab 89 €. Loretánské náměstí 8, PLZ 11800, Ⓢ 22, 23 Pohořelec, ✆ 739994347, www.hotelloreta.cz.

Ein Abend im SaSaZu

Vinohrady

***** **Le Palais** 37, eine Nobelherberge in einer mondänen Stadtvilla aus dem 19. Jh. Belle Époque trifft dekadenten Komfort (z. B. in unterschiedlichen Farben angestrahlte und mit verschiedenen Duftnoten versehene Duschen in der Sauna). Etwas zu verkitscht-überladen, aber das ist Geschmackssache. Buchen Sie ein Zimmer mit Stadtblick! DZ ab 125 €, Suiten ab 290 €. U Zvonařky 1, PLZ 12000, Ⓜ C I. P. Pavlova, ✆ 234634111, www.lepalaishotel.eu.

Residence Belgická 33, etabliertes Haus mit 30 luftigen Suiten, Studios und Apartments, die nach Feng-Shui-Kriterien eingerichtet wurden. Business-Publikum. Gartenterrasse, ruhige Lage. Fitnesscenter, Sauna, Babysitting etc. Studio für 2 Pers. (33 m²) 110 €, Apartments (45–68 m²) ab 130 €. Belgická 12, PLZ 12000, Ⓜ A Náměstí Míru, ✆ 221401800, www.mamaisonbelgicka.com.

**** **Pure White** 36, durchgestylte, hippe Adresse in einem historischen Gebäude, gut gelegen. Gayfriendly. 37 trendige und, wie der Name schon sagt, weitestgehend weiße Zimmer mit viel Komfort, manche mit schönem Blick über die Stadt, andere mit in den Schlafbereich integrierten Bädern. EZ/DZ ab 111 €, Parken nahebei möglich (20 €/Nacht extra). Koubkova 12, PLZ 12000, Ⓜ C I. P. Pavlova, ✆ 220992569, www.purewhitehotel.com.

*** **Hotel Anna** 30, kleines, familiäres Hotel in einem Bürgerhaus aus dem 19. Jh. Flügeltüren, Jugendstilelemente im Eingangsbereich. Zimmer größtenteils mit Teppichböden, klassisch möbliert. Sehr zuvorkommendes Personal. Lesern gefällt es hier. Parkmöglichkeiten werden vermittelt (ab 12 €/Nacht). Gutes Preis-Leistungs-Verhältnis: EZ ab 62 €, DZ ab 72 €. Budečská 17, PLZ 12000, Ⓜ A Náměstí Míru, ✆ 222513111, www.hotelanna.cz.

Czech Inn Hostel 34, in einem neogotischen Stadtpalast. Designerhostel von der Lobby über die Bar bis zu den Zimmern, mittlerweile durch die vielen Partypeople im Haus aber teils auch ziemlich abgeschrammt. Witzig die „Basement Bar". Keine Parkplätze. Im Dormitory ab 15 €/Pers., DZ mit Bad 75 €, mit Etagenbad ab 60 €, Frühstück 6,50 € extra. Francouská 76, PLZ 10100, Ⓢ 4, 22 Krymská, ✆ 267267600, www.czech-inn.com.

Hostel One Miru 27, Dachetagenhostel direkt am Náměstí Míru (im Sommer kann's

Prag im Kasten
Prager Saisonpreise – was kostet's wann?

Die hier angegebenen Preise beziehen sich auf die **Hochsaison** werktags, bei einem DZ handelt es sich um die Endpreise für zwei Personen, i. d. R. inklusive Frühstück. Die Preise sind nur als Anhaltspunkte zu verstehen, da sie sich in vielen Häusern, je nach Auslastung, teils täglich ändern. Für die Nächte Freitag/Samstag und Samstag/Sonntag verlangen so manche Häuser in der HS einen satten Aufschlag. Grundsätzlich kennt das Gros der Prager Hotels vier Saisons: Die **High Season** dauert ungefähr von Ende März bis Ende Juni und von Anfang September bis Ende Oktober. Im Juli und August, in der **Middle Season**, bezahlen Sie rund 20–40 % weniger als in der Hochsaison. In der **Low Season**, von November bis Mitte März, bezahlen Sie sogar 30–70 % weniger als in der Hochsaison. In der **Topsaison** jedoch steigen die genannten Preise z. T. um 20–30 % an. Zur Topsaison gehören die Tage über Weihnachten, Silvester, Ostern, Pfingsten und (je nachdem, wie die Feiertage liegen) die verlängerten Wochenenden. Kleinere Häuser lassen sich über die hoteleigene Internetseite oft billiger buchen als über die großen Hotelbuchungsportale, die satte Provisionen verlangen. Teilweise sehr verlockende **Angebote** (v. a. bei kurzfristiger Buchung) finden Sie auf www.hipmunk.com, www.cedok.com und www.hotel.cz.

---

warm werden). Alles gut, solange der Aufzug nicht klemmt. Sehr freundlicher Service. Gemeinschaftsküche. 6 Zimmer, darunter ein DZ (mit Gemeinschaftsbad, 70 €), die anderen haben 6–10 Betten. Bett im Schlafsaal ab 25 €. Slezská 1, PLZ 12000, Ⓜ A Náměstí Míru, ✆ 725 529951, www.hostelone.com.

Michal Machek 35, Michal Machek (ein überaus freundlicher Typ) vermietet 6 Studios und Apartments, einfach, aber völlig okay. Ruhige Lage. Gutes Preis-Leistungs-Verhältnis, daher auch von Lesern gelobt. Sehr zuverlässig. Für 2 Pers. ab 48 €, günstiger ab 3 Tagen. Vorausbuchung nötig, da keine Rezeption. Zahřebská 18, PLZ 12000, Ⓜ A Náměstí Míru, ✆ 234099999, www.apartmentsinprague.cz.

Žižkov

One Room 25, grandioses, aber auch grandios teures Einzimmerhotel im Fernsehturm von Žižkov (→ S. 147).

Pension 15 21, renovierter Altbau. Eine Unterkunft für Budgetreisende, die nicht ins Hostel wollen (Žižkov bietet diesbezüglich auch viele 3-Sterne-Hotels ohne besondere Note). 15 einfache, saubere Zimmer mit Waschbecken, mit etwas IKEA aufgepeppt und mit Etagenbad. Außerdem im Hinterhof Apartments für bis zu 5 Pers. Laundryservice. Parken im Hof möglich (8 €/Nacht). Sehr freundlicher Service. DZ 42 €, Apartments für 2 Pers. 82 €, für 4 Pers. 131 €, Frühstück 3,20 € extra, enormer Rabatt in der NS. Vlkova 15, PLZ 13000, Ⓢ 5, 9, 15, 26 Husinecká, ✆ 222719768, www.pension15.cz.

Smíchov

***** **Hotel Riverside** 31, 5-Sterne-Unterkunft direkt am Moldau-Ufer. Das bedeutet z. T. tolle Aussicht, aber auch Verkehr vor der Nase. 80 der Sterneanzahl entsprechend ausgestattete Zimmer und Suiten mit tollen Bädern, manche mit Balkon. DZ mit Glück ab 145 €. Janáčkovo nábřeží 15, PLZ 15000, Ⓢ 4, 5, 7, 10, 16, 21 Zborovská, ✆ 225994611, www.mamaison.com.

Holešovice/Bubeneč

Vila Lanna 43, das Gästehaus der tschechischen Akademie der Wissenschaften, erbaut in der zweiten Hälfte des 19. Jh., vermietet auch an Hinz und Kunz. Es belegt den einstigen Prager Sommersitz des Industriellen und Kunstsammlers Freiherr von Lanna. Die Zimmer im Haupthaus sind grandios (mit Gemeinschaftsbad, aber supersauber), die im Gartenhaus austauschbar (dafür mit Bad). EZ 52 €, DZ 80 €. V Sadech 1, PLZ 16000, Ⓜ A Hradčanská, ✆ 224 321278, www.vila-lanna.cz.

Mama Shelter Prague 44, ein Ableger der jungen französischen Designhotelkette für die hippe Crowd. Versteht sich als „Urban Refuge", in dem Mama für alle sorgt. In Prag hat man sich – übrigens in einem ehemaligen Plattenbauhotel – direkt im angesagten Szenestadtteil Holešovice zwischen Kunstpalast und coolen Bars eingenistet. Die Zimmer sind in gemütlichem Vintagestil eingerichtet und bieten meist eine tolle Aussicht auf die Stadt. DZ ab 90 €. Veletržní 20, PLZ 17000, Ⓢ 6, 17 Veletržní palác, ✆ 225117111, www.mamashelter.com.

mein Tipp **Sir Toby's** 42, 125 Betten in 25 liebevoll und kreativ eingerichteten Zimmern in einem Jugendstilbau. Auch für ältere Semester geeignet. Zimmer in allen Größen, etwa die Hälfte davon mit privatem Bad. Waschservice, Innenhof für Grillpartys im Sommer, gemütliche Gemeinschaftsküche (Tee stets gratis). Bewachte Parkplätze nahebei. Radverleih. DZ mit Bad ca. 75 €, Bett im Mehrbettzimmer ab 12 €/Pers., Frühstück 5 € extra. Dělnická 24, PLZ 17000, Ⓜ C Vltavská, weiter mit Ⓢ 1, 12, 14, 25 Dělnická, ✆ 246032610, www.sirtobys.com.

Camping

Rund 20 Campingplätze gibt es im Stadtgebiet. Darunter befinden sich spartanisch-provisorische ebenso wie recht komfortable Plätze. Im Sommer sollte man, v. a. auf den zentrumsnahen Plätzen, reservieren. 2 Personen mit einem Wohnmobil sollten mit 20–30 € rechnen, mit einem Zelt etwa 5–10 € weniger. Eine gute Wahl treffen Sie mit den im Folgenden beschriebenen Plätzen:

Troja

Im Stadtteil Troja im Norden Prags reihen sich an der Straße Trojská 7 Plätze, meist auf Obstbaumwiesen, aneinander. Wegen der Auswahl – für jeden Geldbeutel ist etwas dabei – und der guten Anbindung ans Zentrum (auch nachts) eine der besten Anlaufstellen. Anfahrt am einfachsten mit Ⓢ 17 Trojská. Oder: Ⓜ C Nádraží Holešovice, weiter mit Ⓑ 112 Trojská oder Kazanka. Mit dem eigenen Fahrzeug folgt man der Beschilderung „Troja/Zoo". Die 3 von uns empfohlenen Plätze besitzen allesamt 3 Sterne (gute Sanitäranlagen) und sind ganzjährig geöffnet.

Autocamp Trojská 40, klein, aber nett und gepflegt, deswegen auch sehr beliebt. Bungalows und Zimmer, Gartenküche, Restaurant. Trojská 375/157, PLZ 17100, ✆ 283850487, www.autocamp-trojska.cz.

mein Tipp **Autocamp Dana Troja** 41, recht schöner, schmaler Platz, ebenfalls sehr gepflegt und sauber, ebenfalls mit Zimmervermietung. Waschmaschine. Ausgesprochen freundliche Bewirtung. Zusätzliches Plus: am nächsten zur Straßenbahnhaltestelle gelegen. Trojská 129, PLZ 17100, ✆ 283850482, www.campdana.cz.

Sokol Troja 39, für alle mit großen Gespannen oder größeren Wohnmobilen die beste Adresse in Troja. Leider kein Obstgartencharme, sondern eher Parkplatzambiente. Trojská 171/744, PLZ 17100, ✆ 607001133, www.campingsokol.cz.

Moldauinsel Císařská Louka

Caravan Park Praha 38, einer von 2 Campingplätzen auf der Insel (aber nicht ganz so idyllisch, wie es klingen mag). Genug Platz auch für größere Gespanne. April bis Ende Sept. geöffnet. Tagsüber gute Fährverbindungen nach Smíchov und nach Výtoň (Neustadt). Ansonsten muss man von der Metrostation Smíchovské nádraží weiter mit Ⓢ 4, 5, 12 o. 20 Lihovar und sich von dort auf einen mind. 15-minütigen, einsamen Spaziergang gefasst machen. Zufahrt zur Insel von der Fernstraße 4 auf Höhe einer Shell-Tankstelle bzw. dem River Business Centre. Císařská louka 599, PLZ 15000, ✆ 257318 387, www.kemp-praha.cz.

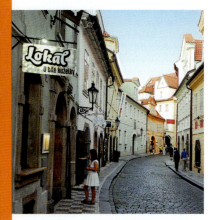

Über dem „Lokal" werden nette Zimmer vermietet

Der Ziegeldachteppich von Malá Strana

Prag von A bis Z

Ärztliche Versorgung

Für eine ärztliche Behandlung in Kliniken und Praxen, die dem staatlichen Versicherungssystem angeschlossen sind, benötigen Sie die Europäische Krankenversicherungskarte (EHIC). Darüber hinaus empfiehlt sich der Abschluss einer privaten Auslandskrankenversicherung, die einen Krankenrücktransport mit einschließt.

> **Besondere Hinweise**: Eine Impfung gegen Hepatitis A wird empfohlen! Personen mit Atemwegsproblemen sollten wegen des extrem hohen Schwefeldioxydgehalts der Luft Prag nicht in den Wintermonaten besuchen!

Apotheke heißt übrigens *Lekárna*. Medikamente sind in Tschechien deutlich billiger als im deutschsprachigen Raum.

Im Notfall

Medizinisches Fakultätskrankenhaus der Karlsuniversität, die Ärzte sind deutsch- oder englischsprachig. Die Aufnahme ist unkompliziert. EHIC wird akzeptiert. Zudem zahnchirurgischer Bereitschaftsdienst und Augenambulanz. Zentral gelegen: U nemocnice 2 (Karlsplatz), ☏ 224961111, www.vfn.cz. Ⓜ B Karlovo náměstí.

24-Std.-Apotheke

Nové Město, Palackého 5, ☏ 224946982. Ⓜ B Národní třída.

Baden und Wellness

Es wird zwar in der Moldau geschwommen, doch angesichts bedenklich stimmender Wasserwerte sollte man eher davon absehen. Frei- oder Hallenbäder liegen außerhalb des Zentrums, sind jedoch mit öffentlichen Verkehrsmitteln gut zu erreichen. Freibäder haben i. d. R. vom 1. Mai bis 15. September geöffnet und kosten 2,50–6,50 € Eintritt.

Freibäder – eine Auswahl

Žluté Lázně, das traditionsreiche Moldaubad ist heute eine Beachmeile. Restaurant (zugleich Treffpunkt an Sommerabenden), Bar, Biergarten, Beachvolleyball-Felder, Tretbootverleih, Sandstrandabschnitt, Liegewiesen, Kinderbecken etc. Erwachsene baden wie seit über 80 Jahren in der Moldau. In Podolí. Ⓢ 2, 3, 17, 21 Dvorce (vom Zentrum kommend kurz vor der Straßenbahnhaltestelle rechter Hand). www.zlutelazne.cz.

Divoká Šárka, beliebtes Naturschwimmbad (→ Abstecher in Prags Peripherie, S. 161).

Spaß- und Wellnessbäder

Aquapalace Praha, eines der größten seiner Art in Mitteleuropa. Wellenbad, Schwimmbad, Rutschen, Sauna, Spa- und Fitnesszentrum u. v. m. Preise (3 Std. Wasserwelt z. B. 21 €) und Öffnungszeiten auf www.aquapalace.cz. Etwas außerhalb in Čestlice, mit öffentlichen Verkehrsmitteln in ca. 30 Min. vom Zentrum zu erreichen: Ⓜ C Opatov, von dort fährt etwa stdl. der hauseigene Aquabus zum Aquapalace.

Pivní lázně (Bierbad), bietet die Brauerei Bernard u. a. in der Altstadt (Týn 10, Ⓜ B Náměstí Republiky) und in Vinohrady (Fügnerova náměstí 1, Ⓜ C I. P. Pavlova). Ein Bad im Gerstensaft mit Hefe, Hopfen und viel Vitamin B ist angeblich gut für die Haut. Dazu darf man soviel trinken, wie man will. Tägl. 11.30–22 Uhr, für 2 Pers. ab 104 €/30 Min. www.pivnilaznebernard.cz.

Barrierefreiheit

Prag ist, was Infrastruktur und Einrichtungen angeht, bislang keine behindertenfreundliche Stadt. Doch es wird einiges unternommen, um das zu ändern, u. a. wurden bereits Niederflurbusse und -bahnen eingeführt. Tipps für Rollstuhlfahrer enthält die englische Broschüre „Four accessible walks in Prague", die über www.prague.eu/en heruntergeladen werden kann. Die **Prager Rollstuhlfahrerorganisation** (Pražské organizace vozíčkářů, www.pov.cz) stellt ihre Datensammlung in puncto Barrierefreiheit auf www.presbariery.cz (inkl. Karte) bereit. Eine Reiseagentur vor Ort, die sich auch auf Rollstuhlfahrer spezialisiert hat, ist **Avantgarde Prague** (www.avantgarde-prague.com); hier können Sie Hotels und Stadtführungen buchen. Motorisierte Rollstühle verleiht **Accessible Prague** (www.scootableprague.com).

Casinos

Die meisten Prager Casinos liegen in der Neustadt rund um den Wenzelsplatz, das populärste ist das **Casino Ambassador Prague** (Václavské nám. 5-7, www.vipcasinoprague.com). Dessen Zukunft ist, wie die aller anderen innerstädtischen Casinos, ungewiss. Die Stadt will sie schließen lassen, in Anbetracht der Steuereinnahmen in Millionenhöhe will sie aber nur. Ein offizieller Dresscode besteht nicht, erwartet wird dennoch feinere Kleidung als ein Jogginganzug. Gespielt werden Roulette, Black Jack, Bakkarat usw. Auch finden regelmäßig Pokerturniere statt (im Ambassador auch Oasis und Ultimate). Der Mindesteinsatz beträgt in den meisten Casinos 1 €. Eintritt wird i. d. R. nicht verlangt, jedoch müssen Sie sich ausweisen und registrieren lassen.

Diplomatische Vertretungen

Botschaft der Bundesrepublik Deutschland, Vlašská 19, Malá Strana, ☎ 257113111, www.prag.diplo.de. Ⓢ 12, 15, 20, 22, 23 Malostranské náměstí.

Botschaft der Republik Österreich, Viktora Huga 10, Smíchov, ☎ 257090511, www.bmeia.gv.at/oeb-prag. Ⓢ 9, 12, 15, 20 Arbesovo náměstí.

Botschaft der Schweiz, Pevnostní 7, Střešovice, ☎ 220400611, www.eda.admin.ch/prag. Ⓢ 1, 2, 25 Vozovna Střešovice.

Elektrizität

Die elektrische Spannung beträgt 230 V, gebräuchlich sind Steckdosen des Typs E. Der in Deutschland vorherrschende runde Schukostecker des Typs F passt nicht hinein; viele neuere Geräte verfügen aber bereits über den runden Stecker des Typs E, der zusätzlich zu den zwei Kontaktstiften noch ein Loch besitzt (das sozusagen mit den zwei Stiften eine Art Dreieck bildet). Auch Geräte, die den schmalen Eurostecker des Typs C haben, brauchen keinen Adapter.

Feste und Feiertage

1. Januar	Neujahr
Ostern	Karfreitag und Ostermontag

1. Mai	Tag der Arbeit
8. Mai	Tag der Befreiung Prags vom Faschismus 1945
5. Juli	Tag der Slawenapostel Kyrill und Method
6. Juli	Gedenktag für Jan Hus
28. September	Todestag des heiligen Wenzel (Landespatron)
28. Oktober	Gründungstag der ersten Tschechoslowakischen Republik (1918)
17. November	Gedenktag an die Novemberdemonstration von 1989
24. bis 26. Dez.	Weihnachten

Fundbüro

Verlorene Sachen bekommt man mit sehr viel Glück beim städtischen Fundbüro *Ztráty a nálezy* wieder.

Karolíny Světlé 5, Staré Město, ☏ 224235085. Mo–Do 8–12 und 12.30–16 Uhr, Fr nur bis 14 Uhr. Ⓜ B Národní třída.

Geld und Geldwechsel

Gesetzliches Zahlungsmittel ist die Tschechische Krone *(koruna česká)*, abgekürzt Kč. Im Umlauf sind Banknoten zu 100, 200, 500, 1000, 2000 und 5000 Kč, Münzen zu 1, 2, 5, 10, 20 und 50 Kč. Die Einführung des Euro – theoretisch möglich, Tschechien erfüllt die Maastrichtkriterien – lehnen mehr als zwei Drittel der Bevölkerung ab: Es herrscht die Befürchtung, für die Schulden Griechenlands und anderer geradestehen zu müssen.

> 1 € entsprach im Februar 2019 ca. 25,28 Kč, 1 sfr ca. 22,77 Kč.

Geldwechsel: Wechselstuben findet man im Zentrum an jeder Ecke. Ganz wichtig aber: **Fragen Sie vor dem Umtausch nach, wie viele Kronen Sie für Ihr Geld bar ausbezahlt bekommen, und lassen Sie sich den Betrag schriftlich bestätigen!** Die beworbenen Umtauschkurse gelten oft nur für Wechselbeträge über 1000 oder 2000 €, und „No commission" bezieht sich in 99 % aller Fälle nur auf den Rückumtausch von Kronen. Teils werden satte Gebühren verlangt – 20 oder 30 € bei einem Umtausch von 100 € sind lässig drin! Besser zieht man das Geld am Automaten.

Geldautomaten: Gibt es im Zentrum ebenfalls an vielen Ecken. Beim Abheben mit der Maestro-Karte ist der Kurs i. d. R. erheblich besser als beim Bar-Umtausch. Verzichten Sie aber unbedingt darauf, sich den Betrag am Automaten in Euro umrechnen und abbuchen zu lassen – das ist extrem teuer. Auf unserem Blog www.hierdadort.de haben wir zu dem Thema auch einen Beitrag verfasst. Um keine horrenden Gebühren zu bezahlen, wählt man zudem am besten Automaten renommierter Banken wie z. B. die der *Česká Spořitelna* (die Tschechische Sparkasse hat das gleiche Logo wie die deutschen Sparkassen).

Bei Verlust einer Kredit- oder Maestro-Karte wählen Deutsche die Servicenummer ☏ 0049-116116. Abhängig vom Ausstellungsland der Karte gelten zudem folgende Sperrnummern:

Für **American Express**: ☏ 0049-69-97972000 (D/A), ☏ 0041-44-6596900 (CH). **Visa**: ☏ 800-142121 (Service-Nr. in CZ für D, A, CH). **Mastercard**: ☏ 800-142-494 (Service-Nr. in CZ für D, A, CH). **Maestro-Karte**: ☏ 0049-1805 021021 (D), ☏ 0043-1-2048800 (A), ☏ 0041-848888601 (UBS), ☏ 0041-800 800488 (Credit Suisse), ☏ 0041-442712 230 (für alle weiteren schweizerischen Maestro-Karten).

> **Ein Haus – zwei Nummern**
>
> Jedes Haus in Prag hat zwei Nummern. Die weiße Nummer auf blauem Grund ist die eigentliche Hausnummer, wie man sie bei uns kennt. Die Zahl auf rotem Grund ist die Nummer, unter der das Haus im Grundbuch eingetragen ist. So bezeichnet sie zugleich die Reihenfolge, in der die Häuser im jeweiligen Stadtteil gebaut worden sind.

Goethe-Institut und Österreichisches Kulturforum

Beide Kulturinstitute verfügen über kleine Bibliotheken und haben Zeitungen und Zeitschriften ausliegen. Zudem tragen sie mit eigenen Veranstaltungen zur kulturellen Vielfalt der Stadt bei.

Goethe-Institut, Masarykovo nábřeží 32. ℡ 221962111, www.goethe.de/praha. Bibliothek, Di–Do 13–19 Uhr, Fr/Sa 11–17 Uhr. Ⓢ 2, 17 Jiráskovo náměstí.

Österreichisches Kulturforum, Jungmannovo náměstí 18. ℡ 224284001, www.oekfprag.at. Bibliothek Mo–Fr 10–13 u. 14–16 Uhr. Galerie Mo–Fr 10–17 Uhr. Ⓜ A, B Můstek.

> **Česká centra**: Das Tschechische Zentrum ist so etwas wie das Pendant zum Goethe-Institut und Österreichischem Kulturforum. Es fördert den Dialog zwischen Tschechien und dem Rest der Welt. Tschechische Zentren findet man u. a. in Berlin, Düsseldorf, München und Wien. In Prag sitzt das Česká centra in der Altstadt an der Rytířská 31 (Ⓜ A, B Můstek). Oft zeigt es sehenswerte Ausstellungen. Mo–Fr 11–18 Uhr, Sa bis 17 Uhr. www.czechcentres.cz.

Gottesdienste

Römisch-katholische Gottesdienste in deutscher Sprache finden jeden Sonntag um 11 Uhr in der Kirche Sankt Johannes Nepomuk am Felsen beim Karlsplatz (Kostel sv. Jana na Skalce, Ⓜ B Karlovo náměstí) statt. Evangelische Gottesdienste in deutscher Sprache können Sie jeden Sonntag um 10.30 Uhr in der Kirche Sankt Martin an der Mauer (Kostel sv. Martina ve zdi) besuchen (Ⓜ A, B Můstek).

Information

Touristeninformationen

Die offiziellen Touristeninformationen der Stadt Prag firmieren unter dem Namen **Prague City Tourism** und sind aus dem Ausland telefonisch unter ℡ 00 420/221714714 zu erreichen (vor Ort die Landesvorwahl weglassen). Die offiziellen Touristeninformationen im Zentrum (für die Büros am Flughafen → Anreise, S. 223):

Nové Město (Neustadt): In einem ehemaligen Bratwurststand am Václavské náměstí (Wen-

Vnitroblock in Holešovice: Signature Store und Hipstercafé in alter Fabrikhalle

zelsplatz) auf Höhe Haus Nr. 42. Tägl. 10–18 Uhr. Ⓜ A, B Můstek.

Staré Město (Altstadt): Staroměstská radnice (Altstädter Rathaus), Staroměstské náměstí 1. Tägl. 9–19 Uhr. Ⓜ A Staroměstská. Zudem an der Rytířská 12 (Ecke Na Můstku), auf dem Weg vom Wenzelsplatz zum Altstädter Ring. Tägl. 9–19 Uhr, im Jan. u. Feb. nur bis 18 Uhr. Ⓜ A, B Můstek.

Neben den offiziellen Informationsbüros der Stadt Prag unterhält die **Tschechische Zentrale für Tourismus** ein Büro am Altstädter Ring (Staroměstské náměstí 5, Staré Město, ✆ 224861587, Ⓜ A Staroměstská), eines in Berlin (Wilhelmstr. 44, ✆ 0049-30/2044770) und eines in Wien (Penzingerstr. 11-13, ✆ 0043-1/8920299), an das sich auch Schweizer wenden können.

Im Internet

www.prague.eu: Die offizielle Internetseite der Stadt Prag mit einer Vielzahl an Infos (auch in deutscher Sprache).

www.czechtourism.com: Die offizielle Internetseite der Tschechischen Zentrale für Tourismus bietet Infos zum ganzen Land in deutscher Sprache.

www.pragerzeitung.cz: In gedruckter Form gibt es sie leider nicht mehr, als Onlinemagazin soll sie aber wiederbelebt werden.

www.prag-aktuell.cz, www.powidl.eu und **www.tschechien-online.org**: Nachrichten und Hintergrundinformationen – alles auf Deutsch.

www.radio.cz: Das tschechische Pendant zur Deutschen Welle – aktuelle Nachrichten und sämtliche deutschsprachige Radiobeiträge zum Nachlesen und -hören.

www.czech.cz: Die offizielle Seite der Tschechischen Republik, auch in deutscher Sprache.

www.praha.eu: Die offizielle Seite des Prager Rathauses, z. T. auch in englischer Sprache.

www.expats.cz: Englischsprachige Seite für in der Stadt lebende Ausländer (Wohnungen, Jobs, Veranstaltungen etc.).

www.ticketpro.cz: Hier erfahren Sie, welche kulturellen Veranstaltungen während Ihres Besuches über die Bühnen gehen und können dafür auch gleich Tickets kaufen.

Aktuelle Informationen zu diesem Reiseführer, die nicht mehr berücksichtigt

Winterliches Idyll

werden konnten, finden Sie auf den Pragseiten des Michael Müller Verlags unter www.michael-mueller-verlag.de.

Internetzugang

Das Gros aller Hotels bietet kostenlos WLAN, lediglich so manch ohnehin schon teures Haus verlangt dafür extra Gebühren. Zudem offerieren viele Bars und Cafés kostenloses WLAN. Falls Sie eine zweite SIM-Karte kaufen möchten → Telefonieren, S. 252.

Klima

Das Wetter in Prag wird zum einen vom ozeanischen Klima Westeuropas beeinflusst, zum anderen vom kontinentalen Klima, das Polen und Russland dominiert. Dabei fungieren die Randgebirge zuweilen als Wetterscheide – so kann es passieren, dass Tiefdruckgebiete vom Atlantik Regen bis nach Bayern bringen, über Prag aber die Sonne scheint.

Kriminalität

Wie in jeder Großstadt gibt es auch in Prag Kriminalität. Touristen haben jedoch wenig zu befürchten, zumal über 1000 Kameras die innere City überwachen. Dennoch sollten Sie sich an die üblichen Vorsichtsmaßnahmen halten, insbesondere gegen Taschendiebstahl, eines der größten Prager Probleme. Schon der Reisende Uberto Decembrio notierte vor 600 Jahren: „Aber Diebe gibt es hier so meisterhafte, dass sie dir, falls du nicht ganz gut aufpasst, die Schuhe von den Füßen stehlen." Heute hat man es eher auf Handys und Geldbeutel von Ausländern abgesehen, von zehn Bestohlenen sind neun Ausländer. Besondere Vorsicht gilt diesbezüglich im Gedränge, v. a. in Straßenbahnen und dort ganz besonders in den Linien 9, 20, 22 und 23! Achten Sie zudem beim Abheben mit der Bank- oder Kreditkarte darauf, dass niemand Ihren PIN-Code auspäht. Falls Ihre Karte gestohlen werden sollte → Geld/Sperrnummern, S. 239. Falls Sie mit dem Auto anreisen, so stellen Sie es am besten auf einem bewachten oder abschließbaren Parkplatz ab.

Literatur

Im Folgenden einige Anregungen für die Reiselektüre, dazu eine kleine Auswahl an empfehlenswerter und weiterführender Literatur zu Prag und Tschechien. Leider ist so manches, obwohl erst vor wenigen Jahren verlegt, nur noch antiquarisch erhältlich.

Sachliteratur

Demetz, Peter: Prag in Schwarz und Gold. Piper, München 2000. Die *Welt* schrieb dazu: „Ein Glanzstück lebendiger Geschichtsschreibung". Im flüssigen Erzählduktus werden sieben bedeutsame Epochen der Stadt vorgestellt. Der Autor (1922 geb.) ist in Prag aufgewachsen, wurde unter den Nazis deportiert, flüchtete kurz nach dem Krieg vor den Kommunisten nach England und wurde später

Klimadaten von Prag

	Ø Lufttemperatur (Min./Max. in °C)		Ø Niederschlag (in mm)	Ø Stunden mit Sonnenschein
Jan.	-2,4	2,6	20	6
Febr.	-1,8	4,4	19	5
März	1,5	9,1	26	7
April	5,1	15,1	24	6
Mai	9,7	20,3	53	8
Juni	12,7	22,8	57	9
Juli	14,5	25,3	64	9
Aug.	14,2	25,1	60	8
Sept.	10,5	19,9	34	7
Okt.	6,4	14,2	24	6
Nov.	2,1	7,2	28	7
Dez.	-1,1	3,4	25	6
Jahr	**6,0**	**14,1**	**435**	**84**

Quelle: Deutscher Wetterdienst

Prag im Kasten
Das Prager Literaturhaus deutschsprachiger Autoren

Das Prager Literaturhaus deutschsprachiger Autoren *(Pražský literární dům autorů německého jazyka)* erinnert mit einer kleinen Ausstellung an deutschsprachige Literaten aus Prag und den böhmischen Ländern. An Autoren wie Egon Erwin Kisch (1885–1948), Franz Kafka (1883–1924), Max Brod (1884–1968), Johannes Urzidil (1896–1970), Franz Werfel (1890–1945), Rainer Maria Rilke (1875–1926) und an viele mehr – im Reiseteil dieses Buches werden Sie diesen Autoren immer wieder begegnen. Zudem beherbergt das Literaturhaus die Bibliothek der letzten deutschsprachigen Prager Autorin **Lenka Reinerová** (→ Deutschsprachige Belletristik, S. 244). Die Schriftstellerin, 1916 in Prag geboren, flüchtete als Jüdin 1939 vor den Nazis nach Frankreich, lebte danach in Mexiko und Jugoslawien. 1948 kehrte sie nach Prag zurück und wurde während der stalinistischen Säuberungen für über ein Jahr inhaftiert. 1968 erhielt sie Publikationsverbot. 2008 starb sie 92-jährig in ihrer Prager Wohnung, noch zwei Jahre vor ihrem Tod war sie mit dem Bundesverdienstkreuz ausgezeichnet worden. Lenka Reinerová war eine der Initiatoren des Literaturhauses, das heute u. a. von der Robert-Bosch-Stiftung gefördert wird und die Tradition des multikulturellen, künstlerischen Lebens in Prag wiederbelebt. Dazu werden Stipendien an ausländische Autoren vergeben. Auch veranstaltet das Literaturhaus regelmäßig Lesungen und andere kulturelle Events. Geöffnet ist das Literaturhaus Di u. Do 10.30–12.30 und 13–16.30 Uhr. Ječná 11, Nové Mesto, Ⓢ 6, 6, 10, 16, 22, 23 Štěpánská. www.prager-literaturhaus.com.

Professor für deutsche und vergleichende Literaturwissenschaft in den USA. Wer noch tiefer in die Geschichte Prags einsteigen will, findet im Anhang eine weiterführende Bibliografie. Vom gleichen Autor erschien 2007 im Paul Zsolnay Verlag Wien die autobiografische Dokumentation *Mein Prag. Erinnerungen 1939 bis 1945*, die sich mit dem Leben im Protektorat beschäftigt.

Weger, Tobias: Kleine Geschichte Prags. Pustet, Regensburg 2011. Erheblich dünner, nur 175 Seiten. Die über 1000-jährige Geschichte Prags und Böhmens ist kompakt und lesenswert zusammengefasst.

Albright, Madeleine: Winter in Prag. Siedler Verlag, München 2013. Weniger eine Autobiografie der Grande Dame der amerikanischen Außenpolitik als vielmehr tschechoslowakische Zeitgeschichte (→ S. 101).

Rokyta, Hugo: Prag. Vitalis, Prag 1997. Hier liegt nicht der Schwerpunkt auf den Baumeistern, sondern darauf, welche Persönlichkeit wann und wo lebte. Die Buchhandlung dieses Verlages finden Sie auf S. 125.

Binder, Hartmut: Prag. Literarische Spaziergänge durch die Goldene Stadt. Vitalis, Prag 2017. Der Schwerpunkt liegt auf Kafka. Schön zu lesen.

Antikomplex: Zůstali tu s námi/Bei uns verblieben. Antikomplex, Prag 2013. 14 spannende Porträts tschechischer Deutscher, die die Frage aufwerfen: Was ist Identität? Von der Bürgerinitiative Antikomplex (www.antikomplex.cz) erschienen 2006 zudem **Das verschwundene Sudetenland**, 2016 **Weggehen und Wiederkehr.**

Schmidt, Hans-Jörg: Tschechien. Ein Länderporträt. Links Verlag, Berlin 2016. Eine unterhaltsame Einstimmung auf das Nachbarland Tschechien.

Tschechischsprachige Belletristik

Urban, Miloš: Mord in der Josefstadt. Rowohlt, Berlin 2012. Spannend-gruseliger Historienroman, der von einer Mordserie in der Prager Judenstadt des 19. Jh. handelt.

Hrabal, Bohumil: Ich habe den englischen König bedient. Suhrkamp, Frankfurt 2008. Bohumil Hrabal (1914–1997) schrieb vornehmlich über den Alltag der einfachen Menschen und konnte nicht zuletzt deswegen meist der Zensur entgehen. *Ich habe den englischen König bedient* ist ein Schelmenroman über einen strebsamen Kellner aus dem Jahr 1971.

Fischerová, Andrea/Nekula, Marek (Hg.): Ich träume von Prag. Karl Sturz, Passau 2012. Der Sammelband vereint Texte von 19 Autoren, die in der einstigen Tschechoslowakei geboren wurden und die es in deutschsprachige Länder verschlug.

Kundera, Milan: Die unerträgliche Leichtigkeit des Seins. Fischer TB, Frankfurt 2009. Die bewegende Liebesgeschichte vor dem Hintergrund des Prager Frühlings wurde 1988 von Philip Kaufman mit Juliette Binoche in der Hauptrolle verfilmt. Kundera (geb. 1929) ist der international bekannteste tschechische Schriftsteller. Er lebt seit 1975 in Frankreich. Erst 2006 wurde *Die unerträgliche Leichtigkeit des Seins* in tschechischer Sprache verlegt.

Škvorecký, Josef: Feiglinge. Deuticke, Wien 2000. Auch Josef Škvorecký (geb. 1925, gest. 2012 in Kanada) gehört zu den großen tschechischen Autoren. Zu Ruhm gelang er aber erst im Ausland: 1969 verließ er die Tschechoslowakei, 1978 wurde ihm die tschechoslowakische Staatsbürgerschaft entzogen. Der Roman *Feiglinge* trägt viele autobiografische Züge und erzählt von den letzten Tagen der Naziherrschaft im Protektorat.

Rudiš, Jaroslav: Nationalstraße. Luchterhand, München 2016. Ein trauriger Monolog der Frustration, des Versagens und der Zukunftsangst aus einer Plattenbausiedlung in Prag. International bekannt wurde Rudiš (geb. 1972) durch den Roman *Grand Hotel*, der 2006 verfilmt wurde.

Viewegh, Michal: Blendende Jahre für Hunde. Piper, München 2000. Humorvolle Familiengeschichte, die den Faden von den 1960er-Jahren bis zum Fall des Kommunismus spannt. Die leicht lesbaren Romane Vieweghs sind in Tschechien überaus populär. Zuletzt (2014) erschien von ihm im Deuticke Verlag der Krimi *Die Mafia in Prag*.

Němcová, Božena: Die Großmutter. Prag: Vitalis 2002. Der populärste und erfolgreichste tschechische Roman aus der Mitte des 19. Jh. (→ S. 36). Mit den naiv-idyllischen Bildern aus dem ländlichen ostböhmischen Leben werden viele tschechische Kinder bis heute in den Schlaf gelesen. Němcová selbst wuchs zweisprachig auf.

Neruda, Jan: Kleinseitner Geschichten. Vitalis, Prag 2005. Eine zu Tränen rührende Geschichte aus dem alten Prag. Mehr zu Jan Neruda → S. 90.

Bellová, Bianca: Am See. Kein & Aber, Zürich 2018. Die Pragerin mit bulgarischen Wurzeln ist der neue Stern am tschechischen Literaturhimmel. Der Roman ist eine bewegende Coming-of-Age-Geschichte in der zerstörten Natur eines namenlosen Landes. Düster und apokalyptisch. *Am See* wurde mit dem Literaturpreis der Europäischen Union ausgezeichnet.

Topol, Jáchym: Engel Exit. Volk und Welt, Berlin 1997. Die wilde Story eines drogensüchtigen Aussteigers spielt u. a. rund um die Metrostation Anděl im Stadtteil Smíchov. Topols letzter Roman *Teufelswerkstatt* erschien 2010 im Suhrkamp Verlag. Der *Tagesspiegel* dazu: „Ein provozierender Kommentar zu den Fallstricken der modernen Erinnerungskultur". Topol gilt als Star der tschechischen Undergrounds. Bereits mit 16 Jahren unterzeichnete er die Charta 77. Er war Mitbegründer des politischen Wochenmagazins *Respekt*, dem tschechischen *Spiegel*.

Havel, Václav → S. 189. Sein Werk ist in Deutschland im Rowohlt Verlag erschienen.

Deutschsprachige Belletristik

Reinerová, Lenka: Närrisches Prag: Ein Bekenntnis. Aufbau Verlag, Berlin 2006. Lenka Reinerová, die letzte deutschsprachige Prager Autorin (→ „Das Prager Literaturhaus deutschsprachiger Autoren", S. 243), blickt auf das „alte Prag" zurück. Im Audio Verlag erschien 2006 die Hörbuchversion ihrer Erzählsammlung *Mandelduft*, die sie selbst liest – interessant, um dem Klang des alten Pragerdeutsch zu lauschen, das Josef Urzidil als „nicht akzentfrei, aber dialektfrei" bezeichnete.

Leppin, Paul: Severins Gang in die Finsternis. Edition Atelier, Wien 2015. Der expressionistische Roman erschien bereits 1914. Verführung, Versuchung und Untergang im fantastischen, nächtlichen Prag der vorletzten Jahrhundertwende.

Perutz, Leo: Nachts unter der steinernen Brücke. dtv, München 2002. Der historische Roman aus dem rudolfinischen Prag erschien erstmals 1953. Perutz selbst wurde 1882 in Prag geboren und verstarb 1957 in Bad Ischl.

Werfel, Franz: Abituriententag. Fischer, Frankfurt am Main 2011. Werfels Roman mit Pragbezug (auch wenn Prag nicht explizit als Handlungsort genannt wird) ist eine Geschichte von Schuld und Sühne. Werfels berühmtester Roman ist übrigens *Die 40 Tage des Musa Dagh*.

Kisch, Egon Erwin: Der Mädchenhirt. Aufbauverlag, Berlin 1988. Der einzige Roman Kischs spielt wie so viele seiner Reportagebände (z. B. *Aus Prager Gassen und Nächten* oder *Die Abenteuer in Prag*) in der Prager Unterwelt, die er als Lokalreporter bestens kannte.

Urzidil, Johannes: Die verlorene Geliebte. Langen/Müller, München 1996. Charmante Erzählungen aus Prag und vom böhmischen Lande, als es noch deutschsprachig war.

Märkte

Trödel-, Floh- und Bauernmärkte sind, sofern sie in den jeweiligen Stadtteilen abgehalten werden, unter „Einkaufen" am Ende der Tourenkapitel angegeben. Hier noch drei außerhalb des Zentrums gelegene Adressen:

Bleší trhy Praha, großer Flohmarkt im nordöstlichen Stadtteil Vysočany an der U Elektry. Überwiegend Ramsch (Bücher, Wohnmüll usw.), dazu geklaute Autoradios, abgelaufene Lebensmittel und Neuware von Plastikschuhen bis Waschpulver aus Vietnam. Dazwischen aber auch so manche Überraschung. Dazu Imbissstände mit Speckwürsten und Kartoffelpuffern. Sa/So 4–16 Uhr. Ⓢ 8, 25 U Elektry o. Ⓜ B Hloubětín, von dort kostenloser Servicebus zum Gelände. www.blesitrhy.cz.

SAPA, der größte Vietnamesenmarkt Tschechiens, ca. 10 km südlich des Zentrums. Riesiges, irgendwie trostloses Gelände mit Lagerhallen, ramschigen Basarzeilen (Koffer, Plastikblumen, Lebensmittel usw.) und sehr authentischen Asiabistros. Hier bestücken die Tante-Emma-Vietnamesen ihre Läden, hier kaufen aber auch Tschechen so manches Schnäppchen ein. Am besten Fr oder Sa kommen, sonst eher tote Hose. Von Ⓜ C Kačerov mit Ⓑ 113 bis Sídliště Písnice. Der Eingang zum Gelände liegt noch vor der Haltestelle linker Hand, Libušská 319. www.sapa-praha.cz.

Sammlermarkt in Buštěhrad, der 2-mal monatlich freitags stattfindende Antiquitäten- und Trödelmarkt im ca. 30 km westlich von Prag gelegenen Örtchen Buštěhrad gilt laut eigener Webseite als drittgrößter Markt dieser Art in Europa. Ein Treffpunkt von Händlern, Sammlern und Neugierigen. Früh kommen, gegen 14 Uhr ist Schluss! Infos über genaue Zeiten auf www.bustehradantik.cz. Ca. alle 30 Min. von Ⓜ A Nádraží Veleslavin mit dem Bus zu erreichen (u. a. mit Nr. 300 und 322). Der Markt befindet sich von Prag kommend am Ortseingang rechter Hand.

Mietwagen

Die preiswertesten Fahrzeuge liegen bei den großen, international operierenden Gesellschaften und bei den lokalen

---

Prag im Kasten

Vietnamesen in Tschechien

Die bis spät in den Abend geöffneten Tante-Emma-Läden *(večerka)* rund ums Zentrum, die neben Obst und Gemüse meist auch eine bunte Mischung an Alkohol und Zigaretten offerieren, sind größtenteils in vietnamesischer Hand. Die Vietnamesen kamen v. a. nach dem Vietnamkrieg (ab 1975) ins Land. Die offene Rechnung für die tschechoslowakischen Waffen- und Sprengstofflieferungen (insbesondere Semtex) an die kommunistischen Brüder in Nordvietnam beglich Vietnam durch Entsendung von Arbeitern für die hiesigen Industriebetriebe. Nach 1990 folgte der Nachzug der Verwandten. Heute leben etwa 56.000 Vietnamesen in Tschechien, in Prag ca. 11.000. Die Vietnamesen investieren viel in die Bildung ihrer Kinder. Die Vietnamesengeneration, die in Tschechien geboren wurde, bezeichnete das Magazin *Respekt* (in etwa mit dem *Spiegel* zu vergleichen) schon als Tschechiens zukünftige Elite.

Den tschechischen Einzelhändlern sind die Vietnamesen ein Dorn im Auge – ihre Dumpingpreise verderben das Geschäft. Die vietnamesischen Händler haben hingegen mit Schutzgelderpressungen zu kämpfen. Viele Läden müssen bis zu 40 % ihres Gewinns an die Mafiaorganisation *Boi Doi* abgeben. So manche Vietnamesen gaben daher ihr Geschäft in Tschechien schon auf und kehrten in die Heimat zurück. In Vietnam selbst sprechen rund 200.000 Vietnamesen Tschechisch.

Verleihern bei 40–90 € pro Tag inkl. Diebstahlversicherung, für eine Mietdauer von zwei bis vier Tagen bei 30–60 € pro Tag. Viele Lockangebote lokaler Verleiher existieren nur auf dem Papier oder beinhalten keine Diebstahlversicherung (wichtig!). Alle hier aufgeführten Anbieter verfügen über Zweigstellen am Flughafen, hier gelistet sind die Stationen im Zentrum.

Europcar: Elišky Krasnohorské 9, Josefov, ✆ 232 000600, www.europcar.com. Ⓜ A Staroměstská.

Hertz: Evropská 15 (Hotel Diplomat), Dejvice, ✆ 225345041, www.hertz.com. Ⓜ A Dejvická.

Budget: Wilsonova 8 (Hauptbahnhof), Nové Město, ✆ 222319595, www.budget.com. Ⓜ C Hlavní nádraží

Öffnungszeiten

Für den Einzelhandel und Shoppingmalls → S. 21. Museen haben meist montags geschlossen, die genauen Öffnungszeiten finden Sie in den Touren bei den jeweiligen Sehenswürdigkeiten. Banken haben i. d. R. Mo–Fr von 8 bis 16.30 Uhr geöffnet. Bei Lokalen, Clubs und Kneipen sind die Öffnungszeiten nur angegeben, wenn sie von den herkömmlichen Zeiten extrem abweichen.

Parken

Parken Sie auf bewachten oder durch Schranken gesicherten Parkplätzen! Viele Hotels und Pensionen haben eigene, sichere Parkplätze, oft aber nur in kleiner Zahl – bei der Zimmerbuchung sollte man sie am besten gleich mitreservieren. Meist muss man dafür Zuschläge von 10–40 € pro Tag zahlen. Falls Ihre Unterkunft keine eigenen Parkplätze haben sollte und der Rezeptionist auch nicht weiß, wo sich der nächste sichere Parkplatz befindet, hier eine kleine Auswahl, nach Stadtteilen gegliedert:

Nové Město: Rund um die Uhr bewachter Parkplatz an der Na Florenci (1,80 €/Std.) und an der Hybernská hinter dem Masaryk-Bahnhof (ähnliche Preise). Recht sicher parkt man zudem in der Tiefgarage des Nationaltheaters (Zufahrt über die Ostrovní, bis zu 8 Std. 2 €/Std., danach 0,80 € für jede weitere Std.) und im Parking Centrum Garáže Slovan (neben der Staatsoper, Zufahrt über die Wilsonova, 1,60 €/Std.).

Staré Město/Josefov: Unter dem Rudolfinum befindet sich die Tiefgarage Garáže náměstí Jana Palacha (Zufahrt über den Dvořáko nabřeží), 2 €/Std., 24 €/Tag.

Hradčany: Bis Parkautomaten angeschafft werden, sind die Parkplätze in der U Prašneho mostu tägl. von 9–21 Uhr beaufsichtigt (1,60 €/Std.).

Smíchov: Rund um die Uhr bewacht wird der Parkplatz an der Ženskými domovy, 1,60 €/Std., 16 €/Tag. In der Tiefgarage des Hotels NH Prague an der Mozartova 1 kostet der Tag 24 €.

Holešovice: Rund um die Uhr bewachte Tiefgarage an der Bubenská, 18 €/Tag, zudem parkt man recht sicher auf dem Parkplatz des Mama Shelter Hotels (Zufahrt von der Veletržní), 20 €/Tag.

Žižkov: Rund um die Uhr bewachte Garáže des Hotels Olšanka an der Lupáčova (Einbahnstraße, Zufahrt über die Táboritská), 14 €/Tag.

Ansonsten ist beim Parken auf der Straße Folgendes zu beachten: *Pro Držítele Povolení* oder *S Platnou Parkovací Karton* steht für Anwohnerparken – das gilt fast für die gesamte Innenstadt. Anwohnerparkplätze sind zudem i. d. R. blau gekennzeichnet. Grün oder orange markierte Parkplätze sind stets kostenpflichtig, bei ersteren beträgt die max. Parkdauer 6 Std., bei letzteren 2 Std. Gebührenfreie Parkabschnitte sind oft durch das Schild *Bez Poplatku* gekennzeichnet. Gelbe Linien am Straßenrand bedeuten Parkverbot. *Zákaz zastavení* bedeutet Halteverbot. Zu Straßenbahnschienen muss Ihr Fahrzeug mindestens 3,5 m Abstand haben. Parken Sie nie auf Brücken, vor oder nach Bahnübergängen, Tunnels oder Unterführungen. Falschparker müssen mit Krallen und Bußgeldern von 35 € bis zu 175 € rechnen.

Polizei

Grundsätzlich unterscheidet man zwischen der dem Innenministerium unterstellten **Staatspolizei** (Policie České

Republiky) und der von den Städten unterhaltenen **Stadtpolizei** (Městská Policie). Erstere stellt Ihnen bei Diebstahl jeglicher Art ein Protokoll aus. Freundlich und fremdsprachig, da sie auch für Ausländer zuständig ist, ist die Dienststelle am Jungmannovo náměstí 9 nahe dem Wenzelplatz (Ⓜ A, B Můstek, ✆ 974851750).

Notruf: Den polizeilichen Notruf erreichen Sie unter ✆ 112, ✆ 158 (Staatspolizei) und ✆ 156 (Stadtpolizei).

Post

Hauptpost an der Jindřišská 14, Nové Město. Tägl. 2–24 Uhr, www.ceskaposta.cz. Ⓜ A, C Muzeum.

Prostitution

Tschechien gehört zu den beliebtesten Sextourismus-Destinationen der Welt. Die Zahl der Prostituierten im Land wird auf rund 10.000 geschätzt (es gibt auch Quellen, die von der dreifachen Zahl ausgehen), das Gros davon arbeitet in Prag und an den Grenzen zu Deutschland und Österreich. Aus dem Zentrum Prags soll die Prostitution zwar verbannt werden, doch die Bordellbetreiber (rund 200 gibt es) haben Geld und damit Einfluss: Weit über 30 Mio. Euro lassen die Freier Monat für Monat in den hiesigen Häusern. Unter den Prostituierten sind viele Asylbewerberinnen, dazu Frauen aus Bulgarien, Russland, Vietnam, China und der Ukraine, aber auch Roma-Frauen, deren Familien in Armut leben. Ein großes Problem stellt zudem die Kinderprostitution dar.

Rauchen

In Gaststätten und Kneipen gilt uneingeschränkt Rauchverbot. Auch an Straßenbahn- und Bushaltestellen darf nicht geraucht werden!

Reisedokumente

Deutsche, Österreicher und Schweizer können mit einem gültigen Reisepass

---

Prag im Kasten
Klein-Amsterdam an der Moldau?

Süße Marihuanaschwaden vor Prager Kneipen sind nichts Neues, schon seit Ewigkeiten ist Tschechien für seine Freizügigkeit in Sachen Drogen bekannt. Jeder zweite Jugendliche hat in Tschechien bereits Erfahrungen mit weichen Drogen gemacht – ein Spitzenwert in Europa! Tschechien besitzt ein derart liberales Drogengesetz, dass es in puncto „Freimengen" für den Eigenbedarf selbst das klassische „Kifferland" Holland in den Schatten stellt. So darf man mit bis zu 10 g Marihuana (auf Rezept bekommt man es auch in der Apotheke), 1 g Kokain, 1,5 g Heroin oder 1,5 g Methamphetamin umherspazieren, ohne eine Straftat zu begehen. Doch Prag ist noch lange kein Klein-Amsterdam an der Moldau. Das Dealen selbst mit weichen Drogen ist weiterhin verboten, und der Besitz von Drogen auch in kleinen Mengen kann noch immer als Ordnungswidrigkeit geahndet und mit bis zu 600 € Ordnungsgeld belegt werden.

Im Land stellt der Konsum von Methamphetamin das größte Drogenproblem dar – mehr als drei Viertel der tschechischen Drogenabhängigen konsumieren diese stark euphorisierende Partydroge (in Deutschland als Crystal Meth bekannt, vor Ort als Pervitin). Das leicht herzustellende Methamphetamin ist auch ein tschechischer Exportschlager, die Zutaten kommen vielfach aus Polen, den Vertrieb übernehmen oft Vietnamesen. Man schätzt, dass allein nach Deutschland jährlich 1,5 t geschmuggelt werden.

Gemalt und in natura: die Karlsbrücke

oder Personalausweis bzw. der Identitätskarte nach Tschechien einreisen.

Bei der Einreise mit Fahrzeug: Selbstverständlich Führerschein und Fahrzeugschein, zudem die grüne Versicherungskarte. Ein Auslandsschutzbrief ist empfehlenswert. Ist man nicht mit dem eigenen Fahrzeug unterwegs, so bedarf es einer beglaubigten Vollmacht des Fahrzeughalters.

Bei der Einreise mit Haustieren: Sie benötigen für das mit einem Mikrochip versehene Tier den EU-Heimtierausweis bzw. das Schweizer Pendant. Welche Impfungen neben der Tollwutimpfung im Heimtierausweis bzw. in der Veterinärbescheinigung verzeichnet sein müssen, erfahren Sie bei Ihrem Tierarzt. Hunde benötigen in öffentlichen Verkehrsmitteln einen Maulkorb.

Bei Verlust der Ausweispapiere stellt die Botschaft einen Ersatzausweis gegen Gebühr aus. Hierfür ist es hilfreich, Kopien (auch als PDF) der Originaldokumente zu haben. Benötigt werden 2 Passbilder, ein Verlustprotokoll der Polizei und ein Nachweis Ihrer Identität.

Reisezeit

Prag ist ein ganzjähriges Reiseziel. „An Sommertagen am schönsten, im Winter am seltsamsten", so Alfred Kerr 1920. Überlaufen ist die Stadt an Ostern, Pfingsten und Silvester, dann wird in vielen Hotels auch der sog. Top-Season-Zuschlag verlangt. Was für den Sommer spricht, sind Open-Air-Konzerte, egal ob Klassik oder Rock, Straßencafés, gemütliche Parks und alles, was mit *summer in the city* zu tun hat. Was den Winter reizvoll macht, ist, dass das Zentrum nicht überlaufen ist und an manchen Tagen ein geheimnisvoller Nebel aus der dunklen Moldau über die Stadt zieht. Fußstapfen in den Schnee kann man dagegen seltener machen.

Sauberkeit

Die Luft ist es nicht, die Stadt optisch schon. Schließlich will man sich den Millionen Touristen aus aller Welt von seiner Schokoladenseite präsentieren. In das tschechische Bild einer perfekten Kapitale passen auch keine Penner: Um sie vom touristischen Zentrum fernzuhalten, hat man das Trinken von Alkohol außerhalb von Gaststätten verboten. Das Gesetz gilt auch für Touristen: Ein „Wegbier", wie in Berlin allgegenwärtig, ist in Prag tabu – die Stadtpolizei drückt bei Touristen aber meist ein Auge zu. Auch steht das Wegwerfen von Zigarettenkippen, Kaugummis oder sonstigem Müll auf der Straße unter Strafe.

Schwule und Lesben

Tschechien war das erste Land des ehemaligen Ostblocks, in dem gleichgeschlechtliche Ehen anerkannt wurden, allerdings mit Adoptionsverbot. Laut einer Umfrage haben 70 % der Bevölkerung keine Vorurteile gegenüber Homosexuellen. Outings Prominenter gibt es jedoch mit Ausnahmen in der Künstlerszene kaum – ein Erbe der kommunistischen Ära, als Homosexualität öffentlich überhaupt nicht existierte, als man mit dem Strom schwamm und Privates nicht nach außen kehrte. Über die schwul-lesbische Szene (Nachtleben, aber auch gayfreundliche Unterkünfte) informieren die Seiten www.praguesaints.cz und www.prague.gayguide.net. Auch das Stadtmarketing hat die Schwulen und Lesben entdeckt und bewirbt Prag als internationale Queer-Destination. Tipps zum Ausgehen → S. 217, Veranstaltungstipp → S. 211.

Sport und Freizeit

Egal, ob man selbst schwitzen möchte oder anderen dabei zuschauen will, Prag hat diesbezüglich viel zu bieten.

Prag im Kasten
Sieben Fälle, sieben Fallen: Schwierigkeiten beim Tschechischlernen

Peníze heißt Geld, *škoda* schade, *popelník* ist der Aschenbecher und mit *Kozel* ist eine Biermarke gemeint. Nur selten klingen Wörter vertraut, haben wie beim *šnuptychl* deutsche („Schnupftüchel") oder wie beim *piškoty* (biscotti = Keks/Gebäck) italienische Paten. Auch der umgekehrte Weg, nämlich dass Wörter aus dem Tschechischen in andere Sprachen entlehnt werden, ist eher die Ausnahme, z. B. *pistole, polka* oder *roboter*.

Wer nie eine slawische Sprache gelernt hat, wird sich mit Tschechisch schwer tun. Das Kapitel Grammatik schlägt man am besten erst gar nicht auf. Sieben Fälle – sieben Fallen. Ein Graus. Mal taucht eine Endung auf, mal geht sie unter. Das erinnert an die Delfine auf See – vielleicht erklärt das, warum sich die Tschechen mit *ahoj* grüßen. Hinzu kommen die Aussprache und die Tatsache, dass sich die Umgangssprache stark von der Schriftsprache unterscheidet.

Wo ein Haken drübersteht, steckt auch einer drin. Nahezu ein Ding der Unmöglichkeit ist die Aussprache des ř – r und sch sollten dabei gleichzeitig über die Lippen kommen (denken Sie bei der Aussprache an den Komponisten Dvořák). Zum Stottern verdammen auch die Wörter, die ganz und gar ohne Vokale auskommen, z. B. *vlk* (Wolf). Zu einschüchternden Demonstrationszwecken kann man sogar ganze, nichts sagende Sätze ohne Vokale konstruieren: *strč prst skrz krk*, d. h. „Stecke den Finger durch den Hals".

Als Tourist in Prag sind Tschechischkenntnisse nicht dringend vonnöten. In vielen Geschäften, Restaurants oder Hotels, insbesondere im Zentrum, wird perfektes Verkaufs- oder Speisekartendeutsch oder -englisch gesprochen. Zudem gibt's Erläuterungen auf vielen Hinweisschildern und Prospekten auch in deutscher und englischer Sprache. Um wenigstens die Namen der Sehenswürdigkeiten einigermaßen passabel vor sich hinstottern zu können, finden Sie am Ende des Reiseführers Hilfen zur Aussprache und einen kleinen Grundwortschatz.

Adventure und Spaß

Segway- und E-Scooter-Touren, in mehreren Prager Stadtteilen (auch im historischen Stadtkern) ist das Fahren mit Segways seit 2017 verboten. Die Tourenanbieter setzten daraufhin auf Fat-Tire-Scooter (etwa 40 €/Std.). Da auch die Fat-Tire-Scooter Anwohnern und Behörden ein Dorn im Auge sind, ist deren Betriebserlaubnis im Zentrum ebenfalls ungewiss. Auf den Webseiten der Tourenanbieter (z. B. www.pragueonsegway.com, www.prague-segway-tours.com oder www.scroosertour.com) erfahren Sie, was wo noch möglich ist.

Skyservice, bietet Tandem-Skydiving (168 €) und Rundflüge (für bis zu 4 Pers. ab 220 €). Dlouhá 6, Staré Město, ✆ 724002002, www.skyservice.cz. Ⓜ B Náměstí Republiky.

iPilot, Lust auf einen Simulatorflug im Cockpit einer A 320? In der Zborovská 47 in Smíchov ist dies möglich. 15 Min. kosten 52 €. Ⓢ 9, 12, 15, 20, 22, 23 Újezd, ✆ 228882287, www.flyipilot.com.

Water Zorbing, hierbei wandelt man in einem mit Luft gefüllten Ball übers Wasser. Wer sich das nicht vorstellen kann, denkt an einen Menschen in einem durchsichtigen Überraschungsei. Sehr lustig auch für Zuschauer. 8 € für 10 Min. Im Sommer tägl. ab 10 Uhr. Smetanovo nábřeží, Ⓢ 2, 9, 17, 18, 22, 23 Národní divadlo, ✆ 732768488, www.facebook.com/waterzorbingprague.

Ballonfahrten

Ballonfahrten bei Konopiště bietet **Ballooning CZ**, ab 194 €/Pers. Infos unter ✆ 739484852 und www.ballooning.cz.

Eishockey

Die Eishockeysaison dauert von September bis April. Hauptspieltage sind Fr u. So, hin und wieder auch Di. Die Eintrittspreise liegen bei 5–25 €.

HC Sparta Praha, spielt in der modernen O₂-Arena (Českomoravská 17, Libeň, Ⓜ B Českomoravská). www.hcsparta.cz.

HC Slavia Praha, spielt im Eisstadion Eden, Vladivostocká 10, Vršovice, Ⓢ 6, 7, 22, 24 Kubánské náměstí. www.hc-slavia.cz.

Fußball

Prag stellt je nach Saison 4–5 Teams in der 1. Liga: Sparta Praha, Slavia Praha, Bohemians 1905, Dukla Praha und Viktoria Žižkov.

Am spannendsten sind die Lokalderbys. Stadionwürste und Bier im Plastikbecher gibt es auch. Fußballspiele finden i. d. R. am Samstag- und Sonntagabend statt, gelegentlich auch am Montag. Tickets für Ligaspiele kosten 6–30 €. Wo spielt wer:

TJ Viktoria Žižkov, → S. 142, spielt im Stadion Viktoria, Seifertova 10, Žižkov. Ⓢ 5, 9, 15, 26 Husinecká. www.fkvz.cz.

AC Sparta Praha, der erfolgreichste Verein der Stadt und des Landes, spielt in der Generali Arena, Milady Horákové 98, Bubeneč. Ⓜ C Vltavská, weiter mit Ⓢ 1, 12, 25 Sparta. www.sparta.cz.

SK Slavia Praha, spielt in der Eden-Arena (auch: Sinobo Stadium). U Slavie 2, Vršovice. Ⓢ 6, 7, 22, 24 Slavia. www.slavia.cz.

Bohemians 1905, der Verein mit den schönsten Trikots (→ „Wie das Känguru an die Moldau kam …") spielt im Ďolíček-Stadion, Vršovická 31, Vršovice. Ⓢ 6, 7, 24 Bohemians. www.bohemians.cz.

> Deutsche Bundesliga, Champions-League-Spiele usw. zeigt u. a. die **Sportbar Lion & Ball** (**9** → Karte S. 48/49), nahe dem Altstädter Ring in der Týnská ulička 6. Internationales Publikum, leider satte Bierpreise. Ⓜ A Staroměstská.

Prag im Kasten
Wie das Känguru an die Moldau kam …

… und ins Wappen der *Bohemians*. Der 1905 gegründete Fußballverein AFK Vršovice aus dem gleichnamigen Prager Stadtteil machte sich 1927 per Schiffsreise zu einem Turnier ins ferne Australien auf. Da die Australier mit Vršovice (damals noch ein Vorort) nichts anzufangen wussten und den Namen auch nicht aussprechen konnten, trat die Elf als *Bohemians* auf. Und das so erfolgreich, dass die Mannschaft zwei Kängurus geschenkt bekam. Nach der Rückkehr hüpften die Kängurus in den Prager Zoo und eines davon ins Wappen des Vereins, der fortan unter dem Namen Bohemians fungierte.

FK Dukla Praha, die einstige Mannschaft der Armee, spielt im Areál Juliska (gehört dem Verteidigungsministerium), Na Julisce 28, Dejvice. Ⓜ A Dejvická, weiter mit Ⓢ 8, 18 Podbaba. www.fkdukla.cz.

Golf

Am zentrumsnächsten ist der 9-Loch-Platz des **Golf Clubs Praha**, Plzeňská 401/2, Motol. Greenfee ab 24 €. ✆ 257216584, www.gcp.cz. Ⓢ 9, 10, 16 Hotel Golf. Deutlich schöner ist jedoch das **Golf Resort Karlštejn** (27 Loch) in Běleč bei der Burg Karlštejn (→ S. 169). Greenfee ab 54 €/18 Loch. ✆ 602248424, www.karlstejn-golf.cz.

Joggen und Inlineskating

Die besten Möglichkeiten bietet der Stromovka-Park im Norden der Stadt, beliebt ist auch der Letná-Park. Beide Parkanlagen finden Sie im Kapitel „Holešovice und Bubeneč".

Pferderennen

Galopp- und Trabrennen finden April–Okt. nahezu jedes Wochenende auf der Rennbahn in **Velká Chuchle** (www.velka-chuchle.cz) statt, ca. 8 km südlich des Zentrums. Es kann auch gewettet werden. Ⓜ B Smíchovské nádraží, weiter mit Ⓑ 244 bis Závodiště Chuchle.

Windhundrennen

Finden hin und wieder im **Greyhound Park** an der Plzeňská 93/215F in Motol statt. Termine auf www.greyhoundpark.cz. Ⓢ 9, 10, 16 Hotel Golf.

Stadtführungen

Organisierte Stadtrundfahrten und Spaziergänge bieten unzählige Veranstalter in der Innenstadt an. Neben den klassischen Standardtouren gibt es auch Thementouren. So kann man z. B. den Spuren Franz Kafkas folgen, sich über die Prager Vetternwirtschaft aufklären lassen, eine organisierte Kneipentour unternehmen oder das Prag der Geister und Gespenster entdecken. Die Rundfahrten und Spaziergänge dauern i. d. R. zwischen 2 und 6 Std., die Tarife liegen zwischen 15 und 50 €. Preisvergleiche lohnen sich.

Think Prague, bietet verschiedene Touren (nicht die billigsten und bislang nur in Englisch

Bike-Akrobatik

oder Französisch) durch die Stadt und in die Umgebung. Auf individuelle Wünsche wird eingegangen. ✆ 778717199, www.thinkprague.com, Plaská 4, Mala Strana. Ⓢ 9, 12, 15, 20, 22, 23 Újezd.

Precious Legacy Tours, Kaprova 13, ✆ 222 321954, www.legacytours.net. Hat sich auf Touren durch das jüdische Viertel spezialisiert. Ⓜ A Staroměstská.

Corrupt Tour, bietet verschiedene Touren durch das „bestechende Prag" und deckt die Skandale der Stadt auf. Auch in deutscher Sprache. Um sich den korrupten Millionären nicht wie ein neidischer Kleinbürger zu nähern, kann man die Touren auch in einem Jaguar EV 12 unternehmen. ✆ 739990080, www.corrupttour.com.

Pragulic, Obdachlose und einstige Obdachlose zeigen die Stadt aus ganz anderen Perspektiven. Von Lesern gelobt. Auch englischsprachige Touren im Programm. Infos und Anmeldung unter ✆ 725314930, www.pragulic.cz.

Prague Special Tours, bietet verschiedene Touren, darunter eine sog. „Communism and Nuclear Bunker Tour", bei der es u. a. in einen Atombunker aus den 1950er-Jahren geht. Malé nám. 11, Staré Město, Ⓜ A Staroměstská, ✆ 777172177, www.prague-special-tours.com.

Tax-Free-Einkauf

Schweizer Staatsbürger, die in Geschäften mit einem Tax-free-Symbol am Schaufenster einkaufen, können sich bei der Ausreise am Prager Flughafen in sog. „Cash Refund Offices" (Terminal 1) die Mehrwertsteuer von 21 % (ermäßigt 10 oder 15 % u. a. auf Medikamente, Bücher, Brillen) zurückerstatten lassen. Der Rechnungsbetrag muss jedoch mehr als 2001 Kč betragen. Dafür bedarf es eines vollständig ausgefüllten Tax-free-Schecks vom Verkäufer, der bei der Ausreise vom tschechischen Zoll abgestempelt werden muss. Mehr dazu unter www.globalblue.com.

Telefonieren

> **Notrufnummern**
>
> Polizei ✆ 112 o. ✆ 156 o. ✆ 158
> Feuerwehr ✆ 150
> Rettungsdienst ✆ 155

Internationale Vorwahlnummern: Nach Deutschland ✆ 0049, nach Österreich ✆ 0043, in die Schweiz ✆ 0041. Danach wählt man die Ortsvorwahl, jedoch ohne die Null am Anfang, dann die Rufnummer. Wer nach Tschechien telefonieren möchte, wählt ✆ 00420, dann die Rufnummer. In Tschechien gibt es keine Vorwahlen.

Prepaid-SIM-Karten/mobiles Internet: Prepaid-SIM-Karten (ab ca. 8 €) und preiswerte Datenpakete können über Vodafone (www.vodafone.cz), T-Mobile (www.t-mobile.cz) und O₂ (www.o2.cz) erworben werden.

Toiletten

Sofern keine Symbole angebracht sind, sollten Damen auf die Bezeichnungen *Dámy* oder *Ženy* achten, Herren auf *Muži* oder *Páni*. Öffentliche Toiletten (u. a. an fast jeder Metrostation) sind meist gebührenpflichtig oder die Klofrau erwartet ein Trinkgeld!

Waschsalons/Reinigung

Sofern Ihre Unterkunft keinen Reinigungsservice anbietet, hier zwei Adressen zur Auswahl.

Andy's Laundromat, ältester Waschsalon der Stadt, auch Selbstbedienung. Korunní 14, Vinohrady. Ⓜ A Náměstí Míru, praguelaundromat.cz. **Čistírna oděvů/Laundromat**, Trockenreinigung und Waschsalon. Karoliny Světlé 11, Staré Město. Ⓜ B Národní třída.

Zeit

Auch wenn bekanntlich in Städten die Uhren etwas schneller gehen, im altehrwürdigen Prag merkt man nichts davon. Es gilt wie in Deutschland die Mitteleuropäische Zeit (MEZ) inkl. Sommerzeit.

Zollbestimmungen

Für Bürger der EU: Bei Reisen innerhalb der EU unterliegen Waren für den Eigenbedarf keinen Beschränkungen. Jedoch gibt es Richtmengen, bei deren Überschreitung die Zöllner den Eigenbedarf in Frage stellen (kritische Marke bei Bier z. B. 110 l). Die Obergrenze für Zigaretten beträgt im Reiseverkehr innerhalb der EU 800 Stück.

> **Antiquitäten** dürfen nur ausgeführt werden, wenn man eine Bescheinigung hat, dass sie nicht zum kulturellen Erbe des Landes gehören.

Für Schweizer: Eidgenossen haben die Möglichkeit, sich am Prager Flughafen (Refund Desk Terminal 1) die Mehrwertsteuer für die in Tschechien gekauften Produkte erstatten zu lassen (→ Tax-Free-Einkauf, S. 251). Um aber bei der Heimreise keine Schwierigkeiten mit dem Schweizer Zoll zu bekommen, sollte der Gesamtwert der in Tschechien gekauften Waren 300 CHF nicht übersteigen. Ansonsten gelten für Schweizer für die zollfreie Ein- bzw. Ausfuhr folgende Beschränkungen:

Tabak: 200 Zigaretten oder 50 Zigarren oder 250 g Tabak.

Alkohol: 1 l über 18 % Vol. und 5 l unter 18 % Vol.

Kompakt: Alle Museen

Rund 200 Museen und Galerien kann man in Prag besuchen. Eine Auswahl der wichtigsten und schönsten finden Sie unten gelistet. Ausführliche Informationen sind in den Touren nachzulesen. Die meisten Museen und Paläste haben **montags geschlossen**. Die Öffnungszeiten und Eintrittspreise sind im Reiseteil angegeben, für Ermäßigungen, Kombitickets und das Städteticket „Prague Card" → „Prag (fast) umsonst".

Natur- und andere Wissenschaften

Nationales Technikmuseum: Riesig, toll die Verkehrshalle. ■ S. 134

Sommerpalais Kinský: Ein meist besucherfreies Ethnografiemuseum. ■ S. 127

Comenius-Museum: Pädagogik-Museum auf der Kleinseite. ■ S. 88

Nationalmuseum: Natur- und Kulturgeschichte (noch bis mind. 2019 wegen Renovierung geschlossen). ■ S. 33

Náprstek-Museum: Bislang noch recht altbackenes Völkerkundemuseum. ■ S. 55

Geschichte

Atombunker des Jalta-Hotels: Heute als Museum zugänglich. ■ S. 34

Turm der Sankt-Heinrich-Kirche: Mit einer Ausstellung über Prager Türme. ■ S. 35

Museum of Communism: Erinnert an die sozialistische Ära des Landes. ■ S. 41

Sankt-Kyrill-und-Method-Kirche: Gedenkstätte für die Opfer des nationalen Widerstandes während der deutschen Okkupation. ■ S. 36

Museum der Stadt Prag: Mit einem sehenswerten Pragmodell. ■ S. 41

Karlsbrückenmuseum: Über die Brücke spazieren ist ein Muss. Das Museum dazu: gähn! ■ S. 55

Museum of Medieval Torture Instruments: Mittelalterliche Folterinstrumente. ■ S. 62

Pulverturm: Mit einer Ausstellung zur Geschichte der Prager Burgwache. ■ S. 113

Ausstellung Geschichte der Prager Burg: Streifzug durch die Historie der Prager Burg. ■ S. 121

Nationale Gedenkstätte: Eckdaten der tschechischen Geschichte und tolle Aussicht vom Dach. ■ S. 143

Armeemuseum: Bis 2020 wegen Restaurierung geschlossen. ■ S. 146

Kasematten der Burg Vyšehrad: Mit Originalstatuen von der Karlsbrücke. ■ S. 165

Burg Karlstein (Umgebung): Bekannteste Burg des Landes. ■ S. 169

Steinernes Haus in Kutná Hora (Umgebung): Gotisches Haus mit Ausstellungen. ■ S. 170

Theresienstadt (Umgebung): Erschütternde Museen im ehemaligen Ghetto. ■ S. 173

Burg Vyšehrad

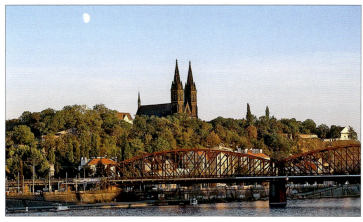

Einige der spannendsten Galerien Prags sind in Holešovice zu finden

Kunst und Architektur

Mucha-Museum: Erweist dem Jugendstilkünstler Alfons-Mucha die Reverenz. ■ S. 34

Ausstellungshalle Mánes: Vorrangig Kunst aus Böhmen und Mähren in wechselnden Ausstellungen. ■ S. 36

Václav-Špála-Galerie: Junge tschechische Kunst. ■ S. 31

Palais Kinský: Hier stellt die Nationalgalerie aus. ■ S. 58

Haus zum Goldenen Ring: Temporäre Ausstellungen des Städtischen Museums. ■ S. 52

Haus zur Steinernen Glocke: wechselnde Ausstellungen unter Regie der Städtischen Galerie. ■ S. 50

Haus zur Schwarzen Madonna: Sehenswertes Kubismus-Museum. ■ S. 60

Galerie Jaroslava Fragnera: Architekturausstellungen. ■ S. 61

Colloredo-Mansfeld-Palais: Tolle Kunstschauen im morbiden Palast. ■ S. 63

Galerie Hollar: Grafikgalerie. ■ S. 64

Sankt-Agnes-Kloster: Dauerausstellung gotischer Kunst. ■ S. 74

Kunstgewerbemuseum: Kunstvolle Exponate aus verschiedenen Epochen. ■ S. 77

Valdštejnská jízdárna: Temporäre Kunstausstellungen in der ehemaligen Reithalle des Palais Waldstein. ■ S. 83

Museum Montanelli: Privates Kunstmuseum. ■ S. 90

Museum Kampa: Tschechoslowakische Kunst in einer alten Wassermühle. ■ S. 92

Palais Salm: Zeitgenössische Kunst in historischen Räumlichkeiten. ■ S. 103

Palais Schwarzenberg: Kunst des Barock und Manierismus im Renaissancepalast. ■ S. 103

Palais Sternberg: Alte Meister aus ganz Europa. ■ S. 104

Strahover Bildergalerie: Gotische und rudolfinische Kunst sowie Barock- und Rokokomalerei im Kloster Strahov. ■ S. 106

Gemäldegalerie der Prager Burg: Selbst Rubens und Tizian sind vertreten. ■ S. 116

Bílekvilla: Wohn- und Atelierhaus von František Bílek, einem Vertreter des symbolistischen Jugendstils. ■ S. 108

Jízdárna Pražského hradu: Wechselnde Expositionen in der ehemaligen Reitschule der Prager Burg. ■ S. 115

Palais Lobkowitz: Kunstsammlung der gleichnamigen Adelsfamilie. ■ S. 90

Centrum Futura: Konzeptionskunst im Hinterhof. ■ S. 127

MeetFactory: Kunst in ehemaliger Fleischfabrik. ■ S. 128

Messepalast: Spektakulärer Kunstreigen, für den man viel Zeit einplanen sollte. ■ S. 133

Dox Galerie: Größte Galerie Tschechiens. ■ S. 134

The Chemistry Gallery: Plattform für junge tschechische Künstler. ■ S. 134

Lapidárium: Skulpturensammlung. ■ S. 135

Karlín Studios: Kunst in historischer Kaserne. ■ S. 149

Schloss Troja: Hübsches Schlösschen, das die Städtische Galerie für Ausstellungen nutzt. ■ S. 163

Müllervilla: Durch das funktionalistische Wohnhaus werden Führungen angeboten. ■ S. 164

Musik und Literatur

Dvořák-Museum: Widmet sich dem Leben und Werk des tschechischen Komponisten. ■ S. 39

Smetana-Museum: Gedenken an den Komponisten Bedřich Smetana direkt an der Moldau. ■ S. 61

Geburtshaus Dvořáks in Nelahozeves (Umgebung): Die Kinderjahre des Komponisten. ■ S. 169

Památník Jaroslava Ježka: Die einstige Wohnstätte des avantgardistischen Jazzers Jaroslav Ježek (1906–1942). ■ S. 72

Frank Kafka Museum: Wahrlich kafkaesk und absolut besuchenswert. ■ S. 93

Tschechisches Musikmuseum: Abgefahrene historische Musikinstrumente. ■ S. 94

Villa Bertramka: Das Mozartmuseum ist leider bis auf Weiteres nicht zugänglich: ■ S. 127

Fotografie

Leica Gallery Prague: Spannende Fotografieausstellungen. ■ S. 41

Haus der Fotografie: Ausstellungen meist tschechischer Fotografen. ■ S. 41

Czech Photo Centre: Pressefotografie im touristischen Abseits. ■ S. 41

Galerie Foto Grafic: Junge Fotokunst. ■ S. 50

Atelier Josef Sudek: Im einstigen Atelier des Panoramafotografen auf der Kleinseite zeigt man wechselnde Ausstellungen. ■ S. 94

Nikon Photo Gallery: Noch mehr gute Fotos schräg gegenüber. ■ S. 95

Galerie Josefa Sudka: Noch mehr gute Fotos im Stadtteil Hradčany. ■ S. 102

Tichý Ocean Museum: Voyeuristische Schnappschüsse eines Autodidakten. Voraussichtlich ab 2020. ■ S. 134

Jüdisches Leben

Jerusalem-Synagoge: Mit einer Ausstellung zum jüdischen Leben in Prag von 1945 bis heute. ■ S. 40

Robert-Guttmann-Galerie: Ausstellungen zu jüdischen Themen. ■ S. 74

Altneusynagoge: Die Synagoge ist als Museum zugänglich. ■ S. 76

Maiselsynagoge: Mit einer Ausstellung zur Geschichte der böhmischen und mährischen Juden von ihren Anfängen bis zur Aufklärung. ■ S. 77

Spanische Synagoge: Mit einer Ausstellung zur Geschichte der böhmischen und mährischen Juden ab der Aufklärung. ■ S. 73

Pinkassynagoge: In ihrem Inneren gedenkt man der Holocaust-Opfer. ■ S. 78

Klausensynagoge: Mit einer Ausstellung über jüdische Traditionen und Bräuche. ■ S. 79

Spezielle Themen

Polizeimuseum: Schwer angestaubt und im touristischen Abseits. ■ S. 38

Sex Machines Museum: Ein Museum nur für Erwachsene. ■ S. 57

Beer Museum Prague: Kommerzielles Gerstensaft-Museum. ■ S. 60

Apple Museum: Ausstellung alter Macs. ■ S. 63

Musée Grévin: Wachsmuseum zum Ersten ... ■ S. 53

Wax Museum: ... und zum Zweiten. ■ S. 53

Karel-Zeman-Museum: Hier gedenkt man dem Trickfilmspezialisten Karel Zeman. In erster Linie etwas für Kinder. ■ S. 219

Museum Miniatur: Millimetergroße Arbeiten im Kloster Strahov. ■ S. 107

Kapelle des Heiligen Kreuzes: Funkelnde Kirchenschätze auf der Prager Burg. ■ S. 117

Spielzeugmuseum: Ein Traum für Barbiefans. ■ S. 123

Museum des Flugwesens: Flugzeugschrottplatz. ■ S. 164

Verkehrsmuseum: Alte Busse und Straßenbahnen. ■ S. 166

Schloss Nelahozeves (Umgebung): Der Rundgang gibt Einblicke ins Privatleben einer Adelsfamilie. ■ S. 168

Silbermuseum in Kutná Hora (Umgebung): Museum und Bergwerk. ■ S. 170

Kompakt: Alle Restaurants

Sterneküche

La Degustation Bohème Bourgoise (Josefov) Neuinterpretation der klassischen böhmischen Küche ■ S. 79

Field (Josefov) Fine Dining im puristischen Ambiente ■ S. 79

Essen mit Aussicht

Terasa (Malá Strana) Gourmetküche bei Panoramablicken ■ S. 97

Kampapark (Malá Strana) Elitäres Lokal direkt an der Moldau ■ S. 97

Hergetova Cihelna (Malá Strana) Gegrillter Oktopus zum Karlsbrückenblick ■ S. 97

Petřínské Terasy (Malá Strana) Rustikales Terrassenlokal auf dem Petřín-Berg ■ S. 97

Villa Richter (Pražský hrad) Gleich drei Lokale mit herrlichen Aussichtsterrassen ■ S. 125

Lobkowicz Palace Café (Pražský hrad) Süffiges Bier zum Blick über die Stadt ■ S. 125

Brasserie Ullmann (Holešovice) Nettes Terrassenrestaurant auf dem Letná-Hügel ■ S. 140

Zvonařka (Vinohrady) Grillsteaks mit Blick aufs Nusle-Tal ■ S. 156

Böhmisch

Mincovna (Staré Město) Hochwertige böhmische Küche direkt am Altstädter Ring ■ S. 64

Lokál Dlouhááá (Staré Město) Bierlokal im Retrostil, günstig ■ S. 65

Lokál nad Stromovkou (Bubeneč) Die Filiale am Stromovka-Park ■ S. 140

Lokál U Bílé Kuželky (Malá Strana) Hier macht man auf regional-saisonal ■ S. 98

U medvídků (Staré Město) Ein Bierschwemmenklassiker ■ S. 65

Česká Kuchyně Havelská Koruna (Staré Město) Billiges Selbstbedienungslokal vom alten Schlag ■ S. 65

V Kolkovně (Josefov) Rustikal-moderne Gaststätte ■ S. 80

Malostranská beseda (Malá Strana) Böhmische Klassiker zu fairen Preisen mitten im Touristenmekka ■ S. 98

Olympia (Malá Strana) Gepflegte Bierhalle, stets gut besucht ■ S. 98

Rilke (Hradčany) Neben gehobener böhmischer Küche auch Ausflüge ans Mittelmeer ■ S. 108

Anděl (Smíchov) Mit großem, schwer rustikalem Innenhofbiergarten ■ S. 130

U Bulínů (Vinohrady) Verfeinerte böhmische Küche im touristischen Abseits ■ S. 156

Vinohradský Parlament (Vinohrady) Groß, laut, fröhlich, gut ■ S. 157

Bredovský dvůr (Nové Město) Laute Bierschwemme mit vielen Locals ■ S. 42

Gutes Fleisch

Maso a Kobliha (Nové Město) Hipper Pub der neuen Generation ■ S. 42

Kantýna (Nové Město) Nobelimbiss mitten in der Neustadt ■ S. 42

Café Restaurant Palanda (Nové Město) Super Burger und Pulled Pork Sandwichs ■ S. 43

Dish Fine Burger Bistro (Vinohrady) Geht in die gleiche Richtung ■ S. 156

Naše Maso (Staré Město) Hipster-Metzger ■ S. 66

Guston (Žižkov) Beeindruckendes Design, Burger und Ente ■ S. 147

Französisch

La Gare (Nové Město) Stilvolles Bistro ■ S. 42

Red Pif (Staré Město) Gourmetlokal mit hervorragender Weinauswahl ■ S. 64

Au Gourmand (Josefov) Mix aus Boulangerie und Bistro in feinem Jugendstilambiente ■ S. 80

Nostress (Josefov) Edlere Adresse im jüdischen Viertel ■ S. 79

Chez Marcel (Josefov) Französisch-internationale Küche, gute Desserts ■ S. 80

Mediterran

Pizzeria Nuova (Nové Město) All-you-can-eat-Pizzeria mit hervorragender Küche ■ S. 42

La Finestra (Staré Město) Edelitaliener ■ S. 64

Marina Ristorante (Josefov) Gehobene italienische Küche auf einem alten Frachter ■ S. 80

Ichnusa Botega Bistro (Malá Strana) Sardische Küche in Wohnzimmeratmosphäre ■ S. 97

Pizzeria San Carlo (Malá Strana) Fantastische Pizza aus Napoli ■ S. 98

Wine Food Market (Smíchov) Feinkostmarkt und Restaurant in ehemaliger Fabrikhalle ■ S. 130

Manú Risto & Lounge (Smíchov) Herrliche Lage, gehobene Preise ■ S. 130

Aromi (Vinohrady) Edles Lokal in repräsentativen Räumlichkeiten ■ S. 156

La Bottega di Aromi (Žižkov) Ein Ableger des Aromi. Mischung aus Restaurant und Feinkostladen ■ S. 147

Kofein (Vinohrady) Tapas im Backsteinkeller – spanisch und böhmisch ■ S. 156

Giardino (Vinohrady) Italienische Küche ohne Pizza mit nettem Garten ■ S. 157

Asiatisch und Fusion

Sansho (Nové Město) Hipper Laden mit Asia-Fusion-Küche. Teuer! ■ S. 42

banh-mi-ba (Nové Město) Vietnamesische Baguettes in trendigem Ambiente ■ S. 44

NEB.O (Staré Město) Vietnamesische und thailändische Küche zu fairen Preisen ■ S. 64

Spices (Malá Strana) Nobellokal im Hotel Mandarin Oriental ■ S. 97

The Sushi Bar (Malá Strana) Einer der besten Sushi-Läden der Stadt ■ S. 97

SaSaZu (Holešovice) Extravagantes Esserlebnis in einer ehemaligen Viehhalle ■ S. 140

Mailsi (Žižkov) Einfaches pakistanisches Restaurant ■ S. 147

Pho Original Restaurant (Vinohrady) Vietnamesisches Restaurant mit gutem Ruf ■ S. 157

Bistro Javánka (Vinohrady) Wohnzimmerlokal mit indonesischer Küche ■ S. 158

Pho Vietnam (Vinohrady) Populärer vietnamesischer Schnellimbiss ■ S. 159

Lateinamerikanisch

Gran Fierro (Nové Město) Argentinisches Steaklokal mit tollem Innendesign ■ S. 42

Brasileiro (Staré Město) Erlebnisgastronomie im Gewölbekeller ■ S. 64

La Casa Blů (Josefov) Kneipe mit günstiger Tex-Mex-Küche ■ S. 80

Fraktal (Bubeneč) Anderer Stadtteil, ähnliches Konzept ■ S. 140

Cantina (Malá Strana) Etabliertes mexikanisches Restaurant ■ S. 98

Café Frida (Karlín) Nachos und Burritos unterm Porträt Frida Kahlos ■ S. 149

Arepas de Lyna (Vinohrady) Herzhaft gefüllte Maisfladen aus Venezuela ■ S. 157

Hausbrauereien

Pivovar Loď (Nové Město) Hier wird auf einem Schiff gebraut! ■ S. 42

Břevnovský klášterní pivovar sv. Vojtěcha (Břevnov) Brauereigaststätte im Benediktinerkloster ■ S. 162

Klášterní Pivovar Strahov & Restaurace (Hradčany) Das Gleiche in einem aufgegebenen Kloster ■ S. 108

Vinohradský Pivovar (Vinohrady) Selbst gebrautes Bier zu günstiger böhmischer Küche ■ S. 157

U Fleků (Nové Město) Eine Legende, viele Touristen ■ S. 43

Dačický pivnice (Kutná Hora) Uriges Kneipen-Restaurant mit herrlichem Biergarten ■ S. 172

Vegetarisch und vegan

Estrella (Nové Město) Stilvolles Ambiente, kleine Karte ■ S. 43

Lehká hlava (Staré Město) Vegetarisches Café-Restaurant ■ S. 64

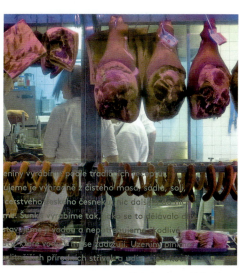

Nobelmetzger Naše Maso

Maitrea (Staré Město) Vegetarische Küche in Feng-Shui-Räumlichkeiten ■ S. 65

Natureza Vegetarian House (Malá Strana) Beliebtes Bistro ■ S. 98

Pastva (Smíchov) Kreative, günstige Gerichte und nettes Ambiente ■ S. 130

Vegtral (Bubeneč) Bunt-alternatives Lokal mit kleinem Garten ■ S. 140

Etnosvět (Vinohrady) Hier kann man eine kulinarische Weltreise unternehmen ■ S. 157

Plevel (Vinohrady) Selbst die böhmischen Klassiker kommen hier vegan daher ■ S. 157

Loving Hut (Nové Město) Vegane Restaurantkette mit Filialen auch in anderen Stadtteilen ■ S. 42

Jung und frisch

Home Kitchen (Nové Město) Sympathisches Mittagslokal mit täglich wechselndem Angebot ■ S. 44

RAW Café (Staré Město) *Raw*, gluten- und laktosefrei. ■ S. 66

Café Lounge (Malá Strana) Tolles Frühstück und später internationale Küche mit Fine-Dining-Anklängen ■ S. 98

Eska (Karlín) Kreative Küche im Forum Karlín ■ S. 147

Bistro Nejen (Karlín) Gerichte, die Tschechien mit der Welt vereinen ■ S. 148

Notabene (Vinohrady) Täglich wechselnde Karte und klasse Bier ■ S. 156

Bierstuben

Jelínkova (Nové Město) Hier ist die Zeit stehen geblieben ■ S. 43

U zlatého tygra (City West) Kneipe im Zeichen des Tigers ■ S. 66

U Parlamentu (Josefov) Gute Hausmannskost ■ S. 80

U Rudolfina (Josefov) Handfeste Bierstube, in der das Bier besser schmeckt als das Essen ■ S. 80

U Hrocha (Malá Strana) Eine Oase einheimischer Bierseligkeit ■ S. 98

Hostinec U Kocoura (Malá Strana) Wo Václav Havel früher ein- und ausging ■ S. 98

U černého vola (Hradčany) Uriger als im „Schwarzen Ochsen" wird's kaum ■ S. 108

Hostinec U Tunelu (Karlín) Ein gelungener Versuch, die alte Bierstube jung und frisch aufzulegen ■ S. 148

U vystřeleného oka (Žižkov) Studenten-Pivnice ■ S. 148

Nad Viktorkou (Žižkov) Gezapft wird zu Musik ■ S. 148

U Holanů (Vinohrady) Nachbarschafts-Pivnice im Wohnviertel ■ S. 158

Traditionsreiche Kaffeehäuser

Café Imperial (Nové Město) Vollständig mit Keramik ausgeschmückte Kaffeehausperle ■ S. 43

Kavárna Slavia (Nové Město) Absinth mit Moldaublick ■ S. 43

Café Louvre (Nové Město) Klassisches Kaffeehaus mit viel Stuck ■ S. 43

Kavárna Obecní dům (Staré Město) Prunkvoller Jugendstilsaal mit vielen Touristen ■ S. 66

Grand Café Orient (Staré Město) Eine kubistische Perle ■ S. 66

Café Montmartre (Staré Město) Ruhiges, gemütliches Kaffeehaus ■ S. 66

Kavárna Rudolfinum (Josefov) Kaffeesaal im gleichnamigen Konzerthaus ■ S. 80

Café Savoy (Malá Strana) Imposantes Kaffeehaus mit hauseigener Patisserie ■ S. 98

Erhartová Cukrárna (Holešovice) Funktionalistischer Konditoreiklassiker aus der Ersten Republik ■ S. 141

Belegte Brötchen

Lahůdky Zlatý Kříž (Nové Město) Delikatessengeschäft vom alten Schlag ■ S. 44

Sisters (Staré Město) Zeitgemäße Varianten der traditionellen Chlebíčky ■ S. 66

Príma Chlebíčky (Vinohrady) Großartige Auswahl, kommen Sie am Vormittag ■ S. 151

Koscher

Dinitz (Josefov) Legeres Lokal mit offener Küche ■ S. 79

Shalom (Josefov) In der Speisehalle der jüdischen Gemeinde sind auch Touristen willkommen ■ S. 80

Besondere Sommerplätzchen

Stromovka Containall (Holešovice) Alternativer Biergarten im Stromovka-Park ■ S. 141

Stalin (Holešovice) Abhängen unterm Metronom ■ S. 141

Biergarten im Letná-Park (Holešovice) Bier aus Plastikbechern und herrliches Brückenpanorama ■ S. 141

Parukářka (Žižkov) Lässige Sommeradresse auf einem Hügel über der Stadt ■ S. 149

Kasárna Karlín (Karlín) Hipsterspielplatz im Innenhof einer historischen Kaserne ■ S. 149

Viniční Altán (Vinohrady) Terrassenbar mitten im Weinberg ■ S. 158

Park Café und Mlíkárna (Vinohrady) Junge Biergärten im Rieger-Park ■ S. 159

Kompakt: Alle Shopping-Adressen

Mode

BackYard Showroom (Nové Město) Hier verkaufen Absolventen der Kunstakademie ihre Kreationen ■ S. 45

La Femme Mimi (Nové Město) Romantisch-verspielte, mädchenhafte Mode ■ S. 45

Little Rock Star (Vinohrady) Kinder-Fashion ■ S. 159

E.daniely (Nové Město) Kreationen für gehobenere gesellschaftliche Anlässe ■ S. 45

Dyzajnoff (Nové Město) Tschechisches Nachwuchsdesign ■ S. 45

Pietro Filipi (Nové Město) Tschechische Modekette mit italienischem Namen ■ S. 45

Leeda Fashion Store (Staré Město) Junge Mode, tragbar und bezahlbar ■ S. 67

Girls Without Clothes (Staré Město) Lässige Streetwear ■ S. 67

Tiqe (Staré Město) Eher extravagante Damenmode ■ S. 67

Botas 66 (Staré Město) Die tschechischen Kultsneakers ■ S. 67

Wolfgang (Staré Město) Androgyne Unisex-Mode ■ S. 67

beata RAJSKA (Josefov) Abendkleider und Kostüme ■ S. 80

Tina Hollas (Josefov) Nachhaltige Mode für reifere Frauen ■ S. 80

La Gallery Novesta (Josefov) Hippe Schuhe und Accessoires von tschechischen und slowakischen Designern ■ S. 81

Camilla Solomon (Josefov) Pfiffige Abendkleider ■ S. 81

Timoure Et Group (Josefov) Sportlich-dezente Designerkleidung ■ S. 81

Tatiana (Josefov) Taťána Kovaříková kreiert auch Filmkostüme ■ S. 81

Martina Nevařilová (Josefov) Strickklamotten ■ S. 81

Klára Nademlýnská (Josefov) Luxusmode, vieles in Schwarz und Grau ■ S. 81

Hana Havelková / Radka Kubková (Josefov) Schlichte Eleganz für die noch immer nicht ganz ausgewachsene Dame ■ S. 81

Recycle Vintage Store (Holešovice) Aus alten Sachen entsteht hier trendiges Neues ■ S. 141

Kuráž (Holešovice) Günstige Klamotten und Accessoires verschiedener junger Designer ■ S. 141

Playbag (Žižkov) Streetwearlabel aus Südmähren ■ S. 149

Riwaa Nerona (Žižkov) Handgefertigte Damenkorsetts ■ S. 149

Secondhand und Vintage

Phase 2 Boutique (Malá Strana) Gehobene, fast edle Vintage-Mode ■ S. 99

Bohemian Retro (Žižkov) Vintage-Mode für Männer und Frauen ■ S. 149

Boho Vintage Concept Store (Vinohrady) Vieles wurde auf Flohmärkten zusammen gesammelt ■ S. 159

Fifty:Fifty (Vinohrady) Gut sortierte Ware, auch Sneakers ■ S. 159

Lazy Eye (Vinohrady) „Neovintage" ■ S. 159

Shoppingmalls

Slovanský dům (Nové Město) Kleinere Mall an der Einkaufsmeile Na příkopě ■ S. 45

Černá Růže und Myslbek (Nové Město) In der Nachbarschaft des Slovanský dům ■ S. 45

Palladium (Staré Město) Größte Shoppingmall der Innenstadt ■ S. 68

Nový Smíchov (Smíchov) Mit Kinos, Food-Meile und großem Supermarkt ■ S. 130

Märkte

Bauernmarkt am Náplavka-Ufer (Nové Město) Findet jeden Samstag statt ■ S. 45

Havelské tržiště (Staré Město) Reiner Touristenmarkt ■ S. 68

Pražská tržnice (Holešovice) Asia-Ramsch und Bauernmarkt ■ S. 141

Märkte auf dem Tylovo náměstí (Vinohrady) Mal kleiner Flohmarkt, mal kleiner Bauernmarkt auf dem gleichnamigen Platz ■ S. 159

Markt auf dem Náměstí Jiřího z Poděbrad (Vinohrady) Auch auf diesem Platz finden Mi–Sa bunte Märkte statt ■ S. 159

Bleší trhy Praha (Vysočany) Der große Flohmarkt findet samstags und sonntags statt ■ S. 245

SAPA (Kunratice) Größter Vietnamesenmarkt Tschechiens ■ S. 245

Sammlermarkt (in Buštěhrad) Antiquitätenmarkt 30 km nordwestlich von Prag ■ S. 245

Alkohol

Distillery Land (Malá Strana) Slivovice der Firma *Jelínek* aus Mähren, Eröffnung voraussichtlich 2019 ■ S. 99

Veltlín Bar (Karlín) Hochwertige Weine aus den Gebieten

der ehemaligen k.u.k.-Monarchie ■ S. 149
BeerGeek (Žižkov) Rund 500 Sorten Craft Beer ■ S. 149
Vinotéka Noelka (Vinohrady) Gute mährische Tröpfchen ■ S. 159

Bücher/Antiquariate

Antikvariát Křenek (Nové Město) Auch viel Deutschsprachiges ■ S. 45

Kavka (Staré Město) Schöne Kunstbuchhandlung ■ S. 68

U Zlaté Číše (Malá Strana) Eines der hübschesten Antiquariate der Stadt ■ S. 99

Shakespeare & Synové (Malá Strana) Vorrangig englischsprachige Bücher, gebraucht und neu ■ S. 99

Vitalis (Pražský hrad) Buchhandlung des gleichnamigen, deutschsprachigen Prager Verlags ■ S. 125

Musik/Instrumente

Maximum Underground (Staré Město) Alternativer Platten- und CD-Laden ■ S. 68

České Hudební Nástroje (Staré Město) Instrumente aus Tschechien ■ S. 68

Talačko (Staré Město) Charmanter Notenladen ■ S. 68

Antiquitäten/Trödler

Art Deco (Nové Město) Schwerpunkt Lampen ■ S. 45

Art Deco Galerie (Staré Město) Nobeltrödler, ebenfalls mit vielen tollen Lampen ■ S. 68

Bric à Brac (Staré Město) Hier kann man sich u. a. auf die Suche nach alten deutschsprachigen Schildern machen ■ S. 68

Dorotheum (Staré Město) Ältestes Auktionshaus Europas ■ S. 68

Antik v Dlouhé (Staré Město) Tolle Stahlrohrmöbel im Bauhausdesign ■ S. 68

Antiques Michal Jankovský (Josefov) Wunderbare Dinge aus der Zeit des Jugendstils und des Art déco ■ S. 81

Vetešnictví (Malá Strana) Uriger, simpler Trödelladen ■ S. 99

Wohnen/Accessoires

Harddecore (Nové Město) Junges tschechisches und slowakisches Design ■ S. 45

Belda Factory (Nové Město) Schmuck aus einem Familienbetrieb ■ S. 45

Studio Šperk (Staré Město) Granatschmuck ■ S. 67

Kubista (Staré Město) Accessoires im Zeichen des Kubismus ■ S. 68

Artěl (Staré Město) Kristallwaren einmal anders ■ S. 68

Jarmila Mucha Plocková (Josefov) Schmuck und Accessoires von der Enkelin des Jugendstilkünstlers Alfons Mucha ■ S. 81

Preciosa (Staré Město) Kristallleuchter en masse ■ S. 68

Cihelna Concept Store (Malá Strana) Tschechisches Design auf 2 Etagen ■ S. 99

Pavilon (Vinohrady) Herausragende Designläden in einer ehemaligen Markthalle ■ S. 159

Souvenirs und Kunsthandwerk

Erpet (Staré Město) Böhmisches Kristall bis zum Abwinken ■ S. 67

Manufaktura (Staré Město) Tschechisches Kunsthandwerk und Naturprodukte ■ S. 67

Bohemia Paper (Staré Město) Handgemachtes Papier ■ S. 67

Papírna (Holešovice) Geht in die gleiche Richtung ■ S. 141

Papelote (Nové Město) Und nochmals Papier, hier nachhaltig produziert ■ S. 45

Truhlář Marionety (Malá Strana) Einer der schönsten Marionettenläden der Stadt ■ S. 99

Gingerbread Museum (Malá Strana) Witzige Lebkuchenherzen und -figuren ■ S. 99

Faktor Traktor (Hradčany) Verschiedene Produkte tschechischer Kunsthandwerker und Designer ■ S. 108

Sonstiges

Hamley's (Nové Město) Die Prager Filiale des Londoner Spielzeugkaufhauses ■ S. 45

Foto Škoda (Nové Město) Das größte Fotogeschäft der Republik ■ S. 45

Koh-i-Noor Hardtmuth (Nové Město) Stifte des bereits 1790 gegründeten Unternehmens aus Budweis ■ S. 45

material (Staré Město) Bijouterieware ■ S. 68

Botanicus (Staré Město) Im tschechischen Body Shop gibt es gute Naturkosmetik ■ S. 68

Žižkovská Štrudlárna (Žižkov) Köstlicher Strudel im Abseits ■ S. 149

Etwas Tschechisch

Aussprache

Grundsätzlich gilt, dass alle Vokale ohne Längenzeichen kurz gesprochen werden, alle mit gedehnt werden. Die Betonung liegt stets auf der ersten Silbe. **Hier nur die Abweichungen von der deutschen Aussprache:**

á	langes A wie in Vater
é	langes Ä wie in Hände
C, c	wie Ts (nie wie K!)
Č, č	Tsch wie in Tschechisch
Ď, ď	erweichtes D wie Dj
Ě, ě	wie Je, erweicht zudem vorangehendes D, T und N
H, h	wenn es zwischen zwei Vokalen steht, wie das deutsche H, ansonsten wird es zum Teil leicht angehaucht ausgesprochen, also fast wie unser Ch
í, ý	langes I wie in Liebe
ch	wie das Ch in Ach
K, k	K, unbehaucht
Ň, ň	erweichtes N wie Nj in Sonja
ó	langes O wie in Mode
R, r	gerolltes R
Ř, ř	in etwa Rsch
S, s	wie Ss
Š, š	wie Sch
Ť, ť	erweichtes T wie Tj
ů, ú	langes U
V, v	wie W
Z, z	stimmhaftes S (nie Tz)
Ž, ž	wie J in Journal

Grundlegende Wörter und Sätze

Ano/Ne	*Ja/Nein*	Jak se máte?	*Wie geht es Ihnen?*
Děkuju/Prosím	*Danke/Bitte*	Prosím vás, můžete mi pomoci?	*Können Sie mir bitte helfen?*
Pardon, promiňte	*Entschuldigung*		
Ahoj	*Hallo/Tschüs*	Máte …?	*Haben Sie …?*
Na shledanou	*Auf Wiedersehen*	Kolik je hodin?	*Wie viel Uhr ist es?*
Dobré jitro	*Guten Morgen*	Pomoc!	*Hilfe!*
Dobrý den	*Guten Tag*	Velké/Malé	*groß/klein*
Dobrý večer	*Guten Abend*	Dobře/Špatně	*gut/schlecht*
Dobrou noc	*Gute Nacht*	S/Bez	*mit/ohne*

Unterwegs

Ortsbezeichnungen

Nádraží	*Bahnhof*
Zámek	*Schloss*
Ulice	*Straße/Gasse*
Třída	*Boulevard*
Náměstí	*Platz*
Klášter	*Kloster*
Hrad	*Burg*
Zahrada	*Garten*
Kostel	*Kirche*
Banka	*Bank*
Směnárna	*Wechselstube*
Nemocnice	*Krankenhaus*
Most	*Brücke*
Starožitnictví	*Antiquitätengeschäft*
Knihkupectví	*Buchhandlung*
Lékárna	*Apotheke*
Lahůdky	*Feinkostladen*
Obchodní dům	*Kaufhaus*
Potraviny	*Lebensmittelgeschäft*
Trh	*Markt*
Pošta	*Postamt*
Cestovní kancelář	*Reisebüro*

Zur Orientierung

Kde je ...?	*Wo ist ...?*
Jak je to daleko?	*Wie weit ist das?*
Jak se dostanu k ...?	*Wie komme ich zu ...?*
Kdy?	*Wann?*
Nalevo	*Links*
Napravo	*Rechts*
Rovně	*Geradeaus*

Autobusem	*Mit dem Bus*
Vlakem	*Mit dem Zug*
Příjezd/Odjezd	*Ankunft/Abfahrt*
Musím přestupovat?	*Muss ich umsteigen?*
Musím mít místenku?	*Muss ich reservieren?*
Autem	*Mit dem Auto*
Pěšky	*Zu Fuß*
Taxíkem	*Mit dem Taxi*
Jízdenka	*Fahrkarte*
Autobusová stanice	*Busbahnhof*

Mit dem Auto unterwegs

Měl/-a jsem poruchu	*Ich habe eine Panne*
Můžete se na to podívat?	*Können Sie mal nachsehen?*
Je tady někde blízko autoopravna?	*Wo ist hier in der Nähe eine Werkstatt?*
Stala se nehoda	*Es ist ein Unfall passiert*
Zavolejte prosím rychle policii	*Rufen Sie bitte schnell die Polizei*
Plnou prosím	*Voll tanken, bitte*

Verständigung

Rozumím	*Ich verstehe*
Nerozumím /	*ch verstehe nicht*
Co?	*Was?*
Mluvíte anglicky/německy?	*Sprechen Sie Englisch/ Deutsch?*
Mluvím jen málo ...	*Ich spreche nur wenig ...*
Jak se to řekne česky?	*Wie sagt man das auf Tschechisch?*
Jmenuji se ...	*Ich heiße ...*

Hinweise

Vchod	*Eingang*
Východ	*Ausgang*
Záchod	*Toilette*
Muži	*Männer*
Ženy	*Frauen*
Otevřeno/Zavřeno	*Offen/Geschlossen*
Pozor!	*Gefahr!*
Policie	*Polizei*

Etwas Tschechisch 263

| Kouření zakázáno | *Rauchen verboten* | Vstup zakázán | *Eintritt verboten* |
| Koupání zakázáno | *Baden verboten* | | |

Zahlen

1	Jeden	14	Čtrnáct	80	Osmdesát
2	Dva	15	Patnáct	90	Devadesát
3	Tři	16	Šestnáct	100	Sto
4	Čtyři	17	Sedmnáct	101	Sto jedna
5	Pět	18	Osmnáct	200	Dvě stě
6	Šest	19	Devatenáct	300	Tři sta
7	Sedm	20	Dvacet	400	Čtyři sta
8	Osm	21	Dvacetjedna	500	Pět set
9	Devět	30	Třicet	600	Šest set
10	Deset	40	Čtyřicet	700	Sedm set
11	Jedenáct	50	Padesát	800	Osm set
12	Dvanáct	60	Šedesát	900	Devět set
13	Třináct	70	Sedmdesát	1000	Tisíc

Wochentage

Pondělí	*Montag*	Pátek	*Freitag*
Úterý	*Dienstag*	Sobota	*Samstag*
Středa	*Mittwoch*	Neděle	*Sonntag*
Čtvrtek	*Donnerstag*		

Monatsnamen

Leden	*Januar*	Červenec	*Juli*
Únor	*Februar*	Srpen	*August*
Březen	*März*	Září	*September*
Duben	*April*	Říjen	*Oktober*
Květen	*Mai*	Listopad	*November*
Červen	*Juni*	Prosinec	*Dezember*

Übernachten

Můžete mi prosím doporučit nějaký dobrý hotel?	*Können Sie mir bitte ein gutes Hotel empfehlen?*	Na jednu noc	*Für eine Nacht*
		Kolik stojí pokoj se snídaní?	*Was kostet ein Zimmer mit Frühstück?*
Máte ještě volné pokoje?	*Haben Sie noch Zimmer frei?*	Máme bohužel všechno obsazené	*Wir sind leider voll belegt.*
Jednolůžkový	*Einzelzimmer*	Mám reservaci	*Ich habe reserviert*
Dvoulůžkový	*Doppelzimmer*	Nosič	*Portier*
Se sprchou/s koupelnou	*Mit Dusche/Bad*	Klíč	*Schlüssel*

Essen und Trinken

Allgemein

Kde je tady nějaká dobrá restaurace?	Wo gibt es hier ein gutes Restaurant?
Dobrou chuť	Guten Appetit
Na zdraví!	Prost!
Jsou tyto místa volná?	Sind diese Plätze frei?
To jsem si neobjednal/-a	Das habe ich nicht bestellt
Nejím maso /	ch esse kein Fleisch
Zaplatím prosím	Die Rechnung bitte
Snídaně	Frühstück
Oběd/večeře	Mittag-/Abendessen
Bylo to výborné	Das Essen war ausgezeichnet

Frühstück

Chléb	Brot
Houska	Rundes Brötchen
Rohlík	Längliches Brötchen
Máslo	Butter
Vejce	Eier
Vajíčko na měkko	Weiches Ei
Míchaná vejce	Rühreier
Vejce na slanině	Eier mit Speck
Med	Honig
Džem	Marmelade
Šunka	Schinken
Salám	Wurst
Sýr	Käse
Uzený sýr	Räucherkäse
Cukr	Zucker
Sůl	Salz
Pepř	Pfeffer

Getränke

Pivo	Bier
Budvar	Budweiser
Plzeňský prazdroj	Pilsner Urquell
Černé pivo	Dunkles Bier
Nealkoholické pivo	Alkoholfreies Bier
Bílé víno	Weißwein
Ryzlink	Riesling
Červené víno	Rotwein
Frankovka	Blaufränkischer (Rotwein)
Svařené vino	Glühwein
Džus	Saft
Minerální voda	Mineralwasser
Čaj	Tee
Káva	Kaffee
Káva překapávaná	Filterkaffee
Černá káva	Schwarzer Kaffee
Bílá káva	Kaffee mit Milch
Káva bez kofeinu	Koffeinfreier Kaffee
Vídeňská káva	Wiener Kaffee
Mléko	Milch
Čokoláda	Schokolade

Zum Auftakt

Předkrmy	Vorspeisen
Pražská šunka	Prager Schinken
Polévka	Suppe
Bramborová polévka	Kartoffelsuppe
Čočková	Linsensuppe
Hovězí vývar	Rinderbrühe
Žampionový krém	Champignoncremesuppe
Hrachová	Erbsensuppe
Rajská	Tomatensuppe
Zeleninová	Gemüsesuppe

Das Beste zum Bier

Nabídka dne	Tagesgericht
Hlavní jídlo	Hauptgericht
Maso	Fleisch
Vepřové	Schweinefleisch
Vepřový řízek	Schweineschnitzel

Etwas Tschechisch

Vepřový steak	*Schweinesteak*
Kotleta	*Kotelett*
Žebírko	*Rippchen*
Uzená krkovice	*Rauchfleisch*
Hovězí	*Rindfleisch*
Telecí	*Kalbfleisch*
Guláš	*Gulasch*
Svíčková neobjednal/-a	*Lendenbraten mit Sahnesoße*
Španělský ptáček	*Gefüllte Rinderroulade*
Sekaná	*Hackbraten*
Biftek	*Beefsteak*
Skopové	*Lammfleisch*
Játra	*Leber*
Ledvinky	*Nieren*
Jazyk	*Zunge*
Kuře	*Hähnchen*
Kachna	*Ente*
Pečená husa	*Gänsebraten*
Ryby	*Fisch*
Pstruh	*Forelle*
Kapr	*Karpfen*
Zavináč	*Hering*
Tuňák	*Tunfisch*
Krevety	*Krabben*
Na roštu	*gegrillt*

Und dazu

Přílohy	*Beilagen*
Houskové knedlíky	*Semmelknödel*
Špekové knedlíky	*Speckknödel*
Bramborové knedlíky	*Kartoffelknödel*
Brambory	*Kartoffeln*
Bramborový salát	*Kartoffelsalat*
Hranolky	*Pommes frites*
Rýže	*Reis*
Zelí	*Sauerkraut*
Červené zelí	*Rotkraut*
Špenát	*Spinat*
Zelenina	*Gemüse*
Cibule	*Zwiebeln*
Česnek	*Knoblauch*
Fazole	*Bohnen*
Hrášek	*Erbsen*
Květák	*Blumenkohl*
Mrkev	*Karotten*
Chřest	*Spargel*
Houby	*Pilze*
Salát	*Salat*
Okurka	*Gurke*
Rajčata	*Tomaten*
Ocet	*Essig*
Tatarská omáčka	*Remouladensoße*

Zum Abschluss

Zákusky	*Nachspeisen*
Kompot	*Kompott*
Zmrzlina	*Speiseeis*
Ovocné knedlíky	*Obstknödel*
Palačinky	*Palatschinke*
Vdolečky se šlehačkou	*böhmisches Hefegebäck mit Sahne*
Sýrový talíř	*Käseplatte*
Dort	*Kuchen*

Zwischendurch

Chlebíček	*Gebäck*
Klobásy	*Würste*
Párek	*Würstchen*
Slanina	*Speck*
Hořčice	*Senf*
Oříšky	*Erdnüsse*

Obst

Ovoce	*Obst*
Banán	*Banane*
Hrozny	*Weintrauben*
Hruška	*Birne*
Jablko	*Apfel*
Jahody	*Erdbeeren*
Maliny	*Himbeeren*
Pomeranč	*Orange*

Verzeichnisse

Kartenverzeichnis und Zeichenerklärung

Prag – Ziele rund um die Innenstadt		vordere Umschlagklappe
Prag – Öffentliches Verkehrsnetz		hintere Umschlagklappe
Tour 1:	Nové Město (Neustadt)	28/29
Tour 2:	Staré Město (Altstadt)	48/49
Tour 3:	Josefov (Josefstadt)	73
Tour 4:	Malá Strana (Kleinseite)	85
Tour 5:	Hradčany (Hradschin)	104/105
Tour 6:	Pražskýhrad (Prager Burg)	112/113
Tour 7:	Smíchov	131
Tour 8:	Holešovice und Bubeneč	136/137
Tour 9:	Žižkov und Karlín	144/145
Tour 10:	Vinohrady	152/153
Ziele rund um Prag		171
Übernachten		228/229

- Autobahn/Verbindungsstraße
- Hauptverkehrs-/Nebenstraße
- Piste
- Bahnlinie
- Rundgang Anfang/Ende
- Grünfläche
- Botschaft
- Information
- Parkplatz
- Tankstelle
- Waschsalon
- Kloster, Kirche
- Sehenswürdigkeit
- Flughafen/-platz
- Bushaltestelle
- Taxistandplatz
- Haltestelle Metro, Straßenbahn
- Bank/Wechselstube, Post
- Supermarkt
- Burg/Schloss

Prag im Kasten

Von grünen Feen und grünen Schnäpsen	30
Hamburg liegt nicht an der Moldau und Böhmen nicht am Meer	34
Der Bekannteste aller Tschechen – Hašeks braver Soldat Švejk	54
Královská cesta oder Prag in 90 Minuten	58
Karlsbrücken-Legenden	60
Das Jüdische Museum	75
Yehûdâ Lîwâ Ben-Bezal'ēl, genannt Rabbi Löw, und die Legende vom Golem	76
Zuerst kamen die Kranken – die Anfänge des Tourismus in Prag	84
Kult und Kitsch und weltberühmt – das Prager Jesulein	94
Heiliger oder Lebemann – Wenzel und kein Ende	116
Prager Fensterstürze – eine lange Tradition	121
Sie nannten ihn „Mozart"	128
David Černý, Meister der Provokation	129
Das „Auf und Ab" in der Geschichte	138
Die Republik Žižkov	143
Ostalgie-Tipps	147
Nobelpreisträger und Persona non grata – Jaroslav Seifert	148
Jan Saudek – vom Buhmann zum Aushängeschild	155
Leben zwischen Plattenbau und Datscha	163

Verzeichnisse

Libušes Liebe und Visionen	166	Pub Crawling statt Sightseeing – die Invasion der Hirsche	214
Von böhmischen Dörfern und der Boheme	173	Prager Saisonpreise – was kostet's wann?	233
Die Nepomuk-Legende	181	Das Prager Literaturhaus deutschsprachiger Autoren	241
Václav Havel – vom Dichter zum Präsidenten und zurück	189	Vietnamesen in Tschechien	243
Prag unter Wasser – die Fluten 2002 und 2013	190	Klein-Amsterdam an der Moldau?	245
Touristenabzocke in Restaurants – noch kein Schnee von gestern	199	Sieben Fälle, sieben Fallen: Schwierigkeiten beim Tschechischlernen	247
Barrandov, das Hollywood des Ostens	205	Wie das Känguru an die Moldau kam …	248
The Plastic People of the Universe – die tschechische Underground-Legende	212		

Fotoverzeichnis

Alle Fotos **Michael Bussmann**, außer: **Gabriele Tröger:** S. 26, 31, 36, 43, 46, 86, 129, 139, 165, 178, 187, 197, 204, 218, 257, 272, 275, 277, 278, **Fotoarchiv Obecní dům:** S. 203, **pettys/fotolia.com:** S. 170, **Filip Urban/Hotel MEET ME 23:** S. 227

▼ Kartenausschnitte im Buch

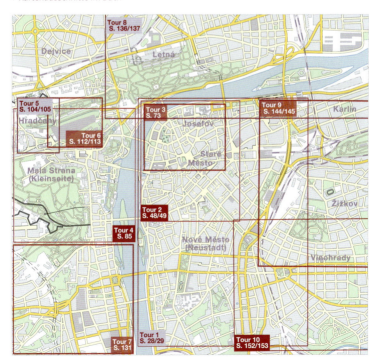

Impressum

Text und Recherche: Gabriele Tröger und Michael Bussmann | **Lektorat:** Dagmar Tränkle | **Redaktion:** Johanna Prediger | **Layout:** D&M Services GmbH: Jana Locker | **Karten:** Carlos Borrell, Theresa Flenger, Judit Ladik, Tobias Schneider | **Covergestaltung:** Karl Serwotka | **Covermotive:** vorn: Prager Altstadt © Michael Bussmann, hinten: Karlsbrücke © LianeM / fotolia.com

Die in diesem Reisebuch enthaltenen Informationen wurden von den Autoren nach bestem Wissen erstellt und von ihm und dem Verlag mit größtmöglicher Sorgfalt überprüft. Dennoch sind, wie wir im Sinne des Produkthaftungsrechts betonen müssen, inhaltliche Fehler nicht mit letzter Gewissheit auszuschließen. Daher erfolgen die Angaben ohne jegliche Verpflichtung oder Garantie der Autoren bzw. des Verlags. Autoren und Verlag übernehmen keinerlei Verantwortung bzw. Haftung für mögliche Unstimmigkeiten. Wir bitten um Verständnis und sind jederzeit für Anregungen und Verbesserungsvorschläge dankbar.

ISBN 978-3-95654-638-9

© Copyright Michael Müller Verlag GmbH, Erlangen 2001–2019. Alle Rechte vorbehalten. Alle Angaben ohne Gewähr. Druck: Westermann Druck Zwickau GmbH.

Newsletter

Aktuelle Infos zu unseren Titeln, Hintergrundgeschichten zu unseren Reisezielen sowie brandneue Tipps erhalten Sie in unserem regelmäßig erscheinenden Newsletter, den Sie im Internet unter **www.michael-mueller-verlag.de** kostenlos abonnieren können.

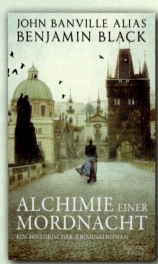

Abruzzen ■ Ägypten ■ Algarve ■ Allgäu ■ Allgäuer Alpen ■ Altmühltal & Fränk. Seenland ■ Amsterdam ■ Andalusien ■ Andalusien ■ Apulien ■ Australien – der Osten ■ Azoren ■ Bali & Lombok ■ Barcelona ■ Bayerischer Wald ■ Bayerischer Wald ■ Berlin ■ Bodensee ■ Bremen ■ Bretagne ■ Brüssel ■ Budapest ■ Chalkidiki ■ Chiemgauer Alpen ■ Chios ■ Cilento ■ Cornwall & Devon ■ Comer See ■ Costa Brava ■ Costa de la Luz ■ Côte d'Azur ■ Cuba ■ Dolomiten – Südtirol Ost ■ Dominikanische Republik ■ Dresden ■ Dublin ■ Düsseldorf ■ Ecuador ■ Eifel ■ Elba ■ Elsass ■ Elsass ■ England ■ Fehmarn ■ Franken ■ Fränkische Schweiz ■ Fränkische Schweiz ■ Friaul-Julisch Venetien ■ Gardasee ■ Gardasee ■ Genferseeregion ■ Golf von Neapel ■ Gomera ■ Gomera ■ Gran Canaria ■ Graubünden ■ Hamburg ■ Harz ■ Haute-Provence ■ Havanna ■ Ibiza ■ Irland ■ Island ■ Istanbul ■ Istrien ■ Italien ■ Italienische Adriaküste ■ Kalabrien & Basilikata ■ Kanada – Atlantische Provinzen ■ Kanada – Der Westen ■ Karpathos ■ Kärnten ■ Katalonien ■ Kefalonia & Ithaka ■ Köln ■ Kopenhagen ■ Korfu ■ Korsika ■ Korsika Fernwanderwege ■ Korsika ■ Kos ■ Krakau ■ Kreta ■ Kreta ■ Kroatische Inseln & Küstenstädte ■ Kykladen ■ Lago Maggiore ■ Lago Maggiore ■ La Palma ■ La Palma ■ Languedoc-Roussillon ■ Lanzarote ■ Lesbos ■ Ligurien – Italienische Riviera, Genua, Cinque Terre ■ Ligurien & Cinque Terre ■ Limousin & Auvergne ■ Limnos ■ Liparische Inseln ■ Lissabon & Umgebung ■ Lissabon ■ London ■ Lübeck ■ Madeira ■ Madeira ■ Madrid ■ Mainfranken ■ Mainz ■ Mallorca ■ Mallorca ■ Malta, Gozo, Comino ■ Marken ■ Marseille ■ Mecklenburgische Seenplatte ■ Mecklenburg-Vorpommern ■ Menorca ■ Midi-Pyrénées ■ Mittel- und Süddalmatien ■ Montenegro ■ Moskau ■ München ■ Münchner Ausflugsberge ■ Naxos ■ Neuseeland ■ New York ■ Niederlande ■ Niltal ■ Norddalmatien ■ Norderney ■ Nord- u. Mittelengland ■ Nord- u. Mittelgriechenland ■ Nordkroatien – Zagreb & Kvarner Bucht ■ Nördliche Sporaden – Skiathos, Skopelos, Alonnisos, Skyros ■ Nordportugal ■ Nordspanien ■ Normandie ■ Norwegen ■ Nürnberg, Fürth, Erlangen ■ Oberbayerische Seen ■ Oberitalien ■ Oberitalienische Seen ■ Odenwald ■ Ostfriesland & Ostfriesische Inseln ■ Ostseeküste – Mecklenburg-Vorpommern ■ Ostseeküste – von Lübeck bis Kiel ■ Östliche Allgäuer Alpen ■ Paris ■ Peloponnes ■ Pfalz ■ Pfälzer Wald ■ Piemont & Aostatal ■ Piemont ■ Polnische Ostseeküste ■ Portugal ■ Prag ■ Provence & Côte d'Azur ■ Provence ■ Rhodos ■ Rom ■ Rügen, Stralsund, Hiddensee ■ Rumänien ■ Rund um Meran ■ Sächsische Schweiz ■ Salzburg & Salzkammergut ■ Samos ■ Santorini ■ Sardinien ■ Sardinien ■ Schottland ■ Schwarzwald Mitte/Nord ■ Schwarzwald Süd ■ Schwäbische Alb ■ Schwäbische Alb ■ Shanghai ■ Sinai & Rotes Meer ■ Sizilien ■ Sizilien ■ Slowakei ■ Slowenien ■ Spanien ■ Span. Jakobsweg ■ Sri Lanka ■ St. Petersburg ■ Steiermark ■ Stockholm ■ Südböhmen ■ Südengland ■ Südfrankreich ■ Südmarokko ■ Südnorwegen ■ Südschwarzwald ■ Südschweden ■ Südtirol ■ Südtoscana ■ Südwestfrankreich ■ Sylt ■ Tallinn ■ Teneriffa ■ Teneriffa ■ Tessin ■ Thassos & Samothraki ■ Toscana ■ Toscana ■ Tschechien ■ Türkei ■ Türkei – Lykische Küste ■ Türkei – Mittelmeerküste ■ Türkei – Südägäis ■ Türkische Riviera – Kappadokien ■ USA – Südwesten ■ Umbrien ■ Usedom ■ Varadero & Havanna ■ Venedig ■ Venetien ■ Wachau, Wald- u. Weinviertel ■ Westböhmen & Bäderdreieck ■ Wales ■ Warschau ■ Westliche Allgäuer Alpen und Kleinwalsertal ■ Wien ■ Zakynthos ■ Zentrale Allgäuer Alpen ■ Zypern

Reisehandbuch   **MM-City**   **MM-Wandern**

Register

Die in Klammern gesetzten Koordinaten verweisen auf die beigefügte Prag-Karte.

Absinth 30
Abteikirche Mariä Himmelfahrt (A5) 106
Agnes, Heilige 72
Alte Kläranlage 139
Alter Jüdischer Friedhof (D5) 78
Altes jüdisches Rathaus (D5) 72
Altneusynagoge (D5) 76
Altstadt (E5/6) 46
Altstädter Brückenturm 62
Altstädter Rathaus (D/E5) 57
Altstädter Ring (E5) 50
Anreise 222
Antiquariate 20
Antiquitäten 20, 252
Apotheken 237
Apple Museum 63
Architektur 193
Arcibiskupský palác (B5) 101
Armádní muzeum (G/H5) 146
Armeemuseum (G/H5) 146
Ärztliche Versorgung 237
Astronomische Uhr 57
Ateliér Josefa Sudka (C6) 94
Atombunker des Jalta-Hotels 34
Ausflugsboote 228
Ausgehen 18
Ausstellungsgelände (F2) 135
Ausstellungshalle Mánes (D7) 36

Baba-Kolonie 164, 197
Babiš, Andrej 189
Baden 237
Bahnanreise 224
Bahnhof Holešovice (G1) 224
Ballett 204
Ballonfahrten 250
Banken 246
Barock 194
Barrandov 207
Bars 213
Baťa, Tomáš 27
Baustile 193
Bazilika sv. Jiří 121
Beer Museum Prague 60
Beethoven, Ludwig van 87
Behinderte 238
Běleč 251

Belvedér (C4) 124
Beneš, Edvard 186
Bethlehemskapelle (D6) 54
Betlémská kaple (D6) 54
Bevölkerung 192
Bier 202
Bierbad 238
Bílá hora 183
Bílá věž 122
Bílek, František 108
Bílekvilla (C4) 108
Bílkova vila (C4) 108
Bioprodukte 200
Blanka-Tunnel (A4–F1) 139
Böhmische Dörfer 173
Böhmische Küche 200
Boleslav I. 179
Boleslav II. 179
Boots- und Schiffsausflüge 228
Bootsverleih 228
Bořivoj I. 179
Botanická zahrada (E8) 38
Botanischer Garten (E8) 38
Botschaften 238
Brahe, Tycho 58
Brandstätter Platz (A5) 102
Brauerei Staropramen (C8) 129
Brauhaus U Fleků (D7) 39
Brenau 162
Břevnovský klášter 162
Brod, Max 154
Bubeneč (D/E2) 132
Bus 226
Busanreise 224
Busbahnhof Florenc (G5) 224
Buštěhrad 245
Bývalá obřadní síň 79

Camping 236
Camus, Albert 101
Čapek, Josef 60
Casinos 238
Čech 178
Celetná (E5) 53
Centrum Futura (B8) 127
Černá věž 115
Černínský palác (A5) 101
Černý, David 26, 129
Čertovka (C6) 86
Česká centra 240

České Muzeum Hudby (C6) 94
Charta 77, 188
Chata 163
Chochol, Josef 60, 197
Chrám Panny Marie Vítězné (C5) 93
Chrám sv. Vita (B5) 117
Clam-Gallasův palác (D5) 56
Clubs 18
Clubszene 212
Colloredo-Mansfeld-Palais (D5) 63
Colloredo-Mansfeldský palác (D5) 63
Comenius, Jan Amos 88
Comenius-Museum (C5) 88
Cosmas 166
Craft Beer 202
Crystal Meth 247
Czech Photo Centre 41
Czernin-Palais (A5) 101

Daliborka 114
Dekonstruktivismus 198
Deutsche Botschaft (B5) 90
Diebstahl 247
Dienstbier, Jiří 188
Dientzenhofer, Kilian Ignaz 36, 39, 58, 87, 195
Diplomatische Vertretungen 238
Divadlo Hybernia (F5) 208
Divadlo na zábradlí (D6) 55
Divoká Šárka 161
Doba temna 183
Dominikanerkirche St. Ägidus (D6) 54
Dox Galerie (H2) 134
Dreißigjähriger Krieg 182
Drogen 247
Dubček, Alexander 188
Dům fotografie 41
Dům Pánů z Kunštátu a Poděbrad (D6) 56
Dum U Cerné Matky Boží (E5) 60
Dům U Kamenného Zvonu (E5) 50
Dürer, Albrecht 104
Dvořák, Antonín 39
Dvořák-Museum (E7/8) 39
Dvořáks Geburtshaus 169

Eden-Arena 250
Ehemalige Reitschule der
  Prager Burg (B4) 115
Einhornapotheke 51
Einkaufen 20
Eishockey 250
Elektrizität 238
Emauskloster (D8) 38
Emauzský klášter (D8) 38
Engste Gasse Prags 87
Ermäßigungen 220
Erzbischöfliches Palais
  (B5) 101
Essen und Trinken 16, 200
Expo-Praha-58-Pavillon
  (F3/4) 138
Expressionismus 197

Fähren 228
Fahrrad 227
Fast Food 201
Fausthaus (D8) 37
Faustův dům (D8) 37
Feiertage 238
Fensterstürze 121
Ferdinand II. 183
Fernsehturm (H6) 147, 219
Feste 238
Filla, Emil 60
Filmstudios 207
Flohmärkte 21

Flughafen 223
Forman, Miloš 86, 207
Forum Karlín (I4) 206
Franz Ferdinand,
  Erzherzog 185
Franz Kafka Museum (C5) 93
Freibäder 237
Friedhof Olšany 146
Friedrich von der Pfalz,
  Winterkönig 183
Fundbüro 239
Funktionalismus 197
Fürstenberg-Garten 89
Fürstenberská zahrada 89
Fußball 250

Galerie Foto Grafic 55
Galerie Hollar (D6) 64
Galerie Jaroslava Fragnera 61
Galerie Josefa Sudka (A5) 102
Galerie Robert Guttmanna 74
Galerie Václava Špály 31
Gallenmarkt 47
Gehry, Frank Owen 31, 198
Geld 239
Geldautomaten 239
Gemäldegalerie der Prager
  Burg 116
Gemeindehaus (F5) 59
Geografie 192
Georgsbasilika 121

Georgskloster 122
Gepäckaufbewahrung
  (Bahnhof) 224
Gepäckaufbewahrung
  (Busbahnhof) 224
Geschichte der Prager Burg
  (Ausstellung) 121
Gočár, Josef 60, 197
Goethe-Institut (D7) 240
Goldenes Gässchen (C4) 122
Golem 76
Golf 251
Gotik 193
Gottesdienste 240
Gottwald, Klement 187
Gröbovka 154
Großes Ballhaus (B4) 124
Großpriorsplatz (C5) 86
Gutfreund, Otto 60

Háje 160
Hanavský pavilón (D4) 138
Hanuš 57
Hard Rock Café 56
Hašek, Jaroslav 54
Hauptbahnhof (F/G6) 224
Haus der Fotografie 41
Haus der Herren von
  Poděbrad und Kunstadt
  (D6) 56
Haus Diamant (E6) 60

Deutsche und tschechische Straßenschilder – bis 1945 Normalität in Prag

Haus zu den Drei weißen Rosen 56
Haus zu den Zwei goldenen Bären 53
Haus zur Schwarzen Madonna (E5) 60
Haus zur Steinernen Glocke (E5) 50
Haustiere 248
Havel, Václav 32, 188, 189
Havelské tržiště 47
Havlíčkovy sady (G8) 154
Heilig-Kreuz-Kirche 27
Heilig-Kreuz-Rotunde (D6) 193
Henlein, Konrad 186
Herz-Jesu-Kirche (H7) 155
Heydrich, Reinhard 186
Historismus 196
Höchstgeschwindigkeiten 222
Hohe Synagoge 72
Holešovice (G2) 132
Hotel International 198
Hrabal, Bohumil 243
Hrad Karlštejn 169
Hradčanské náměstí (B5) 101, 111
Hradčany (A/B4) 100
Hradschin (A/B4) 100
Hradschiner Platz (B5) 101, 111
Hunderennen 251
Hus, Jan 54, 181
Hus-Denkmal 50

IMAX-Kino 208
Inlineskating 251
Internet 241

Janák, Pavel 60, 164
Jaroslav-Fragner-Galerie 61
Jazz 19, 217
Jerusalem-Synagoge (F6) 40
Jeruzalémská synagoga (F6) 40
Jesuiten 195
Ježek, Jaroslav 72
Jindřišská věž (F5) 35
Jízdárna Pražského hradu (B4) 115
Jižní město 163
Joggen 251
Johann von Luxemburg 180
Josefov (E4) 70
Josefstadt (E4) 70
Joseph II. 70, 183
Jüdisches Museum (D5) 75
Jugendstil 196

Kaffeehaus 203
Kafka, Franz 71, 72, 84, 93, 122, 146, 154
Kafka-Denkmal (E5) 71
Kampa, Insel (C6) 91
Kampa-Museum (C6) 92
Kampa-Park 92
Kapelle des Heiligen Kreuzes 117
Kapitulní Chram sv. Petra a Pavla (D9) 166
Kaple svatého Kříže 117
Karel-Zeman-Museum 219
Karl IV. 180
Karlín (H4) 142
Karlín Studios 149

Karlovo náměstí (E7) 37
Karlsbrücke (C5) 61
Karlsbrückenmuseum 62
Karlsplatz (E7) 37
Karlstein, Burg 169
Karlův most (C5) 61
Karmelitská (C5) 93
Karolinenthal 143
Karolinum (E5) 53
Kartensperrung 239
Kasárna Karlín 149
Kavárna 203
Kepler, Johannes 116
Kinder 218
Kindersitz 223
Kino 208
Kinský, Bertha 58
Kirche Maria Schnee (E6) 35
Kirche Maria unter der Kette (C5) 93
Kirche Sankt Johannes Nepomuk am Felsen (D8) 38
Kirche Sankt Martin in der Mauer (D6) 64
Kirche Sankt Simon und Juda (E4) 72
Kisch, Egon Erwin 53, 76
Klassik 204
Klassizismus 195
Klášter sv. Anežky (E4) 74
Klášter sv. Jiří 122
Klausensynagoge (D5) 79
Klausová synagóga (D5) 79
Kleinseite (B6) 82
Kleinseitner Ring 83
Klein-Venedig 87

Klementinum (D5) 63
Klima 241
Klöße 200
Kloster Strahov (A5/6) 106
Kneipen 213
Komenský, Jan Amos (Comenius) 88
Kommunismusmuseum (E6) 41
Königsgarten (B/C4) 124
Königspalast 119
Königsweg 58, 59
Konzertsäle 204
Kostel P. Maria před Týnem (E5) 51, 58
Kostel P. Marie Sněžné (E6) 35
Kostel Panny Marie pod řetězem (C5) 93
Kostel Srdce Páně (H7) 155
Kostel sv. Cyrila a Metoděje (D7) 36
Kostel sv. Havla (E5) 47
Kostel sv. Ignáce (E7) 37
Kostel sv. Jakuba (E5) 52
Kostel sv. Jana na Skalce (D8) 38
Kostel sv. Jiljí (D6) 54
Kostel sv. Jindřicha (F6) 26
Kostel sv. Kříže 27
Kostel sv. Martina ve zdi (D6) 64
Kostel sv. Mikuláše (D5) 51
Kostel sv. Šimona a Judy (E4) 72
Kostel sv. Václava ve Vršovicích (H7) 155
Kostel sv. Vavřince (B6) 96
Kostel sv. Voršily (D6) 31
Kostel svatého Mikuláše (B5) 89
Kostel svatého Tomáše (C5) 87
Kozojed, Dalibor von 114
Královská cesta 58
Královská zahrada (B/C4) 124
Královský palác 119
Království Železnic (B8) 219
Krankenhäuser 237
Kreuzherrenkirche (D5) 62
Kreuzherrenplatz (D5) 55
Kriminalität 242
Křížovnické náměstí (D5) 55
Křížovnický kostel (D5) 62
Kubismus 60, 196
Kubišta, Bohumil 60
Kulturleben 204, 221
Kundera, Milan 244

Kunstgewerbemuseum (D5) 77
Kutná Hora 170
Kutschfahrten 228
Kuttenberg 170
Kyrill 179

Langweil, Antonín 41
Lanová dráha (B6) 96
Lapidárium (F2) 135
Laterna Magika 206
Laurenziberg (B6) 95
Ledebour-Garten 89
Ledeburská zahrada 89
Legosammlung 219
Leica Gallery Prague (E7) 41
Leitmeritz 174
Lékárna U Jednorožce 51
Lennon, John 86
Lesben 19, 217, 249
Letecké Muzeum 164
Letenské sady (D4) 138
Letenský záměček (E4) 138
Letiště Vodochody (Flughafen) 223
Letná-Park (D4) 138
Letohrádek Kinských (B7) 127
Libuše 166
Lidice 186
Liliencron, Detlev von 25
Literaturhaus (E7) 243
Literaturtipps 242
Litoměřice 174
Livemusik 19
Lobkovický palác (Hradčany) (C4) 123
Lobkovický palác (Malá Strana) (B5) 90
Lobkowicz Palace (Hradčany), Konzertsaal 204
Loos, Adolf 164
Loreta (A5) 105
Loretánské náměstí (A5) 101
Loreto-Heiligtum (A5) 105
Löwenhof 116
Lucerna Music Bar 212
Lucerna-Filmpalast 208
Lucerna-Passage (E6) 26
Ludmila, Fürstin 121

Mácha, Karel Hynek 95
Mahnmal für die Opfer des Kommunismus (C6) 95
Maisel, Markus Mordechaj 72
Maiselova synagóga (D5) 77
Maiselsynagoge (D5) 77
Malá Strana (B6) 82

Malostranská beseda 83
Malostranské náměstí (B5) 83
Malteserplatz (C5) 86
Maltézské náměstí (C5) 86
Mánes, Josef 36, 71
Manierismus 194
Maria Theresia 183
Marionettentheater 205, 206, 219
Märkte 245
Maroldovo panorama (E2) 137
Masaryk, Tomáš Garrigue 185
Masopust, Karneval 210
Matthias von Arras 117
MeetFactory 128
Mehrwertsteuerrückerstattung 251
Meister Hanuš 57
Meister Theodoricus 74
Messepalast – Museum moderner und zeitgenössischer Kunst (F3) 133
Městská knihovna (D5) 41
Method 179
Metro 226
Meyrinck, Gustav 76
Míčovna (B4) 124
Mietwagen 245
Milunič, Vladimír 31
Miniaturmuseum 107
Modelleisenbahn-Ausstellung 219
Mozart, Wolfgang Amadeus 128
Mozartmuseum (B8) 127
Mucha, Alfons 34, 118, 196
Mucha-Museum (E6) 34
Muchovo muzeum (E6) 34
Mühlhausen an der Moldau 168
Müllervilla 164
Münchner Abkommen 186
Musaion (B7) 127
Musée Grévin 53
Museen 220, 253
Museum der Stadt Prag (G5) 41
Museum des Flugwesens 164
Museum of medieval Torture Instruments (D5) 62
Musicals 208
Muzeum Antonína Dvořáka (E7/8) 39
Muzeum Bedřicha Smetany (D5/6) 61
Muzeum hlavního města Prahy (G5) 41

Register

Muzeum Hraček 123
Muzeum Karla Zemana 219
Muzeum Karlova Mostu 62
Muzeum Kostek (D6) 219
Muzeum Městské Hromadné Dopravy 166
Muzeum Montanelli (D5) 90
Muzeum Policie (E/F8) 38

Nachtleben 18, 212
Náměstí Jiřího z Poděbrad (H7) 155
Náměstí Míru (F/G7) 150
Náměstí Republiky (F5) 41, 53
Náplavka (D8) 214
Náprstek-Museum (D6) 61
Náprstkovo muzeum (D6) 61
Národní divadlo (D6) 35, 205
Národní dům (G7) 151
Národní muzeum (F7) 33
Národní památník (H5) 144
Národní technické muzeum (E3) 134
Národní třída (D6) 30
Nationale Gedenkstätte (H5) 144
Nationaler Stil 197
Nationales Technikmuseum (E3) 134
Nationalmuseum (F7) 33
Nationalsozialismus 186
Nationalstraße (D6) 30
Nationaltheater (D6) 35, 205
Nebozízek 96
Nelahozeves 168
Němcová, Božena 36
Neorenaissance 196
Nepomuk 181
Neruda, Jan 90
Nerudagasse (B5) 90
Nerudova ulice (B5) 90
Neue Bühne (D6) 31
Neue Sachlichkeit 197
Neue Welt (A4) 102
Neuer Jüdischer Friedhof 146
Neustadt (E8) 24
Neustädter Rathaus (E7) 37
Nikolauskirche (D5) 51
Nikon Photo Gallery (C6) 95
Norbert von Xanten 106
Notruf 247, 252
Nová scéna (D6) 31
Novák, Vratislav Karel 138
Nové Město (E8) 24
Nové Židovské Hřbitovy 146
Novoměstská radnice (E7) 37
Nový svět (A4) 102

O2 Arena 208, 250
Obecní dům (F5) 59
Obrazárna Pražského hradu 116
Obstmarkt (E6) 53
Öffentlicher Nahverkehr 225
Öffnungszeiten 21, 246
Olšanské hřbitovy 146
Oper 204
Orloj 57
Österreichisches Kulturforum 240
Ovocný trh (E6) 53

Pacassi, Nicolo 110
Palác Kinských (E5) 58
Palach, Jan 25, 188
Palácové zahrady pod Pražským hradem (C4) 89
Palais Adria (E6) 30, 197
Palais Clam-Gallas (D5) 56
Palais Kinský (E5) 58
Palais Koruna (E6) 27
Palais Lobkowitz (Hradschin) (C4) 123
Palais Lobkowitz (Malá Strana) (B5) 90
Palais Nostitz (C6) 86
Palais Salm (B5) 103
Palais Schwarzenberg (B5) 103
Palais Sternberg (B5) 104
Palais Toskana (B5) 101
Palais Waldstein (C5) 87
Palastgärten unter der Prager Burg (C4) 89
Palladium (F5) 53
Památník Jaroslava Ježka 72
Pappenheim, Gottfried Heinrich Graf zu 106
Pariser Straße (D/E5) 71
Pařížská (D/E5) 71

Černýs „Pinkler" im Hof des Franz Kafka Museums

Parken 246
Parler, Peter 62
Pedagogické Muzeum Jana Amose Komenského (C5) 88
Perestrojka 188
Pervitin 247
Peter-und-Paul-Kirche (D9) 166
Petřín (B6) 95
Pferderennen 251
Pinkasova Synagóga (D5) 78
Pinkassynagoge (D5) 78
Pivnice 202
Pivo 202
Planetarium (E2) 139, 198
Plastic People of the Universe 188, 214
Plattenbau 163
Platz der Republik (F5) 41, 53
Platzer, Ignaz 110
Plečnik, Jože 110, 155
Pohořelec (A5) 102
Politisches System 192
Polizei 246
Polizeimuseum (E/F8) 38
Post 247
Prager Frühling 187
Prager Frühling, Musikfestival 210
Prager Jesulein 94
Prager Literaturhaus (E7) 243
Prager Markt (H3) 141
Prague Card 221
Prašná brána (E/F5) 59
Prašná věž 113
Pražská tržnice (H3) 141
Pražský hrad (B5) 110
Přemysliden 179
Prepaid-SIM-Karten 252
Příběh Pražského hradu 121
Promillegrenze 222
Prostitution 247
Průhonice 161
Pulverbrücke 115
Pulvertor (E/F5) 59
Pulverturm 113

Rabbi Löw 76
Radfahren 227
Rajniš, Martin 134, 198
Rauchen 247
Reed, Lou 214
Reiner, Wenzel Lorenz 87
Reinerová, Lenka 243, 244
Reisedokumente 247
Reisezeit 248

Religion 192
Renaissance 194
Restaurants 256
Rilke, Rainer Maria 26
Robert-Guttmann-Galerie 74
Rokoko 195
Romanik 193
Rondokubismus 197
Rosenberg-Palast 114
Rotunda sv. Kříže (D6) 193
Rozhledna, Aussichtsturm (B6) 97
Rožmberský palác 114
Rudolf II. 116
Rudolfinum (D5) 77, 204

Salmovský palác (B5) 103
Šaloun, Ladislav 155
Samtene Revolution 188
Sankt-Agnes-Kloster (E4) 74
Sankt-Gallus-Kirche (E5) 47
Sankt-Heinrich-Kirche (F6) 26
Sankt-Ignatius-Kirche (E7) 37
Sankt-Jakobs-Kirche (E5) 52
Sankt-Kyrill-und-Method-Kirche (D7) 36
Sankt-Laurentius-Kirche (B6) 96
Sankt-Martins-Rotunde (E5) 193
Sankt-Nikolaus-Kirche (B5) 89
Sankt-Thomas-Kirche (C5) 87
Sankt-Ursula-Kirche (D6) 31
Sankt-Veits-Dom (B5) 117
Šárka-Tal 161
Sauberkeit 248
Saudek, Jan 155
Schützeninsel (C6) 38
Schwarzenberský palác (B5) 103
Schwarzer Turm 115
Schwarzes Theater 205, 206
Schwimmbäder 237
Schwule 19, 217, 249
Seaworld (F2) 136
Sedlec 172
Segways 250
Sex Machines Museum (E5) 57
Sezessionsstil 196
Shopping 20
Shoppingmalls 21
Škvorecký, Josef 244
Slaweninsel (D7) 36
Slovanský dům (E5) 27
Slovanský ostrov (D7) 36
Smetana, Bedřich 61, 184

Smetana-Museum (D5/6) 61
Smetana-Saal 204
Smíchov (C9) 126
Sommerpalais Kinský (B7) 127
Souvenirs 20
Sozialistischer Realismus 198
Španělská synagóga (E5) 73
Španělský Sál 204
Spanische Synagoge (E5) 73
Spanischer Saal 204
Spartipps 220
Spezialtickets 221
Spiegelkabinett (B6) 97
Spielplätze 219
Spielzeugmuseum 123, 219
Spital der Barmherzigen Brüder (E4) 72
Špitálu Milosrdných Bratří (E4) 72
Sport 249
Spytihněv I. 179
Staatsoper (F6) 40, 205
Stadtbücherei (D5) 41
Stadtführungen 251
Stadtrundfahrten 221
Stag Parties 216
Stalin 141
Stalinismus 187
Ständetheater (E5) 53, 205
Standortwahl 11
Standseilbahn (B6) 96
Stará čistírna 139
Staré Město (E5/6) 46
Staroměstská radnice (D/E5) 57
Staroměstská věž 62
Staroměstské náměstí (E5) 50
Staronová synagóga (D5) 76
Staropramen, Brauerei (C8) 129
Starý Židovský Hřbitov (D5) 78
Státní opera (F6) 40, 205
Stavovské divadlo (E5) 53, 205
Štefánikova Hvězdárna (B6) 96
Štefánik-Sternwarte (B6) 96
Šternberský palác (B5) 104
Strahover Bildergalerie (A5) 107
Strahovská obrazárna (A5) 107
Strahovský klášter (A5/6) 106
Strahov-Stadion (A6) 96
Straßenbahn 226
Straßenverkehr 222
Střelecký ostrov (C6) 38
Strom 238

Register 277

Stromovka-Park (D2) 138
Sudek, Josef 94
Sudetendeutsche 186
Südliche Wallgärten der Prager Burg 115
Südstadt 163
Švec, Otakar 138
Švejk 54

Tančící dům (D7) 31
Tanzendes Haus (D7) 31, 198
Tax-Free-Einkauf 251
Taxi 227
Technisches Nationalmuseum (E3) 219
Teinhof 52
Teinkirche (E5) 51, 58
Telefonieren 252
Terezín 173
Teufelsbach (C6) 86
The Chemistry Gallery 134
Theater 205
Theater am Geländer (D6) 55
Theodoricus 74
Theresienstadt 173
Thun'sches Palais (C5) 84
Tichý Ocean Museum 134
Tipsport Arena 208
Tipsport Arena (F2) 137
Toiletten 252
Toskánský palác (B5) 101
Tourismus 84
Touristeninformationen 240
Tramvaj (Straßenbahn) 226
Trdlník 201
Trinkgeld 17
Troja, Schloss 163
Tschechische Sprache 249
Tschechisches Musikmuseum (C6) 94
Turm der Sankt-Heinrich-Kirche (F5) 35
Týn 52

U černého vola (Bierstube) 108
U dvou Zlatých Medvědů 53
U Fleků, Brauhaus (D7) 39
Übernachten 229
Újezd (C6) 93
Uměleckoprůmyslové muzeum (D5) 77
Umtauschkurse 239
Ungelt 52

Václav (Wenzel) I. 179
Václav (Wenzel) IV. 181
Václav Havel Airport Prague 223
Václavské náměstí (E6) 32
Václav-Špála-Galerie 31
Valdštejnská jízdárna (C5) 83
Valdštejnská zahrada (C5) 88
Valdštejnský palác (C5) 87
Veganer 201
Vegetarier 201
Veitsberg (I5) 144
Veletržní palác – Muzeum moderního a současného umění (F3) 133
Velkopřevorské náměstí (C5) 86
Velotaxi 227

Velvet Underground 214
Verkehrsmuseum 166
Vietnamesische Händler 245
Vignette 223
Villa Amerika (E7) 204
Villa Bertramka (B8) 127
Villa Portheimka 92
Vinohradské divadlo (G7) 151
Vinohrady (G6) 150
Vítkov (I5) 144
Vratislav I. 179
Vršovice (I9) 154
Vrtba-Garten (B5) 91
Vrtbovská zahrada (B5) 91
Vyšehrad, Burg (D/E9) 165
Vysoká Synagoga 72
Výstaviště (F2) 135
Výstavní síň Mánes (D7) 36

Street-Art mit Václav Havel

Englischsprachige Literatur bekommt man im Shakespeare & Synové

Wagner, Otto 196
Waldstein, Albrecht von (Wallenstein) 88
Wallfahrtskirche Maria vom Siege (C5) 93
Waschsalons 252
Wax Museum Prague 53
Wechselstuben 239
Wein 203
Weißer Berg 183
Weißer Turm 122
Wellness 237
Wenzel, Heiliger 116
Wenzelskrone 119
Wenzelsplatz (E6) 32
Wetter 241
Wirtschaft 192
WLAN 241
Wochenmärkte 21
Wyschehrad, Burg (D/E9) 165

Zámek Troja 163
Zeit 252
Zeltnergasse (E5) 53
Zeman, Karel 219
Zeman, Miloš 192
Zeremoniensaal 79
Žižka, Jan 142, 144, 182
Žižkov (H6) 142
Žižkovská Věž (H6) 147
Zlatá ulička (C4) 122
Zollbestimmungen 252
Zoo 163, 218
Zoologická zahrada 163
Zracadlové Bludiště (B6) 97
Zum Schwarzen Ochsen (Bierstube) 108

Was haben Sie entdeckt?

Haben Sie ein besonderes Restaurant, ein neues Museum oder ein nettes Hotel entdeckt? Wenn Sie Ergänzungen, Verbesserungen oder Tipps zum Buch haben, lassen Sie es uns bitte wissen!

Schreiben Sie an: Gabriele Tröger und Michael Bussmann, Stichwort „Prag"
c/o Michael Müller Verlag GmbH | Gerberei 19, D – 91054 Erlangen
michael.bussmann@michael-mueller-verlag.de

Der Umwelt zuliebe

Unsere Reiseführer werden klimaneutral gedruckt.

Eine Kooperation des Michael Müller Verlags mit myclimate

Sämtliche Treibhausgase, die bei der Produktion der Bücher entstehen, werden durch Ausgleichszahlungen kompensiert. Unsere Kompensationen fließen in das Projekt »Kommunales Wiederaufforsten in Nicaragua«:

- Wiederaufforstung in Nicaragua
- Speicherung von CO_2
- Wasserspeicherung
- Überschwemmungsminimierung
- klimafreundliche Kochherde
- Verbesserung der sozio-ökonomischen und ökologischen Bedingungen
- Klimaschutzprojekte mit höchsten Qualitätsstandards
- zertifiziert durch Plan Vivo

Einzelheiten zum Projekt unter myclimate.org/nicaragua.

Michael Müller Reiseführer
So viel Handgepäck muss sein.

Die Webseite zum Thema:
www.michael-mueller-verlag.de/klima

Die Apps aus dem Michael Müller Verlag

mmtravel® Web-App und mmtravel® App

Mit unseren beiden Apps ist das Unterwegssein einfacher.
Sie kommen schneller an Ihr Wunsch-Ziel.
Oder Sie suchen gezielt nach Ihren persönlichen Interessen.

Die mmtravel® Web-App ...

... erhalten Sie gratis auf www.mmtravel.com

... funktioniert online auf jedem Smartphone, Tablet oder PC mit Browserzugriff.

... zeigt Ihnen online sämtliche Sehenswürdigkeiten, Adressen und die Touren aus dem Buch (mit Seitenverweisen) auf einer Karte. Aktivieren Sie das GPS, sehen Sie auch Ihren Standort und alles Interessante in der Umgebung.

... ist ideal für das Setzen persönlicher Favoriten. Dazu legen Sie einfach ein Konto an, das Sie auch mit anderen Geräten synchronisieren können.

Die mmtravel® App ...

... verknüpft die mmtravel Web-App mit einem intelligenten E-Book. Mit dieser Profi-Version sind Sie komplett unabhängig vom Internet.

... kaufen Sie für Apple und Android in einem App Store.

... verortet sämtliche Adressen und Sehenswürdigkeiten aus dem Buch auf Offline-Karten. Mit zugeschaltetem GPS finden Sie darauf Ihren Standort und alles Interessante rund herum.

... informiert über Hintergründe und Geschichte.

... liefert die kompletten Beschreibungen unserer Autoren.

... eignet sich sowohl zum Schmökern als auch zum intuitiven Wechseln zwischen Karte und Text.

... lässt sich nach Bestätigung eines individuellen Kontos auf bis zu drei Geräten verwenden – und das sogar gleichzeitig.

... wird durch eigene Kommentare und Lesezeichen zum persönlichen Notizbuch.

www.mmtravel.com